Gerhard Finn

Die politischen Häftlinge in der Sowjetzone 1945–1959

Reprint 1989

Verlag
Wissenschaft
und Politik

Berend von Nottbeck, Köln
Gesamtherstellung Werbedruck Zünkler, Bielefeld 11
Printed in Germany · ISBN 3-8046-8725-3

Vorwort zum Reprint 1989

30 Jahre nach dem Erscheinen dieses Buches, das hier noch einmal im Faksimile vorgelegt wird, veröffentlichte die evangelische Kirche in der DDR im Juni 1988 auf dem Kirchentag in Halle 20 »Thesen zur gesellschaftlichen Erneuerung«. Die neunte These lautet: »Weil das Strafgesetzbuch und der Strafvollzug in vielem dem humanistischen Menschenbild und den Idealen einer neuen Gesellschaft nicht entsprechen, halten wir es für erforderlich, eine Revision in Sprache, Inhalt und Praxis vorzunehmen.«

Hat sich in den Jahren nach dem Ende des Zweiten Weltkriegs in der sowjetischen Besatzungszone und der aus ihr entwickelten »Deutschen Demokratischen Republik« nichts Grundlegendes geändert? Sieht man auf die drei Phasen der politischen Verfolgung in diesem Gebiet Deutschlands zurück – den gnadenlosen politischen Terror der sowjetischen Besatzungsmacht, die Teilhabe deutscher Kommunisten an der Verfolgung und schließlich die bis heute andauernde politische Unterdrückung mit Hilfe eines variablen Strafrechts in alleiniger Verantwortung der DDR –, lassen sich selbstverständlich graduelle Unterschiede feststellen. Die Konzentrationslager wurden aufgelöst; es wird bei den Vernehmungen nicht mehr erschlagen, nur noch selten geschlagen; die berüchtigten Vernehmungskeller sind Untersuchungsgefängnissen der Staatssicherheit gewichen; die Vollzugsanstalten sind nach und nach modernisiert worden. Es gibt auch keine Sonderstrafkammern und Schauprozesse mehr, und die Strafmaße haben längst nicht mehr die wahnwitzige Höhe von »dreimal 25 Jahre Arbeitslager«. Das alles heißt aber nicht, daß es in der DDR von heute keine politische Verfolgung mehr gibt, daß die »Diktatur des Proletariats« – oder wie immer man die Ein-Parteien-Diktatur ideologisch beschreiben und begründen will – nicht mehr Andersdenkende und -handelnde verfolgt.

Zwei Gründe sind es vor allem, die diesen Reprint erforderlich machen. Eine neue Generation von Deutschen fragt nach dem Warum und Wie in unserer jüngsten Geschichte. Die historische Analyse und moralische Bewertung der Nazi-Zeit mit ihren unbeschreiblichen Verbrechen kann nicht am 7. Mai einen Schlußpunkt setzen. Das Nachkriegsgeschehen vom 9. Mai 1945 an darf nicht mit anderen politischen Wertmaßstäben gemessen und betrachtet werden. Die Nachkriegsverbrechen können nicht gegen die NS- und Kriegsverbrechen »aufgerechnet«, aber auch nicht mit ihnen entschuldigt werden. Die Exzesse in den Kellern und Verhörräumen der sowjetischen Besatzungsmacht lassen sich eben nicht nur als Rache der Vernehmer für das oft in der eigenen Familie erlebte Wirken der einstigen deutschen Besatzungsmacht und nicht allein als Haß auf die Nazis oder »die Deutschen« erklären. Dahinter stand eine Institution, das System der sowjetischen Geheimpolizei mit dem Gulag, ein menschenfressender Moloch, der ein für die Machterhaltung einer kommunistischen Staatspartei unverzichtbarer Apparat war und ist. »Haß« und »Rache« allein waren auch nicht die Triebfedern jener deutschen Kommunisten, die von der sowjetischen Besatzungsmacht nach und nach zur politischen Verfolgung und Unterdrückung herangezogen wurden – als Denunzianten, politische Polizisten, Staatsanwälte und Richter. Als die DDR fünf Jahre nach dem Wechsel von der braunen zur proletarischen Diktatur den politischen Strafvollzug in die eigene Verantwortung übernahm, wurden vor allem Volkspolizisten herangezogen, die unter den Nazis inhaftiert gewesen waren und ihre Erfahrungen sozusagen mit umgekehrten Vorzeichen anwandten; man wußte, wie man einem Häftling das Leben zur Hölle machen kann. Zu dieser Zeit lieferte die DDR-Justiz ihr politisches Gesellenstück, indem sie mehrere tausend Häftlinge in Waldheim durch Sonderstrafkammern am laufenden Band verurteilte und dabei frappante Ähnlichkeiten mit den Sondergerichten der NS-Diktatur in Kauf nahm.

Hatte es kein »Nürnberg« gegeben? Warum konnte oder wollte man bei der Sicherung der Revolution von oben, beim sogenannten Aufbau des Sozialismus nicht mit humanen Mitteln, mit der Überzeugungskraft einer angeblich weltbewegenden Idee arbeiten? »Rache« und »Haß« konnten zu der Zeit, als die »Erziehung zum fortschrittlichen Humanismus« proklamiert wurde, nicht allein die Triebfeder des Repressionsapparates sein, zumal bereits eine neue Kategorie von politischen

Häftlingen in die DDR-Haftanstalten einziehen mußte. »Feinde des Sozialismus« nannte man jene, die Lehren aus der NS-Herrschaft gezogen hatten und auch in der sowjetischen Besatzungszone ein demokratisches System und keine neue Diktatur einer Partei aufbauen wollten.
Als 1950 der erste Leiter der nunmehrigen Volkspolizei-Haftanstalt Bautzen unter den ihm unterstellten Häftlingen ehemalige Haftkameraden aus dem Nazi-Konzentrationslager Buchenwald wiedersah und neben ihnen Sozialdemokraten, mit denen er unmittelbar nach dem Kriege in Thüringen das neue Deutschland aufzubauen begonnen hatte, ahnte er wohl, daß der braune Teufel mit dem roten Beelzebub ausgetrieben wurde. Der Volkspolizeikommandeur, der während seiner jahrelangen Haft für das illegale kommunistische Lagerkomitee im KZ Buchenwald wichtige, lebensgefährliche Aufgaben und Funktionen übernommen hatte, überschätzte seine politischen und moralischen Argumente, als er in Ost-Berlin protestierte: Fünf Jahre später kehrte er mit vielen Kriegsgefangenen, politischen Häftlingen und »Kriegsverbrechern«, die die Sowjetunion nach dem Adenauer-Besuch in Moskau freigelassen hatte, aus Sibirien zurück.
Die Revolution frißt ihre Kinder. Nicht nur das. Sie frißt auch Moral und Gewissen der Apologeten der Macht. Johannes R. Becher war einer von vielen. Erst jetzt, 30 Jahre nach seinem Tode, werden Passagen aus seinem letzten Buch bekannt, die der damalige Kulturminister der DDR feige aus einem schon gesetzten Manuskript gestrichen hatte. Becher, der von der »Barbarei« des Stalinismus wußte, verdammte seine jahrelange Selbstzensur und suchte einen Weg, um wiedergutzumachen, »was ich durch Schweigen mitverschuldet habe«. Er schwieg jedoch bis zu seinem Tode – wie viele andere heute noch, sei es aus Angst, sei es aus Glauben an eine veraltete, korrumpierte Ideologie, die nicht mit kosmetisierenden Schlagworten vom Sozialismus mit menschlichem Antlitz oder mit zwei sowjetischen Schlagworten zur Modernisierung eines hoffnungslos ins Hintertreffen geratenen gesellschaftlichen und wirtschaftlichen Systems rehabilitiert werden kann. Es gibt keine politische Verfolgung mit menschlichem Antlitz. Der real existierende Sozialismus ist nicht erst seit der Erfindung dieses Schlagwortes real, sondern seit 1945. Wie blutleer akademisch sind vor dem Hintergrund der systemimmanenten politischen Verfolgung Diskussionen über die Frage, wer Deutschland denn nun gespalten habe oder wie ehrlich die Stalin-Note von 1952 gemeint gewesen sei. Wie richtig die damalige Entscheidung Westdeutschlands, Freiheit vor Einheit zu setzen!
Ein weiterer Grund für den Nachdruck dieses Buches ist das anhaltende Schweigen über die Verfolgung von ehemaligen Nazis, von Demokraten und vermeintlichen Feinden des Sozialismus unter dem Schlagwort der Entnazifizierung. Die DDR operiert zwar mit hohen Verurteilungszahlen von Kriegsverbrechern – nicht zuletzt, um sich von der zweifellos unbefriedigenden juristischen Bewältigung dieses Problems in der Bundesrepublik Deutschland abzuheben. Einzelheiten über die juristische Handhabung der Entnazifizierung in der SBZ/DDR wurden aber nicht veröffentlicht. Allein 3400 der in der DDR verurteilten Kriegsverbrecher standen 1950 in Waldheim vor Gericht, wenn man diese Justiz-Farce noch so bezeichnen kann. Sie waren die letzten der von der Besatzungsmacht in vier Jahren in Sachsenhausen, Buchenwald und den anderen Lagern »ausgesiebten« Häftlinge. Fast alle waren sie erbärmliche kleine Funktionäre und Mitläufer, die »zur gegebenen Zeit nichts gewagt haben, aber . . . sich so gebärden, als ob sie schon immer ›dagegen‹ gewesen seien«, wie DDR-Kulturminister Becher die Haltung vieler seiner Genossen »zur gegebenen Zeit« der Verbrechen Stalins beschrieb. Bezeichnenderweise hat die DDR nie Einzelheiten über diese Massenverurteilungen veröffentlicht, bei denen z. B. Lehrer, ehemalige Offiziere, Fabrikanten und Polizisten ohne Feststellung einer individuellen Schuld als »Kriegsverbrecher« verurteilt wurden, weil sie durch Kindererziehung, Aufrechterhaltung der Produktion oder ihren Dienst das faschistische Regime unterstützt hätten. Noch nicht einmal die zwei Dutzend Todesurteile – Hauptposten in der Kriegsverbrecherstatistik der DDR – sind dokumentiert worden. Soweit bekannt, war der jüngste der damals Hingerichteten ein SS-Mann, der im letzten Kriegsjahr aus der SS ausgeschlossen worden war, weil er, gerade volljährig geworden, nicht auf die Trauung im Ritus einer Freikirche verzichten wollte und seine Braut zudem nach den Normen des nazistischen Rassen-

wahns »minderwüchsig« war. Nach mehrjähriger Haft wurde er in Waldheim stranguliert, weil er kurzzeitig Außenposten in den Konzentrationslagern Sachsenhausen und Buchenwald gewesen war. Andererseits begegnete der erste Volkspolizeikommandeur von Bautzen bei dem oben geschilderten Zusammentreffen auf demselben Saal nicht nur ehemaligen Haftkameraden und Sozialdemokraten, sondern auch einem früheren KZ-Aufseher, der dann – übrigens zur selben Zeit wie der Kommandeur aus Sibirien – aus Bautzen entlassen und wenige Jahre später in der Bundesrepublik Deutschland als einer der grausamsten SS-Verbrecher zu lebenslanger Haft verurteilt wurde.

Aber nicht wegen dieser Imponderabilien sowjetischer und sowjetzonaler Inhaftierungspraxis wurden diese Beispiele herausgegriffen, sondern wegen der bis heute verkannten Infamie des Terrors dieser Zeit. Bis 1950 waren mehrere tausend SPD-Angehörige, fast 600 CDU-Angehörige und etliche LDP-Mitglieder eingesperrt worden. Sie hatten sich nicht nur an die Parole »Nie wieder Faschismus in Deutschland«, sondern auch an die Lehre aus den Jahren der Nazi-Herrschaft gehalten: nie wieder Diktatur in Deutschland. Sofern nicht die berüchtigten Militärtribunale der Besatzungsmacht die Arbeit übernahmen, verurteilten DDR-Gerichte meist mit Hilfe des Artikels 6 der ersten DDR-Verfassung, der heute noch papiervergleichende Juristen Anklänge an die Weimarer Verfassung attestieren, diese Demokraten als »Boykotthetzer«, »Kriegshetzer«, »Feinde des Sozialismus« und »Kurt-Schumacher-Agenten«. Welche Demagogie, daß den Demokraten, die den Vorwurf ernst genommen hatten, die Deutschen hätten während der Nazi-Diktatur nicht genügend Widerstand geleistet, im – wie wir heute wissen – vergeblichen Widerstand gegen die neue Diktatur auch noch die Ehre abgeschnitten werden sollte: Gegen den Aufbau des Sozialismus, gegen die Mitsieger des letzten Krieges zu sein, galt als Nachweis faschistischer Gesinnung. So wurden die Strafen unterschiedslos an Nazi-Verbrechern, Faschisten und Antifaschisten, Demokraten und Agenten vollstreckt. Der angeblich »blinde Antikommunismus« der ersten Nachkriegsjahrzehnte war nicht zuletzt eine Folge jenes wütenden, blinden Antifaschismus.

Warum schweigt man aber noch jetzt zu diesem dunklen Kapitel deutscher Nachkriegsgeschichte auch hier in der Bundesrepublik Deutschland? Die am meisten von den damaligen Ereignissen betroffene demokratische Partei in Deutschland, die SPD, sparte dieses Thema sogar bei ihrem 125jährigen Jubiläum aus. Die Akten des Parteivorstandes über die »Kurt-Schumacher-Agenten« und die Verfolgung des »Sozialdemokratismus« als strafwürdiges Verbrechen im Staat der undemokratischsten Partei Deutschlands, der SED, sind bis jetzt unzugänglich. Kein Thema also für die beiden durch ein Ideologie-Papier verbundenen Parteien? Anscheinend begnügt man sich damit, daß die Kommunisten ihren jahrzehntelangen Alleinvertretungsanspruch in bezug auf den Widerstand gegen das Nazi-Regime aufgegeben und schrittweise auch den Widerstand von Sozialdemokraten, Christen, Bürgerlich-Konservativen und Juden anerkannt haben.

Die erzwungene gemeinsame Haft von Demokraten und Widerständlern gegen die Diktatur der KPD/SED mit kleinen und großen NS-Verbrechern und -Parteigängern in den Konzentrationslagern und Haftanstalten nach 1945 ist offensichtlich für die Wallfahrer aus allen politischen Lagern in der Bundesrepublik Deutschland ein Grund, an den nationalen Mahn- und Gedenkstätten in Buchenwald, Sachsenhausen und Brandenburg nicht auch der Opfer jener Überlebenden zu gedenken, die dann selbst zu Unterdrückern wurden und die verlorene Vergangenheit mit fast denselben Mitteln für die Zukunft zu retten versuchten.

Die Vergangenheitsbewältigung muß in der DDR erst noch beginnen.

Gerhard Finn

G e r h a r d F i n n

Die politischen Häftlinge der Sowjetzone

1945-1959

1960

ILMGAUVERLAG
Pfaffenhofen

INHALTSVERZEICHNIS

Dokumentationen

Seite

Bilder

Karten

Niemand weiß, unter welcher Regierung er lebt, solange er nicht einmal in ihren Gefängnissen gesessen hat. *Leo Tolstoi*

Vorwort

Die vorliegende Studie über die politischen Häftlinge in der sowjetischen Besatzungszone nach 1945 kann trotz mehrjähriger Nachforschungen und Befragung von Hunderten von entlassenen Häftlingen und ehemaligen Volkspolizisten nur ein Versuch einer umfassenden Darstellung dieses traurigen Kapitels deutscher Nachkriegsgeschichte sein. Ebenso wie die Konzentrationslager der Nazis waren auch die Konzentrationslager der Sowjets in Deutschland völlig von der Außenwelt abgeschirmt, sind auch heute noch die Haftanstalten der Sowjetzone mit dem Schleier der Geheimhaltung umgeben. Das schlechte Gewissen der Zonenmachthaber gestattete es sogar bis 1957 nicht, in der nur in der Volkspolizei zu beziehenden Zeitschrift „Der Volkspolizist" die Einheiten des Strafvollzuges auch nur zu erwähnen. Hinzu kommt die permanente Agentenfurcht der Sowjetdeutschen, die sie Kontrollorgane für Kontrollorgane schaffen und Belanglosigkeiten unter die Geheimhaltung fallen läßt. Das Buch ist deshalb hauptsächlich auf Aussagen entlassener und geflüchteter politischer Häftlinge aufgebaut. Diese oder jene Vorgänge bedürfen der Ergänzung, da oft Monate oder Jahre vergehen, bis ein frisch entlassener politischer Häftling über die Entwicklung eines bestimmten Sektors in einer Haftanstalt berichten kann. So bin ich für jeden Hinweis und jede Ergänzung aus dem Leserkreis dankbar.

Als ich mit den Arbeiten zu diesem Buch begann, stand ich vor der Frage nach dem Sinn oder besser, nach dem Unsinn der sowjetischen und sowjetzonalen Justizpolitik. Ich stand vor dem Problem der geradezu grotesken kommunistischen Verzerrung von Schuld und Sühne und fragte nach dem Sinn des Opferns Zehntausender von Deutschen. Aber war und ist die kommunistische politische Justiz wirklich unsinnig?

Um eine Antwort auf diese Frage zu erhalten, muß man sich zunächst das Wesen des Kommunismus klarmachen. In marxistisch-leninistischer Sicht sind Justiz, Geheimpolizei und Militär nichts anderes als Instrumente der Diktatur des Proletariats. Das Kollektivwesen Mensch wird ausschließlich nach seinem Klassencharakter beurteilt, nach dem Grade seiner Einfügbarkeit in die „sozialistische Gesellschaft". Die Machtübernahme durch die Kommunistische Partei, wie sie bei der Besetzung eines fremden Landes durch die Rote Armee vorzubereiten und zu vollziehen ist, ist notwendig gekoppelt mit einer Phase des offenen roten Terrors. Hierbei gelten auch heute noch die Sätze von M. Latsis, dem Chef der Tscheka im Jahre 1918: „Wir sind dabei, die Bourgeoisie als Klasse auszurotten. Sie brauchen nicht nachzuweisen, daß dieser oder jener durch Wort oder Tat gegen die Interessen der Sowjetmacht gehandelt hat. Das erste, was Sie einen Verhafteten zu fragen haben, ist: Zu welcher Klasse gehört er, wo stammt er her, was für eine Erziehung hat er gehabt und was ist sein Beruf? Diese Fragen sollten das Schicksal des Angeklagten entscheiden. Das ist die Quintessenz des roten Terrors"[1]).

Es geht in dieser Phase niemals um individuelle „Schuld und Sühne", so schwer das auch für abendländisch erzogene Menschen zu begreifen ist. Es geht auch in den späteren Phasen der Bolschewisierung letztlich niemals darum, auch wenn die Methoden der Diktatur jeweils einen normaleren Staatscharakter annehmen; denn auch der Staat ist ja nach marxistisch-leninistischer Lehre niemals etwas anderes als ein Herrschaftsinstrument einer Klasse gegen die anderen; ein Instrument, das zur Stabilisierung der eigenen Klassenherrschaft und zur Unterdrückung aller Restbestände früherer Klassen

[1]) „Krasny Terror" Moskau, Nr. 1, 1. Oktober 1918.

und aller möglichen Klassengegner eingesetzt wird. Der Legalismus des kommunistischen Staates trägt niemals und in keiner Phase den Charakter des Rechts, sondern stets den einer mit schemenhaften Begriffen verkleideten brutalen Gewalt. Lenin drückte dies 1922 in einem Brief an den sowjetischen Volkskommissar für Justiz so aus: „Meiner Ansicht nach ist es notwendig, die Todesstrafe durch Erschießen für alle Phasen der Umtriebe der Menschewiken, Sozialrevolutionäre und ähnlicher auszudehnen: es muß eine Formel gefunden werden, die diese Umtriebe in Verbindung bringt mit der internationalen Bourgeoisie und deren Kampf gegen uns (Bestechung der Presse und Agenten, Kriegsvorbereitungen und ähnliches)" [2]). 34 Jahre später drückte es der jugoslawische Kommunist Milovan Djilas so aus: „Die Kommunisten rechnen mit ihren Gegnern nicht deshalb ab, weil sie etwa Verbrechen begangen hätten, sondern weil sie einfach Gegner sind. Man kann ruhig sagen, daß die meisten »politischen Verbrecher«, die verurteilt wurden, vom gesetzlichen Standpunkt aus unschuldig sind, wenn sie natürlich auch Gegner des Regimes sind" [3]). Erst wenn man diese Gedankengänge in sich aufgenommen hat, wird einem der entsetzliche Zusammenstoß durchschaubar, der sich immer dann ergibt, wenn die marxistisch-leninistische Theorie aus der Phase intellektueller Gedankenspielereien in die Praxis des menschlichen Lebens und des individuellen Schicksals umgesetzt wird. Erst dann wird begreiflich, wieso die konstruierten und erlogenen Beschuldigungen des MWD nicht anders beurteilt wurden, als die tatsächlichen „Vergehen" oder gar Widerstandshandlungen gegen den kommunistischen Staat oder die sowjetische Besatzungsmacht. In beiden Fällen handelt es sich nicht um viel mehr als um individuelle Anknüpfungspunkte, an denen der Terror anknüpft, um sich den Schein des Rechts umzuhängen. Der Zweck ist eindeutig und klar: Die Ausrottung aller tatsächlichen und vermeintlichen Klassenfeinde, die Unterdrückung aller tatsächlichen und aller möglichen Gegner. Dies war der Zweck der sowjetischen Militärtribunale, der Zweck der sowjetischen Konzentrationslager auf deutschem Boden, und dies war und ist der Zweck der heutigen sowjetzonalen Justiz.

Gerhard Finn

---

[2]) „Bolschewik" Moskau, 15. Januar 1937.

[3]) Milovan Djilas: „Die neue Klasse", 1957.

Häftlingsgruppen

Von 1945 bis heute kann man in der Sowjetzone verschiedene Kategorien politischer Häftlinge unterscheiden:

1. *Internierte*
   Es handelt sich hier um Deutsche, die nach dem Einmarsch der sowjetischen Truppen geradezu wahllos aufgegriffen und interniert wurden. Die erste Station für sie waren die Keller der sowjetischen Geheimpolizei, die sie äußerst brutalen Verhören unterwarf. Nach dem Abschluß der Vernehmungen wurde entschieden, ob der Verhaftete in ein Konzentrationslager eingewiesen oder verurteilt wurde. Freilassungen kamen äußerst selten vor.

2. *SMT-Verurteilte*
   Hielt man für den Verhafteten eine Verurteilung für angebracht, wurde er vor ein sowjetisches Militärtribunal (SMT) gestellt und zu einer Freiheitsstrafe oder Todesstrafe verurteilt.

3. *Verschleppte*
   Internierte und Verurteilte konnten aus den MWD-Gefängnissen oder -KZs in die UdSSR verschleppt werden. Sie verbüßten ihre Strafen in Strafarbeitslagern der SU. In den Lagern trafen sie u. a. mit verurteilten deutschen Kriegsgefangenen und Zivilverschleppten aus den deutschen Ostgebieten zusammen.

4. *„201er"*
   1947 wurden in der SBZ bei den Land- und Oberlandesgerichten „Sonderstrafkammern 201" gebildet, die ehemalige Nationalsozialisten verurteilten. Die Kammern waren die Vorgänger der politischen Strafsenate der „DDR" und begannen dann andere politische Prozesse zu führen.

5. *Waldheimer „Kriegsverbrecher"*
   Nach der Auflösung der sowjetischen Konzentrationslager auf deutschem Boden übergaben die Sowjets den mitteldeutschen Behörden einen Rest von 3432 Internierten, die in den sogenannten „Waldheimer Kriegsverbrecher-Prozessen" von einer Sonderstrafkammer 201 verurteilt wurden.

6. *„DDR-Verurteilte"*
   Etwa ab 1950 schalteten sich die Land- und Oberlandesgerichte (ab 1952 Bezirksgerichte genannt) außerhalb der Tätigkeit im Rahmen des Befehls 201 in die politischen Verurteilungen ein und übernahmen nach und nach die Funktionen der SMT. Die bei den sowjetzonalen Gerichten und Staatsanwaltschaften geschaffenen politischen Strafsenate und Abteilungen sind heute für die „Rechtsprechung" in politischen Strafsachen zuständig.

Teil I

Das sowjetische Konzentrationslagersystem

1945–1950

Das sowjetische Konzentrationslagersystem

Gleich nach der Besetzung deutschen Gebiets durch die sowjetischen Truppen begannen die Verhaftungen und Verschleppungen durch die sowjetische Geheimpolizei. Die grünbemützten Soldaten und Offiziere des MWD wurden zum Schrecken der deutschen Zivilbevölkerung.

Das MWD requirierte zunächst in allen größeren Orten geeignete Häuser, deren Keller notdürftig zu Haftzellen umgebaut wurden. Man bevorzugte abseits gelegene Villen und sicherte sie durch hohe Zäune ab. Außerdem wurden vom MWD Gefängnisse und Zuchthäuser übernommen, die sich sehr bald mit Opfern füllten.

Die Verhaftungen ließen kein Schema erkennen, wenn man davon absieht, daß alles verhaftet wurde, was den Sowjets gefährlich aussah oder hätte in Zukunft eventuell gefährlich sein können. Der Denunziation war Tür und Tor geöffnet. Keine Anzeige war dumm genug, um nicht sofort eine Verhaftung des Angezeigten zu erwirken. Es gab Fälle, in denen z. B. in einer Stadt ein Otto Schmidt denunziert wurde, der angeblich Kriegsverbrechen begangen haben sollte. So wurden nach einem alten Adreßbuch alle Otto Schmidts dieser Stadt verhaftet, um in wochenlangen, zermürbenden Verhören den Schuldigen herauszufinden. Manchmal gab es keinen Schuldigen oder der Gesuchte hatte lediglich während des Krieges bei einer Auseinandersetzung auf der Arbeitsstelle einen sogenannten Ostarbeiter geschlagen. Dies genügte für seine Verurteilung. Das bedeutete in solch einem Fall in der ersten Zeit das Todesurteil. Die anderen Schmidts – um bei diesem Beispiel zu bleiben – waren aber noch lange nicht frei. Unter dem physischen Druck der Verhöre hatten sie entweder irgendein „Verbrechen" oder die Mitgliedschaft bei irgendeiner NS-Organisation zugegeben. Auch dies genügte, um sie weiter in Haft zu behalten. Waren dem MWD irgendwelche Mitgliederlisten einer Institution, Organisation oder Körperschaft in die Hände gefallen, wurden sämtliche greifbaren Mitglieder verhaftet.

Aus diesen und ähnlichen Fällen setzten sich hauptsächlich die Gefangenentrupps zusammen, die in die Sammelstellen des MWD eingeliefert wurden. Von den Sammelstellen ging es unter schwerer Bewachung zu Fuß oder mit der Eisenbahn in die neuerrichteten Konzentrationslager. Ein Teil mußte lediglich zwischendurch noch eine minutenlange Verurteilung über sich ergehen lassen und wurde dann in ein KZ oder direkt in die UdSSR verfrachtet. Östlich der Oder-Neiße machte sich das MWD die Sache noch einfacher. Hier genügte es schon, Deutscher zu sein. Man hatte den Eindruck, daß sich die Verhaftungszahlen nach dem zur Verfügung stehenden Transportraum in die UdSSR richtete. (Siehe „Zivilverschleppte", Seite 52.)

Die Internierten

Die Transporte der Internierten aus den ersten Verhaftungswellen bewegten sich zunächst ostwärts. Es wurden provisorische Konzentrationslager eingerichtet, in denen die Häftlinge auf ihren Abtransport nach Osten warteten. Im Herbst 1945 wurden „feste" Konzentrationslager in Betrieb genommen, die man praktisch nur von den Nazis zu übernehmen brauchte: Buchenwald, Sachsenhausen, Jamlitz. Außerdem nahm man ehemalige Kriegsgefangenenlager (Neubrandenburg, Mühlberg) und Strafanstalten (Torgau, Bautzen) als KZ in Betrieb, in die dann die Häftlinge aus den provisorischen Konzentrationslagern überführt wurden. Aus diesen KZ wurden im Laufe der Jahre etliche Transporte Internierter in die SU gebracht. Maßstab hierfür war nicht der Inhaftierungsgrund, sondern die Arbeitsfähigkeit. Die Internierten blieben – stark dezimiert durch Verhungern – bis zur Auflösung der KZs

1950 in Haft, nachdem 1948 und 1950 ein Teil auf freien Fuß gesetzt wurde. Ein kleiner Rest, 3432 „Schwerkriegsverbrecher", wurde den sowjetdeutschen Behörden zur Aburteilung übergeben, was dann 1950 als „Waldheimer Kriegsverbrecherprozeß" über die Bühne ging.

Die Strafgefangenen

Zu den Insassen der Konzentrationslager gehörten auch Strafgefangene, die von sowjetischen Militärtribunalen (SMT) abgeurteilt worden waren und „SMTer" genannt wurden. Die ersten Verurteilten kamen aus dem Kreis der oben geschilderten Verhaftungswellen. Eine auffallend große Anzahl Jugendlicher war wegen „Werwolfverdachts[4]) verurteilt worden.

Etwa ab 1946 wurden fast nur Gruppenverurteilungen durchgeführt. Die Verhaftungen richteten sich dabei unter dem Schlagwort „antidemokratische Elemente" wieder gegen alle Kreise der Bevölkerung. Es handelte sich hier zunächst um oppositionelle Angehörige der in der SBZ wieder zugelassenen Parteien, die ursprünglich mit aller Kraft und demokratischen Vorstellungen ihren Apparat aufbauen wollten, jedoch sehr bald merkten, daß sie sich nur nach der SED zu richten hatten. Unter dem immer stärker werdenden Druck der Sowjetischen Militäradministration (SMA) und der SED kam es innerhalb der Parteien zu Gruppenbildungen. Insbesondere in der SED fanden sich viele ehemalige SPD-Angehörige und suchten schließlich Rat und Rückhalt bei der SPD in Westberlin und in Westdeutschland. Ein ähnlicher Zusammenhalt entwickelte sich im Rahmen der CDU und der LDP. Die inzwischen von ihren SEDhörigen Parteiführungen verratenen Parteimitglieder versuchten die bolschewistische Unterwanderung und Gleichschaltung ihrer Partei mit

Dokumentation

„Nach dem Zusammenbruch des Jahres 1945 wurde Leipzig, der Sitz des Reichsgerichts und der Reichsanwaltschaft am Reichsgericht, zunächst von amerikanischen Truppen besetzt. Diese zogen nach etwa zwei Monaten wieder ab, und russische Truppen rückten ein. Einige Wochen danach wurden schlagartig an einem Tage etwa 35 Mitglieder des Reichsgerichts und der Reichsanwaltschaft von der russischen Geheimpolizei verhaftet und zunächst in die Gefängnisse, später in das Lager Mühlberg an der Elbe gebracht. Bei den Verhafteten wurde gewöhnlich auch das ganze in der Wohnung befindliche Geld weggenommen. Später folgten noch einige Verhaftungen, so daß schließlich 38 oder 39 Mitglieder des Reichsgerichtes und der Reichsanwaltschaft im Lager Mühlberg saßen. Das Schicksal des 39. Mitgliedes ist unklar geblieben.

Die Auswahl, die man bei den Verhaftungen getroffen hatte, war für jeden Kenner der Verhältnisse völlig rätselhaft und unter keinem irgendwie denkbaren Gesichtspunkt zu begreifen. Unter den Verhafteten befanden sich beispielsweise die meisten der Nicht-Parteigenossen am Reichsgericht und verschiedene bekannte leidenschaftliche Gegner des nationalsozialistischen Regimes. Es scheint, wie sich später herausstellte, folgendermaßen zugegangen zu sein: Man hatte einen schon früher verhafteten Richter nach seinen Bekannten am Reichsgericht gefragt und danach einfach die Verhaftungsliste zusammengestellt. Es waltete also der blindeste Zufall.

Von den 38 Verhafteten starben 34 in der Gefangenschaft, und zwar ganz überwiegend schon im ersten oder im zweiten Jahre. Einige wenige

[4]) „Werwolf" = Erfindung von Dr. Goebbels, als alliierte Truppen Deutsches Reichsgebiet zu besetzen begannen. Die „Werwölfe" sollten als Partisanen im Hinterland operieren. Sie bestanden hauptsächlich in der Propaganda des Goebbels. Sie lieferten aber zumindest dem MWD den Vorwand für Massenverhaftungen Jugendlicher wegen „Werwolfverdachts".

legalen Mitteln zu verhindern oder zumindest aufzuhalten. Unter den gegen diese Strömungen gerichteten Verhaftungen hatten besonders die ehemaligen Mitglieder der SPD zu leiden, da die SED mit Hilfe des MWD zuerst im eigenen Haus säuberte, um dann rigoros jede Opposition in den Parteien zu ersticken. Es kam zu Massenverhaftungen in den einzelnen Ortsverbänden der Parteien. Man warf den Verhafteten „antisowjetische Propaganda" und „illegale Gruppenbildung" vor und übergab sie den sowjetischen Militärtribunalen. Es hat dann immer wieder „Säuberungen" in der SED auf dem Wege zur Partei „neuen Typs" gegeben. Eine völlig korrupte und kaltherzige Parteiführung bediente sich der Geheimpolizei der Sowjetunion, um „unsichere Elemente" und opponierende Genossen ins KZ oder in die Sowjetunion bringen zu lassen. Leo Bauer (Todesurteil, Begnadigung zu 25 Jahren Arbeitslager, Verschleppung in die SU), Bernhard Steinberger (25 Jahre Arbeitslager) und Willi Kreikemeyer (spurlos verschwunden) sind nur einige der bekannten Funktionäre, die von der sowjetischen Geheimpolizei verhaftet wurden.

Etwas später begann sich das Schwergewicht der Verhaftungen durch das MWD langsam auf die „antisowjetischen Gruppenbildungen" zu verschieben. Es kam hin und wieder zu antisowjetischen Aktionen, von denen man zunächst nicht wußte, ob sie noch alten Ressentiments aus der Nazi-Zeit entsprangen oder ob unter dem Druck der politischen Verhältnisse neue Antikommunisten aufgestanden waren, die mit den Nazis überhaupt nichts gemeinsam hatten. Vielfach handelte es sich um eine ideologisch und politisch ganz ungeklärte aber unmittelbare Notwehr der Bevölkerung.

Gruppenverhaftungen

In den Jahren 1946/47 bildeten sich bereits erste antikommunistische Gruppen. Sie stellten sich zur Aufgabe, mit selbst angefertigten Flugblättern und durch Vernichten von kommunistischen Plakaten und

kamen später in das Lager Buchenwald und wurden dann bis auf einen in den berüchtigten Waldheimer Prozessen unter nichtigen Vorwänden zu durchschnittlich 25 Jahren Zuchthaus verurteilt und später nach etwa einem Jahrzehnt im „Gnadenweg" entlassen. Wenn ich recht unterrichtet bin, starb einer der Entlassenen auf besonders tragische Weise noch auf der Rückfahrt in seine Heimat. Von den 38 Verhafteten haben also nur drei die mörderische Haft überlebt. Zwei von ihnen sind heute unter uns. Ebenso sind einige Frauen und Kinder der Verstorbenen hier.

Warum starben alle diese Männer so rasch und so unaufhaltsam? Erlassen Sie mir die oft empörenden Einzelheiten ihrer Behandlung. Kurz zusammengefaßt kann man sagen: Sie wurden unmenschlich behandelt, sie waren so unmenschlich untergebracht und ernährt und sie wurden zu so unmenschlichen Arbeitsleistungen gezwungen, daß jeder, der nicht ganz außergewöhnliche Kraftreserven, körperliche und seelische, besaß, diesem furchtbaren Regime rasch erliegen mußte. Sie sollten ihm erliegen, und sie sind ihm erlegen. Die größte Schuld trägt der kommunistische deutsche Lagerleiter, der von einem infernalischen Haß gegen das Reichsgericht beseelt war und der ständig öffentlich verkündete, alle Reichsgerichtsräte müßten verrecken.

Ein Wort noch über die Behandlung der Frauen und der Familien der Verhafteten. Niemals erhielten die Frauen die geringste Nachricht, wo man ihre Männer hingebracht habe und was mit ihnen geworden sei. Nur durch durchgeschmuggelte vereinzelte Kassiber aus dem Lager wurde ihnen allmählich etwas von dem Schicksal ihrer Männer bekannt.

Transparenten gegen das SED-Regime — also nicht gegen die Besatzungsmacht! — zu arbeiten. Einige dieser Gruppen entstanden zweifellos unter nazistischen Vorzeichen. Sie setzten sich aus ehemaligen HJ-Führern oder Reichsarbeitsdienstführern zusammen. Andere „illegale Gruppen" waren sozusagen „Traditions-Verbände" ehemaliger Offiziere und Soldaten einer ehemaligen Wehrmachtseinheit, die unter dem Zwang der Verhältnisse illegal Verbindung aufrechterhielten. Solche und viele andere Gruppen bildeten sich einfach aus dem Bedürfnis nach Zusammenhalt heraus, meist auch in der Hoffnung, Verbindung mit Gleichgesinnten in Westdeutschland zu finden. Allgemein bestand der Eindruck, daß über kurz oder lang ein neuer Krieg ausbrechen würde, und daß die westlichen Alliierten dann die Hilfe dieser Gruppen benötigten. So entstanden auf diese Art Gruppen von hundert und mehr Leuten. Es fehlte ihnen allerdings meistens die politische Information und natürlich die politische Leitung. Der Zusammenbruch hatte zu viel verschüttet; man mußte sich erst neu orientieren. Hierzu kam es jedoch in den meisten Fällen nicht mehr.

Bevor sich die Gruppen recht bilden konnten, wurden sie vom MWD und der inzwischen geschaffenen Vorgängerin des Staatssicherheitsdienstes, der Polizeiabteilung K 5, aufgerieben. Der Grund hierfür ist weniger in der Tüchtigkeit des MWD zu suchen als in der völligen Unerfahrenheit der Gruppen in konspirativer Arbeit und in dem Irrtum, daß die Deutschen in der SBZ das Besatzungsregime „wie ein Mann" ablehnten. So wurde manche Vertrauensseligkeit mit einer Denunziation belohnt, der die Verhaftung der Gruppenangehörigen und aller Personen, die von der Gruppe hätten wissen müssen oder können, folgte.

Es gab aber auch „Gruppen", die erst auf Grund der Verhörmethoden des MWD durch Kettenverhaftungen zusammengestellt wurden. War ein aus irgendeinem Grunde Verhafteter während des Krieges mit seiner Wehrmachtseinheit an der Ost-

Auch von dem Tod ihrer Gatten erhielten die Frauen niemals Nachricht. Sehr viele Frauen hofften immer noch auf die Rückkehr ihrer Männer, die sie völlig schuldlos wußten, während diese schon längst schmachvoll irgendwo in dem Lager verscharrt waren. Ja, an einzelne der Frauen machte sich die deutsche geheime Staatspolizei heran und sagte ihnen, wenn sie sich entschlössen, ihre Bekannten zu bespitzeln und der Polizei Nachrichten zu liefern, dürften sie ihre Männer besuchen. Wahrhaftig: „Dieser Frauen Schicksal war beklagenswert." Warum rühren wir heute wieder an diese Dinge? Warum enthüllen wir heute hier im Bundesgerichtshof diese schlichte Gedenktafel, die das Andenken an die Opfer eines mörderischen Regimes wachhalten soll? Gewiß kann man sagen: Hier wurden die namenlosen Greuel des nationalsozialistischen Regimes mit ebenso namenlosen Gegengreueln beantwortet, die mit den nationalsozialistischen Greueln auch das gemeinsam hatten, daß sie ebenso blind, fühllos und rechtlos zuschlugen wie jene. Aber einmal muß ja dieser tödliche Zirkel von Greueln und Gegengreueln durchbrochen werden, und einmal muß der rettende Absprung gefunden werden. Einmal müssen die Wahrheit und das Recht wieder siegen, und sei es auch nur in den Herzen der Menschen. Es geziemt sich gerade für die Männer des Rechtes, im Bekenntnis zu diesem Glauben der unschuldigen Opfer und der Märtyrer des Unrechtes zu gedenken, die stellvertretend für uns gelitten haben, ihr Andenken zu ehren und sich vor ihrem Schicksal in Ehrfurcht zu neigen. Es geziemt sich besonders für den Bundesgerichtshof und die Bundesanwaltschaft, das zu tun, weil der Bundes-

front eingesetzt gewesen, mußte er die Namen und Adressen seiner ehemaligen Kameraden angeben. Diese wurden verhaftet und gezwungen, ebenfalls die ihnen bekannten Namen von Angehörigen ihrer Einheit preiszugeben. So kam es, daß fast ganze Züge, Kompanien oder Dienststellen der ehemaligen Wehrmacht in den MWD-Kellern saßen. Es fanden sich sehr bald „Beweise", nach denen die Wehrmachtseinheit in einem bestimmten Ort der Sowjetunion während des Krieges requiriert, Partisanen oder harmlose Einwohner des Ortes erschossen hatte. Meist wurde in der Häftlingsgruppe noch ein Judas mit Versprechungen oder Prügeln gefunden, der dann bei Gegenüberstellungen und vor dem Militärtribunal die Verbrechen der Einheit ohne zu stocken herunterbetete. Der Erfolg war dann, daß die „Hauptschuldigen" erschossen oder in die UdSSR verschleppt wurden. Alle anderen erhielten 25 Jahre Arbeitslager zudiktiert. Der bekannteste Fall eines derartigen Kollektivurteils ist das sogenannte „Norwegerbataillon", das im August 1947 von einem SMT in Sachsenhausen verurteilt wurde. Es handelte sich dabei um 245 Angehörige des Polizeibataillons 9 aus Berlin-Spandau, das 1945 in englische Kriegsgefangenschaft geriet und 1946 von den Engländern den Sowjets übergeben wurde. Dem Bataillon wurde zum Vorwurf gemacht, 1941 und 1942 97 000 Sowjetbürger ermordet zu haben. Ohne Feststellung einer individuellen Schuld erhielt jeder Polizeiangehörige 25 Jahre Arbeitslager. Sie verbüßten etliche Jahre in Konzentrationslagern und Zuchthäusern und wurden, auf einen längeren Zeitraum verteilt, nach und nach entlassen.

Nach dem gleichen System erfolgten aber auch Kettenverhaftungen auf dem Wege über den Bekanntenkreis. So wurden z. B. im März 1948 51 Einwohner Frankfurts von einem SMT in Potsdam wegen „illegaler Gruppenbildung" zu je 25 Jahren Arbeitslager verurteilt, die sich zum größten Teil überhaupt nicht kannten. Auch hier hatte man mit Prügel einen

gerichtshof die Ehre hat, das Nachfolgegericht des Reichsgerichtes zu sein, und weil die Bundesanwaltschaft die Ehre hat, die Nachfolgerin der Reichsanwaltschaft am Reichsgericht zu sein. Und noch ein anderer Grund hat uns zu dieser Handlung bewogen: Das war der Wunsch der Frauen der Verstorbenen, die ja kein Grab haben, an das sie hindenken können, und die dieses Mahn- und Ehrenmal als die Stätte empfinden, an die sie im Gedächtnis der Toten hindenken können.

Dem Künstler, der diese schlichte und schöne Tafel geschaffen hat, sage ich unseren herzlichen Dank.

Indem ich jetzt die Tafel enthülle und diesen Kranz an ihr niederlege, bitte ich Sie, in einer Minute des Schweigens der Toten und Hinterbliebenen zu gedenken."

Aus der Ansprache des Präsidenten des Bundesgerichtshofes, Dr. h. c. Weinkauff, am 24. Oktober 1957, bei der Enthüllung einer Gedenktafel für die Mitglieder des Reichsgerichts und der Reichsanwaltschaft im Gebäude des Bundesgerichtshofs. (Neue Juristische Wochenschrift vom 13. Dezember 1957, Seite 1869.)

immer größeren Personenkreis erfassen können. Die Verhaftungen zogen sich über Monate hin; schon ein Beweis dafür, daß diese Gruppe nie existierte, da sich sonst alle Beteiligten nach Westdeutschland abgesetzt hätten.

Etwa ab 1949/50 kann man von Verhaftungen politischer, aber parteipolitisch ungebundener Widerstandsgruppen berichten, die sich politisch bewußt gegen das Regime auflehnten, die passiven Widerstand leisteten und die parteipolitische und ideologische Arbeit der Parteien und Organisationen störten – aber ebenfalls keine Erfahrung in der konspirativen Arbeit hatten. Sie blähten sich zu relativ großen Gruppen auf, zumal es noch viele Deutsche gab, die in dieser Form etwas gegen die Kommunisten unternehmen wollten. Ein großer Teil der Gruppen suchte Verbindung nach Westberlin. Hier erhielten sie aber auch außer Propagandamaterial fast nie die Anleitung, die sie benötigten; denn es standen hier zunächst fast keine Erfahrungen auf diesem Gebiete zur Verfügung. Und zu westalliierten Dienststellen wollten sie oft keinen Kontakt aufnehmen, da sie ihre Aufgaben auf dem politischen und nicht auf dem militärischen Gebiete sahen. So forderten neue Verhaftungswellen einen hohen Blutzoll. Auch hier wurden nicht nur die eigentlichen Gruppenmitglieder, sondern Bekannte und Verwandte unter dem Verdacht der Mitwissenschaft verhaftet und zum Einheitsstrafmaß von 25 Jahren Arbeitslager verurteilt.

Einzelverhaftungen

Bei den Einzelverhaftungen handelte es sich meistens um sogenannte Verbrechen gegen die Menschlichkeit, also Vorgänge aus der Zeit vor und während des Krieges. Hier fußten die Verhaftungen und Verurteilungen ebenfalls hauptsächlich auf Denunziationen. Es wurde eine ganze Reihe von Fällen bekannt, in denen Zivilisten und ehemalige Wehrmachtsangehörige verurteilt wurden, weil sie mit nach Deutschland verschleppten Zivilarbeitern zu tun gehabt hatten. Mißhandlungen von Fremdarbeitern, auch wenn es sich um einen einzigen Schlag oder um Notwehrakte handelte, wurden mit der Todesstrafe geahndet. In keinem dieser Prozesse war der Fremdarbeiter, der geschlagen worden war, zugegen. In vielen Fällen war noch nicht einmal der Name bekannt.

Während diese Prozesse noch auf individuellen Verfehlungen fußten, gab es Häftlinge, die wegen „Ausbeutung der Fremdarbeiter" zur Aburteilung kamen. Es waren dies Betriebsleiter, Direktoren und Meister von Betrieben, die während des Krieges Fremdarbeiter beschäftigt hatten.

Eine weitere Kategorie von Häftlingen waren die „Nazis". Man hatte eine ganze Reihe von „alten Kämpfern" in den Gefängnissen, denen man außer ihrer früheren Partei- oder SA-Zugehörigkeit nichts nachweisen konnte. Sie wurden wegen Unterstützung des Naziregimes verurteilt. Mit der gleichen Begründung wurden Wirtschaftsführer und Bankfachleute verurteilt und in die KZ geworfen.

Die Verhöre

Jeder Häftling, der durch die Keller oder Gefängnisse des MWD gegangen ist, wird von Mißhandlungen berichten können. Die Verhöre fanden ausschließlich nachts statt. Die Anwohner der MWD-Gewahrsame haben manche Nacht die Schreie der Männer und Frauen während der Verhöre gehört. Da die Gefängnisse oft in Wohngegenden lagen, versuchten die Sowjets die Schreie zu überdecken, indem sie Motoren ihrer Kraftwagen aufheulen und Kreissägen laufen ließen. An Schlaf war deshalb bei den ängstlich in ihren Zellen hockenden Häftlingen kaum zu denken. Da das Schlafen am Tage verboten war, kamen sie schon zermürbt zur Vernehmung und brachen unter den psychischen und physischen Torturen zusammen. Es war unter den Häftlingen eine weitverbreitete Meinung, so schnell wie möglich das von den Vernehmern geforderte „Protokoll" zu unterschreiben, damit man nicht mehr gequält wurde. Man konnte durch eisernes Durchhalten die Unterschrift unter das russische „Protokoll" nur hinausschieben, aber nicht verweigern. Es hat natürlich einige Fälle gegeben, in denen der Häftling mit ungeheurer Willensenergie bei der Wahrheit geblieben ist und keine Unterschrift leistete. Sein Schicksal hat sich jedoch dadurch nicht geändert. Er wurde als verstockter Agent womöglich noch härter bestraft.

Eine sachliche Aufzählung der verschiedenen Verhörmethoden käme zu leicht in den Geruch, unwahr oder zumindest tendenziös gefärbt zu sein. Es sollen deshalb hier zwei Erlebnisberichte folgen, die erkennen lassen, mit welchen viehischen Methoden das MWD arbeitete. Nur wer sich diese Tatsachen vor Augen hält, kann ermessen, wie es zu den unwahrscheinlichsten Selbstbezichtigungen und Belastungen völlig unbeteiligter Personen und damit zu den Massenverhaftungen in der

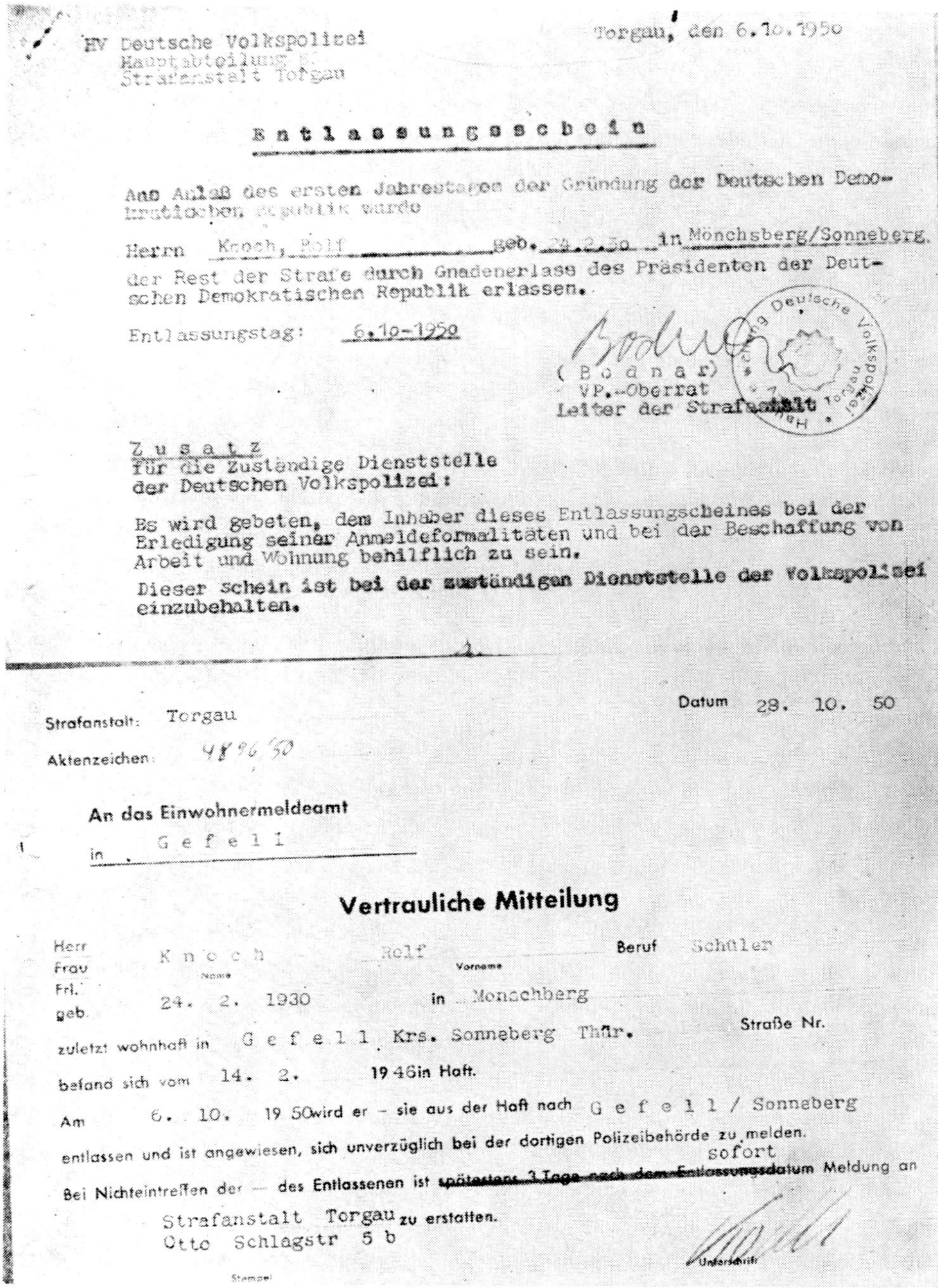

HV Deutsche Volkspolizei
Hauptabteilung SV
Strafanstalt Torgau

Torgau, den 6.10.1950

Entlassungsschein

Aus Anlaß des ersten Jahrestages der Gründung der Deutschen Demokratischen Republik wurde

Herrn Knoch, Rolf geb. 24.2.30 in Mönchsberg/Sonneberg.

der Rest der Strafe durch Gnadenerlass des Präsidenten der Deutschen Demokratischen Republik erlassen.

Entlassungstag: 6.10.1950

(Bodnar)
VP.-Oberrat
Leiter der Strafanstalt

Zusatz
für die Zuständige Dienststelle
der Deutschen Volkspolizei:

Es wird gebeten, dem Inhaber dieses Entlassungsscheines bei der Erledigung seiner Anmeldeformalitäten und bei der Beschaffung von Arbeit und Wohnung behilflich zu sein.

Dieser Schein ist bei der zuständigen Dienststelle der Volkspolizei einzubehalten.

Strafanstalt: Torgau

Aktenzeichen: 4896/50

Datum 28. 10. 50

An das Einwohnermeldeamt
in Gefell

Vertrauliche Mitteilung

Herr/Frau/Frl. Knoch (Name) Rolf (Vorname) Beruf Schüler

geb. 24. 2. 1930 in Monschberg

zuletzt wohnhaft in Gefell, Krs. Sonneberg Thür. Straße Nr.

befand sich vom 14. 2. 1946 in Haft.

Am 6. 10. 1950 wird er – sie aus der Haft nach Gefell / Sonneberg entlassen und ist angewiesen, sich unverzüglich bei der dortigen Polizeibehörde zu melden.

Bei Nichteintreffen der – des Entlassenen ist ~~spätestens 3 Tage nach dem Entlassungsdatum~~ sofort Meldung an Strafanstalt Torgau zu erstatten.

Otto Schlagstr 5 b

Stempel

Unterschrift

Beweis für das Festhalten jugendlicher Häftlinge: Der Schüler Rolf Knoch wurde zehn Tage vor seinem 16. Geburtstag verhaftet und erst nach über viereinhalbjähriger Haft entlassen.

sowjetischen Besatzungszone Deutschlands kam.

Die Verurteilten

Nach der Fertigstellung des Abschlußprotokolls in russischer Sprache, das der Häftling unter Druck unterschrieb, ohne den eigentlichen Inhalt zu kennen (Übersetzungen wurden wegen der vielen Arbeit von den Dolmetschern oft mit den Worten: „Steht alles drin, was du gesagt hast", abgelehnt), entschied der Leiter der MWD-Dienststelle, ob der Häftling von einem SMT verurteilt oder (ab 1950) dem Staatssicherheitsdienst zur weiteren Behandlung übergeben werden sollte. Dem Staatssicherheitsdienst (SSD) wurden die für die Sowjets uninteressanten Fälle übergeben; in der ersten Zeit also hauptsächlich Fälle, die nach rechtsstaatlichen Begriffen allenfalls wegen Beleidigung oder Verleumdung hätten geahndet werden können. Nach dem weiteren Ausbau des SSD zog dieser immer mehr die Voruntersuchungen an sich, bis das MWD schließlich nur noch reine Fälle von Militärspionage gegen die Sowjetarmee – oder jedenfalls was dafür gehalten wurde – behandelte und zur Aburteilung brachte. Zur Zeit wird das MWD nur in die Voruntersuchungen eingeschaltet, wenn der Verdacht besteht, daß sich ein Spionageakt gegen die Sowjetarmee richtete, in dem eventuell sowjetische Staatsbürger beteiligt sind.

Dokumentation

Frau Elli H., geb. am 29. Oktober 1914, berichtete:

„Am 11. Dezember 1946 war ich auf der Fahrt von Berlin nach Bielefeld, um meinen Verlobten, den Engländer Charles D., dort zu treffen, da wir in Bielefeld heiraten wollten. In Brandenburg wurde ich aus dem Zug herausgeholt. Die Bahnpolizei hatte an sich gegen meine Weiterfahrt nichts einzuwenden. Ein anderer Polizist sagte jedoch, ich müßte mit zur sowjetischen Kommandantur. Dort wurde ich wegen meiner englisch-deutschen Papiere als Spionin festgehalten. Man nahm mir meinen ganzen Schmuck und zwei Koffer ab. Ich wurde in eine Zelle des Gefängnisses in Brandenburg geschafft. Am 13. Dezember holte man mich zum Verhör. Das Verhör dauerte von früh 8.30 Uhr bis 15.20 Uhr. Ich möchte bemerken, daß ich mich zu dieser Zeit im vierten Monat einer Schwangerschaft befand. Auf meinen Zustand nahm man aber keine Rücksicht. Ich wurde bei diesem Verhör furchtbar mißhandelt. Ein Oberleutnant Karateijew beauftragte einen MWD-Offizier, mich mit seinen Stiefeln in den Bauch zu treten, im Beisein der beiden Dolmetscherinnen Tamara und Lydia. Vollkommen blutig von Kopf bis Fuß kam ich in meine Zelle zurück, von wo man mich am nächsten Tag in den MWD-Keller brachte. Ich wurde Nacht für Nacht zum Verhör geholt. Die Verhöre dauerten immer mehrere Stunden. Ich sollte immer wieder zugeben, daß ich als Spionin gearbeitet habe. Da das nicht zutraf, konnte ich es auch nicht zugeben, und so wurde ich immer wieder mißhandelt. Auf Grund dieser Mißhandlungen bekam ich am 17. Dezember eine Fehlgeburt. Ich verlangte, in ein deutsches Krankenhaus gebracht zu werden. Darauf antwortete mir der sowjetische Arzt: »Verrecke du englisches Schwein!« Eine ärztliche Betreuung erfolgte nicht. Ich bekam auch nicht die geringsten sanitären Mittel, ganz abgesehen davon, daß ich auch keine Gelegenheit hatte, mich zu waschen. Ohne jegliche Rücksicht auf meinen Gesundheitszustand wurde ich laufend weiterverhört und schwer mißhandelt, und zwar mit einer langen Peitsche, in die Eisenkugeln eingezogen waren, und mit einem Lineal. Bis zum 13. Januar befand ich mich in diesem Keller. An diesem Tage holte man mich erstmalig zum Baden. Dann erfolgte nochmals ein Verhör, und weil ich mich nach wie vor weigerte, ein Geständnis abzulegen, erklärte mir Oberleutnant

Karateijew und Oberst Klickow, für meine Lügen ginge ich nunmehr zehn Jahre nach Sibirien."

Herr Willi T., geb. am 26. Mai 1914, berichtete:

„... Nachdem ich zusammen mit meiner Mutter und meiner Schwiegermutter nach Hause fahren wollte, wurde ich von einem Herrn in russischer Uniform angesprochen, der mir eröffnete, daß ich festgenommen sei und zu einer Verhandlung mitzugehen habe. Ich lehnte natürlich das Mitgehen ab, habe aber meinen Widerstand sofort aufgegeben, nachdem ich sah, daß ich von mehreren Personen umringt war. Ich wurde zur Kommandantur gebracht. Nach einer geraumen Zeit kam ein russischer Major – wie sich später herausstellte, handelte es sich um den Kommandeur des MWD, Außenstelle Mahlow – und befahl mir, in einen Pkw zu steigen. Ohne mich von meinen Angehörigen verabschieden zu können, fuhr man mit mir zur Birkenstraße in das Kommando des MWD. Nachdem man mir sämtliche Sachen abgenommen hatte, wurde ich von einem russischen Zivilisten ins Gefängnis geführt, einem kleineren Siedlungshaus, nur mit Erdgeschoß und Kellerräumen. Während ich zunächst in einen vergitterten Raum des Erdgeschosses gebracht wurde, kam ich später in eine Zelle des Kellers. Der Raum hatte eine Größe von ungefähr 20 qm. Dort brannte Tag und Nacht dunkelrotes Licht. An Holzverkleidungen waren Namen ehemaliger Insassen und Worte angebracht, die den Neuankömmling ermahnten, sich nicht von der Wahrheit abbringen zu lassen und auf Gott zu vertrauen.

Nachdem einige Stunden vergangen waren, holte man mich zur ersten Vernehmung. Zunächst wurde mir vorgehalten, weshalb ich nicht sofort widerspruchslos den Anordnungen des mich Festnehmenden gefolgt war. Alsdann wurde mein Lebenslauf aufgeschrieben. Ich mußte diese in russischer Schrift mit Tinte geschriebenen Seiten Seite für Seite unterschreiben. Vom Dolmetscher wurde mir übersetzt, was ich unterschrieben hatte. Die Dolmetscher waren meistens unvollkommen, was die Verständigung erschwerte und die Vernehmungen stundenlang hinauszögerte. – Meine Antworten wurden grundsätzlich als Lügen bezeichnet, und durch Drohungen, ich würde nach Sibirien kommen, ich könnte meine Frau und Kinder niemals wiedersehen, wollte man mich gefügig und redselig machen. Als man merkte, daß diese Drohungen nicht den geringsten Eindruck auf mich machten, schlug man mir auf den Kopf, versetzte mir Kinnhaken oder trat mit dem Fuß in meinen Leib, so daß ich mit dem Stuhl umstürzte. Ein des öfteren in den Raum hereinkommender Kapitän beteiligte sich insofern an der Vernehmung, als er in mein Gesicht schlug und ebenfalls mit den Füßen in meinen Leib trat. Mit Vorliebe wurde mit den Stiefelspitzen gegen meine Schienbeine geschlagen, so daß diese alsbald durchgeschlagen waren. Die dabei vor Wut ausgestoßenen Worte konnte ich leider nicht verstehen.

Man wollte von mir bestätigt haben, daß ich in einer Versammlung in Jüt-chendorf am 1. August 1946 gesagt habe, daß die CDU die einzige Partei ist, die dafür eintritt, daß die Millionen Ostflüchtlinge ihre Heimat wiedererhalten; daß ich weiter behauptet hätte, daß die SED eine reaktionäre Partei sei. Warum ich bei einer Firma im britischen Sektor tätig sei? Es sei gar keine Versicherungsgesellschaft, sondern eine Schwarzmarktbude und eine Spionagezentrale. Was die englischen Offiziere immer bei unserer Firma wollten und wie oft sie zu meinem Chef kämen? Ich sollte doch ruhig alles zugeben, dann könnte ich morgen schon wieder nach Hause gehen. Jede erneute Antwort wurde wiederum als Lüge

Der berüchtigte Schumann-Bunker des MWD in Ostberlin in der Nähe der Friedrichstraße.

bezeichnet. »Wir wissen noch viel mehr von Ihnen, wir haben unsere Zeugen, Ihre Zeugen brauchen wir nicht! Erschießen oder aufhängen werden wir Sie nicht, aber verhungern werden Sie! Wir haben all Ihr Eigentum beschlagnahmt, Ihr Haus, Ihr Pferd, Ihre Ziegen und alles andere. Ihre Familie wird auch noch nach hier geholt, sie wird auch nach Sibirien kommen.«

So wurde ich immer wieder gefragt, warum ich Propaganda gegen die SED betrieben habe. Mein Einwand, daß ich nicht Propaganda gegen die SED gemacht habe, sondern mich lediglich gegen die fortgesetzten Angriffe der SED zu wehren hatte, wurde mit Schlägen ins Gesicht, mit Fußtritten gegen die Schienbeine und gegen den Leib beantwortet. Auch mein Hinweis, daß es im Wesen der Zugehörigkeit zu einer demokratischen Partei die Aufgabe eines Funktionärs sei, sich auch anläßlich öffentlicher Versammlungen in seinem Vortrag mit den Zielen und dem Ideengut der anderen Parteien auseinanderzusetzen, wurde nur mit einem höhnischen Lächeln und brutalen Mißhandlungen beantwortet. Warum ich am 1. Mai 1929 als Führer des damaligen Stahlhelms vor die Häuser sozialistischer Genossen gezogen sei und Schmählieder wie: ‚Thälmann an den Galgen' und ‚Rosa Luxemburg schwimmt im Kanal' gesungen hätte? Meine Antwort, daß ich am 1. Mai 1929 noch nicht 15 Jahre alt gewesen sei und weder Mitglied des Stahlhelms noch sein Führer in diesem Ort gewesen sei, wurde mit Mißhandlungen übelster Art beantwortet. Zudem wollte man mir auch nicht glauben, daß ich zu dem Zeitpunkt noch nicht in Thyrow gewohnt habe, sondern bei meinen Eltern in Berlin-Charlottenburg.

Neun Tage lang wurden diese Fragen in stundenlanger Tages- und Nachtvernehmungen immer wieder an mich gerichtet. Da ich immer hartnäckiger bei der Wahrheit blieb, versuchte man mit immer unangenehmeren Mitteln, ‚Geständnisse' von mir zu erpressen. Mit der scharfen Kante eines Lineals wurde ich gegen die Ohren geschlagen, mit einem Marmorlöscher wurde nach mir geworfen, mit eisenbeschlagenen Stiefelspitzen stieß man gegen meine Schienbeine.

In der Nacht vom 30. zum 31. März 1947 wurde ich zusammen mit einem anderen Häftling nach Bernau gefahren. Dort wurden wir in eine Kellerzelle gesperrt. Am zweiten Tage wurde ich gegen 21 Uhr zur Vernehmung herausgerufen. Diese Vernehmung dauerte wieder mehrere Stunden. Es wurden wiederum dieselben Fragen an mich gerichtet. Der vernehmende Offizier zeichnete auf ein Stück Papier einen Sarg und meinte, daß ich in Sibirien verscharrt werde, und kein Mensch würde wissen, wo ich geblieben sei. Dieses Verhör wurde plötzlich gegen 0.30 Uhr abgebrochen mit dem Bemerken, wenn ich beim nächsten Verhör nichts zugebe, würde ich etwas erleben. Ob ich diese Operation überstehen würde, glaube er nicht.

Nach einigen Tagen wurde ich plötzlich aus der Zelle herausgeholt und auf dem Wege vom Keller zum Vernehmungszimmer fast ohne Unterbrechung mit dem Fuß getreten und geschlagen. Während der Vernehmung holte der Offizier aus dem Nebenzimmer eine Knute, wie man sie aus Abbildungen kennt, und schlug mich 17mal so, daß mein ganzer Körper blutunterlaufene Spuren aufwies, die tagelang zu sehen waren und alle möglichen Farben annahmen.

Am 28. April 1947 wurde mir eine Anklageschrift verlesen, die ich zu unterschreiben hatte. Als ich mich weigerte, wurde mir gesagt, daß ich anscheinend nur mit der Knute zu regieren wäre und daß ich nochmals zur Vernehmung käme. Ich habe diese Anklageschrift dann unterschrieben, um endlich in Ruhe gelassen zu werden."

Die sowjetischen Militärtribunale (SMT)

Das MWD hatte in der Sowjetzone keine eigene Gerichtsbarkeit. Die verurteilungsreifen Häftlinge wurden von Militärtribunalen abgeurteilt, die anfangs bei jeder größeren Militäreinheit bestanden, sich später aber nach der Ländereinteilung der „DDR" richteten. Sitze für die einzelnen SMT waren:

Berlin:	*Berlin-Lichtenberg*
Mecklenburg:	*Schwerin*
Sachsen:	*Dresden*
Brandenburg:	*Potsdam*
Thüringen:	*Weimar*
Sachsen-Anhalt:	*Halle*

Für den Häftling bestanden keine Verteidigungsmöglichkeiten, wie sie im Zivilstrafrecht vorgesehen sind. Er hatte noch nicht einmal einen Verteidiger, und Entlastungszeugen wurden grundsätzlich abgelehnt. Bitten um einen Verteidiger wurden mit dem Hinweis abgetan, daß nach sowjetischem Recht der Staatsanwalt für die Einhaltung der sozialistischen Gesetzlichkeit verantwortlich sei und deshalb auch die Interessen des Angeklagten vertrete.

Die Verhandlungen vor dem SMT entbehrten nicht der Komik. Der zerschlagene und von einem Posten mit angelegter Maschinenpistole bewachte Häftling wurde als erstes von dem Vorsitzenden gefragt, ob er einen der anwesenden Richter wegen Befangenheit ablehne. Diese Fragen wurden nicht etwa ironisch gestellt. Der sowjetische Richter glaubte wohl allen Ernstes, dem Häftling eine Art Gerechtigkeit widerfahren zu lassen und ging mit der gleichen Überzeugung von der Richtigkeit des sozialistischen Rechts nach einigen Minuten aus dem Saal, um mit seinen Kollegen über das Urteil zu beraten. Daß der Häftling aus dem Beratungszimmer manchmal Lachen hörte und die Beratung nur einige Minuten dauerte, änderte nichts an der Überzeugung der Richter, daß hier mit Hilfe der sozialistischen Gesetzlichkeit Gegner des Sozialistischen Friedenslagers und Feinde des Aufbaus der „DDR" einer gerechten Bestrafung zugeführt wurden.

Die Strafen lauteten in der Regel auf 25 Jahre Arbeitslager. Lebenslängliche Haftstrafen wurden relativ selten verhängt, dagegen kam es bis zur Aufhebung der Todesstrafe in der Sowjetunion am 25. Juni 1947 laufend zu Todesurteilen, die auch vollstreckt wurden. Nach der Wiedereinführung der Todesstrafe am 13. Januar 1950 wurden erneut Todesurteile verhängt und vollstreckt.

Eine Berufungsinstanz gab es nicht. Wie wir durch Massenverurteilungen erfahren haben, wurde der zum Tode Verurteilte gefragt, ob er das Urteil annehme. Er habe die Möglichkeit, ein Gnadengesuch einzureichen. Es hat Fälle gegeben, in denen der Häftling das Todesurteil annahm. Mit einer Mischung von ohnmächtiger Wut, Trotz, Stolz und vielleicht auch der Einsicht, daß doch nichts zu ändern sei, setzte er die geforderte Unterschrift unter das Urteil. Er wurde dann aus dem Saal geführt. Bis auf ganz wenige Ausnahmen haben die Angehörigen auch nie etwas über seinen Verbleib erfahren.

Überhaupt ist das Schicksal der zum Tode Verurteilten nicht völlig geklärt. Einige Delinquenten wurden einwandfrei von verschleppten Häftlingen in Moskau gesehen. Es entstanden dadurch Vermutungen, daß sie in Schweigelagern untergebracht seien und noch heute lebten; denn, so folgerte man, warum schafft man die Todeskandidaten Hunderte von Kilometern in die Sowjetunion hinein, um sie doch hinzurichten? Klare Beweise für den Aufenthalt der Betreffenden in Schweigelagern der SU liegen jedoch nicht vor.

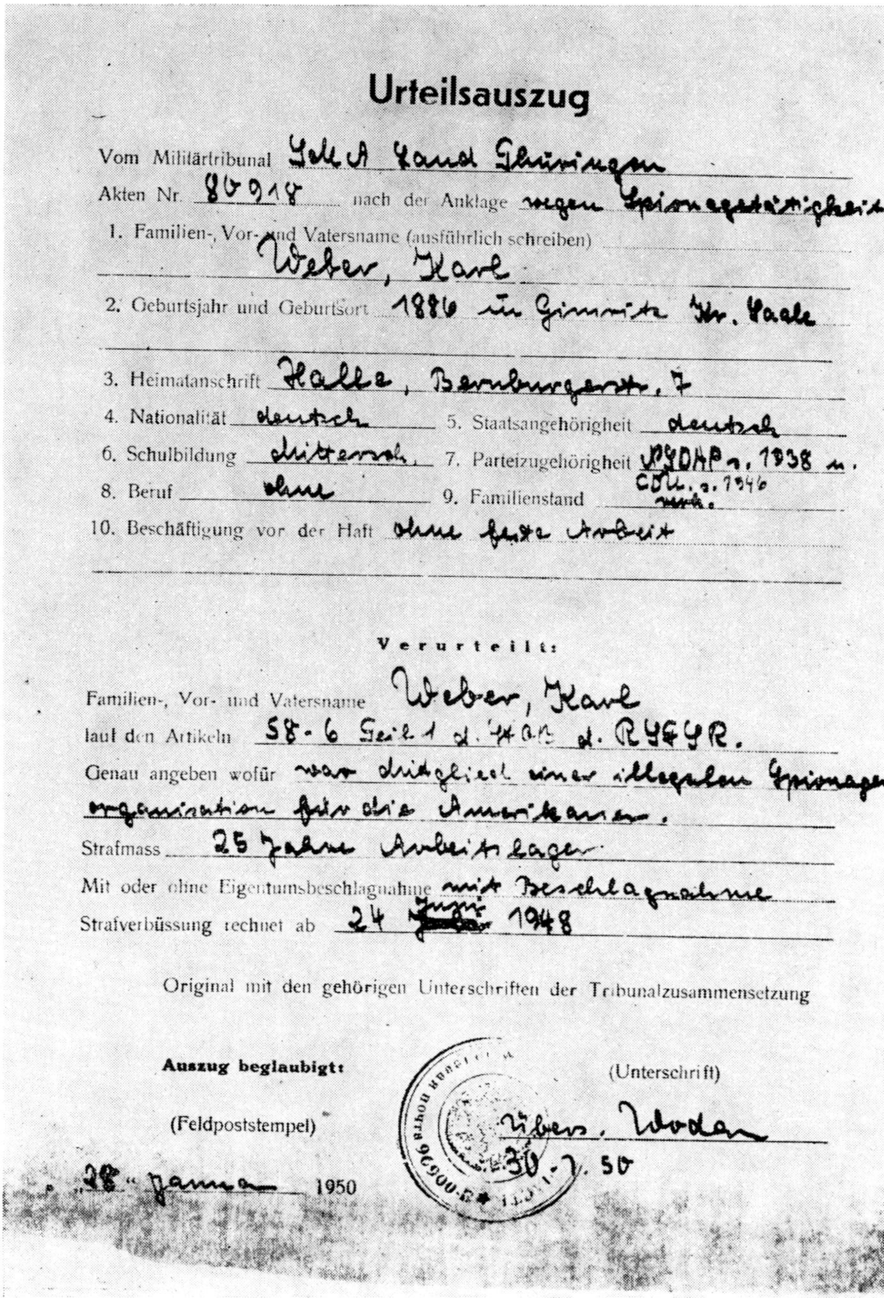

Urteilsauszug

Vom Militärtribunal SMA Land Thüringen

Akten Nr. 80918 nach der Anklage wegen Spionagetätigkeit

1. Familien-, Vor- und Vatersname (ausführlich schreiben) Weber, Karl
2. Geburtsjahr und Geburtsort 1886 in Gimritz Kr. Saale
3. Heimatanschrift Halle, Bernburgerstr. 7
4. Nationalität deutsch
5. Staatsangehörigkeit deutsch
6. Schulbildung Mittelsch.
7. Parteizugehörigkeit NSDAP v. 1938 u. CDU v. 1946
8. Beruf ohne
9. Familienstand verh.
10. Beschäftigung vor der Haft ohne feste Arbeit

Verurteilt:

Familien-, Vor- und Vatersname Weber, Karl

laut den Artikeln 58-6 Teil 1 d. StGB d. RSFSR.

Genau angeben wofür war Mitglied einer illegalen Spionageorganisation für die Amerikaner.

Strafmass 25 Jahre Arbeitslager

Mit oder ohne Eigentumsbeschlagnahme mit Beschlagnahme

Strafverbüssung rechnet ab 24 ~~Juli~~ 1948

Original mit den gehörigen Unterschriften der Tribunalzusammensetzung

Auszug beglaubigt:

(Feldpoststempel)

28. Januar 1950

(Unterschrift)

Übers. Wodan

30.1.50

Dokumentation

Urteilsauszug eines durch ein SMT gefällten Urteils. Diese Auszüge wurden bei der Übergabe der Häftlinge der Volkspolizei übergeben.

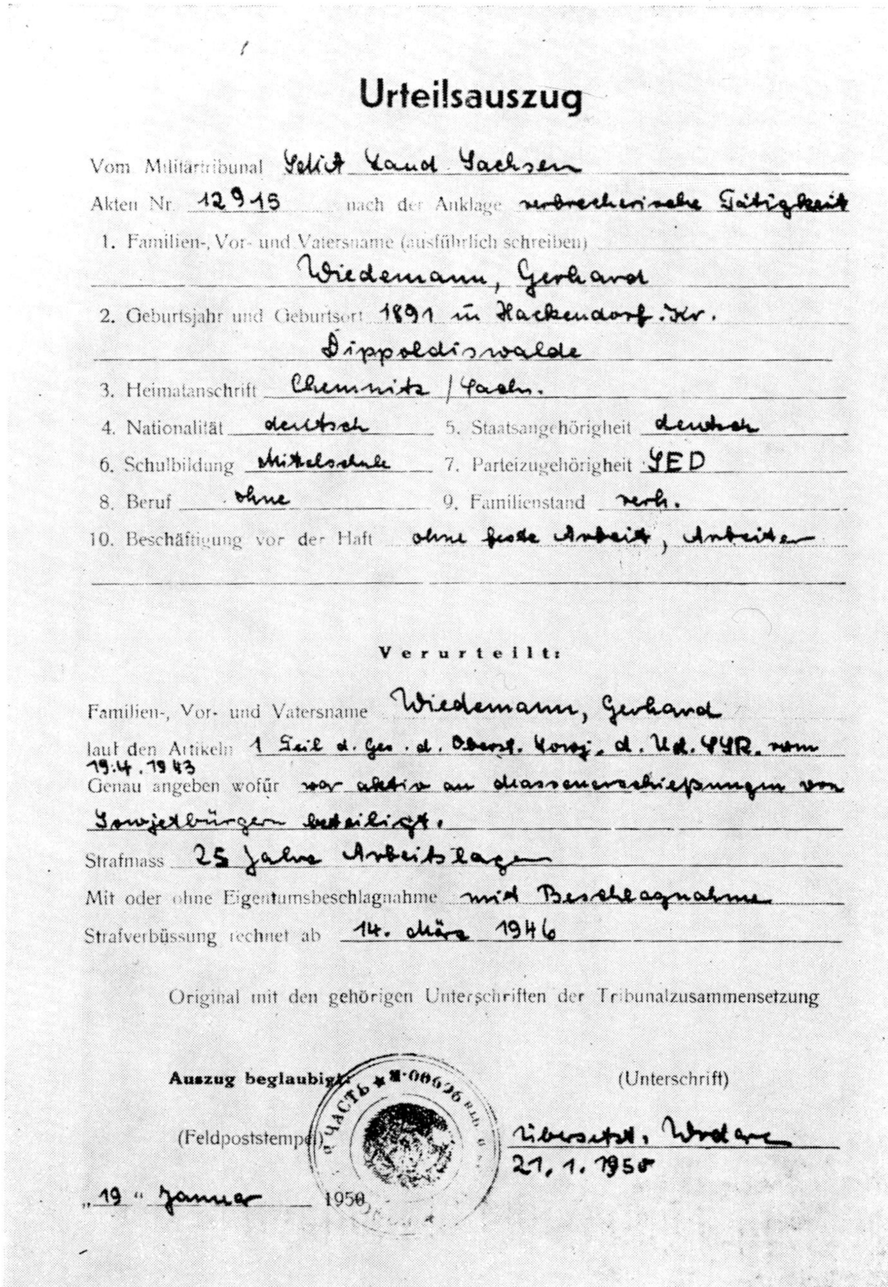

Urteilsauszug

Vom Militärtribunal Sekt Land Sachsen

Akten Nr. 12915 nach der Anklage verbrecherische Tätigkeit

1. Familien-, Vor- und Vatersname (ausführlich schreiben) Wiedemann, Gerhard
2. Geburtsjahr und Geburtsort 1891 in Hackendorf. Kr. Dippoldiswalde
3. Heimatanschrift Chemnitz / Sachs.
4. Nationalität deutsch 5. Staatsangehörigheit deutsch
6. Schulbildung Mittelschule 7. Parteizugehörigheit SED
8. Beruf ohne 9. Familienstand verh.
10. Beschäftigung vor der Haft ohne feste Arbeit, Arbeiter

Verurteilt:

Familien-, Vor- und Vatersname Wiedemann, Gerhard

laut den Artikeln 1 Teil d. Ges. d. Oberst. Vorsj. d. UdSSR. vom 19.4.1943

Genau angeben wofür war aktiv an Massenerschießungen von Sowjetbürgern beteiligt.

Strafmass 25 Jahre Arbeitslager

Mit oder ohne Eigentumsbeschlagnahme mit Beschlagnahme

Strafverbüssung rechnet ab 14. März 1946

Original mit den gehörigen Unterschriften der Tribunalzusammensetzung

Auszug beglaubigt: (Unterschrift)

(Feldpoststempel) Übersetzt. Wedane 21. 1. 1950

„19" Januar 1950

Dokumentation

Urteilsauszug eines durch ein SMT gefällten Urteils. Diese Auszüge wurden bei der Übergabe der Häftlinge der Volkspolizei übergeben.

Auf Grund der neuerlichen Abmachungen zwischen dem westdeutschen und dem sowjetischen Roten Kreuz treffen jetzt manchmal Todesbenachrichtigungen aus der UdSSR ohne Angaben über den Todesort und die Todesursache ein. Der kurze Zeitraum zwischen Todesurteil und Sterbetag läßt in einigen Fällen darauf schließen, daß die Todesurteile vollstreckt wurden.

Das Ferntribunal

Eine besondere Form der Verurteilung durch ein sowjetisches Gericht war das sogenannte Fernurteil. Der Häftling wurde nach dem Abschluß der Vernehmungen weiter im MWD-Gewahrsam gehalten und erfuhr nach Wochen oder Monaten, daß er durch das „Ferntribunal Moskau" zu der und der Strafe verurteilt worden sei. Aus Berichten ehemaliger Häftlinge, die in der Sowjetunion mit russischen Häftlingen zusammentrafen, die früher selbst dem MWD angehörten, wurde bekannt, daß die Urteile in „besonderer Beratung" („ocoboja sowschanie") von drei Angehörigen des sowjetischen Innenministeriums auf Grund der Aktenunterlagen gefällt wurden. Diese Form der Verurteilung wurde nach Stalins Tod abgeschafft. Sie wurde immer dann angewandt, wenn das „Belastungsmaterial" geheimgehalten und deshalb weder dem Angeklagten noch dem Militärtribunal bekanntgegeben werden sollte. Die Urteile wurden also vom MWD selbst gefällt und sollten der strengsten Geheimhaltung dienen. In der Regel wurde ferngeurteilt, wenn

a) der Verurteilte selbst Verbindung mit den sowjetischen Abwehrorganen gehabt hatte (freiwillige oder erzwungene Spitzelverpflichtung),

b) der Verurteilte durch eine Person belastet worden war, die vom MWD gedeckt werden mußte und deren Aussagen nicht dem SMT zur Kenntnis gelangen sollten,

c) der Verurteilte aus irgendeinem Grunde Kenntnis von MWD-Internitas hatte (Dolmetscher sowjetischer Dienststellen usw.).

Die „Fernurteile" waren gewöhnlich niedriger als die SMT-Urteile und betrugen oft 10 Jahre Arbeitslager. Es ist dafür aber auch vorgekommen, daß Fernverurteilte nach der Verbüßung ihrer Strafe mitgeteilt bekamen, daß die Strafverbüßung noch einmal von vorne beginne.

Vermögenseinzug

In den SMT-Urteilen wurde vielfach der Einzug des Vermögens angeordnet. Dies war jedoch meistens überholt, da die Familie des Verurteilten, soweit sie eine annehmbare Wohnung hatte, unter Beschlagnahme der Einrichtung exmittiert wurde oder gleich nach der Verhaftung des Familienmitgliedes nach Westdeutschland oder Westberlin flüchtete. Oft wurden auch die Ehefrauen des Verhafteten einige Wochen eingesperrt und fanden nach ihrer Rückkehr einen SED-Funktionär in ihrer Wohnung vor.

Als Angehörige eines „Staatsfeindes" waren Regreßansprüche von vornherein zwecklos. Auch waren die Angehörigen durch die Begleitumstände der Verhaftung so eingeschüchtert und deprimiert, daß sie keine offiziellen Schritte wagten und froh waren, die Haussuchungen überstanden zu haben, die meistens mehr den Namen Plünderung verdient hätten. Es ist auch vorgekommen, daß Angehörige ein Grundstück oder Haus durch einen Glücksumstand zunächst vor einer Enteignung retten konnten. Diese Fälle wurden 1957 noch nachträglich überprüft, wobei die Abteilungen Finanzen – Referat Verwaltung des staatlichen Eigentums – bei den Bezirksräten mit den Justizverwaltungsstellen zusammenarbeiteten und die z. T. vor über 10 Jahren ergangenen SMT-Urteile in bezug auf die Vermögensbeschlagnahme realisierten. Da die Urteile als rechtskräftig angesehen wurden, gab es für die Betroffenen keine Beschwerde- oder Einspruchsmöglichkeit.

Die Verurteilungsgrundlagen

Die juristische Grundlage für alle Verurteilungen durch SMT war der § 58 des sowjetischen Strafkodex, zu dem in einigen wenigen Fällen aus dem allgemeinen Teil noch die §§ 17 (Definition des Versuches) und 19 (Vorbereitung zu einem Delikt) hinzugezogen wurden.

Der § 58 hat folgende Untertitel (bei Absatz 1 ist das russische Alphabet benutzt):

§ 58

Absatz 1:
Konterrevolution – Umsturz
a) Vaterlandsverrat
b) Vaterlandsverrat ausgeführt von Militär
w) Flucht ins Ausland
g) Nichtanzeige seitens Militär

Absatz 2:
Aufstand und Einbruch in das Territorium der SU

Absatz 3:
Verbindung konterrevolutionärer Art mit dem Ausland

Absatz 4:
Hilfeleistung der internationalen Bourgeoisie

Absatz 5:
Beeinflussung ausländischer Staaten oder im Ausland befindlicher Gruppen durch Verbindung mit Staatsmännern, mit gefälschten Dokumenten oder anderen Mitteln.

Absatz 6:
Spionage / Wirtschaftsspionage

Absatz 7:
Diversionsakte gegen Wirtschaft, Verkehr, Geldumlauf; auch zugunsten früherer Eigentümer

Absatz 8:
Terrorakte gegen Vertreter der Sowjetmacht

Absatz 9:
Sprengstoffattentate

Absatz 10:
Propaganda und Agitation

Absatz 11:
Jede Art organisatorischer Tätigkeit

Absatz 12:
Nichtanzeige

Absatz 13:
Aktive Handlungen und aktiver Kampf gegen die Arbeiterklasse

Absatz 14:
Konterrevolutionäre Sabotage (Nichtausführung oder fahrlässige Ausführung)

Die deutschen Häftlinge wurden hauptsächlich nach den Absätzen 6, 10, 11, 12 und 14 verurteilt. Der Text dieser Absätze, der den meisten ehemaligen Häftlingen unbekannt geblieben ist, lautet:

§ 58 Abs. 6 Spionage

Die Übergabe, Aneignung oder das Sammeln mit dem Ziel der Weitergabe von Nachrichten, die ihrem Inhalt nach speziell bewahrte Staatsgeheimnisse darstellen, an ausländische Staaten, konterrevolutionäre Organisationen oder Privatpersonen, wird bestraft mit

Freiheitsentzug für eine Zeit von nicht kürzer als drei Jahren mit Einziehung des ganzen oder eines Teils des Vermögens.

In denjenigen Fällen jedoch, in denen die Spionage besonders schwere Folgen hervorrufen kann, wird sie mit der höchsten Form des sozialen Schutzes – der Erschießung – oder mit der Erklärung zum Feind der Werktätigen, mit dem Verlust der Staatsangehörigkeit einer verbündeten Republik und damit gleichzeitig der UdSSR für alle Zeiten sowie mit Enteignung des gesamten Vermögens geahndet.

Die Übergabe, Aneignung oder Sammlung ökonomischer Nachrichten mit dem Ziel der Weitergabe, die ihrem Inhalt nach nicht spezielle Staatsgeheimnisse darstellen, jedoch auf Grund direkter Verbote durch Gesetze oder Verfügungen von Leitern von Behörden, Institutionen oder Unternehmungen nicht veröffentlicht werden dürfen, gegen Entgelt oder unentgeltlich an Organisationen oder an die obengenannten Personen, wird bestraft mit

Freiheitsentzug für die Zeit bis zu drei Jahren.

Anmerkung 1:

Als speziell geschützte Staatsgeheimnisse werden alle Nachrichten betrachtet, die in dem besonderen vom Rat der Volkskommissare der UdSSR in Zusammenarbeit mit den Räten der Volkskommissare der verbündeten Republiken verfaßten Verzeichnis aufgezeichnet sind und zur allgemeinen Kenntnis gegeben wurden (6. Juni 1927).

§ 58 Abs. 10 Antisowjetische Propaganda und Agitation

Propaganda und Agitation, die den Aufruf enthalten, die Sowjetmacht zu stürzen, zu untergraben oder zu schwächen oder einzelne konterrevolutionäre Verbrechen zu begehen, ebenso die Verbreitung oder Herstellung oder Aufbewahrung von Literatur dieses Inhalts, wird bestraft mit

Freiheitsentzug für die Zeit von nicht weniger als sechs Monaten.

Werden dieselben Handlungen ausgeführt während Massenunruhen oder unter Ausnutzung von religiösen oder nationalen Vorurteilen der Massen oder während eines Krieges, oder in Ortschaften, in denen der Kriegszustand erklärt worden ist, wird bestraft mit

Maßnahmen des sozialen Schutzes, die im § 58 Abs. 2 dieses Kodex aufgezählt sind (6. Juni 1927).

§ 58 Abs. 11 Organisierung zum Verbrechen

Jede Art organisierte Tätigkeit, die auf die Vorbereitung oder Ausführung eines in diesem Kapitel vorgesehenen Verbrechens gerichtet ist, wie auch die Teilnahme an einer Organisation zur Vorbereitung oder Vollendung eines dieser Verbrechen wird bestraft mit

denjenigen Maßnahmen des sozialen Schutzes, die in den entsprechenden Paragraphen dieses Kapitels aufgezeichnet sind.

§ 58 Abs. 12 Nichtanzeige von konterrevolutionären Verbrechen

Nichtanzeige von einem sicher bekannten, sich in Vorbereitung befindenden oder vollendeten konterrevolutionären Verbrechen wird bestraft mit

Freiheitsentzug für die Zeit von nicht weniger als sechs Monaten.

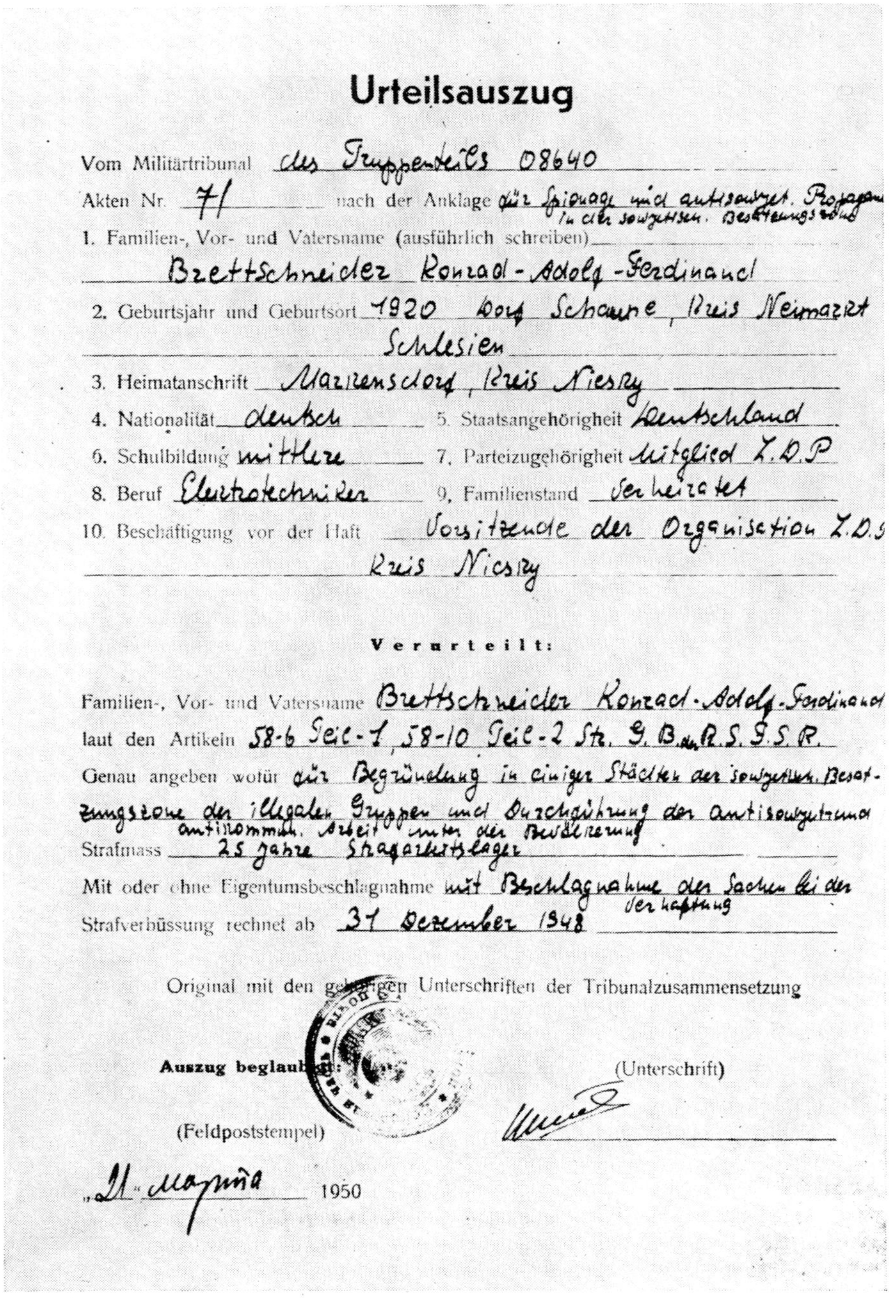

Urteilsauszug

Vom Militärtribunal des Truppenteils 08640

Akten Nr. 71 nach der Anklage für Spionage und antisowjet. Propaganda in der sowjetischen Besatzungszone

1. Familien-, Vor- und Vatersname (ausführlich schreiben) Brettschneider Konrad-Adolf-Ferdinand
2. Geburtsjahr und Geburtsort 1920 Dorf Schaune, Kreis Neimarkt Schlesien
3. Heimatanschrift Markersdorf, Kreis Niesky
4. Nationalität deutsch
5. Staatsangehörigheit Deutschland
6. Schulbildung mittlere
7. Parteizugehörigheit Mitglied L.D.P
8. Beruf Elektrotechniker
9. Familienstand verheiratet
10. Beschäftigung vor der Haft Vorsitzende der Organisation L.D.P Kreis Niesky

Verurteilt:

Familien-, Vor- und Vatersname Brettschneider Konrad-Adolf-Ferdinand

laut den Artikeln 58-6 Teil-1, 58-10 Teil-2 St. G. B. der R.S.F.S.R.

Genau angeben wofür für Begründung in einiger Städten der sowjetischen Besatzungszone der illegalen Gruppen und Durchführung der antisowjetischen antikommun. Arbeit unter der Bevölkerung

Strafmass 25 Jahre Straparbeitslager

Mit oder ohne Eigentumsbeschlagnahme mit Beschlagnahme der Sachen bei der Verhaftung

Strafverbüssung rechnet ab 31 Dezember 1948

Original mit den gehörigen Unterschriften der Tribunalzusammensetzung

Auszug beglaubigt: (Unterschrift)

(Feldpoststempel)

„21" марта 1950

Dokumentation

Urteilsauszug eines durch den SMT gefällten Urteils. Diese Auszüge wurden bei der Übergabe der Häftlinge der Volkspolizei übergeben.

§ 58 Abs. 14 Konterrevolutionäre Sabotage

Konterrevolutionäre Sabotage, d. h. die vorsätzliche Nichtausführung bestimmter Verpflichtungen durch irgend jemand oder die vorsätzliche nachlässige Ausführung mit dem speziellen Ziel, die Macht der Regierung und die Tätigkeit des Staatsapparates zu schwächen, wird bestraft mit

Freiheitsentzug für die Zeit von nicht weniger als 1 Jahr, mit Einziehung des gesamten oder eines Teils des Vermögens, mit Erhöhung der Strafe in besonders schweren Fällen, bis zur höchsten Form des sozialen Schutzes – der Erschießung mit Einziehung des gesamten Vermögens.

Der Text läßt die weiten Auslegungsmöglichkeiten erkennen. Wenn z. B. ein Häftling wegen seines Eintretens für eine Wiederbewaffnung der Bundesrepublik verhaftet worden war, wurde er nach den §§ 19 und 58/2 verurteilt, d. h. also „Vorbereitung zum gewaltsamen Einbruch in das Territorium der Sowjetunion".

Die KZ auf deutschem Boden

Die SMT-Verurteilten und die Internierten wurden in die Konzentrationslager auf deutschem Boden eingeliefert. Nachdem die provisorischen KZ in Werneuchen, Weesow, Posen, Landsberg, Graudenz, Tost und Hohenschönhausen aufgelöst und die Häftlinge in andere KZ in Mitteldeutschland überführt worden waren, bestanden Mitte 1947 folgende Konzentrationslager:

Ketschendorf (Internierte)
Jamlitz (Internierte)
Mühlberg (Internierte)
Neubrandenburg (Internierte)
Bautzen (Strafgefangene und Internierte)
Buchenwald (Internierte)
Sachsenhausen (Strafgefangene und Internierte)

1947 wurden die KZ Ketschendorf, Torgau und Jamlitz aufgelöst und 1948 Mühlberg und Neubrandenburg. Die restlichen Konzentrationslager bestanden bis 1950.

Das Leben in den KZ

Die sowjetischen Konzentrationslager auf deutschem Boden kann man nicht als Zwangsarbeitslager, Internierten- oder Vernichtungslager bezeichnen. Sie waren eine Mischung aus allen drei Elementen. Sie waren keine Zwangsarbeitslager, weil der größte Teil der Häftlinge nicht arbeiten durfte. Sie waren keine Internierungslager, weil die Verhältnisse in den KZ nicht den Vorstellungen entsprachen, die man allgemein von einem reinen Internierungslager hat, und sie waren auch keine Vernichtungslager Hitlerscher Prägung, weil keine Massenvernichtungsmittel, wie Gasöfen, vorhanden waren. Und doch war durch die Übernahme einiger Komponenten dieser KZ-Formen eine neue Art von Konzentrationslagern entstanden: die „Speziallager der NKWD". Der „Erfolg" dieser Lager – rund 50 000 Tote und Zehntausende Kranke – beruhte auf der teuflischen Basis einer Art Selbstvernichtung.

Der Häftling wurde bei kärglichster Verpflegung völlig von der Außenwelt isoliert. Es gab keine Schreibverbindung mit den Angehörigen, die nicht wußten, ob der Verhaftete überhaupt noch lebte oder wo er sich befand. Von amtlicher Seite wurden keine Auskünfte gegeben[5]). Die Häftlinge machten sich ebenfalls Sorgen, da es bis 1948 außerdem weder Zeitungen noch andere Informationsmöglichkeiten gab. Die Häftlinge waren also völlig von der Außenwelt isoliert. Hinzu kam die Beschäftigungslosigkeit. Bis auf kleinere Kommandos zur Aufrechterhaltung des Lagerbetriebes war kein Häftling zur Arbeit eingesetzt. Die Gefangenen saßen zu Hunderten auf engstem Raum in einer Baracke, die wiederum von der Nachbarbaracke durch Zäune isoliert war. Da keine Bücher vorhanden und Vorträge auch über die harmlosesten Themen nicht gestattet waren, blieben die Häftlinge einem stumpfsinnigen Dasein ausgeliefert. Der nagende Hunger, die Beschäftigungslosigkeit und die Ungewißheit über das eigene Schicksal und das Schicksal der Angehörigen ließen kleinliche Schikanen der Wachmannschaften besonders schwer empfinden und die Hilflosigkeit gegenüber diesem System als weitere

[5]) Ab 1948 durften die Strafgefangenen unter einer Ostberliner Schließfachnummer ihren Angehörigen schreiben. Die Briefe durften nur ganz persönliche Mitteilungen enthalten. Die Internierten blieben bis zur Auflösung der KZ ohne Schreibverbindung.

Nach der ersten Entlassungsaktion im Sommer 1948 tauchten in zwei Ostberliner Zeitungen seltsam anmutende Familienanzeigen auf. Viele Angehörige hatten von Entlassenen erfahren, daß in den KZ einige Ostzeitungen ausgegeben wurden. Sie setzten hauptsächlich in der „National-Zeitung" kurze Lebenszeichen ein, in der Hoffnung, daß der Häftling die Anzeige lesen konnte. Nachdem sowjetzonale Dienststellen auf diese Benachrichtigungen und Grüße aufmerksam wurden, durften im Frühjahr 1949 derartige Anzeigen nicht mehr eingesetzt werden.

Depression spüren. Dies waren die allgemeinen Lebensbedingungen in den KZ, die zusammen mit diesen seelischen Belastungen den Tod reiche Ernte halten ließen:

Alle Lager waren durch Ungeziefer verseucht. Es gab Flöhe und Wanzen und in geringerem Maße auch Läuse. Die allgemeinen hygienischen Verhältnisse waren sehr schlecht. Es gab keine Zahnbürste oder Zahnpasta. Minderwertige Seife (Tonseife) stand nur in den letzten Jahren einigermaßen ausreichend zur Verfügung. Sofern kein gestreiftes Drillichzeug aus der Nazi-KZ-Zeit vorhanden war, mußten die Kleider der Verstorbenen verwendet werden. Neuwertige Bekleidung und Schuhwerk wurden nur zur Entlassung ausgegeben.

Für Krankheitsfälle gab es in den Lagern Lazarette, in die aber nur Schwerkranke eingeliefert werden durften. Eine Einlieferung in ein Zivilkrankenhaus gab es nicht. Unter der Oberaufsicht eines sowjetischen Arztes, der sich aber nur um verwaltungsmäßige Aufgaben kümmerte, versorgten Häftlingsärzte ihre Kameraden. Ihren Bemühungen waren jedoch wegen der fehlenden Medikamente, der Unterernährung der Häftlinge und des völlig unzureichenden Instrumentariums enge Grenzen gesetzt. In einigen Fällen mußten deshalb Amputationen ohne Betäubung vorgenommen werden.

Die Toten wurden in einem sogenannten Leichenkeller gesammelt und täglich von einem Beerdigungskommando je nach den örtlichen Gegebenheiten in der Nähe des Lagers in Massengräbern verscharrt. Die Leichen wurden unbekleidet ohne Sarg vergraben, die Gräber nicht gekennzeichnet. Das Beerdigungskommando wurde oft ausgewechselt oder in andere KZ verlegt, um den Häftlingen keinen Überblick über die Todesfälle zu geben. Aus dem gleichen Grunde wurden auch alle von den deutschen Lagerleitungen geführten Totenkarteien vernichtet.

Aufbau und Organisation

Die Lager standen ausschließlich unter sowjetischer Bewachung. Die Sicherung erfolgte durch elektrisch geladene Zäune, Wachtürme und eine das Lager umgebende Sperrzone.

Dem einzelnen Konzentrationslager stand ein sogenannter Lagerleiter vor. Ihm unterstand ein Lagerkommandant, der für die innere Ordnung zuständig war, und der Leiter des Wachkommandos mit den Wachmannschaften für die äußere Sicherung des KZ. Dem Lagerleiter unterstand außerdem eine sogenannte „Operative Gruppe“, die sich hauptsächlich aus MWD-Offizieren zusammensetzte, und deren Aufgabe es war, die Häftlinge politisch zu überwachen und durch ein weitverzweigtes Spitzelsystem noch nicht erkannte hohe NS-Funktionäre und Militärs aus der Masse der Internierten herauszusuchen.

Das Innere des Lagers durfte nur ohne Waffen von der „Operativen Gruppe“ und den Angehörigen des Innendienstes betreten werden. Zum Innendienst gehörten einige Offiziere, die für die Wirtschaftsbetriebe, das Lazarett, die Lagerpolizei und die Verpflegung verantwortlich waren, sowie einige Sergeanten, die die täglichen Zählappelle durchführten. Außerdem konnten Ärzte und Apotheker das Lager betreten.

Diesem verhältnismäßig kleinen Apparat stand eine gewisse Häftlingsselbstverwaltung zur Verfügung, die sich jedoch nicht so fest organisieren konnte, wie dies in den KZ während der Nazizeit möglich war. Man kann deshalb von einem passiven Widerstand zugunsten der Häftlinge von seiten der deutschen Lagerleitung nicht sprechen. Es hat zwar einzelne Lagerfunktionäre gegeben, die sich als Interessenvertreter der Häftlinge betrachteten und auch danach handelten. Sie wurden jedoch sehr bald ausgeschieden. Die Sowjets duldeten nur bedingungslose Befehlsempfänger, die ihre Befehle rücksichtslos bis zur letzten Konsequenz ausführten. Die brüchige Moral und der Hunger führten dazu, daß sich leider auch sehr oft Kreaturen fanden, die noch über die ursprünglichen Befehle hinausgingen und sich um irgendwelcher Vorteile willen brutal durchsetzten.

Chef der Häftlingselbstverwaltung war ein „Lagerleiter innerer Ordnung", dem der Chef der Lagerpolizei zur Seite stand. Die Lagerpolizei hatte hauptsächlich Ordnungsfunktionen inne. Dem Lagerleiter standen außer einem Läuferstab zur Übermittlung von Befehlen Zonenälteste, Barackenälteste und Stubenälteste zur Verfügung. In einigen Lagern wurden diese Funktionäre mit militärischen Diensträngen bezeichnet. Alle Funktionäre waren durch Armbinden gekennzeichnet und erhielten eine bessere Verpflegung. Durch strengste Bestrafung einzelner, durch Kollektivstrafen und bevorzugte Verpflegung und Unterbringung der Lagerfunktionäre konnten die Sowjets die Häftlingsverwaltung zu einem reibungslos funktionierenden Instrument machen.

Strafen

Als Strafen wurden Karzerstrafen – auch Bunkerstrafen genannt – verhängt. Der Häftling wurde in eine völlig kahle Einzelzelle gesperrt und mußte dort Tage oder Wochen bei halber Lagerverpflegung zubringen. Da diese Zellen nicht geheizt wurden, war diese Strafe besonders im Winter empfindlich. Durch die Herabsetzung der sowieso schon unzureichenden Lagerverpflegung bedeutete eine Karzerstrafe fast immer eine gesundheitliche Schädigung, die oft zum Tode führte. Außerdem gab es noch „individuelle Strafen", die von den einzelnen Sergeanten verhängt wurden. Sie reichten vom stundenlangen Strammstehen bis zur Mißhandlung. Es gab allerdings keine regelrechte Prügelstrafe.

Eine besondere Form der Dauerbestrafung war die Unterbringung in einer Sperrbaracke, die „Isolator" genannt wurde. Bei den isolierten Häftlingen hat es sich hauptsächlich um fluchtverdächtige und der Lagerleitung nicht genehme Personen gehandelt. So wurden alle Lagerfunktionäre, die wegen irgendwelcher Verfehlungen oder durch Intrigen innerhalb der sogenannten Lagerprominenz ihre Posten verloren hatten, in die Sperrbaracken abgeschoben. Die Sperrbaracken waren von dem übrigen Lager fast völlig isoliert und hatten einige Hafterschwernisse. Die Einlieferung in diese Baracken erfolgte auf unbestimmte Zeit.

Verpflegung

In den Lagern wurde dreimal täglich Verpflegung ausgegeben. Der Häftling bekam am Tag zweimal Suppe und einmal Brot. Die von der Wirtschaftsverwaltung der KZ bewilligten Verpflegungsmengen waren sehr unterschiedlich und schwankten oft von Tag zu Tag erheblich. Für die Berechnung der Verpflegungssätze wurden russische Kalorienwerte für die einzelnen Lebensmittel zugrunde gelegt, die im Vergleich zu den deutschen Kalorientabellen zu hoch berechnet waren. Später benutzten die Sowjets die von der SS für die deutschen KZ herausgegebenen Tabellen, die in einzelnen Fällen ebenfalls zu hohe Werte ansetzten, da sie bei einzelnen Nahrungsmitteln Qualitätsunterschiede machten. Die sowjetischen Lagerkommandanten nahmen grundsätzlich die höchsten Tabellenwerte als Grundlage für ihre Berechnung. Erst ab 1948 wurden auf das ständige Drängen der deutschen Häftlingsärzte in gewissem Umfange Qualitätsunterschiede berücksichtigt.

Die besonders in den ersten drei Jahren in die sowjetischen KZ gelieferten Erzeugnisse waren im allgemeinen sehr schlecht. Das Mehl war minderwertig, durch Ratten und Mäuse zerfressen, und durch Erhöhen der Ausmahl- und Ausbackvorschriften (im letzten Fall von 135 Prozent auf 150 Prozent) war der Kalorienwert erheblich herabgesetzt. Das Brot war in den ersten Jahren ausgesprochen feucht. In einzelnen KZ wurde es mit 40 Prozent Kartoffelmehlzusatz gebacken. Die von den Sowjets in Anrechnung gebrachten 220 bis 230 Kalorien für 100 g Brot waren also ganz erheblich zu hoch angesetzt. Als oberste Grenze für das in den KZ ausgegebene Brot konnten höchstens 200 Kalorien für 100 g angenommen werden.

Auch für Fleisch wurden von sowjetischer Seite zu hohe Kalorienwerte in Ansatz gebracht, und zwar grundsätzlich für 100 g Fleisch 320 Kalorien. Das der Häftlingsküche zur Verfügung gestellte Fleisch war jedoch im allgemeinen ausgesprochen schlecht und minderwertig. Es wurde nicht nur qualitativ schlechtes Fleisch notgeschlachteter und stark abgemagerter Tiere, sondern auch sonst kalorienmäßig Minderwertiges, wie Köpfe, Füße, Eingeweide usw. geliefert.

Die Kartoffeln ergaben immer mindestens 15 bis 20, zeitweilig sogar bis zu 50 Prozent Abfall. Schlechte Beschaffenheit, unsachgemäßes Lagern und Einmieten waren daran schuld. Die Sowjets berechneten aber immer das Bruttogewicht der angelieferten Erzeugnisse und zogen daraus ihre Unterlagen für die Kalorienberechnung.

Um zu einer richtigen Wertung der Verpflegung in den sowjetischen KZ zu kommen, müssen wir für die nachfolgenden Kalorientabellen folgende Berechnungsgrundlagen beachten:

1. Als „nomineller Wert" sind die sowjetischen Kalorienangaben aufgeführt, die die sowjetische Lagerverwaltung aus den ausgegebenen Bruttolebensmitteln (d. h. also ohne Berücksichtigung der Lebensmittelqualität) errechnete.
2. Als „berichtigter Wert" sind die von den deutschen Häftlingsärzten errechneten Kaloriensätze angegeben, bei denen Beschaffenheit, Abfälle usw. berücksichtigt wurden.
3. Bei den „de-facto-Werten" handelt es sich um die etwa an den einzelnen Häftling zur Ausgabe gekommenen Lebensmittel, umgerechnet in Kalorien. Die Differenz zur zweiten Gruppe ergibt sich durch einen „Schwund", der auf dem Wege vom sowjetischen Magazin bis zum Eßnapf des Häftlings durch Entnahme der Sonderverpflegungen für Kranke, Lagerfunktionäre, Lagerarbeiter und „Beziehungen" entstand.

Verpflegung im Mai und Juni 1945 (hier KZ Ketschendorf)

Nahrungsmittel	Nomineller Wert		Berichtigter Wert		De-facto-Wert
	Gramm	Kalorien	Gramm	Kalorien	Kalorien
Brot	75—300	165—660	75—300	150—600	
Kartoffeln	200	180	150	120	
		345—840		270—720	200—600

Verpflegung von Juli 1945 bis Juni 1946 (hier KZ Ketschendorf)

Nahrungsmittel	Nomineller Wert		Berechtigter Wert		De-facto-Wert
	Gramm	Kalorien	Gramm	Kalorien	Kalorien
Brot	500	1100	500	1000	
Kartoffeln	—	—	—		
Grütze	60	200	60	170	
Öl	10	75	6	45	
Fleisch	28	90	15	25	
Gemüse	—	—	—	—	
		1465		1240	1100

Hinzu kamen noch ab Oktober 1945:

Zucker	18	70	18	70	
Marmelade	28	60	28	35	
		1595		1345	1200

Verpflegung von Mitte 1946 bis 4. November 1946 (hier KZ Ketschendorf)

Nahrungsmittel	Nomineller Wert Gramm	Nomineller Wert Kalorien	Berichtigter Wert Gramm	Berichtigter Wert Kalorien	De-facto-Wert Kalorien
Brot	500	1100	500	1000	
Kartoffeln	300	270	220	180	
Grütze	60	200	60	170	
Fett	20	150	20	150	
Fleisch	28	90	20	35	
Zucker	20	80	20	80	
Marmelade	30	60	30	50	
Gemüse	200	60	130	40	
		2010		1705	1500—1600

Anfang November 1946 wurden in allen KZ schlagartig die Verpflegungssätze herabgesetzt. In einigen Lagern wurde an Stelle von Frischbrot Röstbrot ausgegeben. Die Sowjets legten bei der Ausgabe einen Umrechnungsfaktor zugrunde, der sich auf das bis dahin ausgegebene Mehl für Bäckereien bezog. Da die Bäckereien völlig nasses Brot lieferten, um wenigstens gewichtsmäßig die vorgeschriebenen Brotmengen ausliefern zu können, waren die Häftlinge dieser KZ noch mehr von dieser Rationskürzung betroffen. Außerdem kam noch das verstärkte Hungergefühl dazu, da dem Magen mit den paar Brocken Trockenbrot noch nicht einmal das Völlegefühl des Klitschbrotes geboten werden konnte. In der nachfolgenden Tabelle sind die Werte für Frischbrot angegeben.

Verpflegung von November 1946 bis Januar 1947 (hier KZ Ketschendorf)

Nahrungsmittel	Nomineller Wert Gramm	Nomineller Wert Kalorien	Berichtigter Wert Gramm	Berichtigter Wert Kalorien	De-facto-Wert Kalorien
Brot	300	660	300	600	
Kartoffeln	200	180	140	115	
Grütze	35	110	35	100	
Fett	20	150	15	105	
Fleisch	28	90	15	30	
Zucker	20	80	20	80	
Marmelade	30	60	30	40	
Gemüse	100	30	70	15	
		1360		1085	900—1000

Verpflegung von Februar 1947 bis Juli 1947 (hier KZ Neubrandenburg)

Nahrungsmittel	Nomineller Wert Gramm	Nomineller Wert Kalorien	Berichtigter Wert Gramm	Berichtigter Wert Kalorien	De-facto-Wert Kalorien
Brot	500	1100	500	750	
Kartoffeln	200	180	130	105	
Grütze	50	160	50	140	
Fett	20	150	15	115	
Fleisch	40	130	20	30	
Zucker	20	80	20	80	
Gemüse	200	60	130	40	
		1860		1260	1100

Verpflegung von August 1947 bis Frühjahr 1948 (hier KZ Neubrandenburg)

Nahrungsmittel	Nomineller Wert Gramm	Nomineller Wert Kalorien	Berichtigter Wert Gramm	Berichtigter Wert Kalorien	De-facto-Wert Kalorien
Brot	500	1100	500	1000	
Kartoffeln	300	270	220	180	
Grütze	35	110	35	100	
Fett	20	150	20	150	
Fleisch	50	160	35	65	
Zucker	20	80	20	80	
Marmelade	30	60	30	50	
Gemüse	200	60	130	40	
		1990		1665	1500—1550

Am 10. April 1948 begannen in den KZ die sogenannten Aufrufe für die erste große Entlassungsaktion im Juli und August 1948. Die zur Entlassung vorgesehenen Häftlinge wurden gesondert untergebracht und bekamen eine bessere Verpflegung. Es ging den Sowjets offenbar darum, den zu Tausenden in ihre Heimatorte zurückkehrenden ehemaligen Häftlingen den Anschein eines Gutgenährtseins zu geben. Die Sonderverpflegung, die im August 1948 wieder eingestellt wurde, betrug etwa 2200 Kalorien an tatsächlich ausgegebenen Lebensmitteln.

Verpflegung von Sommer 1948 bis Sommer 1949 (hier KZ Buchenwald)

Nahrungsmittel	Nomineller Wert Gramm	Nomineller Wert Kalorien	Berichtigter Wert Gramm	Berichtigter Wert Kalorien	De-facto-Wert Kalorien
Brot	500	1100	500	1000	
Kartoffeln	100	90	60	50	
Grütze	35	110	35	100	
Fett	20	150	20	150	
Fleisch	50	160	35	100	
Zucker	20	80	20	80	
Marmelade	30	60	30	50	
Gemüse	300	90	220	45	
		1840		1575	1500

Dieser Verpflegungssatz blieb im großen und ganzen bis zur Auflösung der KZ im Januar 1950 bestehen. Um auch diesen zur Entlassung kommenden Häftlingen ein besseres Aussehen zu geben, erhöhte man etwa ab Sommer 1949 die Zuteilungen. Die Kartoffelmenge wurde erst auf 400, dann auf 500 und zuletzt auf 600 Gramm erhöht. Dazu gab es seit Dezember 1949 zusätzlich 200 Gramm Gemüse und 35 bis 50 Gramm Grütze oder Haferflocken.

Die oben angegebenen Tabellen entsprechen etwa den Verpflegungssätzen, die der normale Häftling in allen Konzentrationslagern erhielt. Es hat in den einzelnen KZ kurzfristig Unterschiede gegeben, wenn z. B. Lebensmittel schlechter Qualität geliefert worden waren und, um sie nicht verderben zu lassen, sofort ausgegeben wurden. In den meisten Fällen wurden dann diese Mengen aber wieder eingespart.

Von einer Sonderverpflegung für die Dystrophiker und Tbc-Kranken kann erst ab etwa Ende 1948 gesprochen werden. Bis dahin bestand die Sonderverpflegung durch Entnahme der Lazarettverpflegung vor Ausgabe an die übrige KZ-Belegschaft (es wurde mehr „Dickes" abgeschöpft) und m e n g e n mäßige Differenzierung. Der Kranke bekam praktisch statt 1 Liter Wassersuppe 1½ Liter etwas sämiger Suppe mit gleicher Zusammensetzung. Ab 1948/49 wurde eine echte Tbc-Verpflegung ausgegeben, die mit etwa 2500 Kalorien berechnet wurde. Man kann diese Verpflegung natürlich nicht mit den in normalen Krankenanstalten üblichen Verpflegungssätzen für Tbc-Kranke vergleichen, zumal die KZ-Verpflegung sehr eiweißarm war.

Häftling und Wachtposten des KZ Sachsenhausen.

Die einzelnen Konzentrationslager

Die Angaben über die Stärke der Häftlingstransporte, Neueinlieferungen und Gesamtbelegungen stützen sich auf Angaben ehemaliger Häftlinge. Es wurden hauptsächlich Berichte berücksichtigt, die von ehemaligen Lagerfunktionären stammen, die durch ihre Position einen besseren Überblick über die Verhältnisse im Lager hatten. Bei den Datumsangaben können einige Tage Differenz auftreten, da die Transporte immer mehrere Tage unterwegs waren und den Häftlingen oft nur Abfahrts- oder Ankunftstag in Erinnerung waren.

Bei den Todesziffern wurden hauptsächlich Angaben der Totengräber und Lazarettärzte verwendet. Wo dies in einzelnen Fällen nicht möglich war, wurden Schätzungen ehemaliger Häftlinge herangezogen, die ihre Angaben wiederum von Totengräbern, Ärzten oder Lagerfunktionären hatten. Lagen widersprechende Angaben vor, wurde die jeweils kleinste oder die am meisten genannte Zahl berücksichtigt.

Konzentrationslager Oppeln
(Juni 1945 bis November 1945)

In diesem Lager, über das nur wenige Angaben vorliegen, wurden Verhaftete aus der Umgegend von Oppeln eingeliefert. Das MWD zog aus diesem Lager arbeitsfähige Wehrmachts- und Polizeiangehörige heraus und brachte sie in das Lager Bolko bei Oppeln. Über den weiteren Verbleib ist nichts bekannt. Sie wurden vermutlich in die UdSSR verschleppt. Insgesamt befanden sich etwa 1400 Häftlinge in diesem Lager, von denen 300 verstarben. Im November 1945 wurden 200 Häftlinge entlassen und der Rest in das KZ Graudenz verlegt.

Konzentrationslager Tost bei Groß-Strehlitz (Oberschlesien)
(Juni 1945 bis 27. November 1945)

Die Häftlinge waren in der Heil- und Pflegeanstalt Tost untergebracht. Das Lager stand unter Leitung des Oberst Pylajew. Den Stamm des Lagers bildeten 4500 Häftlinge, die am 20. Juli 1945 in drei Transporten aus Bautzen kamen. Hinzu kamen am 15. und 25. Juni 1945 750 Häftlinge aus Breslau. Im August 1945 wurden 300 Volksdeutsche aus Polen und der CSR mit unbekanntem Ziel abtransportiert. Im Dezember 1945 kamen 700 Häftlinge zur Entlassung. Anschließend wurden die restlichen 1100 Häftlinge in das KZ Graudenz verlegt.

Das KZ hatte wegen der unhygienischen Verhältnisse eine außergewöhnlich hohe Todesrate. Die etwa 3000 Toten sind in einer etwa 1 km vom Lager entfernten Kiesgrube in Massengräbern verscharrt worden.

Konzentrationslager Graudenz (Westpreußen)
(November 1945 bis Februar 1946)

Das Strafgefängnis Graudenz wurde im März 1945 zum Sammellager für Deutsche, die von der Front überrollt worden waren. Unter ihnen befanden sich viele Flüchtlinge aus Ostpreußen und den Baltenstaaten. Nachdem laufend mehrere tausend Männer und Frauen in die UdSSR verschleppt worden waren, wurde das Gefängnis im Juni 1945 geräumt. Die Häftlinge kamen in die unter polnischer Verwaltung stehenden Lager Potuliz und Kaltwasser bei Bromberg. Dort lagen insgesamt 11 000 Männer und Frauen, die dort unter besonders schweren Bedingungen leben mußten.

Das Strafgefängnis Graudenz wurde im November 1945 mit Transporten aus Oppeln (900 Häftlinge) in Betrieb genommen. Im Dezember 1945 kamen 1000 Häftlinge aus Ratibor und 1100 aus Tost hinzu. In den Wintermonaten wurden laufend Häftlinge aus verschiedenen Haftanstalten der Umgegend in das Lager gebracht. Von den Überlebenden wurden im Februar 1946 etwa 500 entlassen. 2500 Häftlinge kamen in zwei Transporten in das KZ Fünfeichen bei Neubrandenburg. Etwa 4800 Tote sind in Massengräbern im Zuchthaushinterhof begraben worden.

Konzentrationslager Posen
(April 1945 bis Dezember 1945)

Im ehemaligen Ausstellungsdorf im Stadtteil St. Lazarus in Posen wurde unter Leitung des Oberst Orloff im April 1945 ein KZ eingerichtet. In diesem Lager, dessen Erstinsassen sich aus Inhaftierten aus Posen und Umgebung zusammensetzten, befanden sich zeitweilig auch Kriegsgefangene. Am 12. Mai und 14. Juni 1945 wurden aus dem KZ Ketschendorf 1800 Häftlinge nach Posen gebracht, nachdem am 24. und 25. April 1945 einige hundert Häftlinge aus Schwiebus eingetroffen waren. Bei der Trennung von politischen Häftlingen und Kriegsgefangenen im August 1945 befanden sich etwa 7000 Häftlinge im Lager. Der Abtransport der politischen Häftlinge erfolgte am 20. September 1945 (1000 nach Jamlitz) und am 31. Oktober 1945 (2000 Häftlinge nach Landsberg). Von den Kriegsgefangenen schaffte man im Oktober 1945 600 in die UdSSR und 400 nach Breslau. Im Oktober 1945 wurden 2000 Russen („Ostarbeiter" und Wlassow-Leute) in die UdSSR gebracht. Am 24. Dezember 1945 wurde dann das KZ endgültig aufgelöst. Das Restkommando von 140 Häftlingen kam in das KZ Landsberg.
Das KZ Posen hatte etwa 1000 Tote zu verzeichnen.

Konzentrationslager Landsberg (Warthe)
(13. Juni 1945 bis 5. Januar 1946)

In der Walter-Flex-Kaserne auf dem Krähenberg in Landsberg wurden am 13 .Juni 1945 1600 Häftlinge aus Berliner Gefängnissen gebracht, zu denen im Laufe des Juli noch 3000 Häftlinge in zwei Transporten aus dem KZ Weesow kamen. Im August und November kamen aus Frankfurt und Posen je 2000 Häftlinge.

Am 23. November 1945 wurden 2000 Häftlinge auf dem in der Nähe liegenden Gleisanschluß der Maizena-Werke in Güterwagen verladen und mit zunächst unbekanntem Ziel abtransportiert. Die Verpflegung betrug pro Tag 160 Gramm Röstbrot, Wasser und eine Messerspitze Konservenfleisch. Nach sechs Tagen erreichte der Zug Breslau. Bis dahin waren bereits 20 Häftlinge verstorben. Die Häftlinge blieben mehrere Tage auf dem Güterbahnhof Breslau bei kärglichster Verpflegung in ihren Waggons. Anschließend ging die Fahrt wieder nach Landsberg zurück, wo der Transport am 7. Dezember 1945 eintraf. Über 40 Tote wurden ausgeladen, etwa 250 Häftlinge mußten sofort ins Lazarett gebracht werden. Nach einer Zählung eines Teilnehmers dieser Fahrt lebten von diesen 2000 Häftlingen im Juli 1948 noch 138.

Im Dezember 1945 und Januar 1946 wurde das KZ aufgelöst. Nach etwa 550 Entlassungen wurden 4000 Häftlinge in das KZ Buchenwald gebracht. In der ganzen Zeit verstarben in Landsberg 2600 bis 3000 Häftlinge. Leiter des KZ war der MWD-Major Nikitin.

Konzentrationslager Frankfurt (Oder)
(Mai bis Oktober bzw. September 1947)

Nach dem Einmarsch der Sowjets wurde Frankfurt (Oder) das Ausfalltor nach Osten, durch das unendlich viele Gefangenentransporte in die Sowjetunion fuhren. In vielen Fällen war nicht klar, ob die Gefangenen als Kriegsgefangene oder als politische Häftlinge galten. Der Wirrwarr in den Lagern dieser Stadt, das Ver- und Umlegen ist daher nicht mehr rekonstruierbar. Von Mai bis Oktober 1945 bestand östlich der Oder in einem Häuserblock an der Waschbleiche ein Lager, das mit politischen Häftlingen aus der Mark und Sachsen belegt war. Ein weiteres Lager befand sich in der Horn-Kaserne. Das Lager an der Waschbleiche blieb bis Ende 1951 Repatriierungslager und wurde dann aufgelöst.

Die Belegung des Lagers betrug im Juli 1945 7000 Häftlinge, von denen etwa 2500 die sowjetische Staatsangehörigkeit hatten. Bis zum 27. Juli 1945 kamen aus den KZ Weesow und Ketschendorf sowie aus sächsischen MWD-Gefängnissen 3600 Häftlinge hinzu. Am 13., 15. und 20. September 1945 wurden 3500 Häftlinge in das KZ Jamlitz gebracht. Ab diesem Zeitpunkt kann man das Lager als Durchgangslager für Kriegsgefangene bezeichnen. Durch dieses Lager gingen Häftlinge aus fast allen Konzentrationslagern der SBZ, die man wegen ihrer ehemaligen Zugehörigkeit zur Wehrmacht zu Kriegsgefangenen erklärte oder nach Feststellung ihrer Arbeitsunfähigkeit wieder zu politischen Häftlingen machte und sie in die KZ zurückschickte. Bei der Auflösung des Lagers im September 1947 kamen die restlichen 500 Häftlinge in das KZ Sachsenhausen. Die Zahl der Toten ist nicht bekannt. Sie liegen auf dem Freigelände südlich des Lagers in Massengräbern.

Konzentrationslager Weesow bei Werneuchen (Mark)
(Mai 1945 bis 16. August 1945)

Nach dem Einmarsch der Sowjets richtete das MWD in dem kleinen Dorf Weesow sechs Bauernhöfe als Konzentrationslager ein, das auf dem Flugplatz Werneuchen zusammengetriebene Deutsche notdürftig aufbauen mußten. Das Lager kann man als Durchgangslager bezeichnen. Die in Weesow gesammelten Häftlinge wurden mit der Bahn, mit Lastkraftwagen oder auch zu Fuß in die KZ Landsberg, Berlin-Hohenschönhausen, Frankfurt (Oder), Neubrandenburg und Sachsenhausen weitergeleitet. Am 16. August 1945 wurden die letzten 2000 Häftlinge zu Fuß nach Sachsenhausen getrieben. Zwei Männer, die unterwegs nicht mehr weiterlaufen konnten, wurden erschossen.

Das Lager hatte etwa 1500 Tote zu verzeichnen, die in den umliegenden Wäldern verscharrt wurden.

Konzentrationslager Berlin-Hohenschönhausen
(Mai 1945 bis Oktober 1946)

In der ehemaligen NSV-Großküche in Berlin-Hohenschönhausen, Freienwalder Straße richtete das MWD unter Kapitän Kumpan das „Speziallager Nr. 3“ ein. Dieses Lager war Auffangbecken für alle im Raum von Groß-Berlin festgenommenen Deutschen. Die Belegung betrug am 1. Juli 1945 bereits 5000 Häftlinge. Von Hohenschönhausen wurden die Gefangenen in die KZ Weesow, Ketschendorf und Sachsenhausen weitergeleitet.

Das Lager hatte etwa 3100 Tote zu verzeichnen.

Konzentrationslager Ketschendorf bei Fürstenwalde
(Mai 1945 bis 17. Februar 1947)

In sechs Häusern mit je neun Zweizimmerwohnungen einer Fabriksiedlung der Deutschen Kabelwerke errichtete das MWD im Mai 1945 das „Speziallager Nr. 5“. Nach restloser Vernichtung aller Möbel und Einrichtungsgegenstände durch die ersten Häftlinge aus Berlin trieben die Sowjets in kleinen und größeren Fußtransporten verhaftete Männer und Frauen aus Berlin und Umgebung in das Lager. Die Durchschnittsbelegung des Lagers lag bei 6200 Insassen. Die Häftlinge wurden aus Ketschendorf nach Frankfurt (Oder), Jamlitz, Mühlberg und Neubrandenburg weitergeleitet. Die Auflösung

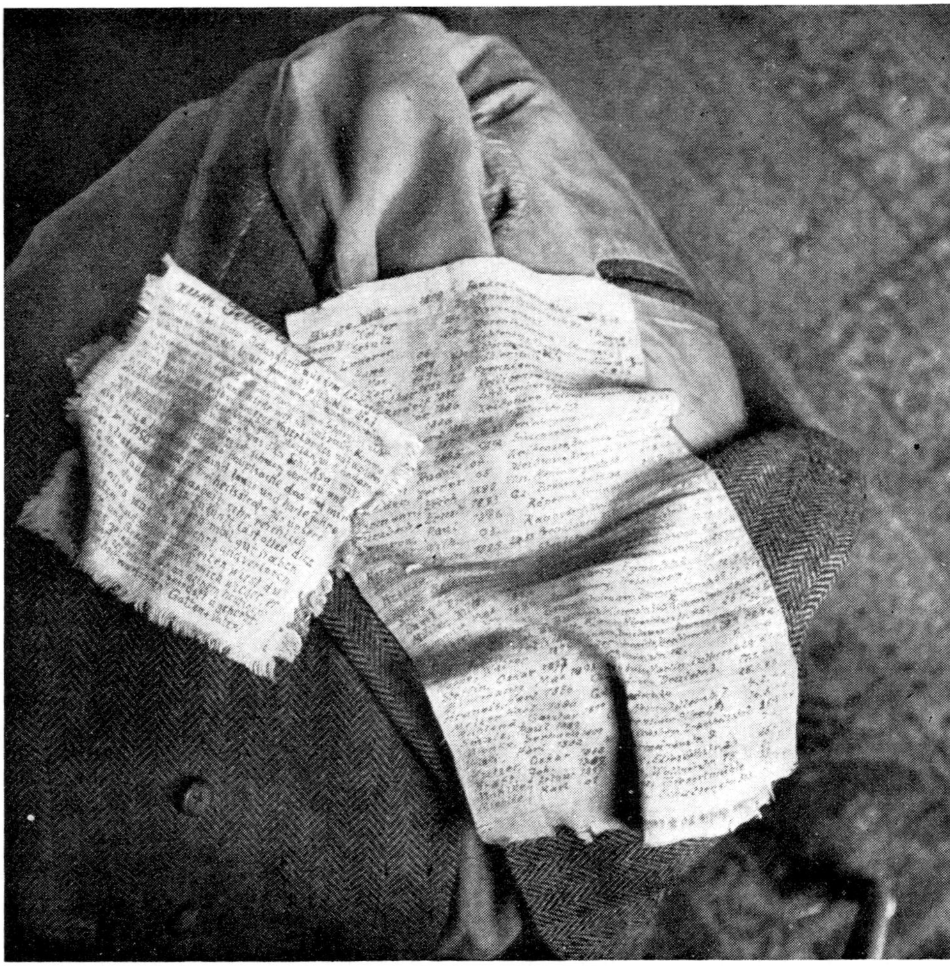

Auf Leinen geschriebene Totenliste aus dem KZ Sachsenhausen, die ein Häftling in einer Jacke eingenäht aus dem Lager herausschmuggeln konnte.

erfolgte am 17. Februar 1947. Ein Restkommando von 50 Häftlingen kam im April 1947 in das KZ Buchenwald.

Während der ganzen Zeit hatte das Lager 5300 Tote zu verzeichnen, die in Massengräbern zwischen dem Lager und der Autobahn vergraben wurden.

Konzentrationslager Jamlitz
(September 1945 bis April 1947)

Im September 1945 wurde das ehemalige Juden-KZ Jamlitz bei Lieberose an der Bahnstrecke Cottbus–Frankfurt (Oder) vom MWD als KZ eingerichtet. Es war mit durchschnittlich 5000 Häftlingen belegt. Das Lager war zunächst Auffangstation für Häftlinge aus Cottbus und Guben. Später kamen Transporte aus Frankfurt, Posen und Ketschendorf hinzu. Bei der Auflösung kamen die Häftlinge nach Mühlberg und Buchenwald.

Im Lager starben etwa 4000 Häftlinge, die südlich des Lagers und in einer Schonung östlich der Bahnlinie am Wege nach Guben in Massengräbern verscharrt wurden.

Konzentrationslager Neubrandenburg
(Juni 1945 bis November 1948)

Das frühere Kriegsgefangenenlager Fünfeichen bei Neubrandenburg wurde im Juni 1945 mit Häftlingen aus Rostock, Bergen und Alt-Strelitz in Betrieb genommen. Durch Zugänge aus den KZ Hohenschönhausen, Weesow, Graudenz und Ketschendorf stieg die Zahl der Häftlinge von 6000 im Juni 1945 auf 12 500 im Januar 1946 an. Durch Verlegungen und Verschleppungen sowie Todesfälle ging die Zahl der Häftlinge bis auf etwa 7900 zurück. Im Juli und August 1948 wurden etwa 4500 Häftlinge entlassen. Die restlichen 3000 Insassen des KZ wurden am 2. März und 10. September 1948 in das KZ Buchenwald gebracht. Das 160 Mann starke Restkommando kam am 30. November 1948 in das KZ Sachsenhausen.

Insgesamt starben im Lager etwa 8700 Häftlinge, die in Massengräbern auf dem Friedhof am Fuchsberg begraben wurden.

Konzentrationslager Mühlberg
(September 1945 bis November 1948)

Das ehemalige Kriegsgefangenenlager Stalag IV B in Mühlberg (Elbe) wurde im September 1945 als „Speziallager Nr. 1" in Betrieb genommen. Die ersten Insassen waren Häftlinge aus Großenhain, Zwickau und Dresden, zu denen laufend in kleineren Transporten Einwohner aus Magdeburg, Halle, Zwickau, Chemnitz, Leipzig und Liebenwerda kamen. Im Juni 1946 wurden die ersten tausend Häftlinge in die UdSSR verschleppt. Im August 1946 gingen weitere 1000 und am 8. Februar 1947 900 arbeitsfähige Häftlinge in die Sowjetunion. Durch laufende Zugänge aus MWD-Gefängnissen der Umgegend und Transporte aus Torgau, Ketschendorf und Jamlitz stieg die Belegungszahl auf rund 12 000 Häftlinge an. Bei der Entlassungsaktion im Juli und August 1948 wurden rund 7300 Häftlinge entlassen. Anschließend wurden die restlichen 3000 Häftlinge in das KZ Buchenwald gebracht.

Im Lager verstarben etwa 7000 Häftlinge, die um den Schießstand nördlich des Lagers in Massengräbern verscharrt wurden.

Konzentrationslager Buchenwald
(12. August 1945 bis Februar 1950)

Das ehemalige Konzentrationslager Buchenwald, das 1936 von den Nazis an der Nordseite des Ettersberges bei Weimar erbaut wurde, stand bis zum Juli 1945 zur

Das KZ Buchenwald (vom Torhaus aufgenommen).

Die elektrisch geladenen Zäune des KZ Buchenwald.

Eingang zum KZ Buchenwald (1956 aufgenommen).

Besichtigung für die Bevölkerung frei und wurde am 12. August 1945 als „Speziallager Nr. 2“ vom MWD wieder in Betrieb genommen. Die ersten Insassen waren Häftlinge der MWD-Gefängnisse Erfurt, Weimar, Arnstadt und Jena. Zum Jahreswechsel betrug die Gesamtbelegung etwa 3000 Männer und Frauen. In Buchenwald wurden die überlebenden Internierten aus den Konzentrationslagern Landsberg, Torgau, Jamlitz, Ketschendorf, Mühlberg und Neubrandenburg zusammengeführt. Die Durchschnittsbelegung lag bei etwa 12 000 Mann. Im Juli und August 1948 wurden aus Buchenwald etwa 8000 Häftlinge entlassen. Nach Entlassung von weiteren 7000 Häftlingen im Januar und Februar 1950 wurden die restlichen 2154 Häftlinge am 9. Februar 1950 in das Zuchthaus Waldheim gebracht, wo sie der Volkspolizei übergeben wurden.

Das Lager hatte etwa 6–8000 Tote zu verzeichnen, die in Massengräbern im Wald an der Nordostseite des Lagers und in einer Schlucht bei Hottelstedt verscharrt wurden.

Das KZ wurde im September 1958 in eine Gedenkstätte für die Opfer des Nationalsozialismus verwandelt. Die Baracken sind fast alle geschleift worden.

Konzentrationslager Torgau

(8. September 1945 bis 26. Mai 1946)

Das KZ befand sich zunächst in der ehemaligen Militärstrafanstalt Fort Zinna und wurde am 8. September 1945 mit Transporten aus MWD-Gefängnissen der Umgebung in Betrieb genommen. Im Januar 1946 befanden sich etwa 7000 Häftlinge in dem Lager.

Konzentrationslager Torgau

(12. Mai 1946 bis 24. März 1947)

Am 12. Mai 1946 bereitete ein Vorkommando die Übersiedlung der Häftlinge vom Fort Zinna in die in der Nähe liegende Seydlitz-Kaserne vor. Das Fort wurde nach der Räumung MWD- und Justizgefängnis. Im Dezember 1946 und Januar 1947 wurden 8600 Internierte in die KZ Mühlberg und Buchenwald verlegt. Das KZ wurde nunmehr nach Abtransport des Restkommandos von 135 Internierten am 24. März 1947 nach Mühlberg aufgelöst. Anfang 1950 räumte die sowjetzonale Justiz das Fort Zinna. 4000 Strafgefangene aus dem KZ Sachsenhausen kamen in zwei Transporten am 27. und 30. Januar 1950 nach Torgau und wurden dort von der VP übernommen. Das Fort trägt heute die Bezeichnung „Strafvollzugsanstalt Torgau“. Während der KZ-Zeit sind etwa 600 Häftlinge in Torgau verstorben.

Konzentrationslager Sachsenhausen

(10. August 1945 bis 10. März 1950)

Das ehemalige Nazi-KZ Sachsenhausen bei Oranienburg bei Berlin wurde am 10. August 1945 von einem 150 Mann starken Vorkommando aus dem KZ Weesow wieder hergerichtet und am 16. August 1945 mit 2000 Häftlingen aus Weesow und Hohenschönhausen als „Speziallager Nr. 7“ des MWD in Betrieb genommen. In Sachsenhausen befanden sich Internierte und Strafgefangene. Die Belegung schwankte zwischen 11 000 und 16 700 Häftlingen. Vom Herbst 1945 bis 1947 gehörte zum Lager ein sogenanntes Offizierslager, in dem ehemalige Wehrmachtoffiziere gesammelt und in die UdSSR deportiert wurden.

Als zentral gelegenes KZ hatte Sachsenhausen den größten Durchgang an Strafgefangenen und Internierten. Insgesamt sind etwa 60 000 Strafgefangene und Internierte durch dieses Lager gegangen, von denen etwa 13 000 verstarben. Die Toten wurden in einer Schonung an der Chaussee Sachsenhausen–Schmachtenhagen, etwa ein Kilometer von Schmachtenhagen entfernt und 800 Meter waldeinwärts, beerdigt.

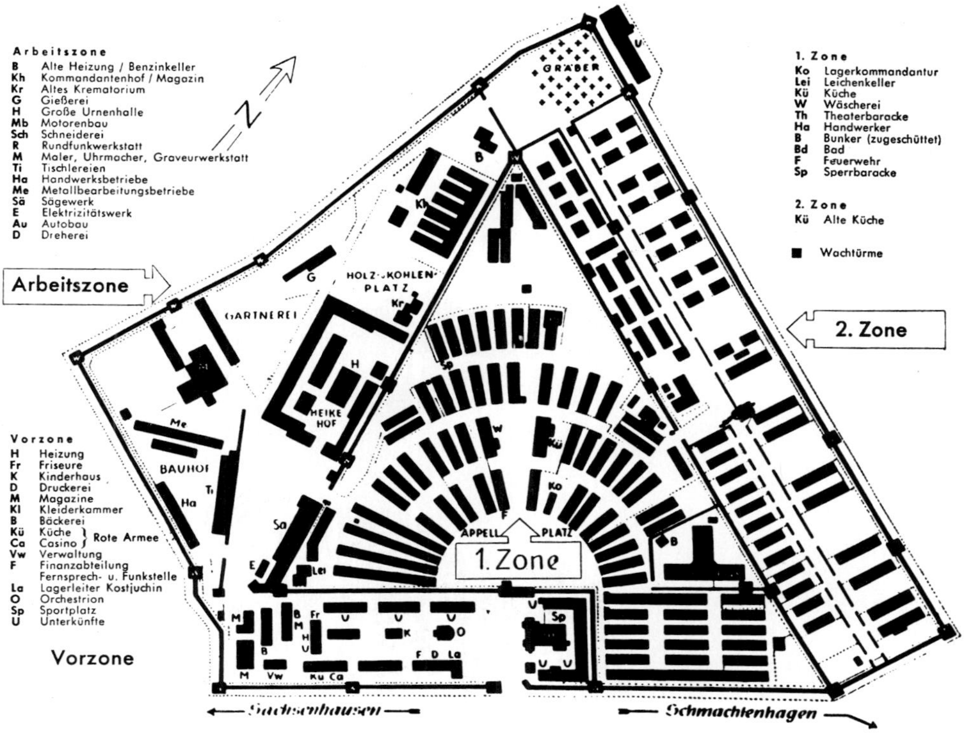

Lageplan des KZ Sachsenhausen.

Postenturm des KZ Sachsenhausen.

Im Juli/August 1948 wurden aus Sachsenhausen 3400 Internierte entlassen. Vom 16. bis 23. Januar 1950 kam es erneut zur Entlassung von 1900 Internierten und 3200 Strafgefangenen. Die restlichen 1200 weiblichen Strafgefangenen kamen am 12. Februar 1950 in das Zuchthaus Hoheneck in Stollberg (Sachsen), wo sie von der VP übernommen wurden. Die männlichen Strafgefangenen, etwa 4000 Häftlinge, brachte man in das Zuchthaus Torgau. Die letzten 550 Internierten wurden den sowjetzonalen Behörden zur Aburteilung in Waldheim übergeben. Nach dem Abtransport von 137 Strafgefangenen nach Rußland im Februar 1950 wurden 180 Häftlinge des Restkommandos am 28. Februar 1950 entlassen. Die letzten acht Häftlinge verließen das KZ am 10. März 1950.

Heute ist das KZ völlig verwahrlost. Mehrere Firmen und die VP haben dort Lagerräume. Der Rat des Kreises Oranienburg beabsichtigt, auf dem Gelände eine Gedenkstätte zu errichten.

Konzentrationslager Bautzen
(Juni 1945 bis Januar 1950)

Die ehemalige Landesstrafanstalt Bautzen wurde im Juni 1945 als „Speziallager Nr. 4" des MWD eingerichtet. In Bautzen waren Strafgefangene und Internierte untergebracht. Die Internierten lagen in Baracken – im sogenannten Außenlager – während die Strafgefangenen in den Zellenhäusern einsaßen. Die Belegung schwankte zwischen 5000 und 7000 Häftlingen. Im Juli und August 1948 wurden etwa 5000 Internierte entlassen. Im Januar 1950 wurden von den 1350 Internierten 650 und von den 7700 Strafgefangenen 2300 entlassen. Die 5400 Strafgefangenen blieben bei der Übernahme am 15. Februar 1950 durch die VP in Bautzen, während die etwa 700 Internierten zur Aburteilung nach Waldheim gebracht wurden.

Das KZ hatte in der ganzen Zeit etwa 4100 Tote zu verzeichnen, die in Massengräbern in Splittergräben außerhalb des Lagers am Wasserturm beerdigt wurden.

Die Verurteilungen der deutschen Kriegsgefangenen

Seit dem Erlaß eines „Ukas 43“ im April 1943, von dem verschiedene Heimkehrer berichteten, wurden Kriegsgefangene von SMT verurteilt. Der Ukas besagte, daß auch auf nichtsowjetische Staatsangehörige die Bestimmungen des sowjetischen Strafkodex anzuwenden seien. Bei den Verurteilungen hat es sich zunächst um Einzelurteile gehandelt. Die zugrundeliegenden „Straftaten“ waren von Spitzeln und Denunzianten den sowjetischen Dienststellen zu Ohren gekommen. Die ersten Opfer waren nach dem Erlaß des „Ukas 43“ mehrere deutsche Offiziere, die man wegen „Kriegsverbrechen“ zum Tode verurteilte und sie in Charkow vor 30 000 Zuschauern öffentlich hängte. Alle Phasen der Strangulation wurden gefilmt und zur „humanistischen“ Erbauung der Sowjetmenschen in allen Kinos der Sowjetunion vorgeführt. 1949, insbesondere in den letzten Monaten dieses Jahres, setzten plötzlich in den Kriegsgefangenenlagern Massenverurteilungen ein. Bereits im Herbst 1949 waren einzelne Gefangene, die einer bestimmten Einheit angehört hatten, aus den Lagern herausgezogen und wegen der von dieser Einheit angeblich begangenen Verbrechen zu Kollektivstrafen verurteilt worden. Regelfall waren auch hier 25 Jahre Arbeitslager. Anfang Dezember 1949 erschienen dann in den Lagern größere Kommissionen von MWD-Offizieren, die von den auf ihre Heimkehr wartenden Kriegsgefangenen etwa 10 000 aussortierten und sie unter Anklage stellten. Nach Angaben der Sowjetunion gab es im Mai 1950 in ihren Lagern nur noch 13 532 „Kriegsverurteilte“. Die Vorwürfe waren gleich obskur wie bei den Kollektivverurteilten:

> Ein Schlosser wurde verurteilt, weil er im Instandsetzungszug einer Feldgendarmerie-Einheit Fahrzeuge repariert hatte, die gegen Partisanen eingesetzt wurden ...
> ein Sanitäter, weil er im Partisanenkampf verwundete Soldaten gepflegt hatte ...
> ein Offizier, weil er als Angehöriger einer großjunkerlichen Familie Revanchegedanken gegen die Sowjetunion geäußert hatte ...
> ein Pionier, weil er zum Brückerbau Holz, das ja Volkseigentum ist, verwendet hatte ...

Die Beispiele ließen sich beliebig fortsetzen. Die Verfahren glichen denen der SMT auf deutschem Boden. Der Kriegsgefangene wurde mit den Vorwürfen vertraut gemacht und in eine Zelle gesperrt. Um ihn geständig zu machen, gab es Dunkelarrest, Verpflegungsherabsetzung und natürlich Prügel. Die durch die jahrelange Gefangenschaft ausgemergelten Kriegsgefangenen konnten diesem Terror physisch und psychisch nur wenig entgegensetzen. So kamen auch hier die unwahrscheinlichsten Beschuldigungen zustande. Welche Wege bei den Verhören eingeschlagen wurden, zeigt ein Ausschnitt aus einem später nach dem Gedächtnis niedergeschriebenen Verhör, das am 23. März 1950 in „Christ und Welt“ veröffentlicht wurde. Ein evangelischer Geistlicher, von dessen Aussage man eine persönliche Belastung oder auch die einiger Kameraden erhoffte, wurde einem Verhör über die Herkunft der Verpflegung seines Kriegslazarettes unterzogen. Frage: „Woher hat Ihr Lazarett die Verpflegung genommen?“ – „Darum habe ich mich nicht gekümmert, weil das nicht zu meinem Aufgabenbereich gehörte.“ – „Haben Sie denn niemals Milch getrunken?“ – „Ich trinke keine Milch.“ – „Aßen Sie denn niemals Frischfleisch?“ – „Ich bin Vegetarier.“ – „Haben Sie denn dann auch die Butter verweigert?“ – Antwort: „Ich habe doch schon gesagt, daß ich Vegetarier bin. Und wenn Sie es ganz genau wissen wollen, ich habe zu jener Zeit überhaupt nichts gegessen, weil ich damals schon gewußt habe, daß man mich sieben Jahre später danach fragen würde.“ Wegen ungebührlichen Benehmens wurde der Gefragte disziplinarisch mit scharfem Arrest bestraft. Aber er rettete so den Chefarzt und den Zahlmeister des Lazarettes, die beide in Gefahr waren, wegen der Entnahme von Lebensmitteln („sozialistischem Eigentum") zur Verantwortung gezogen zu werden.

Auf diese Art wurden Tausende von Kriegsgefangenen zu Kriegsverbrechern gemacht und in die Straflager abtransportiert. Hier trafen sie auf die aus Deutschland verschleppten SMT-Verurteilten. Zusammen mit ihnen arbeiteten sie in den Schächten Workutas, in den Goldgruben am Eismeer, in Taichet, in Inter-Abes und den vielen anderen Straflagern der UdSSR. 1953 kam ein kleiner Teil der „Kriegsverbrecher" frei, bis dann nach dem Besuch des Bundeskanzlers in Moskau 1955 alle „Kriegsverbrecher" entlassen wurden. 271 „Schwerkriegsverbrecher" übergaben die Sowjets im Dezember 1955 an die Volkspolizei, die sie in das Zuchthaus Bautzen brachte. Nach zunächst strenger Isolierung von den anderen Häftlingen wurden sie nach und nach bis auf 34 entlassen. Diese letzten Kriegsgefangenen wurden in die StVA Brandenburg gebracht und – von den übrigen Häftlingen isoliert – gefangengehalten.

Verschleppte

Die in die Sowjetunion verschleppten Internierten und Strafgefangenen aus den Konzentrationslagern und Strafanstalten der sowjetischen Besatzungszone wurden in das sowjetische Strafarbeitslagersystem eingereiht. Die Transporte gingen in den ersten Monaten direkt von den einzelnen KZ aus über Brest-Litowsk in die Arbeitslager ab. Später wurden die Transporte aus der SBZ in Berlin-Lichtenberg zusammengestellt.

Die Verschleppungen gingen in normalen Güterwagen vor sich, in die 30 bis 60 Personen gesperrt wurden. In vielen Fällen, besonders in der ersten Zeit, fehlten jegliche Anlagen für Heizung und Notdurft. Pritschen oder Stroh gab es sehr selten. Die Verpflegung war während der oft wochenlangen Transporte sehr schlecht. Bei zufälligen längeren Aufenthalten wurden die Toten aus den einzelnen Waggons ausgeladen und Wasser und Verpflegung ausgehändigt. Meistens wußten die Häftlinge dann nicht, wie lange sie mit der ausgehändigten Verpflegung auskommen mußten.

Die Züge waren durch Postenhäuser gesichert, in denen die Wachtposten telefonisch untereinander in Verbindung standen. Bei Aufenthalten wurden die Böden der Waggons mit langen Hammern abgeklopft, um eventuelle Fluchtvorbereitungen durch Durchbrechen der Böden zu verhindern.

Zivilverschleppte

Zu den politischen Häftlingen der Sowjets muß man auch die sogenannten Zivilverschleppten rechnen. Es handelt sich hier um Jugendliche, Frauen und Männer aus allen Bevölkerungsschichten. Sie wurden von den Sowjets nach dem Einmarsch in die deutschen Ostgebiete zusammengetrieben und in Fußmärschen und Bahntransporten in die Sowjetunion verschleppt. Unter diesen Verschleppten war der Anteil der Schlesier, Ost- und Westpreußen besonders groß. Sie waren in ihrer Heimat geblieben oder bei ihren Trecks von der sowjetischen Armee überrollt worden. An den Verschleppungen beteiligten sich auch die polnischen Behörden und die Miliz, die ihre Häftlinge in notdürftig eingerichteten Konzentrationslagern unterbrachten und sie dort den fürchterlichsten Torturen unterwarfen. Die Deutschen waren in dieser Zeit völlig rechtlos. Es gab folgende polnische Konzentrationslager: Kletschkau bei Breslau; Liegnitz; Jauer; Stettin; Naugard; Stargard; Legionowo; Langenau bei Bromberg; Kaltwasser bei Bromberg; Franzburg bei Bromberg; Wolwska bei Warschau; Warschau, Monopol; Warschau III, Oliça Anilewieça; Warschau, ul. Gorno-Slaska 2; Potulice Krs. Bromberg; Czikawa bei Lodz; Löbschütz bei Kattowitz; Lamsdorf Krs. Oppeln.

Außerdem gab es sogenannte Kriegsverbrecherlager in Warschau, Montelupe bei Krakau, Kattowitz und Beuthen.

In Ostpreußen unterhielten die Sowjets eigene Konzentrationslager, so in Preußisch-Eylau und Schelen bei Tilsit. Der Großteil der Verschleppten wurde jedoch in die UdSSR gebracht und kam mit den verschleppten Internierten aus den Konzentrationslagern auf deutschem Boden in den Jahren 1949 und 1950 zum größten Teil nach Deutschland zurück. Zahlen über diese Gruppen und ihre Toten ließen sich nur schätzen. Um aber das große Leid der Verschleppten annähernd anschaulich zu machen, sei hier der Bericht einer Verschleppten veröffentlicht, der durch Hunderte von Aussagen anderer Verschleppter in allen Punkten bestätigt werden kann und besonders das Schicksal der deportierten Frauen und Mädchen schildert:

„Als während des Krieges die ersten schweren Luftangriffe Berlin trafen, zog ich mit meinem zweijährigen Kinde nach Pollnow Kreis Schlawe. Da man dort vom Kriege nicht direkt berührt war, zogen auch meine alten Eltern aus Stettin zu mir. Dann rückte die Front näher und immer näher. Und eines Tages im Februar 1945 waren die Russen da. Damit begann unser Elend.

Am ersten Abend ging es schon los. Die Russen zogen in Trupps von Haus zu Haus und suchten nach Frauen. Man hörte immer wieder Schreie, dazwischen das Brüllen der Soldaten. Wer diese Nacht in Pollnow erlebt hat, vergißt sie so bald nicht. Mein alter Vater hatte uns im Keller so gut versteckt, daß die Russen uns nicht finden konnten. Sie suchten alle Räume ab und zogen dann unverrichteter Sache wieder weiter. Das ging jeden Abend so. Es gab außer uns im Ort wohl keine Frau, die nicht von den Russen mißbraucht worden ist; abends, nachts, zu jeder Tageszeit.

Am 2. März 1945 wurde mein Vater auf der Straße von einem Russen angerufen. Da er nicht russisch konnte, bezog er den Anruf nicht auf sich. Der Russe erschoß ihn sofort. Ein vorüberfahrender Panzer rollte über seine Leiche hinweg. Meine alte Mutter hat meines Vaters Glieder einzeln zusammensuchen müssen, um sie zu bestatten. Mit Vaters Tod war unser Beschützer genommen. Was dann kam, kann ich mit Worten nicht wiedergeben. Abend für Abend, zu jeder Stunde, nie war man sicher. Ich glaubte den Höhepunkt des Grauenvollen erreicht zu haben. Aber ich irrte mich.

Am 5. März holten mich die Russen von meinem Kindchen und meiner Mutter weg. Weshalb ich und all die anderen Frauen verhaftet wurden – niemand von uns wußte es oder hat es erfahren. Wir wurden in Baracken zusammengepfercht. Was sich dort ab-

Ein Gefangenentransportzug der Sowjets.

spielte, kann ich nicht schildern. Mir fehlen dazu die Worte. Es genügt zu sagen, daß wir Freiwild waren. 20, 30, ja 40 Kerle mißbrauchten uns im Laufe von 24 Stunden. Ich weiß nicht, wie wir das überleben konnten.

Dann wurden wir zum Verhör zur NKWD geschleppt. Dort wollte man uns nicht glauben, daß wir als Hausfrauen und Mütter keine Fabrik- oder andere Arbeit hatten zu leisten brauchen. Man wollte uns auch nicht glauben, wenn wir aussagten, daß wir keiner Naziorganisation angehört hatten. Der NKWD-Offizier und seine Gehilfen schlugen uns und versuchten mit allen Mitteln ein Geständnis herauszupressen, daß wir Flintenweiber gewesen seien. Es blieb aber nicht nur bei dem Prügeln. Oft genug kamen die Frauen mehr tot als lebendig von den Verhören in die Baracken zurück.

So ging es viele Tage lang. Dann hieß es, wir würden fortgebracht werden. Am Abend vor dem Abtransport sollten wir entlaust werden. Wir ahnten nicht, was die Russen unter einer »Entlausung« verstanden, als sie uns in eine Waschbaracke führten. Wir mußten uns völlig entkleiden. Zwischen den nackten Frauen liefen die sowjetischen Offiziere und Soldaten umher, machten Witze und lachten über diesen »Scherz«. Was dann kam, brauche ich nicht zu schildern. Es war wohl der schlimmste Abend, den ich je erlebt habe. Ich habe so etwas einfach nicht für möglich gehalten. Und am nächsten Morgen in aller Frühe mußten wir dann abmarschieren, Frauen und Männer, alles, was sie in Pollnow zusammengetrieben hatten. Wie wir Frauen diesen Marsch nach all dem Vorhergegangenen haben überstehen können, ist mir heute noch ein Rätsel. Wir mußten täglich 30 bis 40 Kilometer laufen. Wer nicht weiter konnte, wurde von der sowjetischen Begleitmannschaft mit Stockhieben und Kolbenstößen vorwärtsgetrieben. Bei wem das nicht half, wer entkräftet liegenblieb, wurde erschossen.

So marschierten wir über Bublitz – Neustettin – Konitz nach Soldau. Nachts wurden wir in Scheunen eingesperrt oder mußten auf irgendwelchen Höfen draußen liegen. In Soldau gab es wieder eine »Entlausung«. Ich brauche darauf nicht näher einzugehen. Dann wurden wir in Viehwagen gepfercht, alles durcheinander: Männer, Frauen und Kinder, denn die Jüngsten waren 14 Jahre alt. Am 1. April 1945 ging der Transport ab. Die Ernährung auf der Reise war fürchterlich. Zuweilen erschoß die Begleitmannschaft ein Rind, und dann aßen wir das noch blutwarme Fleisch. An manchen Tagen erhielten wir gar nichts. Am 23. April wurden wir nach einer grauenvollen Reise in Bjeloretzk, Baschkirien, ausgeladen. Wir waren am Ziel angelangt.

Das Lager Bjeloretzk gehörte zum Bereich des Hauptlagers Ufa und bestand aus einer Reihe unvorstellbar dreckiger Baracken, die bis dahin sowjetischen Strafgefangenen als Unterkunft gedient hatten. Unser Transport umfaßte etwa 1500 Menschen, hauptsächlich Frauen, denn auf der Fahrt durch deutsches Gebiet waren immer wieder Eisenbahnwagen mit deutschen Häftlingen angehängt worden. Da die Baracken für diese Mengen nicht ausreichten, mußten immer 100 bis 110 Personen in einem Raum untergebracht werden. Wir lagen das erste dreiviertel Jahr auf den blanken Holzpritschen. Dann erhielten wir etwas Stroh. Wer eine Decke besaß, konnte von Glück sagen. Ich hatte nur einen Mantel, denn die Russen hatten uns alles abgenommen, was ihnen irgendwie begehrenswert erschien.

Die Männer bauten zuerst eine Küche, denn anfangs mußten die Kessel hinausgetragen werden. Es wurde zunächst auf offenem Feuer auf dem Hof gekocht. Dann wurden Latrinen gebaut, in denen wir unsere Notdurft verrichten konnten. Richtige Abortanlagen gab es nämlich im Lager anscheinend vorher nicht. Dann wurden Waschräume angelegt, die vor unserem Eintreffen auch unbekannt waren. Eine Baracke wurde als Lazarett und Ambulanz eingerichtet, denn wir hatten sehr viele Kranke. Bei den Frauen brachen vor allem Geschlechtskrankheiten aus, kein Wunder nach unseren Erlebnissen. Viele Frauen sind an diesen zugrunde gegangen, denn so sehr sich auch unsere beiden deutschen Häftlingsärzte um uns bemühten, sie konnten doch kaum helfen, weil wir kaum die notwendigsten Medikamente erhielten. In der ersten Zeit starben auch sehr viele Häftlinge an Darmkrankheiten, denn besonders die Frauen vom Lande vertrugen die Umstellung auf die neue Ernährung nicht. So sind sehr viele an Ruhr und ähnlichen Krankheiten verstorben.

Bald nach unserer Ankunft wurden wir von den Russen oberflächlich auf unsere »Arbeitsfähigkeit« untersucht. Wir wurden in vier Gruppen eingeteilt. Gruppe I war für schwerste körperliche Arbeiten bestimmt, Gruppe II für schwere körperliche Arbeit und Gruppe III für leichtere Arbeiten. Praktisch wurde aber bei der Arbeitszuteilung zwischen den Gruppen I bis III kein Unterschied gemacht. Gruppe IV umfaßte die Arbeitsfähigen, die die ganzen Lagerarbeiten zu verrichten hatten. Ferner gab es noch eine besondere Gruppe, in die alle die Häftlinge eingereiht wurden, die an Unterernährung litten. Wir wurden in Arbeitsbrigaden eingeteilt und dann auch gleich zur Arbeit eingesetzt. Unsere erste Arbeit bestand darin, daß wir einige alte Hochöfen abreißen und dann wieder aufbauen mußten. Weiter wurden wir zu schweren Transportarbeiten eingesetzt, mußten z. B. Kohlenzüge entladen, Straßen bauen oder sonstige schwerste Arbeit leisten. Hierbei war es gleichgültig, ob es sich um Männer oder Frauen handelte. Bei der Arbeit wurde kein Unterschied gemacht.

Es ist also nicht weiter verwunderlich, daß die Sterblichkeit unter uns rapide zunahm. Gearbeitet werden mußte, bis das Thermometer –32° C zeigte. Dann wurde die Arbeit kurzfristig unterbrochen und wieder aufgenommen, sobald die Quecksilbersäule diese Marke erreicht hatte. Die Verpflegung war auch nicht danach, die Arbeitskraft zu erhalten, denn es gab im Durchschnitt nur 450 g Brot täglich je Person, dazu morgens, mittags und abends dreiviertel Liter Wassersuppe, wobei das Wasser den Hauptbestandteil darstellte. Mittags war es in der Regel eine Kohlsuppe, in die nach der Kartoffelernte ungeschälte, wie für Schweine zerstampfte Kartoffeln geschüttet wurden. Häufiger wurden ganze Fische, unausgenommen, mit Kopf und Schwanz ins Essen geworfen und mitgekocht. Fleisch gab es ganz selten ein kleines Stückchen, denn alle wertvolleren Lebensmittel, die dem Lager zugeteilt wurden, hat die Lagerkommandantur verschoben, so auch Sendungen des amerikanischen Roten Kreuzes, die wir selbst aus den Eisenbahnwagen ausgeladen haben. Das erklärt, daß nicht viele Menschen diese Zeit schwerster körperlicher Arbeit überstehen konnten. Ich schätze, daß 65 bis 75 Prozent der mit dem ersten Transport aus Deutschland gekommenen Männer und Frauen verstorben sind. Die entstandenen Lücken wurden immer wieder durch neue Häftlingstransporte aufgefüllt.

Zu dieser körperlichen Belastung kam noch die schwere seelische. Wir hatten keine Verbindung mit der Heimat und wußten nicht, welches Schicksal unsere Familien daheim getroffen hatte. Im Juli 1946 durften wir die ersten Postkarten nach Deutschland schicken. Sie durften nicht mehr als 25 Worte Text umfassen. Aber damit war auch noch keine geregelte Verbindung hergestellt. Oft genug vergaßen die russischen Lageroffiziere die vorgedruckten Häftlingskarten vom Hauptlager abzuholen, weil der NKWD-Offizier zu faul war, die Karten zu zensieren. Sie blieben bei ihm liegen und wurden schließlich vernichtet. Was das für uns bedeutete, die wir an sich schon nur einmal im Monat schreiben durften, hat ihn natürlich nicht interessiert.

Als es hieß, daß Transporte von Heimkehrern zusammengestellt wurden, bin ich wegen Arbeitsunfähigkeit in das Hauptlager nach Ufa überwiesen worden. Hier wurden die Heimkehrer besser ernährt, denn es war den Sowjets anscheinend im Laufe der Zeit doch unangenehm geworden, halbe Leichen nach Deutschland zurückzuschicken.

Genau drei Jahre nach dem Abtransport von Soldau traf ich am 30. März 1948 wieder auf deutschem Boden ein."

Die sowjetischen Lager in der UdSSR

Die Strafgefangenen und Internierten aus den Gefängnissen und Konzentrationslagern auf deutschem Boden, die verschleppten Frauen, Männer und Kinder aus den besetzten deutschen Ostgebieten wurden von den Lagern der Sowjetunion aufgesaugt. Im „ersten sozialistischen Staat der Welt", dem „Vaterland aller Werktätigen", trafen sie auf Millionen Zwangsarbeiter aus aller Welt. Sie trafen auf die deutschen Kriegsgefangenen und arbeiteten mit ihnen und Hunderttausenden russischen Strafgefangenen in den Kohlengruben Workutas, in den Goldgruben am Eismeer, in den Wäldern Sibiriens. Es ist nicht die Aufgabe dieser Arbeit, das Zwangsarbeitslagersystem der Sowjetunion zu schildern. Da aber politische Häftlinge aus der Sowjetzone, Verschleppte und deutsche Kriegsgefangene in dieses Sklavensystem eingereiht wurden, sei hier ein Überblick über die Lager der UdSSR gegeben, damit der Leser eine annähernde Vorstellung von der Größe dieses Systems hat. Im übrigen wird auf die zahlreiche Literatur[6]) zu diesem Thema verwiesen.

Die wichtigsten Zwangsarbeitslager der UdSSR im Jahre 1948

A. Größere Zwangsarbeitslager

Der Hauptverwaltung für Zwangsarbeitslager (GULAG) direkt unterstellt.

I. Nordwestrußland

1. Nord-Dwina-Lager (Sewdwinlag), mit dem Hauptquartier in Kotlas: Holz- und Papierindustrie, auch Eisenbahnbau.
2. Lager Kotlas (Gebiet Archangelsk): Holzzurichtung und Eisenbahnbau.
3. Lager am Onegafluß mit dem Hauptquartier in Plesetsk: Holzarbeiten, Eisenbahnbau, Landwirtschaft.
4. Sorokan-Lager (Soroklag), mit dem Hauptquartier in Soroka: Bergbau, Holzzurichtung, Leichtmetallindustrie, Steinbrüche, Ziegelbrennereien, Eisenbahnbau.
5. Lager in Archangelsk: Holzzurichtung, Eisenbahnbau, Hafenbau und Arbeiten an der Stadt.
6. Lager Molotowsk (Gebiet Archangelsk), mit der Gruppe an der nördlichen Dwina verbunden: Eisenbahnbau, Verladearbeiten in Archangelsk.
7. Lager Jagu (Gebiet Archangelsk): Bergbau, Bauarbeiten.
8. Kargopol-Lager (Gebiet Archangelsk), mit dem Hauptquartier in Kargopol: Holzindustrie und Landwirtschaft.
9. Kuloi-Lager (Gebiet Archangelsk): Holzzurichtung an der Mündung des Kuloi und Mesen.
10. Solowezki-Lager (Inseln im Weißen Meer): Holzindustrie.

---

[6]) „Sklavenarbeit hinter dem Eisernen Vorhang", herausgegeben vom Komitee freier Gewerkschaften der amerikanischen Gewerkschaftsföderation. — „Das wirkliche Sowjetrußland", von David J. Dallin. Verlag Friedrich Oetinger, Hamburg 1948. — „Die große Illusion", von General El Campesino. Verlag Rote Weißbücher, Köln 1951. — „Der Katorgan", von Bernhard Roeder, Verlag Kiepenheuer & Witsch, Köln-Berlin 1956. — „Schein und Wirklichkeit in der UdSSR", von Wolfgang Leonhard. Verlag Freies Wort, Berlin 1952. — „Das sowjetische Herrschaftssystem", von Hermann L. Brill. Verlag Rote Weißbücher, Köln 1951. — Forced Labor in the „people's Democracies", von Richard K. Carton. Frederick A. Praeger, New York 1955 — „Die Toten kehren zurück" von Josef Schollmer, Berlin 1954.

11. Franz-Josef-Land (Inseln im Nordmeer, über dem 80. Breitengrad): Kohle, Ladearbeiten.

12. Murmansker-Lager (Halbinsel Kola): Eisen- und Nickelbergbau.

13. Kandalakscha-Lager (Halbinsel Kola): Aluminium-, Nickel- und Zinkbergbau, Arbeiten für das Seweronikel-Kombinat.

14. Lager Monchegorsk (Halbinsel Kola): Nickel-, Zinn- und Wolframbergbau.

15a. Lager Wolchow (Gebiet Leningrad): Erhaltung der Wolchow-Wasserwerke und Bergbau.

15b. Lager am Swir (Gebiet Leningrad): Erhaltung des Swir-Kanals.

16. Belomor-Lager (Stalin-Kanal oder BBK, Gebiet von Leningrad und Karelisch-Finnische SSR), mit dem Hauptquartier in Belomorsk: Erhaltung des Kanals zwischen dem Weißen Meer und der Ostsee.

17. Kibinsker Lager (Karelisch-Finnische SSR): Phosphorbergbau, Bauarbeiten.

18. Ladoga-Lager (Karelisch-Finnische SSR): Holzzurichtung und Bauarbeiten.

19. Lager Wytegra (Wytlag): Eisenbergbau und anderer Bergbau.

20. Wanslag (Karelisch-Finnische SSR): Holzzurichtung und Bauarbeiten am Wans-See, ein Frauenlager.

II. Europäisch-Nordostrußland

21. Nördliche Petschora-Lager (Gebiet Archangelsk), mit dem Hauptquartier in Narjan-Mar: Eisenbahnbau, Bergbau, Steinbrüche.

22. Petschora-Lager (Komi-ASSR), mit dem Hauptquartier in Ustkoswa: Eisenbahn- und Bergbau.

23. Nördliche Eisenbahnlager (Sewseldorlag), mit dem Hauptquartier in Knjatchipogost (Gebiet Archangelsk und Komi ASSR): der Workuta-Kotlas-Eisenbahn unterstellt.

24. Workuta-Lager (Komi ASSR), mit dem Hauptquartier in Workuta: Kohlenbergbau, Straßen- und Eisenbahnbau. Wichtigste Lager der Workuta-Gruppe: Jamerjut, Szinemaska, Petschoraliew, Koskoesl, Hoyawoya, Tschernegorskaja, Kedwadom, Keroskaja, Schassovo, Syutykar.

25. Uchtizmer-Lager (Komi ASSR), mit dem Hauptquartier in Ust-Uchta, aus den Uchta- und Isma-Lagern bestehend, mit der Petschora-Gruppe verbunden: Kohle, Eisen, Kupferbergbau, Ölquellen.

26. Ust-Usa (Komi ASSR), mit der Workuta-Gruppe verbunden: Kohlenbergbau, Fischfang, Torfbau.

27. Ust-Wym-Lager }
28. Wychegda-Lager } (Komi ASSR): Bergbau und Holzzurichtung.
29. Wischera-Lager }

30. Waigach (im Karischen Meer): Blei-, Zink-, Fluoridbergbau.

31. Nowaja Semlja (im Barents-Meer): Kupfer- und anderer Bergbau und Bauarbeiten.

III. Europäisch-Zentralrußland

32. Wolga-Lager (Gebiet Jaroslawl), mit dem Hauptquartier in Rybinsk: Erhaltung und Bau von Wolga-Kanälen, Flußbetterweiterungen und Kanalbau.

33. Lager Rybinsk (Gebiet Jaroslawl): Torfstich.
34. Stalinogorsk (Gebiet Moskau): Tula-Kohle und Eisenbergwerke.
35. Lager Dimitrow (Gebiet Moskau): Kanalausbesserung.
36. Unsha-Lager (Unschlag) (Gebiet Iwanowo), mit dem Hauptquartier in Suchoibeswodnoje: Eisenbahnbau, Holzzurichtung, Ziegelbrennereien.
37. Lager Stordub (Gebiet Orel): Schwerarbeitslager für Kinder.

IV. Europäisch-Südrußland

38. Stalingrader Lager (Osobstroi), mit dem Hauptquartier in Stalingrad: Arbeit in Industriewerken.
39. Lager Prorwinsk (Gebiet Astrachan): Eisenbahnbau, Fischfang, Ölfelder.
40. Lager im Kaukasus (Jushlag), mit dem Hauptquartier in Baku: Eisenbahn- und Flugplatzbau.
41. Starobelsk (Ukraine): Eisen- und Kohlenbergbau; auch eine unbestimmte Anzahl von Lagern im Don-Becken.
42. Nikopol-Lager (Ukraine): Industriearbeiten, Bergbau.
43. Maltschik (Kabardin ASSR): Bauarbeiten und Ölquellen.

V. Europäisch-Ostrußland

44. Wetluga-Lager (Wetlag) (Gebiet Gorki): Holzzurichtung.
45. Wjatka-Lager (Wjatlag) (Gebiet Kirow), mit dem Hauptquartier in Wolosnitsa: Holzzurichtung, Straßen- und Eisenbahnbau.
46. Bezymannaja-Lager (Gebiet Kuibischew), mit dem Hauptquartier in Besymenka: Steinbrüche, Ziegelbrennereien, unterirdische Flugplatzanlagen.
47. Usoljer-Lager (Usollag) (Gebiet Molotow), mit dem Hauptquartier in Solikamsk: Holzzurichtung, Ölfelder, Eisenbahnbau.
48. Temikow-Gruppe (Mordwinische ASSR), mit dem Hauptquartier in Potma und Jawas: Holzindustrie, Holzappretur, Landwirtschaft, Textilarbeiten.
49. Lager Tetjuschi (Tatarische ASSR): Holzzurichtung und Kohlenbergbau.

VI. Ural-Gebiet

50. Nördliche Ural-Lager (Sewurllag), mit dem Hauptquartier in Soswa: Abbau von Eisenerz, Kohle, Leicht- und Edelmetallen; metallverarbeitende Werke, Steinbrüche, Holzzurichtung.
51. Iwdeler Lager (Gebiet Swerdlowsk), mit dem Hauptquartier in Iwdel: Holzzurichtung, Bergbau, Straßenbau.
52. Rewda-Lager (Swerdlowsk), mit dem Hauptquartier in Rewda: Holzzurichtung und Bergbau.
53. Kungur-Lager (Swerdlowsk): Silber- und anderer Bergbau.
54. Lager Nadetschdinsk (Gebiet Swerdlowsk): Torfabbau, Eisenerzförderung und metallurgische Werke.

55. Lager Tschusowaja (Gebiet Swerdlowsk): Wasserkraftwerke.

56. Lobwaer Lager (Gebiet Swerdlowsk), mit dem Hauptquartier in Nowaja Ljalja: Bergbau.

57. Lager Perwonralsk (Gebiet Swerdlowsk): Bergbau und Metallarbeiten.

58. Lager Samarowo (Gebiet Swerdlowsk): Holzzurichtung und Landwirtschaft.

VII. Westsibirien

59. Lager Omsk (Gebiet Omsk): Holzzurichtung und Bauarbeiten.

60. Lager Asir (Gebiet Omsk).

61. Tobolsker Lager (Gebiet Omsk): Kohlen- und Erzbergbau.

62. Lager Nowosibirsk (Gebiet Nowosibirsk): Bergbau und Bauindustrie.

63. Narym-Lager (Gebiet Nowosibirsk): Holzzurichtung und Torf.

64. Kemerowo-Lager (Gebiet Kemerowo): Industriebauten.

65. Sibirische Gruppe (Siblag) (Nowosibirsk): Eisenerzbergbau, Textilmühlen, Holzindustrie, Gerberei.

66. Tomsk-Asino-Lager (Tomasinlag) (Gebiet Nowosibirsk), mit dem Hauptquartier in Tomsk: Holzzurichtung und Straßenbau.

67. Lager Barnaul (Altai-Gebiet): Bauindustrie und Transport.

VIII. Zentralasien

68. Petropawlowsker Lager (Nord-Kasakstan), mit dem Hauptquartier in Petropawlowsk: Bergbau und Straßenbau.

69. Karaganda-Gruppe (Karlag) (Kasak. SSR), mit dem Hauptquartier in Karaganda, Dolinskoje und Spask: Kohlen- und Leichtmetallbergbau, Bau von Fabriken, Straßen- und Eisenbahnbau.

70. Lager Aktjubinsk (West-Kasakstan): Holzzurichtung und Bauarbeiten.

71. Lager Semipalatinsk (Ost-Kasakstan): Leichtmetallbergbau.

72. Lager Leninogorsk (Ost-Kasakstan): Leichtmetallbergbau, metallverarbeitende Metallwerke, Straßenbau.

73. Taschkenter Lager (Usbek. SSR), mit einem Nebenlager in Jangi-Jul: Industrie- und Bauarbeiten.

74. Tschardschuier-Lager (Usbek. SSR): Ölfelder.

75. Lager Sukobezwodni (Usbek. SSR): Ölfelder.

IX. Nördliches Zentralsibirien
(Gebiet Krasnojarsk)

76. Norilsker Lager (Norillag), mit dem Hauptquartier in Norilsk: Straßen- und Eisenbahnbau, Kohlenbergbau.

77. Igarka-Lager, mit dem Hauptquartier in Igark: Holzzurichtung (Holzfällerarbeit am Jenissei).

78. Lager am Jenissei, an der Flußmündung: Holzzurichtung und Bauarbeiten.

79. Lager Ingasch.

80. Absagechew-Lager.

81. Krasnojarsker Gruppe (Kraslag), mit dem Hauptquartier in Kansk: Kohlenbergbau, Eisenbahnbau, Bauindustrie.

82. Lager Turunansk: Holzzurichtung und Landwirtschaft.

X. Ostsibirien und der Ferne Osten

83. System der Baikal-Amur-Eisenbahnbaulager (BAM), mit Verwaltungszentren in Taischet und Swobodai (Irkutsk-, Tschita- und Burjatmongolische Gebiete): Bau der Taischet-Komsomolsk-Eisenbahn.

84. Lager Taischet, Endstation der Baikal-Amur-Eisenbahn: Bergbau, Straßen- und Eisenbahnbau.

85. Lager an der oberen Lena (Gebiet Irkutsk), mit dem Hauptquartier in Bodaibo: Goldbergbau und Holzzurichtung.

86. Lager an der unteren Lena (Jakut. ASSR): Holzzurichtung und Holzfällerarbeit.

87. Aldaner Lager (Jakut. ASSR): Goldbergbau und Holzzurichtung.

88. Dschido-Gruppe (Gebiet Tschita): Gold-, Eisen-, Zinn- und Wolframbergbau.

89. Lager Gubarewo (Gebiet Tschita): Gold-, Eisen- und Zinnbergbau.

90. Lager Dermidonowka (Gebiet Tschita): Kobalt- und Eisenbergbau.

91. Magdagatschier Lager (Gebiet Tschita): Kobalt- und Eisenbergbau.

92. Zakamensker Lager (Gebiet Tschita): Molybdän- und Leichtmetallbergbau, Industriewerke.

93. Jerifei-Pawlowitscher Lager (Gebiet Tschita): Eisenbahnbau.

94. Lager Olekminsk (Jakut. ASSR): Holzzurichtung und Bergbau.

95. Bureja-Gruppe (Burlag) (Gebiet Chabarowsk), mit dem Hauptquartier in Iswestkowaja: Eisenbahnbau.

96. Nordöstliche Gruppe des Fernen Ostens (Sewwostlag), mit dem Hauptquartier in Magadan (Gebiet Chabarowsk): Gold-, Blei- und Platinbergbau, Bau- und Verkehrsarbeiten.

97. Kolyma-Gruppe (Gebiet Chabarowsk): Gold-, Platin- und Bleibergbau, Fischfang, Straßen- und Eisenbahnbau, Bauindustrie, Transport.

98. Konzentrierung am unteren Amur (Nischneamursk), mit dem Hauptquartier in Komsomolsk: Bauarbeiten und Bergbau.

99. Lager Nowotambowsk (Gebiet Chabarowsk), mit der Gruppe am unteren Amur verbunden.

100. Lager Polowinka (Gebiet Chabarowsk): Bergbau.

101. Nikolajewsker Lager (Gebiet Chabarowsk): Eisen- und Goldbergbau, Straßen- und Eisenbahnbau.

102. Wladiwostoker Konzentration (Küstengebiet): Transport, Verkehr, Bauindustrie.

103. Lager Suchan (Küstengebiet): Bergbau.

104. Hafen Nakodka (Küstengebiet): Verladearbeiten.

105. Insel Askold (Küstengebiet): Goldbergbau.

106. Giziga-Lager (Gebiet Chabarowsk): Straßenbau und Holz.

107. Kamtschatka-Gruppe: Bauarbeiten, Fischfang, Ölfelder.

108. Sachalin-Lager (Sachalin). (Lager: Otomari, Sakaschama, Toyoharo, Esutorow, Mgaschi, Lasarewka): Straßenbau, Ölfelder, Bergbau und Kanalbau.

109. Chukotka-Lager (äußerster Nordosten), mit dem Hauptquartier in Chukotka: Bergbau und Bauindustrie.

110. Bering-Lager (an der Beringstraße): Bergbau und Bauindustrie.

111. Lager Werchojansk.

112. Lager Arman (Kolyma-Gruppe): Hafenarbeit und Bauindustrie, Frauenlager.

113. Lager Piostraja (Kolyma-Gruppe): Goldbergbau, Transport und Straßenbau.

114. Lager Magadan: Lager des Hauptquartiers der Kolyma-Gruppe.

115. Lager Nagajewo: Hafenarbeit und Fischfang für die Kolyma-Gruppe.

116. Seimchan-Lager: Verkehrswege und Transport für die Kolyma-Gruppe, Bauindustrie, Goldbergbau.

117. Srednikan (Kolyma-Gruppe): Bauindustrie, Bergbau.

118. Lager Maldjak
119. Lager Bereljak
120. Ytyryker Lager
121. Werchnekolymsker Lager

} Goldbergbau, Landwirtschaft, Bauindustrie, Transport in der Kolyma-Gruppe des Dalstroi.

122. Srednekolymsker Lager
123. Schaiwinsk (Tal des Todes)
124. Lager Talon
125. Tschai-Urja-Lager

} Goldbergbau, Landwirtschaft, Transport in der Kolyma-Gruppe des Dalstroi.

B. Kleinere Lager von örtlicher Bedeutung

Den örtlichen Organen des MWD unterstellt.

1. Polotzk
2. Aloscha
3. Minsk
4. Mogilew
5. Orscha
6. Gomel
7. Owrutsch
8. Nowograd Wolynsk
9. Korosten
10. Shitomir
11. Kamenetz-Podolsk
12. Kiew
13. Uman
14. Gaiworon
15. Perwomaisk
16. Odessa
17. Cherson
18. Inguletz
19. Kriwoi Rog
20. Kromentschug
21. Saporoshje
22. Sumy
23. Charkow
24. Isjum
25. Nowy Oskol
26. Kramatorskaja
27. Starobjelsk
28. Stalino
29. Woroschilowgrad
30. Mariupol
31. Schachty
32. Woronesch
33. Rjasan
34. Wladimir
35. Alexejewka
36. Michailowka
37. Engels
38. Krassny Jar
39. Kamyschin
40. Stalingrad
41. Krasnoarmeisk
42. Noworossisk
43. Tuapse
44. Baku
45. Tschkalow
46. Budennyj
47. Urgen
48. Frunse
49. Krupkoi
50. Taschkent

Zahlen

Kurz vor der Auflösung der sowjetischen Konzentrationslager auf deutschem Boden gab es in der Sowjetzone folgende Haftanstalten:

Stand 1. Oktober 1949

Anstalt	Belegung		davon Frauen
a) unter sowjetischer Aufsicht und Bewachung			
KZ Buchenwald	9 460	Internierte	637
KZ Sachsenhausen	2 470	Internierte	?
	8 420	SMT-Verurteilte	1 200
KZ Bautzen	1 460	Internierte	—
	7 800	SMT-Verurteilte	—
	29 610		
b) unter Aufsicht und Bewachung der sowjetzonalen Justiz			
Zuchthaus Brandenburg	1 032		
Gefängnis Cottbus	540		162
Gefängnis Luckau	548		37
Haftkrankenhaus Cottbus	68		
Jugendgefängnis Plauerhof	118		
Frauenlager Heidekrug	223		223
Arbeitslager Rüdersdorf	266		
Zuchthaus Bützow-Dreibergen	1 026		273
Gefängnis Neustrelitz	201		
U-Haftanstalt Bautzen	181		41
U-Haftanstalt Chemnitz	190		30
U-Haftanstalt Dresden	113		41
U-Haftanstalt Leipzig I	457		108
U-Haftanstalt Leipzig II	270		
U-Haftanstalt Radebeul	171		23
Zuchthaus Hoheneck	651		85
Gefängnis Görlitz	197		32
Frauengefängnis Leipzig-Kl. Meusdorf	663		662
Zuchthaus Waldheim	1 902		
Zuchthaus Zwickau	905		264
Arbeitslager Pirna	221		

Anstalt	Belegung	davon Frauen
Arbeitslager Möschwitz	86	
Gefängnis Coswig	427	
U-Haftanstalt Magdeburg-Neustadt	603	103
Frauengefängnis Halberstadt	164	164
U-Haftanstalt Halle	226	62
U-Haftanstalt Naumburg	508	
Arbeitslager Bockwitz	67	
Arbeitslager Volkstedt	224	
Arbeitslager Bitterfeld-Ost	118	118
Jugendhaus Torgau	115	
Haftkrankenhaus Schkeuditz	160	33
Gefängnis Stendal	183	62
Zuchthaus Torgau (Fort Zinna)	466	
Jugendgefängnis Eisenach	138	
U-Haftanstalt Erfurt	174	37
Gefängnis Gräfentonna	286	
Frauengefängnis Hohenleuben	136	136
Gefängnis Ichtershausen	524	
Zuchthaus Untermaßfeld	274	
	14 824	

Unberücksichtigt geblieben sind bei dieser Aufstellung die großen MWD-Gefängnisse in Berlin-Lichtenberg, Halle („Roter Ochse"), Magdeburg-Sudenburg, Dresden, Chemnitz, Potsdam und Schwerin. Unberücksichtigt bleiben mußten auch die politischen Häftlinge, die von deutschen Gerichten (hauptsächlich Sonderstrafkammern nach Befehl 201) verurteilt wurden und in den Justizhaftanstalten einsaßen.

Es ergibt sich für die Situation des sowjetzonalen Strafvollzuges zur Jahreswende 1949/50, daß

rund 30 000 politische
und rund 14 824 nichtpolitische Häftlinge

in sowjetzonalen Haftanstalten und KZ einsaßen. Diese Situation änderte sich im Januar 1950, nachdem am 14. Januar 1950 der Armeegeneral W. Tschujkow als Vertreter der sowjetischen Militäradministration in einem Briefwechsel mit dem stellvertretenden Ministerpräsidenten der „DDR“ die Auflösung aller Konzentrationslager in der SBZ bis zum 10. März 1950 bekanntgab.

Nach den von ihm bekanntgegebenen Zahlen befanden sich zu diesem Zeitpunkt 29 632 politische Häftlinge in Deutschland in sowjetischem Gewahrsam. Hiervon wurden dann 15 038 entlassen, 3432 Internierte zur Aburteilung den sowjetdeutschen Gerichten übergeben (die später in den „Waldheimer Kriegsverbrecherprozessen“ verurteilt wurden), 10 513 SMT-Verurteilte zur weiteren Strafverbüßung der Volkspolizei übergeben und 649 „Schwerverbrecher“ in die UdSSR verschleppt. Diese Angaben sind nur ein Bruchteil der von der sowjetischen Geheimpolizei veröffentlichten Zahlen. Wegen der wirren Nachkriegszustände in der SBZ, der Angst der eingeschüchterten Bevölkerung vor Nachfragen nach dem Schicksal ihrer Angehörigen, des Fehlens eines speziellen Suchdienstes und nicht zuletzt der Kaltherzigkeit des MWD, das jede Auskunft über ihre Gefangenen verweigerte und verhinderte, ist es heute nicht mehr möglich, exakte Zahlen zu erarbeiten. Man kann aber behaupten, daß von 1945 bis 1950 etwa 170 000 bis 180 000 Deutsche in der sowjetischen Besatzungszone und in Berlin aus politischen Gründen verhaftet wurden. Von ihnen gingen etwa 160 000 durch die Konzentrationslager der SBZ. Der Rest wurde in der „Untersuchungshaft“ erschossen, erschlagen, verhungerte oder wurde direkt in die UdSSR verschleppt. Von den 160 000 KZ-Insassen starben etwa 65 000, wurden 36 000 in die SU deportiert, 46 000 in zwei Entlassungswellen 1948 und 1950 freigelassen. Über den Rest gab dann Tschujkow die oben geschilderte Auskunft.

In diese Zahlen sind also nicht die deutschen Kriegsgefangenen, die in der UdSSR von sowjetischen Militärgerichten verurteilt wurden, und die sogenannten Zivilverschleppten mit einbezogen.

Mit der Übergabe des politischen Strafvollzuges an die „DDR“ – die ihrerseits wieder den gesamten Strafvollzug aus der Justiz ausgliederte und der VP unterstellte – begann ein neues Kapitel in der Geschichte der politischen Häftlinge der „DDR“.

Dokumentation

Internierungslager werden aufgelöst

Schriftwechsel zwischen Armeegeneral Tschujkow und dem stellvertretenden Ministerpräsidenten Walter Ulbricht.

(ADN). Der Vorsitzende der Sowjetischen Kontrollkommission in Deutschland, Tschujkow, richtete am 14. Januar 1950 folgendes Schreiben an den Stellvertretenden Ministerpräsidenten der Deutschen Demokratischen Republik, Walter Ulbricht:

Geehrter Herr Ulbricht!

Ich habe die Ehre, Ihnen mitzuteilen, daß laut Beschluß der Regierung der UdSSR alle Internierungslager, die unter Kontrolle der sowjetischen Behörden in Deutschland standen – Buchenwald, Sachsenhausen und Bautzen – liquidiert werden.

In bezug auf Personen, die laut Direktiven des Kontrollrates in den obenerwähnten Lagern interniert sind, sowie Personen, die für die von ihnen begangenen Verbrechen verurteilt worden sind, werden folgende Maßnahmen durchgeführt:

Aus den Lagern werden 15 038 Personen entlassen einschließlich der 5504 Personen, die früher von Militärtribunalen zu verschiedenen Strafen verurteilt wurden.

Dem Ministerium des Innern werden 3432 Internierte übergeben zur Untersuchung ihrer verbrecherischen Tätigkeit und Aburteilung durch das Gericht der Deutschen Demokratischen Republik. Ebenso werden dem Innenministerium der Deutschen Demokratischen Republik 10 513 Verhaftete zur Verbüßung ihrer Strafe übergeben, die für die von ihnen begangenen Verbrechen von Militärtribunalen ausgesprochen worden sind.

In den Händen der sowjetischen Behörden verbleiben 649 Verbrecher, die besonders große, gegen die Sowjetunion gerichtete Verbrechen begangen haben.

Die Gebäude und Einrichtungen des Gefängnisses und des Lagers Bautzen werden dem Ministerium des Innern zur Verfügung gestellt. Die Gebäude der Lager Buchenwald und Sachsenhausen werden den sowjetischen Besatzungstruppen in Deutschland für wirtschaftliche und andere Hilfsdienste zur Verfügung gestellt.

Aufrichtigst Ihr

W. Tschujkow, Armeegeneral

Der stellvertretende Ministerpräsident Walter Ulbricht richtete folgendes Schreiben an den Vorsitzenden der Sowjetischen Kontrollkommission, Armeegeneral Tschujkow:

Sehr geehrter Herr Armeegeneral!

Im Namen der provisorischen Regierung der Deutschen Demokratischen Republik danke ich Ihnen für Ihre Mitteilung vom 14. Januar dieses Jahres (1950) über die Auflösung der Internierungslager. Die von Ihnen vorgeschlagenen Maßnahmen finden die volle Zustimmung der Regierung der Deutschen Demokratischen Republik. Ich habe den Innenminister der Deutschen Demokratischen Republik, Herrn Dr. Steinhoff, gebeten, dafür Sorge zu tragen, daß den aus den Internierungslagern Entlassenen bei der Beschaffung von Arbeit und Unterkunft geholfen wird.

Die von den Militärtribunalen verurteilten Verbrecher werden vom Ministerium des Innern übernommen zum Zwecke der Verbüßung ihrer gerechten Strafe.

W. Ulbricht

Stellvertreter des Ministerpräsidenten

Die sowjetischen KZ in Deutschland

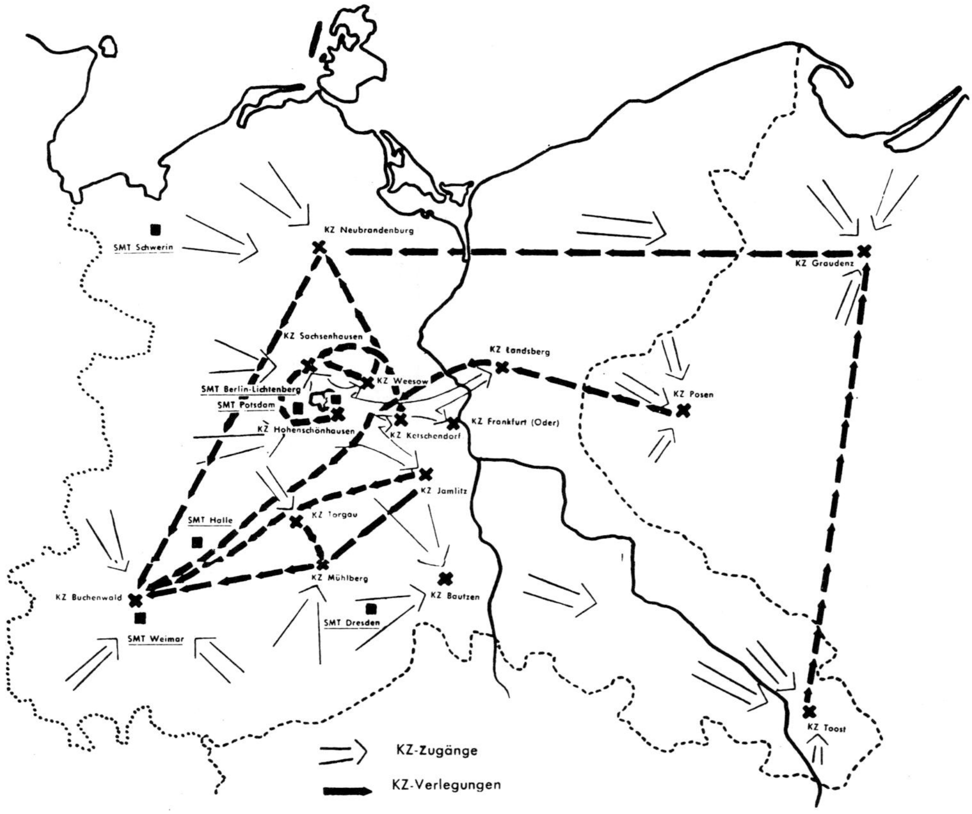

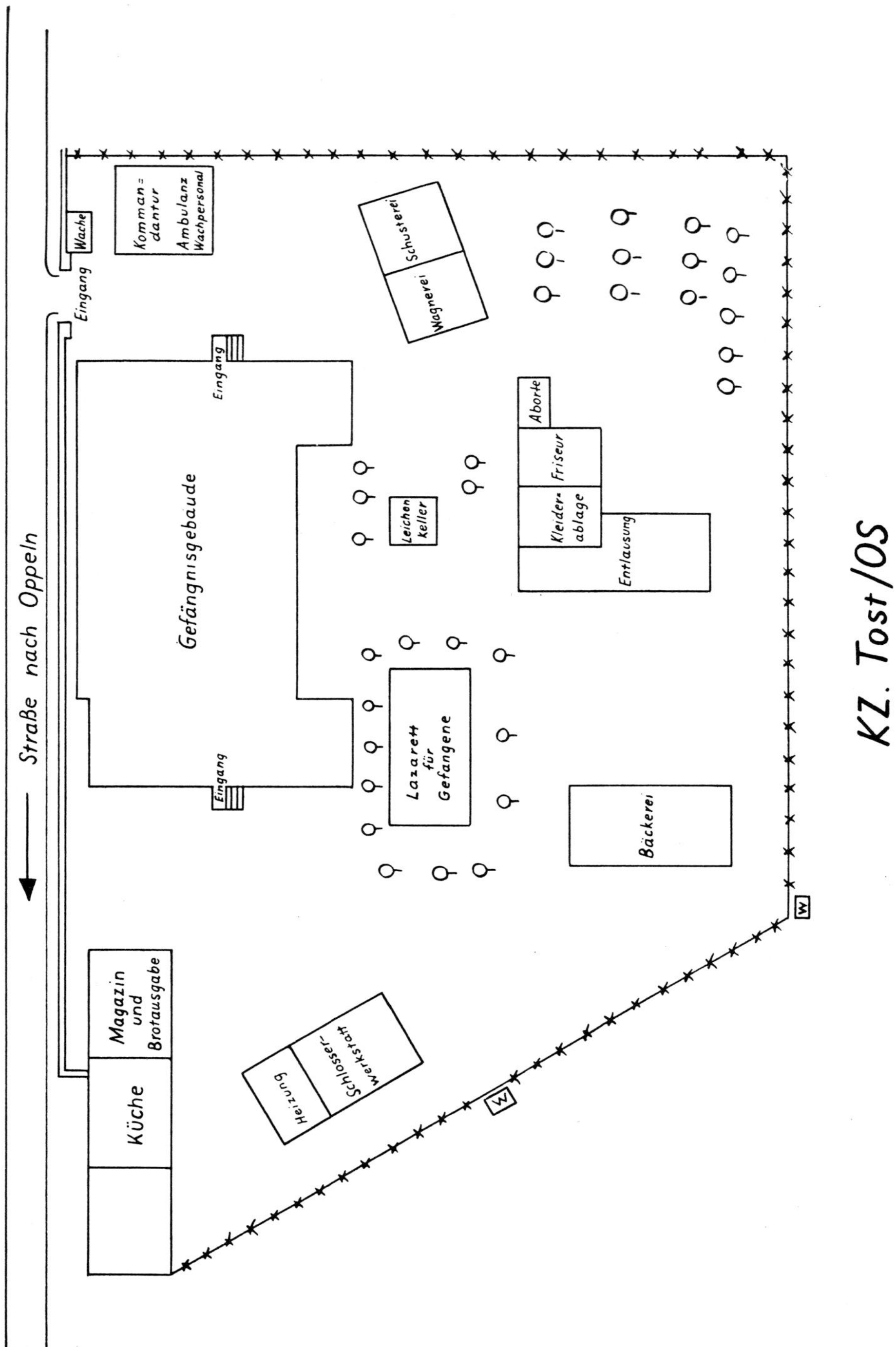
KZ. Tost/OS
Straße nach Oppeln
Wache
Komman=
dantur
Ambulanz
Wachpersonal
Eingang
Schusterei
Wagnerei
Eingang
Gefängnisgebaude
Eingang
Aborte
Friseur
Kleider-
ablage
Entlausung
Leichen
keller
Lazarett
für
Gefangene
Bäckerei
W
Magazin
und
Brotausgabe
Küche
Heizung
Schlosser-
werkstatt
W

KZ Tost/OS

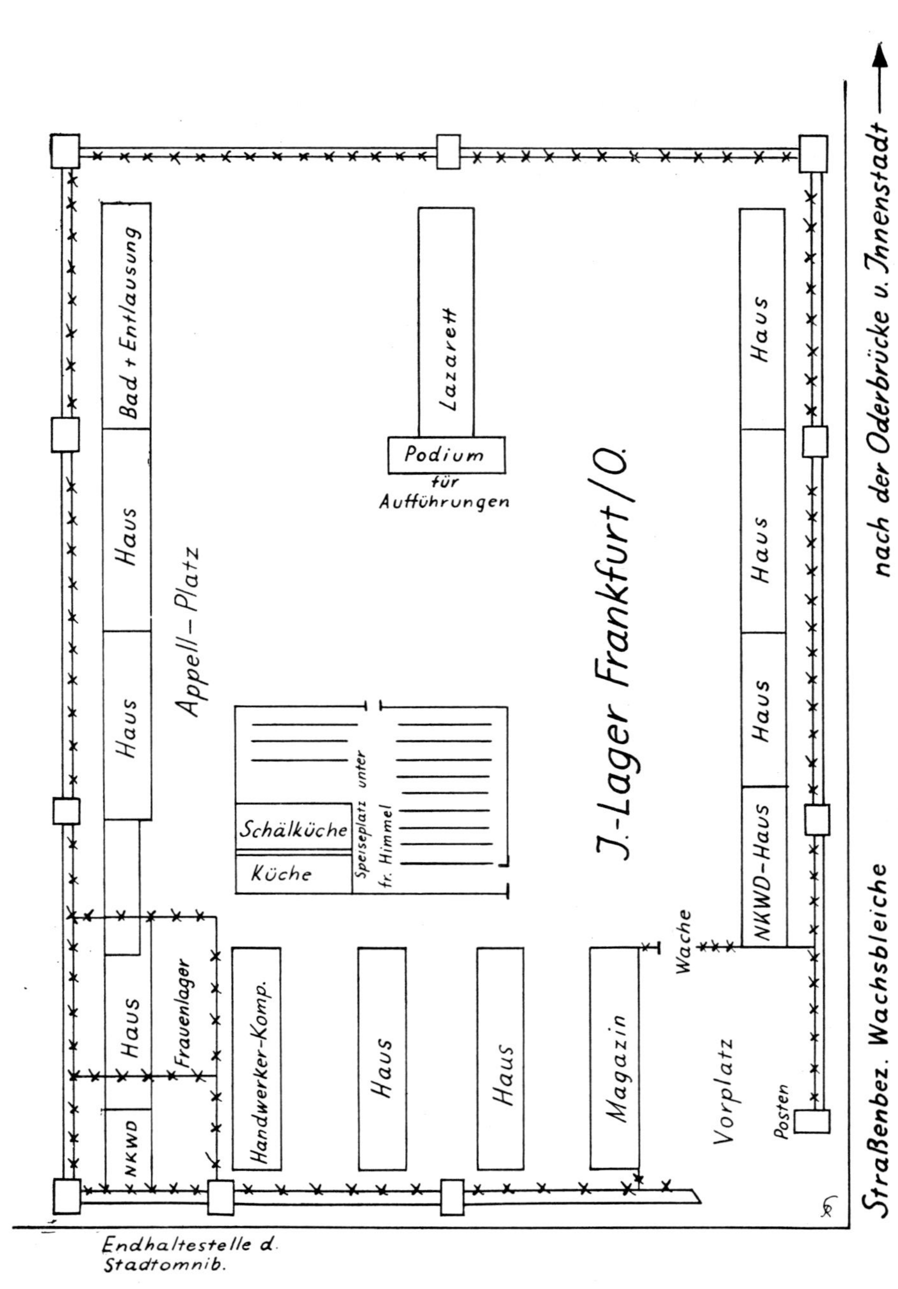

Interniertenlager Frankfurt/O.

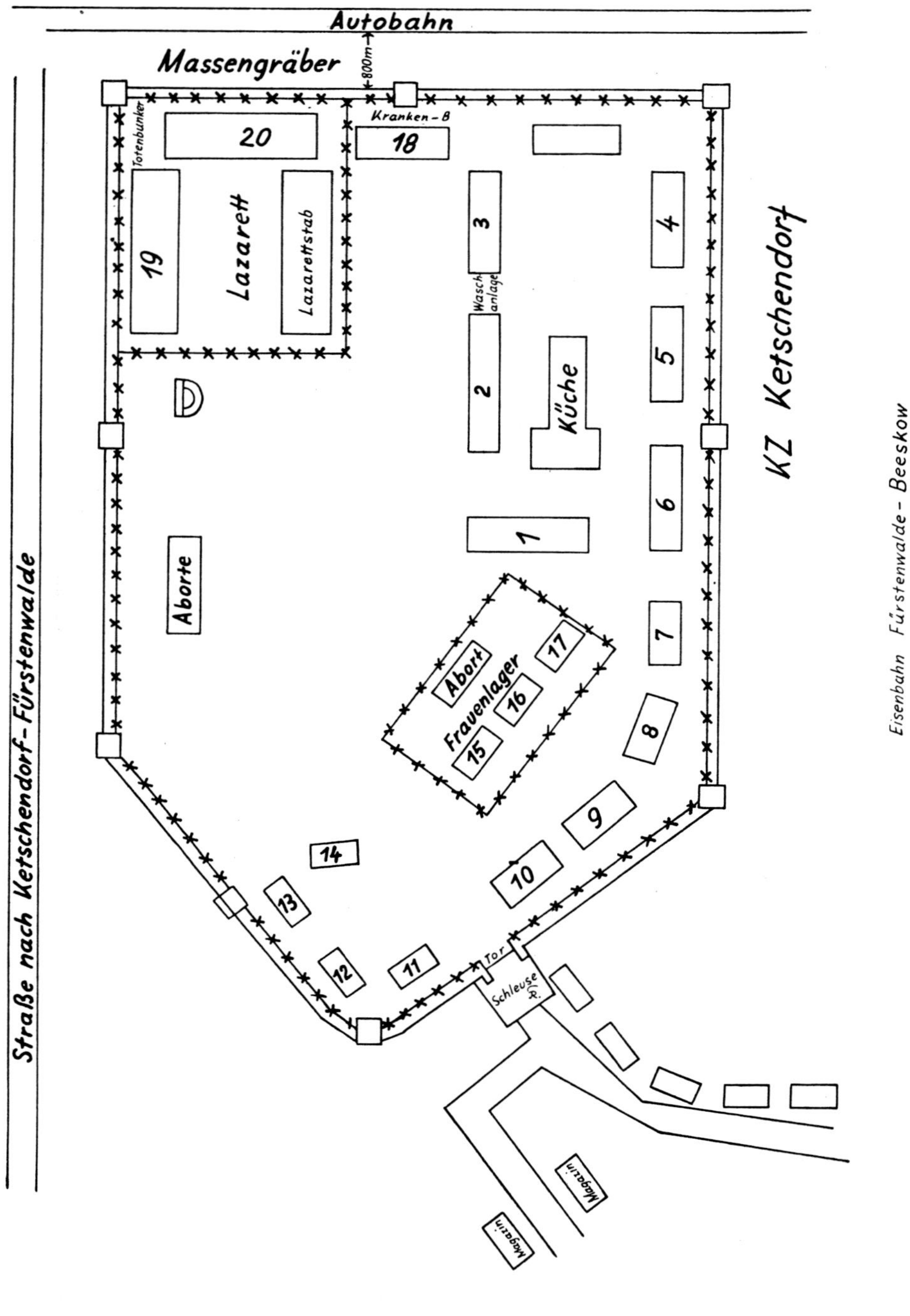

KZ Ketschendorf

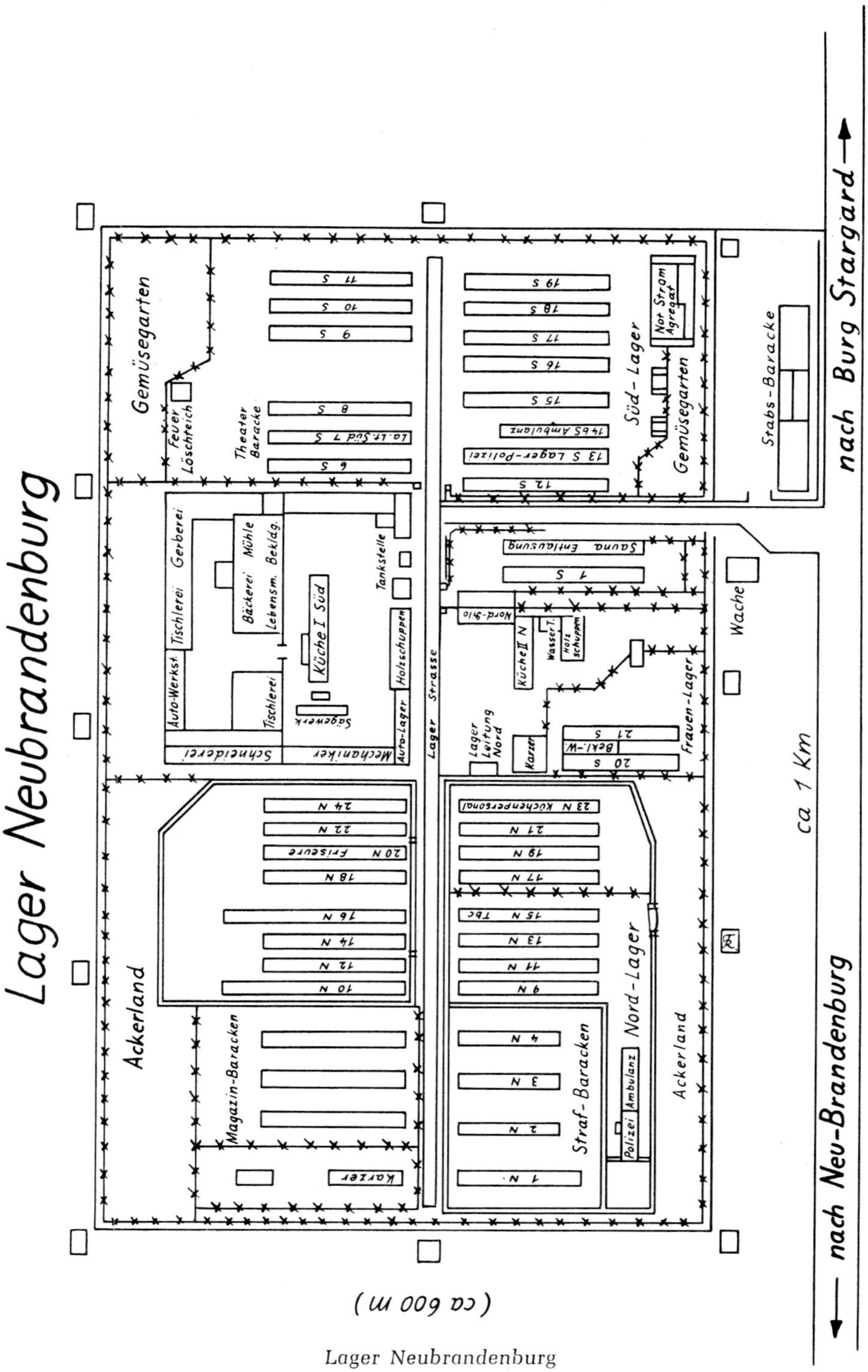

Lager Neubrandenburg

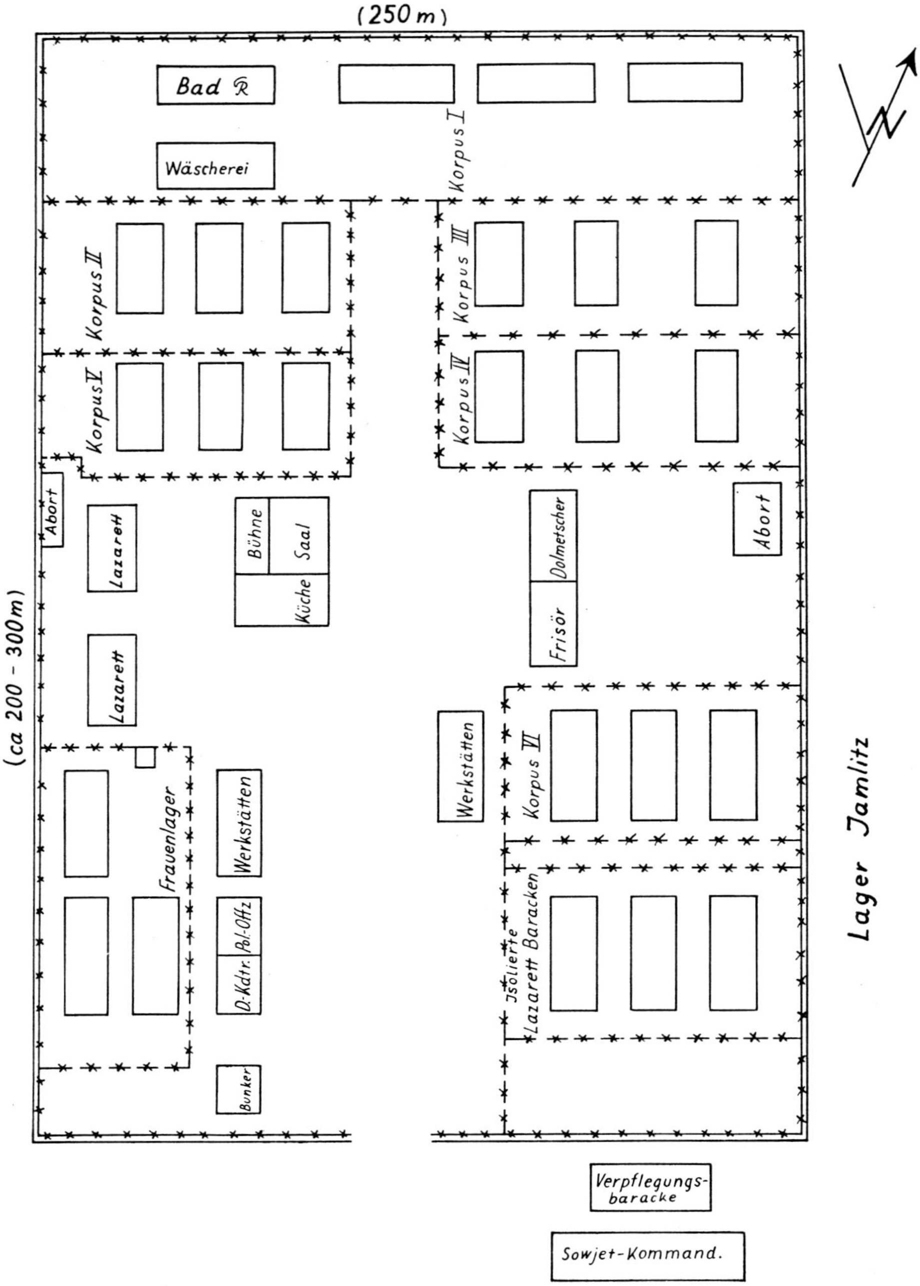

Lager Jamlitz

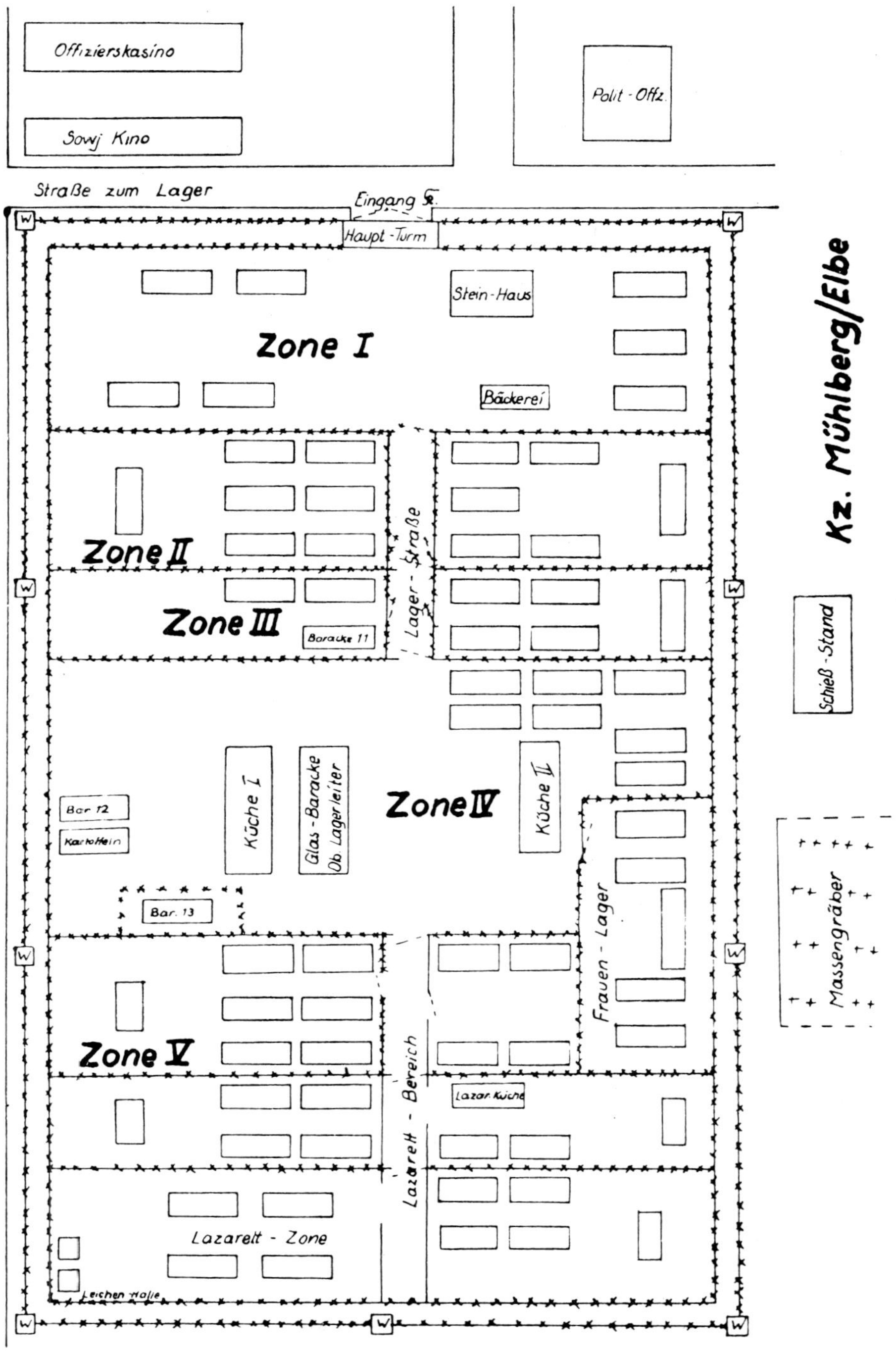

KZ Mühlberg/Elbe

Teil II

Der sowjetzonale Strafvollzug von 1950 bis 1958

Die Übergabe der SMT-Verurteilten an die Volkspolizei

Nach der Auflösung der sowjetischen Konzentrationslager auf deutschem Boden übernahm die Volkspolizei zunächst die Haftanstalten Torgau, Hoheneck, Untermaßfeld und Bautzen als sogenannte Strafvollzugsanstalten (StVA). In diesen Anstalten befanden sich die 10 513 SMT-Verurteilten, die von den Sowjets zur weiteren Strafverbüßung übergeben worden waren. Für die Internierten, die erst noch von deutschen Gerichten verurteilt werden sollten, wurde die ehemalige Landesstrafanstalt Sachsen in Waldheim übernommen. Hinzu kamen die Haftanstalten Brandenburg und Luckau, da die sowjetischen Militärtribunale und die sich in die politischen Verurteilungen einschaltenden deutschen Gerichte laufend neue Opfer fanden. 1951 wurden dann alle Justizstrafanstalten von der VP übernommen, denen bis 1952 alle U-Haftanstalten folgten, so daß sich heute — bis auf die Gefängnisse des MfS — alle Haftanstalten in den Händen VP befinden. Die Strafvollstreckung wurde der VP im März 1953 übertragen.

Die sowjetischen Militärtribunale blieben in ihrer Funktion zunächst unbehindert. Sämtliche politischen Strafverfahren,

Dokumentation

Verurteilte deutsche Bürger werden den Behörden der DDR übergeben

Berlin (ADN). Der Hohe Kommissar der UdSSR in Deutschland, G. M. Puschkin, teilte der Regierung der DDR mit, daß die entsprechenden sowjetischen Organe den Beschluß faßten, alle deutschen Bürger, die zu verschiedener Zeit für Verbrechen gegen die sowjetische Streitmacht in Deutschland verurteilt wurden und auf dem Territorium der DDR ihre Strafe verbüßen, den Behörden der Deutschen Demokratischen Republik zu übergeben.

die man etwa unter die Begriffe „Spionage jeglicher Art" und „illegale Gruppenbildung" einreihen konnte, wurden von den SMT behandelt. Die kleineren Fälle, wie „Hetze gegen den Völkerfrieden", „Zeugen Jehovas", „Nazis" und teilweise auch „Wirtschaftssaboteure" fielen unter die sowjetzonale Gerichtsbarkeit, die allerdings nach und nach immer mehr die Aufgaben der SMT übernahm. Die SMT schalteten sich noch einmal stark in die Verurteilungen der Demonstranten des Juni-Aufstandes 1953 ein, um dann nach der Souveränitätserklärung der „DDR" ihre Tätigkeit ganz einzustellen. Nachdem die „DDR" mit der Sowjetunion am 27. 4. 1957 einen Vertrag über „die mit der zeitweiligen Stationierung der sowjetischen Streitkräfte auf dem Territorium der DDR zusammenhängenden Fragen" abgeschlossen hatte, waren die SMT ausschließlich für sowjetische Staatsangehörige zuständig. Zur Zeit ist nur ein SMT in Berlin-Karlshorst bekannt.

In den ersten Monaten des Jahres 1950 übergaben die Sowjets in Bautzen und Torgau die in Deutschland verbliebenen 10 513 SMT-Verurteilten der Volkspolizei. Bei der Übergabe waren ein Offizier und ein Soldat der MWD zugegen. Der Häftling mußte nach Aufruf sein Geburtsjahr und den Namen seines Vaters nennen. Mit dem Häftling übernahm ein VP-Offizier lediglich einen eine Seite starken Auszug aus dem jeweiligen Urteil. Die eigentliche Akte, also die Protokolle und die Urteilsniederschrift (eine schriftliche Urteilsbegründung war nicht vorhanden!) bekam der MWD-Soldat, der sie in einen Sack steckte.

Zahlreiche mit solchen Urteilen vollgepfropfte Säcke wurden von MWD-Leuten fortgeschafft. Es muß angenommen werden, daß diese Urteile heute nicht mehr auffindbar sind. Den sowjetzonalen Behörden lag für die Beurteilung der Häftlinge für die weitere Haftzeit lediglich dieser eine Urteilsauszug vor.

Um die Personalien der nun der VP unterstellten Häftlinge zu erhalten, gaben die Anstalten vierseitige Fragebogen aus,

aus denen man erst einmal die Haftdaten und näheren Angaben über den Häftling ersehen konnte.

Die SMT-Verurteilten bildeten 1950 den Stamm der politischen Häftlinge. Fast alle waren zu 25 Jahren Arbeitslager verurteilt und es war kein Ende ihrer Haft abzusehen. Nachdem Ende 1953 einige SMT-Verurteilte aus den sowjetischen Zwangsarbeitslagern entlassen worden waren, kamen 6143 SMT-Verurteilte im Januar 1954 aus sowjetzonalen Haftanstalten frei. Die Freilassung erfolgte auf Grund einer sowjetischen Amnestie. Am 19. Oktober 1954 teilte der sowjetische Hohe Kommissar dem sowjetzonalen Ministerrat mit, daß alle im sowjetzonalen Gewahrsam befindlichen SMT-Verurteilten nunmehr den sowjetzonalen Justizorganen unterständen.

Von sowjetzonaler Seite wurden daraufhin alle SMT-Urteile überprüft und die stets an der Maximalgrenze liegenden Strafen auf die damals als opportun geltenden Strafmaße zugeschnitten. Nach einer Amnestie durch den Zonenpräsidenten Pieck wurde den Häftlingen im Sommer 1955 die Höhe ihrer Reststrafen bekanntgegeben. Es blieben in einigen Fällen noch Monate, in den meisten noch Jahre zu verbüßen.

Im April und Mai 1955 kamen etwa 980 SMT-Verurteilte frei, die wahrscheinlich auf Grund der Urteilsprüfung durch die sowjetzonalen Justizorgane entlassen wurden. Es folgten einige Einzelbegnadigungen, bis dann im Dezember 1955 und Januar 1956 weitere 2616 politische Häftlinge amnestiert wurden, von denen ein großer Teil SMT-Verurteilte waren.

Im Laufe des Jahres 1956 kam es überraschend zu truppweisen Entlassungen und Einzelentlassungen von Häftlingen, deren Strafe nach der Herabsetzung im Jahre 1955 abgelaufen war. Nach einer Mitteilung des Presseamtes des Ministerpräsidenten vom 21. Juni 1956 wurden bis zum 19. Juni 1956 3308 SMT-Verurteilte entlassen. Vermutlich bezog sich diese Zahl auf den Zeitraum April bis Juni 1956. Ihnen folgten bis heute nur Einzelentlassungen. Die Zahl der noch einsitzenden SMT-Verurteilten kann man etwa mit 164 angeben. Hinzukommen noch 32 verurteilte ehemalige Kriegsgefangene, die in strenger Isolierung in der StVA Brandenburg einsitzen (s. Seite 165).

Dokumentation

Ganz Europa ehrt Tote von Buchenwald

Großen Widerhall hat der Aufruf des Komitees für die Einweihung der Mahn- und Gedenkstätte Buchenwald gefunden, den Einweihungstag (14. September) zu einem europäischen Bekenntnis für Frieden und Völkerfreundschaft, gegen die Gefahr des Faschismus und Militarismus in Westdeutschland und gegen einen Atomkrieg zu gestalten. Wie das unter der Leitung von Ministerpräsident Otto Grotewohl stehende Komitee mitteilt, werden Delegationen aus allen europäischen Ländern erwartet.

Übergabe der Internierten an die Volkspolizei

Die aus den sowjetischen KZ übriggebliebenen 3432 Internierten wurden in der kurz vorher eilig von Justizhäftlingen geräumten Landesstrafanstalt Waldheim (Sachsen) zusammengezogen und der sowjetzonalen Justiz zur Verurteilung über-

Dokumentation

Sammlung für Buchenwald

Der Zentralrat der FDJ hat die Mitglieder des sozialistischen Jugendverbandes aufgerufen, am 12. April für den weiteren Aufbau der nationalen Gedenkstätte im ehemaligen Konzentrationslager Buchenwald zu sammeln.

Der Leiter der Verwaltung Strafvollzug im Ministerium des Innern, Generalmajor August („Gustl") Mayer. Alter KPD-Mann, SU-Emigrant, Träger des Vaterländischen Verdienstordens in Bronze (1. Oktober 1954) und des Ordens „Banner der Arbeit" (9. Juni 1958).

geben. Sie wurden, da wie bei den SMT-Verurteilten keine ausreichenden Personalunterlagen vorhanden waren, von einer Einsatzgruppe der Kriminalpolizei unter Leitung des Dresdner Polizeirates Kurt Beyer vernommen. Auf Grund der Angaben der Häftlinge über ihren beruflichen Werdegang wurden Anklageschriften erstellt. Die tägliche Norm der von dieser Gruppe ausgearbeiteten Anklageschriften betrug 120 Stück. Sie waren durchschnittlich 2 bis $2^1/_2$ DIN-A-4-Seiten lang und dienten als Unterlage für die späteren Verurteilungen.

Die Anweisungen Beyers gingen dahin, den Häftlingen „soviel wie möglich aus der Nase zu ziehen", da das Beweismaterial außerordentlich spärlich sei. Es bestand lediglich aus einem aus dem Russischen ins Deutsche übersetzten Protokoll der Vernehmung des Häftlings durch das MWD, das in den meisten Fällen durch Mißhandlungen erzwungen worden war. Diese Protokolle waren bis auf einige Ausnahmen das ganze „Beweismaterial", das man in Händen hatte. Es wurden deshalb zunächst an die Häftlinge Personalfragebogen und Vermögenserklärungen abgegeben, die ausgefüllt zusammen mit einem Lebenslauf zurückgegeben werden mußten. Den Kriminalbeamten der Einsatzgruppe wurde die Anweisung gegeben, bei der Auswertung der Fragebogen genauestens auf alles zu achten, was in der Anklageschrift zuungunsten des Häftlings aufgeführt werden konnte. Die Anklageschriften sollten von einer derartigen Überzeugungskraft sein, daß die Gerichte die Häftlinge zu hohen Freiheitsstrafen verurteilen müßten.

Um das Soll an Anklageschriften zu erfüllen, wurde die Einsatzgruppe durch 130 bis 150 Schüler der Polizeischule für Kriminalistik in Arnsdorf verstärkt.

Die Waldheimer Kriegsverbrecherprozesse

Für die Verurteilungen, die am 21. April 1950 begannen, wurden in Waldheim zwölf große und neun kleine Sonderstrafkammern des Landgerichts Chemnitz gebildet. Als Chefinstrukteurin und Leiterin der Untersuchungskommission wurde die Leiterin der Abteilung Rechtsprechung und Kontrolle im Justizministerium, Dr. Hildegard Heinze, eingesetzt. Die Geschäftsstelle übernahm der Oberstaatsanwalt Richard Krügelstein aus Zwickau. Die Strafkammern erhielten am Vorabend jedes Verhandlungstages die Akten, die sich aus den obengeschilderten Unterlagen zusammensetzten.

Je Tag und Strafkammer wurden zehn Verhandlungen von je einer Stunde festgesetzt. Diese Zeit wurde sogar in vielen Fällen unterschritten. Es hat eine ganze Reihe von Verhandlungen gegeben, die 15 bis 20 Minuten dauerten, obwohl 15 Jahre Zuchthaus verhängt wurden. Die Verhandlungen waren nicht öffentlich und fanden in einem Gerichtsgebäude gegenüber der Haftanstalt statt. Die Häftlinge wurden zu dritt oder viert unter starker Bewachung in Handschellen in ein Waschhaus neben dem Gerichtsgebäude gebracht, wo sie bis zur Verhandlung warten mußten. Sie hatten die Ladung zum Termin zusammen mit der Anklageschrift am Tage vorher erhalten.

Die Verhandlungen wurden wie folgt durchgeführt:

Nachdem der Vorsitzende mit einem kurzen Satz die Verhandlung eröffnet hatte, folgte die Feststellung der Personalien des Angeklagten und die Verlesung der Anklage durch den Staatsanwalt. Danach trat das Gericht in die sogenannte Beweisaufnahme ein, die meistens nur aus wenigen Fragen bestand, die sich auf die Parteizugehörigkeit, Funktionen in der NSDAP usw. bezogen. Anschließend hielt der Staatsanwalt sein Plädoyer. Nachdem der Angeklagte mit dem Hinweis, sich ganz kurz zu fassen, das letzte Wort erhielt, mußten der Staatsanwalt, die Protokollantinnen, der Angeklagte und die VP-Bewachung den Verhandlungsraum verlassen. Die Beratung des Gerichts war insofern eine Farce, als sich fast alle Vorsitzenden schon am Vorabend die Urteile vorgeschrieben hatten und nur einige Ände-

Dokumentation

Landgericht Chemnitz
8. Große Strafkammer (201)
Aktz.: StKs 1205/50

IM NAMEN DES VOLKES

In der Strafsache

gegen den Werner Riess, geb. 18. 1. 1904 in Dresden,
wohnhaft Zschachwitz, Neue Straße 8,
Beruf: kaufmännischer Angestellter,
verh., 3 Kinder,
z. Z. in der Anstalt Waldheim

wegen Verbrechens auf Grund des Befehls 201 der SMAD
vom 18. 8. 1947

hat die 8. Große Strafkammer (201) des Landgerichts Chemnitz in Waldheim in der öffentlichen Verhandlung am 2. 7. 1950, an der teilgenommen haben:

Landrichter Wagenbreth
als Vorsitzender

Landrichterin Eisermann
als Beisitzerin

Angestellte Schlosser

Angestellter Seidel

Angestellter Trinks
als Schöffen

Staatsanwalt Welich
als Vertreter der Staatsanwaltschaft

Justizangestellte Kurth
als Urkundsbeamtin der Geschäftsstelle

für Recht erkannt:

Der Angeklagte Riess, Werner, ist des Verbrechens nach Kontrollrats-Gesetz Nr. 10, Art. II, Ziff. 1c und d sowie Ziff. 2a bis e, schuldig. Er ist Hauptschuldiger nach Kontrollrats-Direktive Nr. 38, Abschn. II, Art. II, Ziff. 6 und 7.
Der Angeklagte wird zu einer Zuchthausstrafe auf Lebenszeit und zur Aberkennung der bürgerlichen Ehrenrechte verurteilt.
Sein Vermögen wird, soweit pfändbar, eingezogen.
Die Kosten des Verfahrens trägt der Angeklagte.

Gründe:

Der am 18. 1. 1904 in Dresden geborene Angeklagte stammte aus einer Arbeiterfamilie. Er ist von Beruf kaufmännischer Angestellter, ist verheiratet und hat drei Kinder. Schon frühzeitig befaßte er sich mit dem Programm und den Zielen der NSDAP und trat bereits im Jahre 1926 aus Überzeugung dieser Partei in Dresden bei. Er setzte sich von nun an mit aller Kraft für die NSDAP ein und nahm an allen Aufmärschen und sonstigen Veranstaltungen der NSDAP teil. Im

Jahre 1932 trat er in die allgemeine SS des Sturmes Dresden. Die ihm in der SS gestellten Aufgaben erfüllte er in ebenso vorbildlicher Weise. Er erreichte den Dienstgrad eines Oberscharführers. Als alter Kämpfer erhielt er im Jahre 1934 das Goldene Parteiabzeichen mit der Mitglieds-Nr. 39 900. Im Jahre 1934 wurde er auf Grund seiner langjährigen Mitgliedschaft und aktiven Beteiligung innerhalb der NSDAP und SS zum Hauptbetriebsobmann der Zeiß-Ikon-Werke, Dresden, ernannt. In dieser Eigenschaft erzog er die Arbeitskollegen im nationalsozialistischen Sinne, versorgte sie mit faschistischem Propagandamaterial und Zeitungen und organisierte in dem Betrieb die DAF-Arbeit. Der Angeklagte verbreitete und festigte unter den Arbeitskollegen die faschistischen Ideen. Ab 1944 leistete er dem SS-Hauptsturmführer und SD-Mitglied Klemens auf dessen Aufforderung bereitwilligst seine Dienste. Er stand seit dieser Zeit mit dem SD in ständiger Verbindung und gibt selbst zu, Auskünfte und Berichte laufend an Klemens weitergeleitet zu haben.

Der Angeklagte ist im wesentlichen geständig. Er versucht jedoch, seine Handlungsweise in jeder Beziehung abzuschwächen. Seine Berichte an den SD seien nur harmloser Natur gewesen. Verhaftungen seien überhaupt nicht vorgekommen. Die Existenz von KZ-Lägern sei ihm zwar bekannt gewesen, doch habe er von den Vorgängen innerhalb der KZ nichts gewußt. Demgegenüber ist gerichtsbekannt, daß gerade in den Zeiß-Ikon-Werken, Dresden, laufend Verhaftungen vorgenommen wurden.

Der Angeklagte mußte auch zugeben, daß ihm sogar Namen von den damals Verhafteten, die z. T. in das nahegelegene KZ-Lager Hohenstein verbracht worden waren, bekannt waren. Wenn der Angeklagte zugibt, daß er seit 1944 als Agent des SD tätig war, so hat er gleichzeitig damit zugestanden, daß er Berichte über Gegner des Nationalsozialismus an den SD weitergeleitet hat und diese somit der Verfolgung der Faschisten, der Mißhandlung, den Folterungen und dem Tode in den KZ ausgesetzt hat.

Als langjähriges Mitglied der NSDAP und als Oberscharführer der SS hat der Angeklagte der nationalsozialistischen Gewaltherrschaft außerordentliche politische und propagandistische Unterstützung gewährt. Er ist außerdem in der SS und dem SD aktiv tätig gewesen und war demgemäß als Hauptschuldiger gemäß Abschnitt II, Artikel II, Ziff. 6 und 7 der Kontrollrats-Direktive Nr. 38 einzustufen. Gleichzeitig hat der Angeklagte sich eines Verbrechens gemäß Kontrollrats-Gesetz Nr. 10 Ziff. 1c und d sowie Ziff. 2a bis e schuldig gemacht. Die SS und der SD sind vom Internationalen Militärgerichtshof als verbrecherische Organisationen erklärt worden. Der Angeklagte hat weit über Zustimmung hinaus an der Planung und Ausführung der faschistischen Verbrechen teilgenommen. Als Hauptbetriebsobmann hat er Betriebsangehörige der Zeiß-Ikon-Werke in Dresden aus politischen Gründen verfolgt. Er hat damit nicht nur als Beihelfer, sondern auch als Täter Maßnahmen gegen Gegner und Opfer des Nationalsozialismus ergriffen und sie der unmenschlichen Behandlung, der Freiheitsberaubung und sonstigen Verbrechen, ja auch dem Tode ausgesetzt.

Gemäß § 73 StGB war die Strafe dem schwereren Gesetz zu entnehmen, in diesem Falle dem Kontrollrats-Gesetz Nr. 10.

Bei der Strafzumessung war zu berücksichtigen, daß der Angeklagte zu jenen gehört, die durch ihre frühe Zugehörigkeit zur verbrecherischen NSDAP und durch ihre besondere aktive Mitarbeit der nazistischen Gewaltherrschaft überhaupt erst zur Macht verhalfen.

Er nahm insbesondere aktiven Anteil an der Zerschlagung der Gewerkschaften und antifaschistischen Parteien und legte somit den Grundstein zur Vernichtung jeglicher demokratischer Regung. Bis zum Zusammenbruch hat er der Hitler-Regierung blindlings seine Dienste zur Verfügung gestellt, obgleich ihm der verbrecherische Charakter der demagogischen Regierung hinreichend bekannt gewesen war. Die Judenprogrome, die Greueltaten in den KZ und Zuchthäusern, der Überfall auf friedliche Völker, Völkervernichtung und die unbarmherzige Verfolgung aller Gegner des Nationalsozialismus hat er nicht nur gutheißen, sondern durch eifrige Propagandatätigkeit breite Bevölkerungskreise mit der nazistischen Ideologie verseucht und durch seine aktive Tätigkeit in der SS und insbesondere in dem SD viele Menschen dem sicheren Tod ausgeliefert. Besonders charakteristisch für den Angeklagten ist es, daß er bestreitet, von den grauenhaften Vorgängen in den KZ überhaupt Kenntnis erlangt zu haben. Hier kommt die besondere Feigheit des Angeklagten, der heute nicht mehr zu seinen Taten stehen will, zum Ausdruck. Er hat nicht nur von diesen Verbrechen gewußt, sondern skrupellos diese Verbrechen selbst begangen. Angesichts des unsäglichen Leidens, das der Angeklagte und seinesgleichen über Deutschland gebracht haben, kann von einer Wiedergutmachung kaum die Rede sein. Nach Prüfung aller Umstände und der Persönlichkeit des Angeklagten kam das Gericht zu der Überzeugung, daß die verbrecherische Handlung des Angeklagten nur durch eine lebenslängliche Zuchthausstrafe gesühnt werden kann.

Gemäß Artikel VIII Ziff. 2b der Kontrollrats-Direktive Nr. 38 wurde das Vermögen des Angeklagten eingezogen.

Die Kosten des Verfahrens fallen dem Angeklagten gemäß § 465 StPO zur Last.

gez. Wagenbreth *gez. Eisermann*

NB: Nach Art. II des KG Nr. 10 (Ziff. 3) wurden dem Angeklagten die bürgerlichen Ehrenrechte auf Lebenszeit aberkannt.

rungen in der Formulierung vorzunehmen und das Strafmaß einzusetzen brauchten. Nach Verkündung des Urteils verlas der Vorsitzende eine kurze Begründung des Urteils. Im Urteil wurde immer ausdrücklich festgelegt, daß die Anrechnung der Untersuchungshaft lediglich vom Tage der Übergabe an die Volkspolizei gelte. Anschließend wurde dem Angeklagten die sogenannte Rechtsmittelbelehrung erteilt, in welcher aber von vornherein darauf hingewiesen wurde, daß sich die Revision in keinem Falle auf den festgesetzten Tatbestand beziehen kann, sondern nur auf formalrechtliche Verstöße. Danach wurde der Angeklagte gefragt, ob er das Urteil annehme oder Revision einlege. In den Fällen, in denen der Angeklagte das Urteil annahm, wurde dies mit Zeitangabe im Protokoll vermerkt. Unmittelbar nach der Verhandlung wurde dem Angeklagten die Anklageschrift abgenommen.

Als Verteidiger war ein Walter Willing aus Eisenach eingesetzt, der allerdings nur als Offizialverteidiger fungierte, wenn ein Todesurteil zu erwarten war. W. konnte sich erst fünf Minuten vor der Verhandlung mit den Akten vertraut machen und konnte auch nur wenige Minuten mit dem Angeklagten persönlich sprechen. Wahlverteidiger wurden in keinem Falle zugelassen. Entlastungszeugen wurden nicht geladen.

Am Tage nach der Verhandlung wurden die Urteile abgesetzt und den Angeklagten zugestellt, ihnen aber nach Einsichtnahme wieder abgenommen. In den Fällen, in denen der Angeklagte Revision einlegte, mußte das Urteil mit der Revisionsbegründung wieder zurückgegeben werden. Die Revision, die von 80 Prozent aller Angeklagten eingelegt wurde, bezog sich in fast allen Fällen darauf, daß kein Verteidiger zugezogen worden war.

Die von den Angeklagten eingelegten Revisionen wurden von einem Sonder-Strafsenat des Oberlandesgerichtes Dresden unter Leitung von Frau Hertha Taubert verhandelt. Revisionsinstanz für von der Staatsanwaltschaft eingelegte Revisionen waren eine Dresdner Strafkammer unter Leitung des Oberrichters Curt Flemming und eine Strafkammer in Halle unter Vorsitz des Volksrichters Otto Fuchs. Insgesamt wurden in diesen Prozessen 32 Todesurteile ausgesprochen und etwa 35 000 bis 40 000 Jahre Zuchthaus verhängt. Soweit bisher festgestellt, waren an den Prozessen folgende Richter und Staatsanwälte beteiligt[7]): Heinrich Dittberner, Oberrichter in Neuruppin, später Direktor des Bezirksgerichts Potsdam; Josef Dzida, Oberstaatsanwalt in Potsdam; Erwin Dubiel; Richter in Neustrelitz, jetzt Leiter der Justizverwaltung Neubrandenburg; Irmgard Eisermann, Richterin in Schwerin, dann Oberrichterin beim Obersten Gericht; Curt Flemming, Richter in Kamenz, jetzt Staatsanwalt in Dresden; Otto Fuchs, Richter in Halle; Erich Greif, Richter in Plauen; Hartlich, Richter in Meißen; Alfred Hartmann, Richter aus Bautzen, jetzt Richter in Chemnitz; Hoffmann, Richter; Hohenberger, Richter in Greiz; Erich Jennes, Richter aus Erfurt; Fritz Jürgen, Staatsanwalt aus Teltow; Otto Jürgens, Staatsanwalt in Halle; Karl Kennicke, Oberstaatsanwalt beim Generalstaatsanwalt Berlin; Kranich, Richter; Richard Krügelstein, Oberstaatsanwalt aus Zwickau und Dresden, später Stellvertreter beim Generalstaatsanwalt der SBZ; Ilse Kühne, Staatsanwältin aus Dresden, jetzt Staatanwältin in Berlin; Alfred Lindert, Landrichter, jetzt Kreisgerichtsdirektor in Wittenberg; Leister, Richter aus Havelberg; Nagel, Staatsanwalt aus Mittweida; Erna Naumann, Staatsanwältin aus Dresden, jetzt im Ministerium des Innern; Artur Pannier, Richter aus Berlin; Margarete Neumann, Staatsanwältin in Leipzig; Rudolf Purkert, Richter in Gera und Frankfurt; Erwin Reisler, Oberreferent im Justizministerium, stellvertretender Chefinstrukteur bei den Waldheimer Prozessen, jetzt Staatsanwalt in Berlin; Karl Rödel, Staatsanwalt in Dresden, Richard Spank, Staatsanwalt in Bautzen; Springer, Richter in Bautzen; Martha Scheffner, Staatsanwältin aus Halle; Herta Taubert, Richterin in Dresden, später Leiterin der Justizverwaltungsstelle Dresden; Erich Schröder, Richter aus Potsdam, jetzt Oberrichter; Utech, Staatsanwalt aus Eberswalde; Emil Schmiege, Richter aus Rostock, jetzt Direktor des Bezirksgerichtes Rostock; Martin Wäschenberger, Richter in Gera; Wagenbreth, Richter; Karl Welich, Staatsanwalt in Dresden; Winkler, Richter in Zwickau; Erich Wessel, Richter; Karl Wolf, Staatsanwalt in Dresden; Fritz Wrangel, Staatsanwalt in Berlin.

Die politische Überwachung des Prozesses war dem ehemaligen Ministerialdirektoren im Innenministerium des Landes Brandenburg und jetzigen Vorsitzenden des Rates des Bezirkes Magdeburg, Paul Hentschel übertragen. Von seiten der VP waren folgende Offiziere eingesetzt: VP-Inspekteur Karl Mellmann als Chef der Kriminalpolizei und der Untersuchungsorgane; VP-Inspekteur Heinz Marquardt, Stellvertreter des Mellmann später Leiter der Haftanstalten Brandenburg und Luckau, jetzt Leiter der BVSV Leipzig; Herbert Löhnig, damals Kriminalrat bei der LBDVP Dresden, später Leiter der StVA Halle I, jetzt als Major in der BVSV Halle. L. leitete mit dem schon genannten Kriminalrat Beyer die Voruntersuchungen.

Am 14. September 1950 teilte das Amt für Informationen in einer Erklärung das Ende der Entnazifizierung und die Beendigung aller Nazi- und Kriegsverbrecherprozesse mit.

Von den 32 zum Tode Verurteilten begnadigte Pieck später sechs, darunter

---

[7]) „Die Waldheimer Kriegsverbrecherprozesse", eine Denkschrift der Kampfgruppe gegen Unmenschlichkeit und des Untersuchungsausschusses Freiheitlicher Juristen der Sowjetzone, Juli 1950. — „Wir dürfen nicht schweigen", herausgegeben vom Bund der Verfolgten des Naziregimes, dem Untersuchungsausschuß Freiheitlicher Juristen und der Kampfgruppe gegen Unmenschlichkeit.

Strafvollzugsanstalt Brandenburg den 20.11..1952

Aktenvermerk

Durch den Gnadenerweis des Präsidenten der Deutschen Demokratischen Republik, anläßlich des dritten Jahresta= ges der Gründung der Deutschen Demokratischen Republik vom 2. Oktober 1952, wurde dem Strafgefangenen:

...Rudo... Karl............. .geb. am..15.8.1902..

verurteilt am:...10.5.1950....vom LG. Chemnitz in Waldheim

Aktenzeichen.: W 1311 I ....1950 zu : l. l. ...Jahren ~~Gefängnis~~/Zuchthaus

in der Gnadenliste unter Nr.:.......126..........

aufgeführt, gemäß Befehl des Chefs der DVP. Nr.: 133/52

vom...10.10..1952 die Strafdauer ~~um~~/auf..20......

Jahre herabgesetzt.

Neues Strafende:.....13.2.70.....

Rudo
....
Kenntnis erhalten

[Unterschrift]
....
(Leiter der Dienststelle)

Dokumentation

Herabsetzung eines auf lebenslänglich Zuchthaus lautenden Urteils.

Dokumentation

5. Große Strafkammer 26/50
Aktz.: W 1711/50/2515/201

Urteil

IM NAMEN DES VOLKES

In der Strafsache

gegen den am 15. August 1902 in Gleiwitz/OS geborenen Karl Ruda, wohnhaft: Gräfenhainichen/Bitterfeld, Romaystraße 4, z. Z. in Untersuchungshaft in der Haftanstalt Waldheim

wegen Verbrechens gemäß Direktive 38

hat die 5. Große Strafkammer nach Befehl 201 des Landgerichts Chemnitz in Waldheim in der öffentlichen Sitzung vom 10. Mai 1950, an der teilgenommen haben:

Landrichter Unger
als Vorsitzender

Landrichter Lindert
als Beisitzer

Hildegard Schlosser

Adolf Zohles

Josef Broseck
als Schöffen

Staatsanwältin Schäffner
als Vertreter der Staatsanwaltschaft

Justizangestellte Hortschansky
als Urkundsbeamtin der Geschäftsstelle

für Recht erkannt:

Der Angeklagte Karl Ruda wird für schuldig befunden eines Verbrechens nach KD 38, Abschnitt II, Artikel II, Ziffer 2 in Tateinheit mit einem Verbrechen gegen die Menschlichkeit nach KRG 10, Artikel II, Ziffer 1c, 2a und b.
Er wird als Hauptschuldiger in die Gruppe 1 des Artikels 1 unter Abschnitt II der KRD 38 eingereiht und zu lebenslänglichem Zuchthaus kostenpflichtig verurteilt.

Die Sühnemaßnahmen nach Abschnitt II, Artikel VIII, Ziffer 2c–i werden angeordnet, die unter g auf Dauer von 10 Jahren.

Das Vermögen des Angeklagten wird eingezogen.

Gründe:

Angeklagt ist der am 15. August 1902 geborene Karl Ruda. Er ist von Beruf Schlosser und kinderlos verheiratet. Nach eigenen Angaben besitzt er kein Vermögen und ist auch nicht vorbestraft.

Der Angeklagte trat 1933 der SA bei. Dort war er Truppführer. Ferner gehörte er der DAF seit Mai 1933 an und war in seinem Betrieb der „Grube Golpa“ im Kreis Bitterfeld Betriebsobmann. Am 1. April 1934 trat der Angeklagte aus Überzeugung der NSDAP bei. Im Mai 1943 wurde der Angeklagte neben seiner Funktion als Betriebsobmann Oberlagerführer eines Lagers ausländischer Arbeitskräfte. In diesem Lager waren etwa 1000 Personen, u. a. Franzosen, Tschechen, Italiener und sowjetische Staatsangehörige, welche als Zwangsarbeiter verschleppt worden waren, untergebracht. Der Angeklagte hat in diesem Lager in der üblichen, vom Naziregime befohlenen Art und Weise in unmenschlicherweise ausländische Arbeiter behandelt. Für die geringsten Vergehen mißhandelte er persönlich die Zwangsarbeiter und veranlaßte auch in einigen Fällen ihre Verschickung in ein Konzentrationslager. Auf Grund der unmenschlichen Mißhandlung versuchten einige dieser Zwangsarbeiter zu flüchten, bzw. ist auch in einigen Fällen diesen Personen die Flucht gelungen. Die Zwangsarbeiter mußten in der Kohlengrube Golpa, Kreis Bitterfeld, bei unzureichender Verpflegung und Unterbringung schwer arbeiten, was zur Folge hatte, daß nach Angaben des Angeklagten etwa 20 Todesfälle zu verzeichnen waren.

Dieser Sachverhalt ist als erwiesen festgestellt auf Grund eigener insoweit glaubhafter Angaben des Angeklagten und der zum Vortrag gebrachten Urkunden Blatt 1 der Akten.

Der Angeklagte ist im wesentlichen geständig. Er versucht nur, die Todesfälle abzuschwächen, indem er angibt, daß sich diese auf Grund normaler Betriebsunfälle und sonstiger Krankheiten ereignet hätten.

Diese Einlassungen können den Angeklagten jedoch nicht entlasten, da es gerichtsbekannt ist, daß in Lagern dieser Art die unmenschlichsten Lebensbedingungen bestanden, die einen katastrophalen Schwächezustand dieser Menschen verursachten, an deren Folgen sie starben.

Der Angeklagte ist als Oberlagerführer dieses Lagers auch für diese Todesfälle mit verantwortlich.

In rechtlicher Hinsicht folgt aus den festgestellten Tatsachen, daß der Angeklagte als Oberlagerführer eines Ausländerlagers in Golpa, Kr. Bitterfeld, ausländische Zwangsarbeiter völkerrechtswidrig behandelt hat.

Diese Handlungen stellen zugleich Verbrechen gegen die Menschlichkeit im Sinne des KRG 10, Artikel 11, Ziffer 1c dar.

Der Angeklagte hat sich nach den Schuldformen des KRG 10, Artikel II, Ziffer 2a und c schuldig gemacht.

Er war daher nach KRD 38, Abschnitt II, Artikel II, Ziffer 2 in Tateinheit mit einem Verbrechen gegen die Menschlichkeit nach KRG 10, Artikel II, Ziffer 1c, 2a und c für schuldig zu sprechen und zu bestrafen.

Bei der Strafzumessung wurde strafschärfend berücksichtigt, daß der Angeklagte sich getreu der nazistischen Anordnungen an Verbrechen gegen ausländische Zwangsarbeiter in größerem Umfange und als verantwortlicher Führer beteiligt hat. Ferner, daß auch in seinem Lager eine größere Anzahl Todesfälle an diesen unglücklichen Opfern vorgekommen sind, an denen der Angeklagte mitschuldig ist.

Strafmilderungsgründe lagen keine vor.

Das Gericht hat nach alledem eine lebenslängliche Zuchthausstrafe als angemessene und gerechte Sühne angesehen.

Die Anrechnung der Untersuchungshaft beruht auf § 60 des StGB.

Die Kostenentscheidung folgt aus § 46b der StPO.

gez. Unger — gez. Lindert

die Frau des damaligen Innenministers von Brandenburg, Margarete Bechler-Dreikorn. Die Hinrichtungen erfolgten in der Nacht vom 3. zum 4. November 1950 auf primitive Art in einem vorher mit Stroh- und Holzverkleidung schalldicht gemachten Keller des neuen Zellenhauses in der StVA Waldheim. Man stellte den Todeskandidaten auf einen Stuhl, legte ihm die Schlinge um den Hals und stieß den Stuhl weg. Dem Delinquenten wurden nicht die Augen verbunden, so daß er die Leichen der vor ihm Hingerichteten sah, die in einer Ecke des Kellers lagen und nur notdürftig verdeckt waren. An der Hinrichtung waren beteiligt:

Der damalige Leiter OP der StVA Waldheim, Hauptmann Protze; sein Stellvertreter, Leutnant Ehrlich; der Zugführer der StVA, Leutnant Kunze und die Oberwachtmeister Hagen und Hirse. Als Zeugen waren zugegen der später in die Bundesrepublik geflüchtete Oberst Karl Gertich als Vertreter der Hauptverwaltung SV der HVDVP; sein Stellvertreter, Oberst Walter Wagner; der damalige Chef der LBDVP Sachsen, Chefinspekteur Dick, der damalige Leiter der StVA Waldheim,

Dokumentation

GVG § 16; Rechtshilfegesetz vom 2. Mai 1953:

a) Die sogenannten Waldheimer Urteile sind nichtig.

b) Das Rechtshilfegesetz vom 2. Mai 1953 ist auf sie nicht anwendbar.

Beschluß des Kammergerichts Berlin vom 15. März 1954 – RHE AR 7/54 – 1t Ws 26/54

Dokumentation

Der Generalstaatsanwalt im Lande Sachsen
Einschreiben

10a) Dresden A 24, 9. Dezember 1950
Bergstraße 25
Fernruf: 4 29 32, 4 06 89

Frau
Gertrud Niejahr
Kiel
Sophienblatt 47 IV

Nachdem das Urteil der 7. Großen Strafkammer nach Befehl Nr. 201 des Landgerichts Chemnitz, durch das Ihr am 4. 8. 1889 in Stralsund geborener Ehemann

Wilhelm Karl Hans Rudolf Niejahr

wegen Verbrechen nach KRD Nr. 38 und KRG Nr. 10 zum Tode verurteilt wurde, rechtskräftig geworden war, hat die Sächsische Landesregierung beschlossen, das vorliegende Gnadengesuch abzulehnen und von seinem Begnadigungsrecht keinen Gebrauch zu machen.
Nach der daraufhin am 4. 11. 1950 erfolgten Vollstreckung des Urteils fand die Einäscherung und Beisetzung statt.

Der Generalstaatsanwalt im Lande Sachsen
I. V.
gez. Welich
Erster Staatsanwalt

Major Walke, und ein sowjetischer Offizier.

Es wurden folgende Häftlinge hingerichtet: Dr. Hahn, Generalstaatsanwalt aus Naumburg; Dr. Alfred Herzog, Amtsrichter aus Pirna; Dr. Walter Schmidt, Rechtsanwalt aus Werdau; Heinz Rosenmüller, Staatsanwalt in Bautzen und Dresden; Rudolf Niejahr, Oberlandesgerichtsrat aus Stettin; Friedrich Heinicke, während des Krieges Kommandant des Wehrmachtgefängnisses Torgau; Helmut Uhlig, Rohrleger aus Aue; Dr. Wischer, Anstaltsarzt der Heil- und Pflegeanstalt Waldheim; Ernst Kendzia, Oberregierungsrat und Präsident des Gauarbeitsamtes Posen; Dr. Horst Rechenbach, Oberfeldrichter aus Mühlhausen; Erich Pietsch, Kreisleiter der NSDAP in Zittau; Helmut Peitsch, Gauobmann der DAF aus Dresden; Friedrich Beyerlein, Kriminalsekretär aus Dresden; Kuno Schneider, Leiter der Kartenstelle Zella-Mehlis; Heinrich Koplowitz, Kaufmann aus Berlin; Heinicker, stellvertretender Lagerkommandant des KZ Hohenstein; Wilhelm Klitzke, Staatsanwalt aus Berlin; August(?) Schmidt, Gendarmerie-Beamter aus Schkeuditz bei Leipzig; Karl Geppert, Fleischermeister aus Görlitz; Friedrich Duda, Polizeioberleutnant aus Berlin-Pankow; Kurt Häntzschel, Viehhändler und Gendarm aus Neustadt (Sachsen); Herbert Knöffler, Offizier aus Wittenberge; Reinhold Rommler, Verwaltungsinspektor aus Stralund; Karl Steinberg aus Berlin; und Mai, Maurer aus Chemnitz.

Die Waldheim-Verurteilten wurden in den normalen Strafvollzug der VP übernommen. Da sie von Sonderstrafkammern nach Befehl 201 der SMA verurteilt worden waren, waren sie als „201er“ bekannt. Sie sind inzwischen alle entlassen worden.

Die Situation in den sowjetzonalen Haftanstalten im Jahre 1950

Im August 1950 wurde der Leiter der Abteilung Gesundheitswesen der Hauptabteilung Haft- und Strafanstalten der VP, VP-Oberrat Schult, durch die mit politischen Häftlingen belegten Haftanstalten geschickt, um den Gesundheitszustand der Häftlinge zu überprüfen. Schult stellte folgendes fest:

StVA Bautzen:

Der Anstalt standen ein Polizeiarzt, sechs Sanitäter und vier Häftlingsärzte zur Verfügung. In zwei Sälen lagen je 600 Kranke. Die hygienischen Verhältnisse waren sehr schlecht; es herrschte großer Wassermangel. Von den etwa 4000 Häftlingen hatten 1200 geschlossene und 440 offene Tbc.

StVA Waldheim:

Kein Polizeiarzt; hygienische und bauliche Verhältnisse sehr schlecht. Zum größten Teil keine Toiletten vorhanden, die Häftlinge mußten Kübel benutzen. In den Zellenbauten herrschte impertinenter Gestank. Den Frauen waren die Köpfe kahl geschoren. Von den etwa 2000 Häftlingen hatten 300 geschlossene und 300 offene Tbc.

StVA Hoheneck:

In diesem Frauengefängnis herrschte als Hauptkrankheit die Syphilis, von der etwa 50 Frauen befallen waren, die größtenteils von der Besatzungsmacht infiziert worden waren. Bis zum Juli 1950 waren 30 Entbindungen zu verzeichnen, deren Väter hauptsächlich sowjetische Soldaten waren.

Die baulichen Verhältnisse waren relativ gut. Bis zum Zeitpunkt der Inspektion oblag die Betreuung sämtlicher Kranken einer einzigen Berufsschwester und einer ganz jungen Häftlingsärztin. Zum 1. August 1950 wurde ein hauptamtlicher Polizeiarzt eingesetzt. Von den 1400 Häftlingen hatten 80 geschlossene und 20 offene Tbc.

StVA Untermaßfeld:

In dieser Anstalt war kein Polizeiarzt vorhanden. Es standen nur zwei Sanitäter und drei Häftlingsärzte zur Verfügung. Die hygienischen Verhältnisse waren sehr schlecht. Es gab keine Toiletten, nur Kübel. Von den etwa 1500 Häftlingen hatten 400 geschlossene und 200 offene Tbc.

StVA Torgau:

Hier gab es weder einen Polizeiarzt noch einen Häftlingsarzt. Die Anstalt war baulich einwandfrei. Belegung: etwa 4000 Häftlinge. Die 500 geschlossenen und 300 offenen Tbc-Kranken waren unter erbärmlichen Verhältnissen im Rundbau zusammengepfercht und wurden von vier Sanitätern betreut.

StVA Brandenburg:

In dieser modernen Strafanstalt arbeiteten ein Polizeiarzt und drei Sanitäter. Von den etwa 3500 Häftlingen hatten 400 geschlossene und 200 offene Tbc.

StVA Luckau:

In dieser alten Anstalt gab es ebenfalls nur das Kübelsystem. Es herrschte Wassermangel. Die hygienischen Verhältnisse waren sehr schlecht. Der Anstalt standen ein Häftlingsarzt und zwei Sanitäter zur Verfügung. Von den etwa 1200 Häftlingen hatten 225 geschlossene und 75 offene Tbc. (Die Anstalt ist für 490 Häftlinge gebaut!)

Den weiteren Bericht, den Schult seinen Vorgesetzten gab, kann man mit folgenden Worten zusammenfassen: Durch Überbelegung dauerndes Ansteigen der Tbc-Erkrankungen. Für sämtliche Anstalten war nicht ein einziger Lungen-Facharzt vorhanden. Durch das Fehlen von Medikamenten, insbesondere Opiaten, war ein großer Teil der Kranken einem schmerzlichen Tod ausgesetzt. Selbst Operationen, auch wenn sie lebensbedrohlich waren, durften nicht in einem Zivilkrankenhaus ausgeführt werden. Waldheim hatte im Juli 1950 schon über 100 Tote, die nackt in einem Massengrab verscharrt wurden. Benachrichtigungen der Angehörigen über Todesfälle erfolgten nur zum Teil; Benachrichtigungen über Erkrankungen der Häftlinge erfolgten überhaupt nicht. Eingesandte Medikamente von Angehörigen gelangten selten zur Ausgabe, wurden aber meistens zurückgeschickt. Die Tbc-Verpflegung für sämtliche Anstalten betrug 1800 Portionen. Durch die große Zahl von Tbc-Erkrankungen, die immer noch eine ansteigende Tendenz zeigten, erhöhte sich auch die Gefahr für die Zivilbevölkerung. Da das Sanitätspersonal ungeschult und auch ungenügend Schutzkleidung vorhanden war, hatten sich schon mehrere Personen vom Bewachungs- und Sanitätspersonal sowie Vertragsärzte infiziert. In derselben Uniform, in der sie ihren Dienst verrichteten, besuchten sie ihre Angehörigen und öffentliche Veranstaltungen.

Trotz dieser erschütternden Informationen wurde von seiten der VP nur wenig getan, um diese Zustände zu ändern.

Die politischen Prozesse nach 1950

Die sowjetzonalen Gerichte schalteten sich neben den SMT immer mehr in die politischen Verurteilungen ein. Es wurden auch hier bis etwa 1954/55 hauptsächlich nur Gruppenverurteilungen vorgenommen.

Die ersten „Feinde“, gegen die sich die Tätigkeit der politischen Strafsenate richtete, waren die Angehörigen der Glaubensgemeinschaft „Zeugen Jehovas“, die den Ende August 1950 einsetzenden Massenverhaftungen zu Tausenden zum Opfer fielen. Als Anlaß hierzu wurde eine Versammlung dieser Organisation in der Westberliner Waldbühne genommen, auf der gegen die Behinderung der Tätigkeit der „Zeugen Jehovas“ protestiert wurde. Erst durch ein Urteil des 1. Strafsenats des Obersten Gerichtes vom 4. Oktober 1950 – 1 Zst. (I) 3/50 – wurde „die Tätigkeit der Funktionäre der Organisationen der Zeugen Jehovas als Kriegs- und Boykotthetze im Sinne des Artikels 6 der Verfassung“ und außerdem als Verstoß gegen den Abschnitt II Artikel III A III der Kontrollratsdirektive Nr. 38 bezeichnet. Die Glaubensgemeinschaft war damit praktisch

Dokumentation

Zum Begriff „Spionage“

„Art. 6 der Verfassung: Das im allgemeinen Sprachgebrauch als ‚Spionage‘ bezeichnete Verbrechen beschränkt sich nicht nur auf die Ausspähung von militärischen Geheimnissen, sondern umfaßt die Sammlung bzw. Übermittlung von Nachrichten aus allen Gebieten des gesellschaftlichen, wirtschaftlichen und kulturellen Lebens. Diese ‚Spionage‘ ist Kriegshetze im Sinne des Art. 6 der Verfassung.“

1. Strafsenat des Obersten Gerichtes

Urteil vom 12. Februar 1952
1 Zst. (I) 4/52

verboten. Die Angehörigen dieser Glaubensgemeinschaft wurden in den Anstalten von den übrigen Häftlingen isoliert gehalten. Sie waren in ihrer Unbeugsamkeit gegenüber den Schikanen des Wachpersonals und wegen ihres Zusammenhalts ein Vorbild für die anderen politischen Häftlinge.

Weiteren Hilfsdienst bei politischen Maßnahmen der SED leisteten die sowjetzonalen Gerichte durch Schauprozesse und Massenverurteilungen, die sich gegen die „Junge Gemeinde", gegen Hotel- und Gasthausbesitzer an der Ostseeküste (Aktion Rosa) oder ganz allgemein gegen die „Abwerbung" richteten. Da die Urteile immer zu der Zeit gefällt wurden. in der die SED eine entsprechende Propagandakampagne gegen die Betroffenen führte, waren sie auch ungewöhnlich hart. Nur in seltenen Fällen wurden diese Urteile revidiert. Wenn der Verurteilte Glück hatte, fiel sein Gnadengesuch oder sein Antrag auf bedingte Strafaussetzung in eine Zeit, in der sein „Fall" infolge der politischen Lage oder des gerade aktuellen Kurses der SED milder beurteilt wurde. Er konnte dann einen Teil seiner Strafe geschenkt bekommen.

Die Verurteilungen machten auch nicht vor hohen und höchsten Staats- und Parteifunktionären halt: der Minister für Handel und Versorgung, Karl Hamann (10 Jahre Zuchthaus), der Minister für Auswärtige Angelegenheiten, Georg Dertinger (15 Jahre Zuchthaus), der Minister der Justiz, Max Fechner (15 Jahre Zuchthaus), die Staatssekretäre Dr. Dr. Helmut Brand (10 Jahre Zuchthaus) und Paul Baender (6 Jahre Zuchthaus), das Mitglied des ZK der SED, Paul Merker (7 Jahre Zuchthaus) und der Dozent für Gesellschaftswissenschaften an der Humboldt-Universität, Wolfgang Harich (10 Jahre Zuchthaus) mußten die Prominenz der SED in den Zuchthäusern der SBZ vertreten.

Dokumentation

Kontrollratsdirektive 38

(Auszug)

Die Verurteilung in politischen Prozessen der sowjetischen Besatzungszone und Ostberlins bezogen sich auf die KD 38, Abschnitt III A III. Die KD 38 wurde in der SBZ neben dem Artikel 6 der Verfassung der „DDR", in Ostberlin als allein vollgültiges Strafgesetz angesehen. Die Direktive wurde am 28. Juni 1956 (Aufhebung der Sühnemaßnahmen) außer Kraft gesetzt. Der Abschnitt hat folgenden Wortlaut:

. . . . . .

Artikel III

Belastete

a) Aktivisten

. . . . . .

III. Aktivist ist auch, wer nach dem 8. Mai 1945 durch Propaganda für den Nationalsozialismus oder Militarismus oder durch Erfindung und Verbreitung tendenziöser Gerüchte den Frieden des deutschen Volkes oder den Frieden der Welt gefährdet hat oder möglicherweise noch gefährdet.

Artikel IX

Sühnemaßnahmen gegen Belastete

1. *Sie können auf die Dauer bis zu 10 Jahren in einem Gefängnis oder in einem Lager interniert werden, um Wiedergutmachungs- und Wiederaufbauarbeiten zu verrichten. Internierung aus politischen Gründen nach dem 8. Mai 1945 kann angerechnet werden.*

2. *Ihr Vermögen kann als Beitrag zur Wiedergutmachung ganz oder teilweise eingezogen werden. Bei teilweiser Einziehung des Vermögens sind insbesondere die Sachwerte einzuziehen. Die notwendigen Gebrauchsgegenstände sind ihnen zu belassen.*

3. *Sie dürfen kein öffentliches Amt einschließlich Notariat und Anwaltschaft bekleiden.*

4. *Sie verlieren alle Rechtsansprüche auf eine aus öffentlichen Mitteln zahlbare Pension oder Zuwendung.*

5. *Sie verlieren das aktive und passive Wahlrecht, das Recht, sich irgendwie politisch zu betätigen oder Mitglied einer politischen Partei zu sein.*

6. *Sie dürfen weder Mitglieder einer Gewerkschaft noch einer wirtschaftlichen oder beruflichen Vereinigung sein.*

7. *Es ist ihnen auf die Dauer von mindestens fünf Jahren nach ihrer Freilassung untersagt:*

   a) in einem freien Beruf oder selbständig in irgendeinem gewerblichen Betriebe tätig zu sein, sich an einem solchen zu beteiligen oder dessen Aufsicht oder Kontrolle auszuüben;

   b) in nicht selbständiger Stellung anders als in gewöhnlicher Arbeit beschäftigt zu sein;

   c) als Lehrer, Prediger, Redakteur, Schriftsteller oder Rundfunkkommentator tätig zu sein.

8. *Sie unterliegen Wohnraum- und Aufenthaltsbeschränkungen.*

9. *Sie verlieren alle ihnen erteilten Approbationen, Konzessionen und Vorrechte sowie das Recht, ein Kraftfahrzeug zu halten.*

10. *Nach Ermessen der Zonenbefehlshaber können in die Zonengesetze Sühnemaßnahmen aufgenommen werden, die es dem Belasteten untersagen, eine Zone ohne Genehmigung zu verlassen.*

. . . . . .

Berlin, den 12. Oktober 1946

P. A. Kurochkin, Generaloberst
R. Noiret, Divisionsgeneral
Lucius D. Clay, Generalleutnant
G. W. E. J. Erskine, Generalmajor

Dokumentation

Schriftlicher Bericht

des Ausschusses für gesamtdeutsche Fragen (8. Ausschuß) über den Antrag der Fraktion des Zentrums

(Nrn. 2019, 3256 der Drucksachen)

betr.: Bemühungen zur Freilassung von der in der sowjetischen Besatzungszone aus politischen Gründen inhaftierten Jugendlichen.

1. Bericht des Abgeordneten Blachstein:

Mit diesem Bericht soll die deutsche und internationale Öffentlichkeit auf die große Zahl und die schrecklichen Lebensbedingungen der aus politischen Gründen verurteilten deutschen Jugendlichen unter 18 Jahren in den Gefängnissen, Zuchthäusern, Straflagern der sowjetischen Besatzungszone und in Rußland erneut hingewiesen werden. Sehr sorgfältige Untersuchungen ergaben für das Jahr 1950 insgesamt über 4300 von Gerichten der sowjetischen Besatzungszone aus politischen Gründen verurteilte Jugendliche. In den ersten vier Monaten des Jahres 1951 waren es über 2000. Dabei sind die durch sowjetische Militärtribunale meist zu Regelstrafen von 25 Jahren Zwangsarbeit Verurteilten nicht mit einbegriffen. In den ersten fünf Monaten 1951 verhaftete der Staatssicherheitsdienst wegen angeblicher politischer Straftaten 463 Jugendliche. 1951 richteten sich etwa 60 Prozent der anhängigen politischen Straftaten gegen Jugendliche.

Das vorliegende Material kann nicht vollzählig sein, da die Machthaber in der sowjetischen Besatzungszone die wirklichen Verhältnisse zu verschleiern und zu verheimlichen versuchen. Die Angaben stammen von Behörden, Organisationen, aus der Haft entlassenen oder geflüchteten Jugendlichen und Angehörigen der Betroffenen. Schon der gewährte, begrenzte Einblick gibt ein erschütterndes Bild der Lebensverhältnisse junger Deutscher hinter Gefängnismauern in der sowjetischen Besatzungszone.

Der größte Teil der jugendlichen politischen Häftlinge ist in den Haftanstalten Torgau, Bautzen, Stollberg und der Jugendabteilung des Zuchthauses Bützow-Dreibergen untergebracht. Die Jugendlichen sind meist gesondert zusammengefaßt. Ihre Ernährung ist die gleiche wie die der übrigen Gefangenen. Die Ernährung mit der Grundkarte der Ostzonenbevölkerung reicht für die Jugendlichen nicht aus. Die Erkrankung vieler Jugendlichen an Tbc ist die Folge dieser Unterernährung.

Jürgen G e r u l l, der als in Westberlin wohnhafter Jugendlicher im Juni 1949 zu 2½ Jahren Gefängnis verurteilt und im November 1951 entlassen wurde, berichtet über die Strafanstalt Waldheim:

> *Bei meinem Eintreffen in Waldheim befanden sich in der Strafanstalt etwa 3800 ausschließlich politische Häftlinge, die sich fast nur aus den Insassen der ehemaligen Konzentrationslager Bautzen, Sachsenhausen, Buchenwald, Mühlberg usw. zusammensetzten. Die normale Kapazität von Waldheim betrug ungefähr 2000 Häftlinge. Im Laufe meines einjährigen Aufenthaltes wuchs unsere Stärke auf 6000 an.*
>
> *Während die in Waldheim sitzenden mehrere hundert Jugendlichen, die zum großen Teil 1945 14- und 15jährig verhaftet wurden, bis zum Frühjahr 1951 gesondert untergebracht waren, wurden sie später auf die einzelnen Belegschaften verteilt.*
>
> *Die Strafanstalt Waldheim hat keinerlei Kanalisation. Sämtliche Exkremente werden durch ein Häftlingskommando aus der Anstalt entfernt. Die sanitären Anlagen sind auf Grund der starken Überbelegungen vollständig unzureichend. In den Sommermonaten ist durch starken Wassermangel in der Waldheimer Gegend*

Wasser in der Anstalt kaum greifbar. Sehr oft kam es vor, daß wir uns morgens nicht waschen konnten. Vor meiner Entlassung im November 1951 konnte ich im Mai das letztemal duschen.

Die Häftlinge erhalten als Verpflegung täglich 500 g Brot (vor dem Brief von Bischof Dibelius an Pieck 300 g), ein Liter Mittagessen, ein Liter Kaffee, jeden zweiten Tag etwa 50 g Marmelade und alle fünf Tage etwa 50 g Wurst. Sämtliche Lebensmittel waren von der schlechtesten Qualität und teilweise unter normalen Verhältnissen ungenießbar.

Die ärztliche Betreuung in Waldheim wird durch Häftlingsärzte durchgeführt. Durch den chronischen Arzneimangel ist sie völlig unzureichend. Innerhalb der Anstalt befindet sich ein Lazarett, in das nur Schwerkranke aufgenommen werden. Im zentralen Krankenhaus liegen etwa 700 kranke Häftlinge, die fast ausschließlich ein Opfer der Tbc geworden sind und laufend sterben. Die im zentralen Krankenhaus untergebrachten Häftlinge erhalten eine besondere Krankenverpflegung, die aber keineswegs den Erfordernissen entspricht.

Jeder Verstoß gegen die Anstaltsvorschriften wird mit 21 Tagen verschärftem Arrest bestraft. In dieser Zeit gibt es nur jeden dritten Tag Mittagessen, so daß die physische Belastung unerträglich ist.

Der aus dem Lager Bautzen geflüchtete Georg Friedrich berichtet von dort:

Die hygienischen Verhältnisse sind schlecht. Am meisten litten wir unter dem allgemeinen Wassermangel. War es schon deprimierend, sich nur einmal am Tage mit wenig Wasser waschen zu müssen, erniedrigender war die Tatsache, daß der Holzkübel, auf dem wir unsere Notdurft verrichten mußten, in der Zelle stand. Toilettenpapier wurde nicht ausgegeben, Zeitungspapier aber darf kein Häftling bei sich haben. Der Kübel war mit so wenig Wasser gefüllt, daß der hygienische Zweck nicht erreicht wurde und es in der Zelle vor Gestank nicht mehr auszuhalten war. Die Seife, die uns monatlich einmal zugestellt wurde, war von so schlechter Qualität, daß sie nicht einmal schäumte.

Innerhalb des Lagers wurden vier neue Baracken errichtet, in denen jetzt ausnahmslos Tbc-Kranke und Tbc-gefährdete Jugendliche zusammengezogen wurden (300). Die Verpflegungssätze in Bautzen haben sich gegenüber der Zeit des sowjetischen Lagerregimes nur unwesentlich verbessert. Heute wie damals sind Hauptbestandteile der Versorgung die dünnen und fettarmen Wassersuppen. Die Brotrationen sind zwar in letzter Zeit heraufgesetzt, erlauben aber nicht, den Grad der körperlichen Auszehrung der Häftlinge aufzuhalten. Es gibt heute im Lager kaum einen Häftling, der über 50 kg wiegt. Und das, obwohl seit einem Jahr den Häftlingen erlaubt ist, monatlich ein Paket von zu Hause zu empfangen, das in der Praxis aus Lebensmitteln besteht.

Diese Lebensmittelsendungen stellen vor allem kalorienmäßig einen wesentlichen Bestandteil der Verpflegung der Häftlinge dar. Trotzdem sind die Sterbeziffern immer noch sehr hoch, und auch die Tbc-Krankenziffern haben keine rückläufige Tendenz zu verzeichnen. Die schlechte Lagerverpflegung scheint darauf ausgerichtet zu sein, die Häftlinge einem langen Siechtum auszuliefern. Diesem Zweck dient offenbar auch das Verbot, hochwertige Aufbaustoffe in den Paketen zu empfangen. Für Kranke ist keine besondere Kost vorgesehen. Sie erhalten lediglich an Stelle der üblichen, stinkenden Kohl- oder Graupensuppe mehrmals wöchentlich Salzkartoffeln mit Gemüse. Die Rationssätze sind jedoch dieselben wie die für die anderen Häftlinge. Nicht einmal die Tbc-Kranken erhalten erhöhte Fettrationen oder Milch.

Die Masse der nichtarbeitenden Häftlinge erhält täglich 3/4 Liter Graupensuppe, 1 Liter Kohlsuppe, 3/4 Liter Kaffeewasser, 500 g Brot, 16 g Fett, 20 g Zucker, 30 g Marmelade.

Entgegen den zwingenden Vorschriften des Jugendgerichtsgesetzes werden Jugendliche in politischen Verfahren auf Weisung des Sowjetzonenministers zu Zuchthausstrafen verurteilt; auch die Anwendung von Todesstrafen wurde für zulässig erklärt.

Die Jugendlichen haben im allgemeinen keine Möglichkeit zu arbeiten. Sie werden von der Volkspolizei kasernenmäßig gedrillt und schikaniert. Schon bei kleinsten Disziplinarvergehen wird häufig die Prügelstrafe angewandt. Diejenigen strafgefangenen Jugendlichen, welche für den SSD gegen ihre Kameraden Spitzeldienste leisten, werden auf gute Arbeitsplätze gesetzt und können Sonderpakete erhalten.

In einem Brief vom 22. März 1950, der aus der Strafanstalt Bautzen herausgeschmuggelt wurde, heißt es: „Die Jugendlichen, die zum Teil mit 14 Jahren eingekerkert wurden, sind körperlich zurückgeblieben und verkommen geistig und moralisch. Sie haben keine Möglichkeit der Weiterbildung und sind mit ihrem unterernährten Körper den Seuchen und Krankheiten besonders ausgesetzt."

Als die hungernden und Tbc-kranken Gefangenen am 31. März 1950 ihre Verzweiflung zum Fenster hinausschrien, hielt die Volkspolizei anschließend ein Strafgericht ab und mißhandelte die Gefangenen, so daß es Tote und Schwerverletzte gab. Dabei feuerten die Volkspolizeioffiziere ihre Leute mit den Rufen an: „Schlagt vor allem die Jugendlichen zusammen! Schlagt die Verbrecher tot!"

Die nachfolgende Liste von verhafteten und verurteilten Jugendlichen ist sorgfältig geprüft. Sie beschränkt sich wesentlich auf solche Fälle unter 18 Jahren, für die das Jugendstrafrecht Gültigkeit hat. Die Liste gibt nur einen kleinen Ausschnitt aus der großen Zahl und erhebt keinen Anspruch auf Vollständigkeit, wohl aber auf Zuverlässigkeit.

In Roßleben, einem kleinen Ort in Sachsen-Anhalt, ist eine Klosterschule auf Internatsbasis, aus der eine Anzahl Schüler 1945 von den Russen verhaftet wurden. Die Schüler waren bei ihrer Verhaftung 14 bis 16 Jahre alt. Noch heute befinden sich davon

in Rußland:

Peter Menzel, bei der Verhaftung 16 Jahre alt, zu zehn Jahren verurteilt;

Norbert Graf Matuschka, bei der Verhaftung 15 Jahre alt, zu zehn Jahren verurteilt;

Hans Krause, bei der Verhaftung 14 Jahre alt, zu zehn Jahren verurteilt.

Im Zuchthaus Luckau:

Otto Graf zu Eulenburg, bei der Verhaftung 14 Jahre alt, zu zehn Jahren Freiheitsentzug verurteilt;

Hanns K. von Pannwitz, bei der Verhaftung 16 Jahre alt, ebenfalls zu zehn Jahren Freiheitsentzug verurteilt.

Im Herbst 1949 wurden die vier Mitglieder der Berliner Jugendorganisation „Die Falken": Horst Glank, Lothar Otter, Günther Schlierf und Gerhard Sperling wegen der Verbreitung von Flugblättern, ohne mit ihren Eltern, Verwandten oder ihrem Rechtsbeistand in Verbindung treten zu können, von einem sowjetischen Militärgericht zur Höchststrafe von 25 Jahren verurteilt.

In Jena wurden im März 1951 durch ein sowjetisches Tribunal zehn Jugendliche zu je 25 Jahren Zwangsarbeit wegen „antidemokratischer und antisowjetischer Propaganda" verurteilt. Es handelt sich um die Jugendlichen:

Schiffer, Alfred,	geb. am 14. Juli 1930,
Hofmeister, Hanns,	geb am 23. April 1933,
Unger, Eckehard,	geb. am 29. April 1930,
Streich, Gregor,	geb. am 18. März 1932,
Münster, Helmut,	geb. am 2. Februar 1932,
Gutberlet, Fritz,	geb. am 30. Mai 1934,
Bockhacker, Klaus,	geb. am 23. Juni 1931,
Fischer, Wilfred	geb. am 17. Mai 1932,
Hennig,	geb. am 3. Januar 1931,
Thiele,	geb. am 20. Juni 1934.

Die Jugendlichen nahmen an einer Feier anläßlich des Geburtstages von Wilhelm Pieck am 3. Januar 1951 im Volkshaussaal in Jena teil. Einer von ihnen soll eine Stinkbombe zum Platzen gebracht haben. Aus dem Vorfall wurde durch den SSD ein hochpolitisches Vergehen konstruiert. Die erste Verhandlung vor einem sowjetzonalen Gericht erbrachte Strafen in Höhe von einigen Monaten. Das Strafmaß erschien der sowjetischen Kontrollkommission jedoch zu niedrig. Sie übergab den Fall einem sowjetischen Militärtribunal. In dem am 22. und 23. März durchgeführten Prozeß wurden die Jugendlichen zu insgesamt 250 Jahren Strafarbeitslager verurteilt.

Ein brandenburgischer Gerichtshof hat im Mai 1951 den 18jährigen Wilfried Michaelis zu zehn Jahren Zwangsarbeit und Lewner zu fünf Jahren Gefängnis verurteilt, weil sie an Propagandatafeln das Wort „Freiheit" plakatiert hätten. Der Jugendliche Hans Zickerow wurde zu acht Jahren Zwangsarbeit verurteilt, weil er beschuldigt wurde, „Freiheit... Freie Wahlen... SPD" an Mauern geschrieben zu haben.

Im Februar 1951 verhängte das Landgericht Potsdam gegen fünf Jugendliche Strafen von insgesamt 33 Jahren Zuchthaus, weil sie „hetzerische Propaganda in Treuenbrietzen getrieben und antikommunistische Flugblätter verteilt haben" sollen.

Der ehemalige Angehörige der Volkspolizei, der Jugendliche Erwin Monger, wurde zu sechs Jahren Zuchthaus verurteilt, weil er nach seinem Ausscheiden aus der Volkspolizei Bekannten Bilder von der Ausbildung an der Panzerabwehrkanone gezeigt hatte.

Ein anderer, 17jähriger Volkspolizist namens Paschke, aus Kottbus, war nach dem Westen geflüchtet. Um seine Mutter noch einmal zu sehen, war er nach Kottbus zurückgekehrt und wurde verhaftet. Paschke wurde zu einer langjährigen Freiheitsstrafe verurteilt, weil er „den Frieden gefährdende Aussagen über die Volkspolizei gemacht habe".

Günther Kliemann aus Radeberg in Sachsen wurde zu 25 Jahren Zuchthaus verurteilt, obwohl er seit Kriegsende im Westen lebte, wo er Angehöriger einer GCLO-Einheit in Lübeck war. Anläßlich eines Besuches seiner Mutter in Radeberg wurde er verhaftet und der sowjetischen Militärjustiz überstellt. Er wurde später durch ein sowjetisches Tribunal zu 25 Jahren Zwangsarbeit auf Grund des sowjetischen Spionage-Paragraphen verurteilt. Seine Tätigkeit bei GCLO wurde durch den Staatsanwalt als erwiesene Spionagetätigkeit für den Westen und sein Besuch als Spionageauftrag dargestellt.

Am 7. Mai 1951 fand vor der 4. Strafkammer des Ostberliner Landgerichts der Prozeß gegen die vier Falken-Mitglieder Peter Griensinger, 21 Jahre, Günther Gebler, 18 Jahre, Manfred Wendt, 18 Jahre, und Hans Halland, 18 Jahre, statt. Ihnen wurde vorgeworfen, tendenziöse Gerüchte erfunden und verbreitet zu haben, die „den Frieden der Welt gefährdet und die Sowjetunion verächtlich gemacht hätten". Gegen die Jugendlichen wurden insgesamt 15 Jahre Zuchthaus verhängt. Der reine Terrorcharakter dieses Urteils wird schon daraus ersichtlich, daß zusätzlich zu diesen harten Strafen sogenannte „Sühnemaßnahmen" ausgesprochen wurden: Die Aberkennung des Wahlrechts auf Lebenszeit, der Verlust von Renten und Pensionen und das Verbot jeder politischen und gewerkschaftlichen Betätigung auf Lebenszeit; für die Dauer von fünf Jahren nach der Haftverbüßung wurden Berufs-, Wohn- und Aufenthaltsbeschränkungen und der Verlust jeglicher Prüfungsrechte ausgesprochen. – Obwohl der Staatsanwalt in seinem Plädoyer zugeben mußte, daß man die Verbreitung der Flugblätter den Jugendlichen nicht nachweisen konnte, wurde das Urteil ausgesprochen, da „aus Erfahrung früherer Prozesse gegen Falken-Mitglieder die Absicht der Verbreitung solcher Flugblätter jederzeit als gegeben vorausgesetzt werden könne". Auf Propagandaproteste der FDJ wurde das Urteil aufgehoben und nach einer Anerkennung der Berechtigung der Urteile durch die Verurteilten diese aus der Haft entlassen.

In Werdau in Sachsen wurden 15 Oberschüler im Mai 1951 verhaftet, weil sie angeblich Plakate mit Karikaturen kommunistischer Staatsmänner geklebt haben.

Eberhard Klinke aus Rauen bei Fürstenwalde/Spree, geboren 1934, wurde am 1. Mai 1951 verhaftet. Er erhielt von der Großen Strafkammer Kottbus sechs Jahre Zuchthaus. Er hat Parolen an die Wände geschrieben: „Freiheit" und „Kommunismus ist Versklavung". Er sagte vor Gericht aus, daß er durch den SSD unter Drohung und Schlägen zu Geständnissen gepreßt wurde. Mit ihm verurteilt wurde Lothar Finke, geboren 1933, zu fünf Jahren Zuchthaus und Harry Adolph, geboren 1930, ebenfalls zu fünf Jahren Zuchthaus.

Und wo sind sie geblieben, die

134 Jugendlichen aus dem Kreise Calau/Niederlausitz, die im Sommer 1945 verschleppt wurden?

40 Jugendlichen aus Schönebeck a. d. Elbe, die zwischen dem 19. Dezember 1945 und dem 13. Januar 1946 auf Veranlassung der sowjetischen Kommandantur verhaftet wurden?

30 Jungen und Mädel, die Anfang August 1947 in Frankfurt/Oder durch die NKWD verhaftet wurden, weil sie angeblich in einem Tanzlokal das „Horst-Wessel-Lied" gesungen hätten? Weder der Wirt noch die anderen Gäste hatten jedoch etwas gehört.

7 Jugendlichen, die ebenfalls an diesem Verhaftungsabend in Frankfurt/Oder von ihren Eltern fortgeholt wurden, weil sie angeblich zu dieser „Bande" gehörten?

25 Mädel aus Radeberg bei Dresden, die Anfang Oktober 1947 bei der Verhaftung durch die NKWD-Soldaten aufgefordert wurden, Mäntel und Decken mitzunehmen, und bis heute nicht zurückgekehrt sind?

20 Jugendlichen, 16- bis 18jährige, die gegen 22 Uhr am 14. Juli 1947 durch sowjetische NKWD aus dem Tanslokal „Pilsator" in Schildow herausgeholt wurden und auf russischen Lastkraftwagen in ein Lager bei Küstrin abtransportiert wurden?

Jugendlichen aus Potsdam, die im Dezember 1945 während einer Verhaftungswelle in Potsdam in verschiedenen Stadtteilen, aus der Oberschule und von der Straße weg,

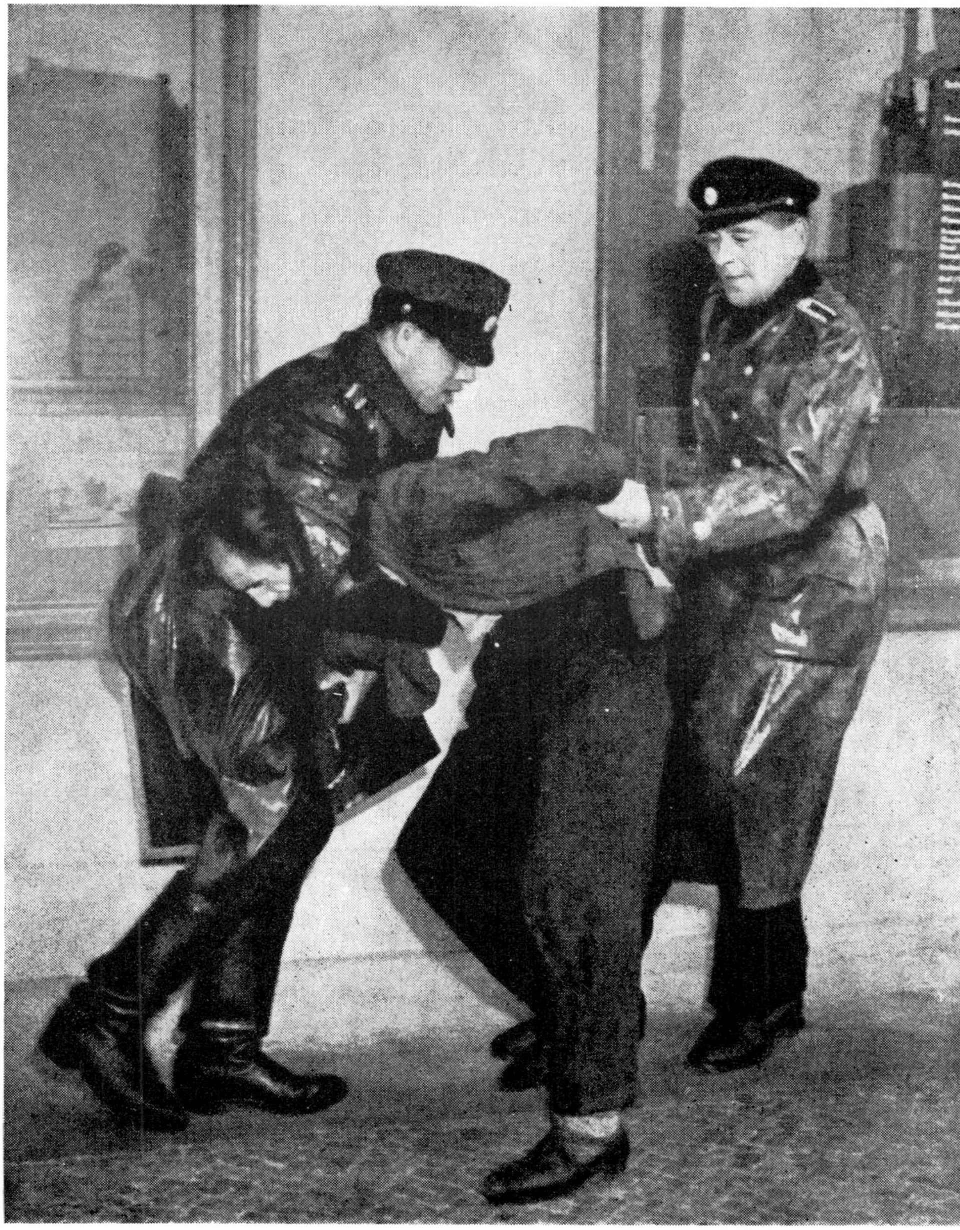

Verhaftung eines unbekannten Mannes an der Sektorengrenze durch Volkspolizei

durch deutsche Polizei verhaftet und der sowjetischen Besatzungsmacht übergeben worden sind?

35 Jugendlichen aus Oranienbaum, fast durchweg 14jährige, die im Sommer 1945 durch sowjetische NKWD abgeholt wurden?

76 Jugendlichen aus dem Lande Mecklenburg, deren Namen festgehalten sind? Sie wurden in den Jahren 1945, 1946 und 1947 durch sowjetische NKWD verhaftet.

Die studentische Jugend hat unter dem politischen Terror besonders zu leiden, und zu den zahlreichen verhafteten und verurteilten Studenten kommen immer neue, da die Verfolgungsmaßnahmen an Universitäten und Hochschulen ständig fortgehen. Da dieser Bericht sich mit der Lage der jugendlichen Gefangenen befaßt, nach dem Strafrecht also Menschen unter 18 Jahren, muß dieser Hinweis nur als Ergänzung betrachtet werden.

Besonderes Aufsehen erregte der Prozeß gegen den 18jährigen Oberschüler Hermann Joseph Flade aus Olbernhau. Flade wurde vorgeworfen, bei den Wahlen in der sowjetischen Besatzungszone im Oktober 1950 antikommunistische Flugblätter hergestellt und angeschlagen und bei seiner Verhaftung einen Polizisten niedergestochen zu haben. Flade wurde zunächst zum Tode verurteilt, weil er der Boykotthetze gegen demokratische Einrichtungen und Organisationen und in Tateinheit damit des Betreibens militärischer Propaganda, des versuchten Mordes und des Widerstandes gegen Vollstreckungsbeamte für schuldig befunden wurde. In der Revisionsverhandlung vor der 22. Großen Strafkammer des Landgerichts Dresden wurde das Todesurteil aufgehoben und Flade zu 15 Jahren Zuchthaus unter Verhängung der obligatorischen Sühnemaßnahmen verurteilt.

Die bereits im Sommer vergangenen Jahres wegen Verteilung antikommunistischer Flugblätter verhafteten Oberschüler der Goethe-Oberschule in Schwerin: Wolfgang Strauß, Eduard Lindhammer, Dieter Schopen, Winfried Wagner, Senf, Klein, Sahlow, Haase, Ohland, Erika Blutschun, Karl-August Schantien und der Vorsitzende des Landesjugendbeirats der LDP Mecklenburg, Hans-Jürgen Jennerzahn, wurden jetzt von einem sowjetischen Militärtribunal abgeurteilt. Winfried Wagner und der außerdem verhaftete Bruder von Wolfgang Strauß, Olaf, wurden zu Zuchthausstrafen von 20 und 25 Jahren verurteilt. Wolfgang Strauß soll zum Tode verurteilt worden sein.

Bonn, den 27. März 1952 *Blachstein, Berichterstatter.*

Die Technik der Verhaftung und des Menschenraubes

Die Verhaftung aus politischen Gründen erfolgt in der Regel durch den Staatssicherheitsdienst, sofern der Beschuldigte nicht auf frischer Tat von anderen Dienststellen oder Funktionären gestellt wurde und dem SSD übergeben wird. Die Verhaftungen durch den SSD sollen grundsätzlich unauffällig erfolgen. Wenn die Gefahr besteht, daß sich der Beschuldigte seiner Verhaftung durch die Flucht entziehen könnte, erfolgt seine Verhaftung zu Hause oder auf seiner Arbeitsstelle. Wegen des damit verbundenen Aufsehens geschieht dies aber nur selten. Die beliebteste Form der Verhaftung ist die Festnahme auf offener Straße. Das Opfer wird auf dem Wege zur Arbeit oder zu einem

Dokumentation

„In der Zeit vom 9. Mai bis 12. Dezember 1956 sind in Westberlin drei vollendete Fälle von Menschenraub durch List vorgekommen sowie vier Entführungsversuche. Insgesamt sind seit 1949 186 Menschenraubfälle und 77 Entführungsversuche zu verzeichnen."

Bericht des Bundestagsausschusses für gesamtdeutsche und Berliner Fragen, Dezember 1956.

(durch fingierte Nachricht arrangierten) Besuch einer kommunalen Behörde von einem SSD-Angestellten angesprochen und in einen bereitstehenden Personenwagen gezwungen. Die Fahrt geht meistens zu einer einsamen Straße, wo das Opfer eine schwarze Brille aufgesetzt bekommt. Früher warf man dem Verhafteten einfach eine Decke über den Kopf und legte ihn quer in den Wagen. Der Wagen des drei- bis vierköpfigen Verhaftungskommandos fährt dann auf vielen Umwegen in die nächste Haftanstalt des MfS. Erst im Hof wird dem Häftling die Brille abgenommen. Der Sinn dieser geheimnisvollen Verhaftungen ist kaum zu erkennen. Der SSD hat hier, wie früher die Gestapo, einfach eine Verhaftungsmethode entwickelt, die völlig konspirativ ablaufen soll. Die Verhaftung auf der Straße, das „Verschwinden", soll verhindern, daß andere Personen durch die Festnahme gewarnt werden, da der SSD immer von der Voraussetzung ausgeht, es nicht mit einem „Einzeltäter" zu tun zu haben. Aus diesem Grunde erfährt die Volkspolizei auch erst viel später von der Verhaftung, da die von einem wahren Agentenkomplex befallenen SSD-Angehörigen niemandem trauen. Es ist somit fast immer wahr, wenn die VP-Dienststellen den verzweifelten Angehörigen mitteilen, daß sie nicht wüßten, wo sich der Verschwundene befindet und ob er überhaupt verhaftet wurde. Selbst die Staatsanwaltschaft wird erst nach der erfolgten Verhaftung unterrichtet und pro forma ein Haftbefehl erwirkt und dem Verhafteten zur Unterschrift vorgelegt.

Die Irrfahrten des Verhaftungskommandos haben einen weiteren, banalen Grund. Man will den Verhafteten aus psychologischen Gründen im unklaren darüber lassen, wo er hingefahren wird. Dies geht so weit, daß einzelne Vernehmer sogar die Bürofenster während der Vernehmung zuziehen, um dem Häftling die Orientierung zu nehmen. Da jedoch jeder Ortsansässige die MfS-Dienststellen seiner Stadt kennt, weiß er fast immer, wohin er gebracht wurde. Dem Leser mag dieses Moment unwichtig scheinen. Für einen

Dokumentation

Gerechte Strafe für Brandstifter
Zuchthaus für Agenten / Gefüllte Scheune des Gutes Lanke angesteckt

Frankfurt a. d. O. (ADN). Die unmenschlichen Methoden und Absichten der von den Amerikanern ausgehaltenen „Kampfgruppe gegen Unmenschlichkeit" in Westberlin enthüllt erneut ein Prozeß, der am Donnerstag vor dem 1. Strafsenat des Bezirksgerichts Frankfurt a. d. O. gegen vier Brandstifter stattfand. Die Westberliner Spionage- und Terrororganisation hatte junge Landarbeiter veranlaßt, die modern eingerichtete und gefüllte Scheune des volkseigenen Gutes Lanke im Kreis Bernau in Brand zu stecken. Bei dieser gewissenlosen Tat entstand ein Gesamtschaden von rund 120 000 DM. Im berüchtigten Amerikahaus in Westberlin wurde dieser Anschlag von dem Mitarbeiter der „Kampfgruppe gegen Unmenschlichkeit", einem gewissen Hans Beier, zusammen mit dem Hauptangeklagten Dieter Dost ausgeheckt. Dost, bereits zweimal vorbestraft, führte ein haltloses Leben, wechselte fortwährend seine Arbeitsstelle und trieb sich in Westberlin herum. Er war zuletzt Landarbeiter auf dem volkseigenen Gut Albrechtshof, wo er die Scheune des Gutes in Flammen aufgehen lassen wollte. Der Agent Beier versprach ihm dafür 2000,– Westmark. Dost erhielt eine Schachtel mit Phosphorpatronen. Die Wachsamkeit der Belegschaft des Volksgutes Albrechtshof verhinderte den geplanten Anschlag, so daß der Hauptangeklagte nach einem abermaligen Arbeitswechsel beschloß, auf dem Gut Lanke den Weisungen seiner Auftraggeber zu folgen. Eine Filmveranstaltung nutzend, zu der ein großer Teil der Einwohner des Dorfes gegangen

Das Ministerium für Staatssicherheit in Berlin-Lichtenberg. Links dahinter befindet sich die MfS-Untersuchungshaftanstalt in der Magdalenenstraße.

Verhafteten bedeutet jedoch das Wissen um seinen Gewahrsamsort sehr viel, weil er irgendwie eine Bindung nach „draußen" sucht. Der SSD hat dieses psychologische Moment durchaus richtig einkalkuliert.

Während die Angehörigen des Verhafteten einer Mauer des Schweigens gegenüberstehen und nur manmal nach hartnäckigen Bemühungen eine offizielle Bestätigung der Verhaftung ohne Angaben über den Gewahrsamsort erhalten, ist der Verhaftete der unmenschlichen Maschinerie der roten Gestapo ausgeliefert. Er wird — von der Außenwelt weiter völlig isoliert — gedemütigt und physisch und psychisch geschunden. „Weichgemacht" oder „fertiggemacht" nennt man das im SSD-Jargon. Nicht seine Schuld soll bewiesen werden — er muß seine Unschuld beweisen!

Menschenraub

Schwieriger gestalten sich für den SSD Verhaftungen von Personen, die sich nicht auf sowjetzonalen Territorium aufhalten. Die Vorbereitungen für einen Menschenraub aus Westberlin oder der Bundesrepublik ziehen sich wochen- und monatelang hin. Die zentral gesteuerten Obervationen des Opfers und seiner Lebensgewohnheiten, das Hineinspielen eines Agenten in seinen Lebensbereich und schließlich die eigentlichen Vorbereitungen für den Menschenraub kosten dem SSD sehr viel Feinarbeit und damit Zeit. Leider werden seine Manipulationen durch Unvorsichtigkeiten seines Opfers und den in unserem demokratischen Staatsaufbau begründeten Beschränkungen der Abwehrorgane oft erleichtert. Das Opfer wird auf zwei Arten in die Gewalt des SSD gebracht: durch List oder durch gewaltsamen Menschenraub. Sofern eine Aussicht auf Erfolg besteht, wird wegen des geringeren Risikos zuerst eine Entführung mit List versucht. Die Skala der Möglichkeiten reicht von der Überredung des Opfers durch einen Agenten zu einem Besuch des Sowjetsektors oder der Sowjetzone (Besuch von Verwandten; Kinobesuch; Tref-

war, steckte Dost mit drei weiteren Komplicen die Scheune in Brand.

Der Angeklagte Dost erhielt zwölf Jahre Zuchthaus, seine Komplicen Krasnowski, Strege und Laaser wurden zu zehn, acht und sechs Jahren Zuchthaus verurteilt.

„Berliner Zeitung", 10. Januar 1954.

Dokumentation

Durch Schundliteratur zu Verbrechern geworden

Dieter Dost, ein 17jähriger Berliner Jugendlicher, erhielt am 17. Oktober 1953 in Westberlin eine Schachtel mit fünf Phosphorpatronen und die Anweisung, damit die Scheune eines volkseigenen Gutes in Brand zu stecken. 2000 DM gab die sogenannte „Kampfgruppe gegen Unmenschlichkeit", eine von einem amerikanischen Geheimdienst finanzierte Spionage- und Sabotageorganisation, für das ungeheure Verbrechen aus.

An das Fenster der Unterkunft der drei Berliner Dost, Strege und Laaser, die auf dem VEG Lanke im Kreis Bernau arbeiten, klopft am 17. November der Landarbeiter Helmut Krasnowski. Stillschweigend stehen die drei auf und gehen durch die Nacht zu den tieferliegenden Gebäuden des Gutes. Es ist der Tag, an dem, wie stets im Ort, eine Kinoveranstaltung läuft. Krasnowski bleibt am Schlagbaum stehen, Laaser zwischen dem Tor und der 86 Meter langen modernen Scheune; sie passen auf. Dost und Strege steigen die Leiter an der Scheune empor, zünden die Lunten der Phosphorpatronen an und werfen sie in die offene Scheunenluke.

Der Vorsitzende des 1. Strafsenats des Bezirks Frankfurt fragt den Angeklagten Dost: „Was haben Sie danach gemacht?" „Wir sind

fen mit einem Bekannten, der nicht nach Westberlin bzw. in die Bundesrepublik kommen kann) bis zum fingierten Brief oder Telegramm, mit dem das Opfer wegen eines dringenden Vorfalls (meistens Tod eines nahen Verwandten) in die SBZ gelockt wird.

Die gewaltsame Entführung wird von Anfang an vorbereitet, wenn damit zu rechnen ist, daß eine Entführung mit List von vornherein aussichtslos ist und das Opfer nur gewarnt würde. Aus den Lebensgewohnheiten und dem Bekanntenkreis zieht der SSD seine Schlußfolgerungen für die Entführung. Besonders günstig für seine dunklen Pläne sind anomale Veranlagungen, wechselnde Frauenbekanntschaften und regelmäßiger Alkoholzuspruch des späteren Opfers. Hier ergeben sich immer Ansatzpunkte, um das Opfer betrunken oder betäubt unauffällig in den Machtbereich des SSD zu bringen. Ergeben sich aus den Lebensgewohnheiten des späteren Opfers keine Ansatzpunkte, wird der Bekanntenkreis observiert. Der SSD unterscheidet drei „Ringe", die den zu Entführenden umgeben:

1. Kreis: weitläufige Verwandte und Bekannte in der Bundesrepublik bzw. Westberlin und in der SBZ (ehemalige Kriegskameraden, Schulfreunde usw);

2. Kreis: Arbeitskollegen, Nachbarn, gute Bekannte und ehemalige Arbeitskollegen, Freunde und Bekannte in der SBZ, sofern der zu Entführende einmal in der Sowjetzone gewohnt hat;

3. Kreis: nahe Verwandte, gute Freunde.

Aus diesen Kreisen versucht der SSD durch Druckmittel oder mit Überzeugung einen Mann oder eine Frau zu gewinnen, die die Entführung vorbereiten und schließlich bewerkstelligen können. Bei Verwandten oder Bekannten, die in der SBZ wohnen, ist der Druck ungleich stärker als bei Einwohnern der BRD. Aber auch Einwohner Westberlins oder der Bundesrepublik werden unter Druck gesetzt. Beliebte Ansatzpunkte sind Drohung mit Sippenhaft und Anzeige irgendwelcher

Abendbrot essen gegangen." Wie selbstverständlich kommt die Antwort. Daß alle kaltblütig und ruhig gesessen haben, bestätigt auch der Angeklagte Heinz Strege. Er hörte mit Leidenschaft den RIAS, hat mit Vorliebe westliche Schundliteratur gelesen und bevorzugte amerikanische Wildwestfilme. Mit diesem Schmutz und Schund wurden die jungen Menschen reifgemacht für das Verbrechen, das sie im Auftrage einer imperialistischen Sabotageorganisation in der DDR begingen.

„Waren Sie informiert, was die ‚Kampfgruppe gegen Unmenschlichkeit' bedeutet? fragt der Staatsanwalt. „Ja, ich war im vergangenen Jahr in Müllrose in einem Heim. Dort fanden wir Hetzflugblätter gegen die DDR. Sie waren unterzeichnet von der KgU. Die Leiterin unseres Heims klärte uns auf, welche verbrecherischen Ziele diese Organisation verfolgt." „Und trotzdem haben Sie mitgemacht, als Sie von Dost und Krasnowski aufgefordert wurden, an einem Sabotageakt gegen die DDR teilzunehmen?" Die Antwort lautet: „Ja."

Krasnowski ist der älteste der Angeklagten. „Als Dost sagte, daß er von der KgU den Auftrag hätte, eine volle Scheune abzubrennen, habe ich gewußt, daß es von Westberlin aus geht", ist seine Antwort auf eine Frage des Staatsanwalts. Krasnowski war sich also voll bewußt, daß er zu einem willfährigen Werkzeug des weitverzweigten Spionage- und Sabotagenetzes geworden ist, mit dem die Bonner Machthaber und ihre Hintermänner die DDR zu überziehen versuchen.

Der letzte der Angeklagten, Horst Laaser, ist ebenfalls eifriger Leser westlicher Schundliteratur und Besucher Westberliner Kinos. Bei ihm wie auch bei Dost wurden Flug-

Verfehlungen bei den Behörden der Bundesrepublik. Die eigentliche Entführung erfolgt dann meistens nach Betäubung des Opfers mit einem sofort wirkenden starken Gift.

Wenn diese Möglichkeiten nicht bestehen, versucht der SSD das letzte Mittel: die offene Entführung. Diese verlangt genaueste Beobachtung des Opfers und präzise Planung, da der SSD hierbei das größte Risiko eingeht. Während die bisher geschilderten Entführungsmethoden nur den Einsatz von Helfershelfern bedingten, ist bei dieser gewaltsamen Entführung ein vier- bis fünfköpfiges Einsatzkommando erforderlich, das das Opfer auf der Straße zusammenschlägt, in einen Wagen zerrt und in rasender Fahrt in den Sowjetsektor oder in die SBZ bringt. Bei allen diesen Unternehmungen bedient sich der SSD krimineller Subjekte.

Der Vollständigkeit halber seien noch die „Gelegenheitsentführungen" genannt. Hierzu gehören einmal die sich ab und zu ergebenden Gelegenheiten einer Entführung ohne großes Risiko und langwierige Vorarbeiten, wenn sich im Spitzelnetz des SSD in Westberlin oder in der Bundesrepublik zufällig ein entsprechender Kontakt ergibt. Zum anderen hat der SSD laufend in Westberlin Spitzel im Einsatz, die sich in Wartehallen (Bahnhof Zoo) oder in Lokalen aufhalten und die Bekanntschaft von „Republikflüchtigen" suchen. Man trinkt mit dem Opfer ein paar Glas Bier und hat dann „zufällig" die gleiche Richtung zur Heimfahrt. Unterwegs bieten die Agenten dem Flüchtling eine präparierte Zigarette an und bringen das bewußtlose Opfer mit der S- oder U-Bahn — getarnt als Betrunkenen mit zwei Arbeitskollegen — in den Sowjetsektor. Ähnlich arbeiten SSD-Spitzel unter den Flüchtlingen, die im Notaufnahmeverfahren stehen, indem sie die Ortsunkundigkeit ihrer Opfer ausnutzen und mit ihnen in den Sowjetsektor fahren.

Alle Entführten aus Westberlin und der Bundesrepublik werden in die Zentrale Untersuchungshaftanstalt des Mini-

blätter mit kriegshetzerischen Parolen gegen die DDR gefunden. Auch er gibt zu, durch die demokratische Presse von dem Treiben der Terrororganisation „Kampfgruppe gegen Unmenschlichkeit" und ihren Verbindungen zu westlichen Geheimdiensten gewußt zu haben und bezeichnet die Täter eines solchen Terroraktes, wie er ihn selbst ausgeführt hat, als Saboteure.

Scharf geißelt der Staatsanwalt in seinem Plädoyer die verbrecherische Tätigkeit der imperialistischen Sabotageorganisation. In einem Augenblick, da sich die deutschen Patrioten in Ost und West für die Einheit Deutschlands einsetzen, verstärken die imperialistischen Spionage- und Agentenorganisationen in Westdeutschland ihre verbrecherischen Angriffe gegen die DDR, weil sie die Spaltung Deutschlands für die Vorbereitung eines Krieges gegen das Lager des Friedens brauchen. Besonders jugendliche Menschen versuchen sie für die Ausführung geplanter Sabotageakte zu mißbrauchen. So gehören als Hauptschuldige dieses Frankfurter Prozesses die Westberliner Hintermänner der KgU auf die Anklagebank. Diese Tatsache jedoch kann jene vier Banditen nicht entlasten, die sich willig zu Werkzeugen solcher krimineller Organisationen machen ließen. Sie begingen ein Verbrechen gegen die DDR und wurden dem Antrag des Staatsanwaltes gemäß nach Artikel 6 der Verfassung der DDR, nach dem Kontrollratsgesetz 38 und dem § 308 des Bürgerlichen Gesetzbuches) mit Zuchthaus bestraft. Das Urteil fand die volle Zustimmung der Werktätigen.*

„Tägliche Rundschau", 14. Januar 1954.

**) Die Ostberliner „Tägliche Rundschau" meint natürlich das Strafgesetzbuch.*

Der gefürchtete MWD-Bunker in der Ostberliner Prenzlauer Allee. Das Haus wurde später vom MfS übernommen.

steriums für Staatssicherheit in Berlin-Lichtenberg gebracht.

In der U-Haft

Der politische Häftling untersteht nach seiner Verhaftung zunächst der Abteilung IX der MfS-Bezirksverwaltung und wird in deren U-Gefängnis eingeliefert. Die Behandlung beginnt gleich mit einer „Filzung“: Der Verhaftete muß sich völlig ausziehen. Seine Sachen werden gründlich nach irgendwelchen versteckten Dingen durchsucht. Bevor er einen Teil seiner Kleidung zurückerhält („unnötige Kleidung“ wird einbehalten), muß er etliche Kniebeugen machen, damit eventuell im After versteckte Gegenstände zum Vorschein kommen. Die Durchsuchung erfolgt fast immer durch männliche Angehörige des MfS. Während der U-Haft beim MfS ist der Häftling völlig von der Außenwelt isoliert. Er darf keine Nachricht an seine Angehörigen geben und keinen Besuch von seinen Verwandten oder von einem Rechtsanwalt empfangen. Er bleibt grundsätzlich in Einzelhaft. Lediglich bei Überbelegungen der Anstalt oder bei einer Bespitzelung durch einen Zellenspitzel kommt er mit anderen Häftlingen in Berührung. Um zu verhindern, daß sich Häftlinge außerhalb der Zelle sehen, gibt es in jeder Anstalt ein Ampelsystem. Wird ein Häftling aus seiner Zelle zur Vernehmung geholt, drückt der Wachtposten auf einen Knopf, der einen Schnarrton auslöst und in allen Gängen rotes Licht aufleuchten läßt. Bis zum Aufleuchten grünen Lichtes darf kein anderer Häftling aus der Zelle geholt werden. Aus den gleichen Gründen wird das Essen in diesen Anstalten auch nicht von Häftlings-Kalfaktoren, sondern von den Wachmannschaften ausgegeben. Je nachdem, wie wichtig der Vernehmer die Isolierung des Häftlings hält, wird der Gefangene auch nicht zum Häftlingsfriseur gelassen. Er muß sich den Bart notdürftig selbst mit einer Haarschneidemaschine abnehmen. Erst bei seiner Übergabe an die VP wird er anständig rasiert. Die strenge Hausordnung schreibt ferner vor, daß der Häftling nachts mit

Dokumentation

Kampfgruppe
gegen Unmenschlichkeit

Berlin, den 2. August 1956

P r o t o k o l l

Unaufgefordert erscheint hier

Dieter D o s t , geb. 12. September 1936 in Berlin, Arbeiter, wohnhaft gewesen Berlin NO 55, Kollwitzstraße 40, jetzt Berlin-Marienfelde, Lager, ausgewiesen durch Fl.-Besch. 566 718, und erklärt zur Person:

Ich bin seit dem 29. Juli 1956 Flüchtling in Westberlin. Mein Notaufnahmeverfahren ist noch nicht abgeschlossen.

Zur Sache:

Zusammen mit meinen Freunden Heinz Strege und Horst Laaser (Personalien aktenkundlich) war ich seit dem 2. November 1953 auf dem volkseigenen Gut Lanke bei Bernau als Saisonarbeiter eingesetzt. Am 17. November 1953 gegen 21.15 Uhr brannte die Scheune des VEG ab. Zu dem Zeitpunkt, als die Scheune zu brennen anfing, waren wir in der Küche des Gutes beim Essen. Wir beteiligten uns sofort an den Lösch- und Rettungsarbeiten und brachten die in der Scheune untergebrachten Zuchtsäue, einige Maschinen und Futter in Sicherheit. Ich verbrannte mir hierbei noch meine Jacke.

Im Laufe des Abends wurde ich protokollarisch durch SSD-Angehörige über die Brandursache vernommen. Nach dieser Vernehmung begab ich mich auf das Zimmer, in dem wir drei zusammen wohnten. Etwa eine Stunde später machten mehrere Angehörige des SSD bei uns Haussuchung. Bei Strege und Laaser fand man einige Flugblätter in russischer Sprache. Da man auch

dem Gesicht zur Tür und den Händen auf der Bettdecke zu schlafen hat. Die Einhaltung dieser Anordnung wird durch die Wachposten kontrolliert, die in regelmäßigen Abständen das Licht in der Zelle ein- und ausschalten, wenn nicht überhaupt angeordnet wird, daß die Zelle die ganze Nacht beleuchtet bleibt. Wird an der Zellentür geschlossen, muß sich der Häftling sofort mit dem Gesicht zur Wand gegenüber der Tür stellen und mit seiner Häftlingsnummer Meldung erstatten („Häftling Nummer . . ., alles in Ordnung!"). Die Numerierung soll verhindern, daß andere Häftlinge bei einer Meldung den Namen des Mithäftlings hören.

Je nach Anordnung des Vernehmungsoffiziers kann die Haft verschärft werden. Die einzelnen Haftanstalten haben sich bestimmte Einrichtungen geschaffen, auf die die Wachmannschaften „spezialisiert" sind. Die einfachste Einrichtung ist die sogenannte Wasser- oder Eiszelle, in der der Boden mehrere Zentimeter mit kaltem Wasser bedeckt ist. Der Häftling wird in diese Zelle — nur mit seinem Unterzeug bekleidet — gesperrt. Die Zelle hat keinerlei Einrichtungsgegenstände, so daß sich der Häftling, durch die schlechte Verpflegung und nervliche Belastung erschöpft, in das kalte Wasser setzen muß. Die Dauer des Aufenthaltes in dieser Zelle ist, wie bei allen diesen Sonderkarzern, unbestimmt. Meistens wird der Häftling erst in eine normale Zelle verlegt, wenn er ein Geständnis ablegt.

Weitere Strafverschärfungen dieser Art sind überheizte Zellen, in die der Häftling eingeliefert wird, nachdem er scharf gesalzenes Essen oder ein Heringsgericht bekommen hat. Natürlich gibt es in dieser Zelle nichts zu trinken. Der Stehkarzer ist so eng gebaut, daß der Häftling wie in einem Schrank eingeklemmt stehen muß und sich nicht setzen kann. Er darf sich nicht an die Wand lehnen. Die Durchführung wird von dem Wachposten laufend kontrolliert, die sich den „Spaß" machen, nachts vorsichtig die Tür aufzureißen, damit der Häftling herausfällt, weil er sich natürlich während des Schlafens notge-

bei mir in einem Schnellhefter zwischen Privatsachen eine aus der „Tarantel" ausgeschnittene Zeichnung fand, wurden wir alle drei festgenommen und zum SSD in Bernau gebracht. Im Laufe der nächsten Tage wurde ich ohne irgendwelche Druckmittel vernommen. Etwa am dritten Tage nach meiner Verhaftung wurde ich in ein Zimmer geführt, in dem etwa sechs SSD-Angehörige saßen. Ich mußte mich vor den Vernehmer setzen und wurde von drei starken Lampen angestrahlt. Man warf mir vor, die Scheune angesteckt zu haben, was ich wahrheitsgemäß abstritt. Ich verlangte Beweise zu sehen, die angeblich vorhanden waren. Ich mußte mich mit dem Gesicht zur Wand in eine Ecke stellen. Dann wurde der mir vom Sehen bekannte Landarbeiter Krasnowski (Personalien aktenkundlich) hereingeführt. K. sagte in meinem Beisein aus, daß er mit uns wenige Tage vor dem Brand in einem Lokal gewesen wäre. Es wäre von einem Kinobesuch in Westberlin die Rede gewesen, für den ich angeblich das Geld besorgen wollte. Auf dem Nachhauseweg hätten wir uns darüber unterhalten, wie lange es wohl dauern würde, bis eine Scheune abbrennt. Ich sollte dann dem K. sechs Stabbrandbomben gezeigt haben, die ich in der Seitentasche bei mir gehabt hätte. Ich soll sie dann anschließend unter dem Kopfkissen versteckt haben. K. sagte ferner aus, daß ich ihm erzählt hätte, daß ich Agent der KgU sei. Die KgU hätte mir 2000,– DM West für das Abbrennen der Scheune geboten. Ich hätte dann den Vorschlag gemacht, daß wir vier uns das Geld teilen wollten. Er will dann mit Laaser Schmiere gestanden haben, während ich mit Strege die Scheune angesteckt hätte.

drungen mit den Knien oder mit dem Kopf an die Tür gelehnt hat.

Der eigentliche physische und psychische Druck wird jedoch bei den Vernehmungen ausgeübt. Etwa ab 1955 werden die Häftlinge allerdings nur noch selten bei den Vernehmungen mißhandelt. Vorher gehörte es jedoch zu den Glücksumständen, wenn ein Häftling ohne Schläge oder nur mit ein paar Boxhieben davonkam. Das Reglement ist jedoch bis heute bei den Vernehmungen geblieben. Der Häftling hat gerade auf einem Stuhl oder Hocker, zwei Meter vom Schreibtisch des Vernehmers entfernt, zu sitzen und die Hände flach auf den Oberschenkeln zu halten. Betritt irgend jemand das Zimmer, hat er sich sofort mit dem Gesicht zur Wand zu stellen.

Der Gang der Vernehmung hängt von der Schwere des Falles, der „Geständnisfreudigkeit" des Häftlings und nicht zuletzt von der Mentalität des Vernehmenden ab. Fast jeder entlassene politische Häftling zeigt auf die Frage nach Mißhandlungen beim MfS eine Zahnprothese. Man kann das Zähneausschlagen als das beliebteste Mittel bei den Vernehmungen bezeichnen. Oft haben sich hierbei mehrere MfS-Angehörige beteiligt, und oft genug wurde der Häftling besinnungslos geschlagen. Bei den Mißhandlungen der weiblichen Häftlinge sahen es die Sadisten hauptsächlich auf die Brüste ab. Man schlug hierbei besonders gern mit einem Lineal. Aber wie gesagt — die physischen Mißhandlungen haben seit etwa 1955 offensichtlich auf Befehl „von oben" so gut wie aufgehört. Man wirft dem Häftling „nur" noch den Aschenbecher an den Kopf oder schüttelt ihn durch. Geblieben aber sind die psychischen Martern, mit denen der Vernehmer sein Opfer peinigt. Es wird mit Erschießungen gedroht, mit Verhaftung der Ehefrau und strengster Bestrafung. Hinzu kommt die schon oben erwähnte strenge Hausordnung, die auf Anordnung des Vernehmers natürlich bis zur allerletzten Konsequenz durchgeführt werden kann. Das Schlafen mit dem Gesicht zur Tür und den Händen auf der

Ich verwahrte mich aufs energischste gegen diese Anschuldigungen. Die Vernehmung artete in eine allgemeine Brüllerei aus, so daß ich vor Wut zu weinen anfing und schließlich auch brüllte. Daraufhin versetzte mir ein Vernehmer mit dem Gummiknüppel einen Schlag über die Schulter. Ich fiel dabei hin und wurde anschließend wieder in meine Kellerzelle gebracht. In der Folgezeit wurde ich mehrmals verhört.

Etwa zwei Tage nach der Gegenüberstellung wurde ich geradezu höflich zur Vernehmung geholt, während dies sonst nur mit wüsten Schimpfworten und Stößen vor sich ging. Bei dieser Vernehmung lagen drei kleine Päckchen mit Sachen auf einer Bank, die Laaser, Strege und mir gehörten. Es handelte sich ausschließlich um Sachen, die wir uns in Westberlin gekauft hatten. Bei meinem Päckchen befand sich eine Drillichkombination, die ich mir in einem STEG-Geschäft in Westberlin als Arbeitsanzug gekauft hatte. Bei der Gegenüberstellung hatte K. behauptet, daß ich sie von der KgU bekommen hätte. Der Vernehmer sagte mir, daß Strege und Laaser schon entlassen seien. Ich brauchte ebenfalls nur die Brandstiftung zuzugeben, andere Agenten anzugeben und würde dann nicht bestraft. Außerdem bot er mir Geld an. Ich stritt aber weiterhin wahrheitsgemäß die Tat ab. Der Vernehmer fragte mich, ob ich am Tatort die Wahrheit sagen würde. Als ich bejahte, gab er mir Zigaretten und seine Frühstücksstullen, die ich sofort aufgegessen habe. Anschließend fuhren wir mit vier Mann nach Lanke zur Tatortbesichtigung. Unser Zimmer war versiegelt. Beim Abgehen der Wegstrecke wurde die Möglichkeit erörtert, ob Laaser einen von mir weggeworfenen Kip-

Bettdecke kann durch dauerndes Wecken des Häftlings zur reinen Folter werden. Durch diese Maßnahmen und die nächtlichen Dauerverhöre wird der Häftling völlig zermürbt. Da die Hausordnung das Schlafen am Tage verbietet, unterschreibt mancher Häftling jedes Protokoll, bloß um nachts schlafen zu können.

Je nach der Gegebenheit des Falles bleibt der Häftling bis zur Übergabe an die VP ohne Vernehmungen in der MfS-Haft. Vor der Übergabe wird noch ein Abschlußprotokoll mit einer Vermögenserklärung gefertigt.

In der VP-Haft

In der Regel kommt der Häftling erst einige Tage vor seiner Verurteilung in eine U-Haftanstalt der Volkspolizei. Erst hier kann er mit seinen Angehörigen und einem Rechtsanwalt in Verbindung treten. Die Anklageschrift wird ihm meistens mit der Ladung zum Termin, d. h. also 24 Stunden vorher, zum Lesen gegeben. In den allermeisten Fällen darf er auch erst innerhalb dieser 24 Stunden kurz mit seinem Verteidiger sprechen. Es ist oft vorgekommen, daß der Häftling den Verteidiger erst bei Beginn der Gerichtsverhandlung kennenlernte.

Die Verurteilung

Die Gerichtsverhandlung vor einem politischen Strafsenat eines Bezirksgerichtes läuft nach den Spielregeln der sozialistischen Gesetzlichkeit ab:

Richter und Staatsanwalt sind sich als Angehörige der SED über den Fall völlig im klaren. Das Schöffenwahlsystem garantiert, daß nur linientreue SED-Angehörige diese Posten bekleiden; außerdem wird der Richter von seinem Recht Gebrauch machen, in besonderen Fällen von der Reihenfolge in den Schöffenlisten abzugehen (und sich auch noch die linientreuesten aussuchen!). Der Verteidiger schließlich gehört einem vom Staat gelenkten und kontrollierten Anwaltskollegium an und verteidigt seinen Mandanten im allge-

pen mit einem Paketgummi hätte in die Scheune katapultieren können. Anschließend gingen wir in die Gutsküche, wo ich etwas zu essen bekam. Während ich aß, fuchtelte mir einer der SSD-Leute mit einer Pistole vor der Nase herum und forderte mich auf, während des Essens die Wahrheit zu sagen. Da ich beteuerte, die Wahrheit gesagt zu haben, fuhren wir wieder nach Bernau zurück. Man brachte mich in die UHA Bernau.

Nach etwa zwei Tagen wurde ich wieder zum SSD geholt. Man vernahm mich wieder unter Lampenblendung. Anschließend kam ich in eine völlig kahle und dunkle Zelle. Da ich am nächsten Morgen nicht korrekt das Essen entgegennahm, trat mir der Schließer ins Gesäß.

Am gleichen Tage wurde ich in das SSD-Gefängnis Frankfurt gebracht. Gleich in der ersten Nacht wurde ich von Wachleuten aus dem Schlaf gerissen, weil ich nicht vorschriftsmäßig mit den Händen auf der Bettdecke geschlafen hatte. Die Verhöre wurden laufend fortgesetzt. Bei diesen Vernehmungen warf man mit Aschenbechern nach mir, und einmal erhielt ich mit der Kante eines Lineals einen Schlag über den Kopf. Krasnowski wurde mir im Laufe der Verhöre noch einmal gegenübergestellt und sagte die gleichen Lügen aus. Ich blieb aber bei der Wahrheit. Da dies alles keinen Erfolg zeitigte, wurde ich in eine etwa ein Meter mal ein Meter große dunkle Zelle gebracht. Ich fror furchtbar, da ich nur mit einem kurzärmeligen Hemd, Hose und Schuhen bekleidet war. Um das Hinsetzen zu verhindern, stand der Fußboden der Zelle etwa einen Zentimeter unter Wasser. Da ich es aber nicht mehr aushielt, solange zu stehen, legte ich mich ab und zu doch hin, bis ich am fünften Tag nicht mehr aufstehen

meinen recht lustlos. Was hat der politische Häftling in so einem Verfahren zu erwarten?[8])

Nach der Verurteilung kommt der nunmehrige Strafgefangene zunächst noch in die UHA zurück. Nach einigen Tagen bekommt er für kurze Zeit die schriftliche Urteilsausfertigung zum Lesen. Das Urteil wird ihm dann wieder weggenommen. Der Häftling hat somit nach Verbüßung seiner Strafe weder die Anklageschrift, den Eröffnungsbeschluß des Gerichts noch das Urteil in den Händen.

Nachdem das Urteil rechtskräftig geworden ist, wird der Häftling in eine Strafvollzugsanstalt überführt. Die Überführung erfolgt entweder mit einem Gefangenenwagen („Grüne Minna") oder per Eisenbahn durch den Zentralen Gefangenen-Transportdienst (von den Häftlingen „Grotewohl-Expreß" genannt).

konnte. Die Verpflegung betrug zu dieser Zeit morgens und abends je zwei trockene Stullen und eine Kasserolle Wasser. Zwei SSD-Angehörige schleppten mich an diesem Morgen wieder zur Vernehmung. Ich war völlig blaugefroren und hatte Schüttelfrost. Der Vernehmer verlangte wieder die „Wahrheit" von mir zu hören. Da ich angab, nichts weiter aussagen zu können, klingelte er nach dem Schließer und sagte zu diesem: „Diesen Mann nehmen wir wieder auf Erholung." Daraufhin gab ich wahrheitswidrig zu, die Scheune allein in Brand gesteckt zu haben. Ich erfand hierzu einen Unbekannten, der mir Geld dafür geboten hatte. Diese Geschichte und die erfundene Personalbeschreibung wurden eifrig notiert. Ich hatte dann etwa 12 Tage Ruhe und lag in einer normalen Zelle. Ich wurde nur noch einmal vernommen, da Strege inzwischen ausgesagt hatte, daß er allein die Scheune angesteckt hätte. Nach drei Tagen kam ich zu einem Staatsanwalt namens Kluth, der mir aus der Anklageschrift die mich betreffenden Stellen vorlas und mir den Termin der Verhandlung nannte. Die Anklageschrift selbst habe ich nie in die Hand bekommen.

Am 7. Januar 1954 wurde ich von dem Ia Strafsenat des BG Frankfurt/Oder nach Artikel 6 und KD 38 zu 12 Jahren Zuchthaus und fünf Jahren Sühnemaßnahmen verurteilt.

Am 20. Juli 1956 wurde ich mit dreijähriger Bewährungsfrist nach § 346 StPO (Ost) aus der StVA Bautzen I entlassen.

Ich versichere, daß ich die Angaben nach bestem Wissen und Gewissen gemacht habe und bin bereit, sie notfalls vor anderen Dienststellen zu wiederholen.

geschlossen: v. g. u.

(Unterschrift) Dieter Dost

Das Volkspolizei-Präsidium in Ostberlin. Im Hintergrund die neuerbaute Untersuchungshaftanstalt Berlin I.

Der Strafvollzug (Polizeiapparat)

Die Übernahme der politischen Häftlinge und aller großen Haftanstalten der SBZ im Frühjahr 1950 durch die Volkspolizei wurde im November 1950 durch eine „Verordnung zur Übertragung der Geschäfte des Strafvollzugs auf das Ministerium des Innern der Deutschen Demokratischen Republik“ legalisiert (GBl. Nr. 133/1950 S. 1165). In einer ersten Durchführungsbestimmung zu dieser Verordnung gab das Justizministerium auch die kleineren Haftanstalten zum 1. Januar 1951 an das Ministerium des Innern, d. h. also an die Volkspolizei ab (Min.Bl. Nr. 38/1950, S. 215), so daß nunmehr der gesamte Strafvollzug der VP übertragen war. Die Strafvollstreckung blieb vorerst noch der Staatsanwaltschaft und den Gerichten überlassen. Als oberste Spitze für den Strafvollzug wurde innerhalb der Hauptverwaltung Deutsche Volkspolizei im Ministerium des Innern eine Hauptabteilung unter Leitung des Chefinspekteurs Karl Gertich gebildet. Diese Abteilung bestand unter dem Namen Abteilung X seit Oktober 1949 und nannte sich nach Auflösung der KZ bis zur Übernahme des Strafvollzuges durch die VP „HA Haftsachen“. Nach der Verhaftung Gertichs 1951 übernahm der Chefinspekteur August Mayer diesen Posten, den er noch heute inne hat. Die Abteilung nannte sich nunmehr „Hauptabteilung Strafvollzug“.

Die Haftanstalten wurden zunächst von den Abteilungen Strafvollzug/Strafvollstreckung in den einzelnen Bezirksbehörden der deutschen Volkspolizei (BDVP) geleitet und verwaltet. Die BDVP zogen zur Beaufsichtigung und Bewachung der Häftlinge aus allen Dienstbereichen zuverlässige VP-Angehörige zusammen, um die Anstalten von der Justiz übernehmen zu können. Nach kurzer Anleitung durch die Justizangestellten wurden die VP-Angehörigen auf die Häftlinge losgelassen. Nur ein kleiner Teil der Justizangestellten wurde von der VP übernommen. Mit der Übernahme der Gewahrsame und Umbenennung in „Strafvollzugsanstalten (StVA)“, „Haftarbeitslager (HAL)“, „Haftkrankenhäuser (HKH)“ und „Untersuchungshaftanstalten (UHA)“ begann für die Häftlinge ein wahres Martyrium. Die BDVP hatten hauptsächlich unfähige und nicht genehme Wachtmeister und Offiziere auf diese Posten abgeschoben. Das Wort hatten die sogenannten VVNer unter ihnen, die wegen ihrer ehemaligen Haftzeit in den Nazi-KZ als „Fachleute“ galten. So wurden in den Haftanstalten der SBZ 1950 regelrechte KZ-Methoden eingeführt. Es gab Spießrutenlaufen, Prügelstrafen, willkürlichen Totschlag und andere Terrorakte, die erst nach dem Juni-Aufstand 1953 merklich abflauten. Hinzu kamen natürlich auch Maßnahmen der VP-Dienststellen, die einerseits durch Berichte über die Zustände in den Haftanstalten in Presse und Rundfunk der Bundesrepublik und Westberlins und andererseits durch sich häufende Unterschlagungen, Korruptionen und Sittlichkeitsverbrechen durch das Wachpersonal ausgelöst wurden. Durch bessere Auswahl und Schulung konnte das Niveau der Wachmannschaften gehoben werden. Aber noch immer kommt es zu einzelnen Mißhandlungen der Häftlinge, und noch immer gilt eine Versetzung in den Strafvollzug als Strafversetzung.

Die neue Struktur

Am 1. Januar 1956 wurde die HA SV aus der HVDVP herausgelöst und als „Verwaltung SV“ dem Ministerium des Innern direkt unterstellt. In den Bezirken und in Ostberlin wurden „Bezirksverwaltungen Strafvollzug“ eingerichtet, denen die Haftanstalten des Bezirks untergeordnet wurden. Den einzelnen BDVP blieb lediglich die Dienstaufsicht, die Aufsicht über das Gesundheitswesen und das Wirtschaftswesen in

[8]) Einzelheiten über die Strafprozesse, Behinderung des Verteidigers s. „Die Justiz in der sowjetischen Besatzungszone“, Büro Bonner Berichte, 1954.

den Anstalten. Außerdem wurden den BVSV die Strafvollstreckung übertragen. Die Aufsicht über die Haft- und Strafvollzugsanstalten blieb weiterhin dem Generalstaatsanwalt der „DDR" vorbehalten[9]).

Verwaltung Strafvollzug

Leiter: Generalmajor August Mayer (Träger des „Vaterländischen Verdienstordens" und des Ordens „Banner der Arbeit")
Sitz: Berlin O 34, Wedekindstraße 10
Zur VSV gehören mehrere Abteilungen für Kader, Produktion, Strafvollstreckung usw. und die zentrale SV-Kartei unter Leitung des Hauptmanns Achner.

BVSV Berlin
Leiter: Oberstleutnant Wittenburg
Sitz: Berlin O 34, Wedekindstraße 3
Unterstellt sind die StVA Berlin I und II und die UHA Berlin-Mitte.

BVSV Rostock
Leiter: nicht bekannt
Sitz: Rostock, Ulmenstraße 54
Unterstellt sind die StVA Greifswald und acht UHA.

BVSV Schwerin
Leiter: Hauptmann Erna Golland
Sitz: Schwerin, Karl-Marx-Straße 54
Unterstellt sind die StVA Bützow-Dreibergen und neun UHA.

BVSV Neubrandenburg
Leiter: Major Albert Drefin
Sitz: Neubrandenburg, Ernst-Thälmann-Straße 1
Unterstellt sind das HAL Berndshof und 14 UHA.

BVSV Potsdam
Leiter: Major Loll
Sitz: Potsdam, Bauhofstraße 11–13
Unterstellt sind die StVA Brandenburg, das HAL Mildenberg und 15 UHA.

BVSV Frankfurt (Oder)
Leiter: Oberstleutnant Rudolf Zepernick
Sitz: Frankfurt, Wilhelm-Pieck-Straße 337
Unterstellt sind die HAL Stalinstadt und Rüdersdorf und neun UHA.

BVSV Cottbus
Leiter: Major Schiller
Sitz: Cottbus, Bautzener Straße 139
Unterstellt sind die StVA Cottbus, die HAL „Schwarze Pumpe" und Schacksdorf, das Jugendhaus Luckau und 13 UHA.

BVSV Magdeburg
Leiter: Major Willi Frähsdorf
Sitz: Magdeburg, Halberstädter Straße 2
Unterstellt sind die StVA Magdeburg und Halberstadt, das HAL Nitzow, das HKH Jerichow und 18 UHA.

---

[9]) Beschluß des Ministerrates der „DDR" vom 27. März 1952 betreffend der Ausübung der Aufsicht über sämtliche Haft- und Strafvollzugsanstalten der „DDR" durch den Generalstaatsanwalt / Rundverfügung des Generalstaatsanwalts Nr. 10/52.

BVSV Halle
Leiter: Oberstleutnant Herbert Löhnig
Sitz: Halle, Dessauer Straße 70
Unterstellt sind die StVA Halle I und II, StVA Naumburg, StVA Quedlinburg, das Jugendhaus Dessau, die HAL Roßleben, Volkstedt und Karsdorf und etwa 22 UHA.

BVSV Erfurt
Leiter: Oberstleutnant Ernst Kästner
Sitz: Erfurt, Schillerstraße 27
Unterstellt sind die StVA Gräfentonna, das HKH Eisenach, das Jugendheim Ichtershausen, das HAL Sollstedt und 13 UHA.

BVSV Gera
Leiter: Hauptmann Richter
Sitz: Gera, Fredericistraße 6
Unterstellt sind das HAL Unterwellenborn und elf UHA.

BVSV Suhl
Leiter: nicht bekannt
Sitz: Meiningen, Leipziger Straße 4
Unterstellt sind die StVA Untermaßfeld und sieben UHA.

BVSV Dresden
Leiter: Major Erich Protze
Sitz: Dresden A 1, Schießgasse 7
Unterstellt sind die StVA Bautzen, StVA Görlitz, das HAL Klotzsche und 16 UHA.

BVSV Leipzig
Leiter: Oberst Heinz Marquardt
Sitz: Leipzig C 1, Gottschedstraße 40
Unterstellt sind die StVA Leipzig, StVA Waldheim, StVA Torgau, StVA Altenburg, das HKH Leipzig und 13 UHA.

BVSV Karl-Marx-Stadt (Chemnitz)
Leiter: Oberstleutnant Schaller
Sitz: Karl-Marx-Stadt, Hainstraße 142
Unterstellt sind die StVA Hoheneck, StVA Zwickau, das HAL Zwickau, HAL Oelsnitz, HAL Falkenberg und 22 UHA.

Die Militärstaatsanwaltschaft

Es gibt in der SBZ keine besondere Militärgerichtsbarkeit, aber eine Militärstaatsanwaltschaft. Der Militärstaatsanwalt erhebt bei Angehörigen der bewaffneten Organe[10]) der „DDR", zu denen also auch die Angehörigen des Strafvollzugs gehören, Anklage beim Bezirksgericht. Falls der Täter vorher aus der NVA, der VP oder den anderen bewaffneten Organen ausgeschlossen wurde, wird die Anklage von der Bezirksstaatsanwaltschaft vertreten. Sämtliche Verfahren, in denen ein Militärstaatsanwalt die Anklage vertritt, werden unter Ausschluß der Öffentlichkeit durchgeführt. In einigen Fällen werden Offiziere und Unterführer als Zuhörer zugelassen. Urteile werden in allen Fällen nicht publiziert, um die Moral der Truppen nicht zu gefährden.

[10]) Als „bewaffnete Organe" gelten: Nationale Volksarmee, Bereitschaftspolizei, Transportpolizei, Grenzpolizei und Volkspolizei.

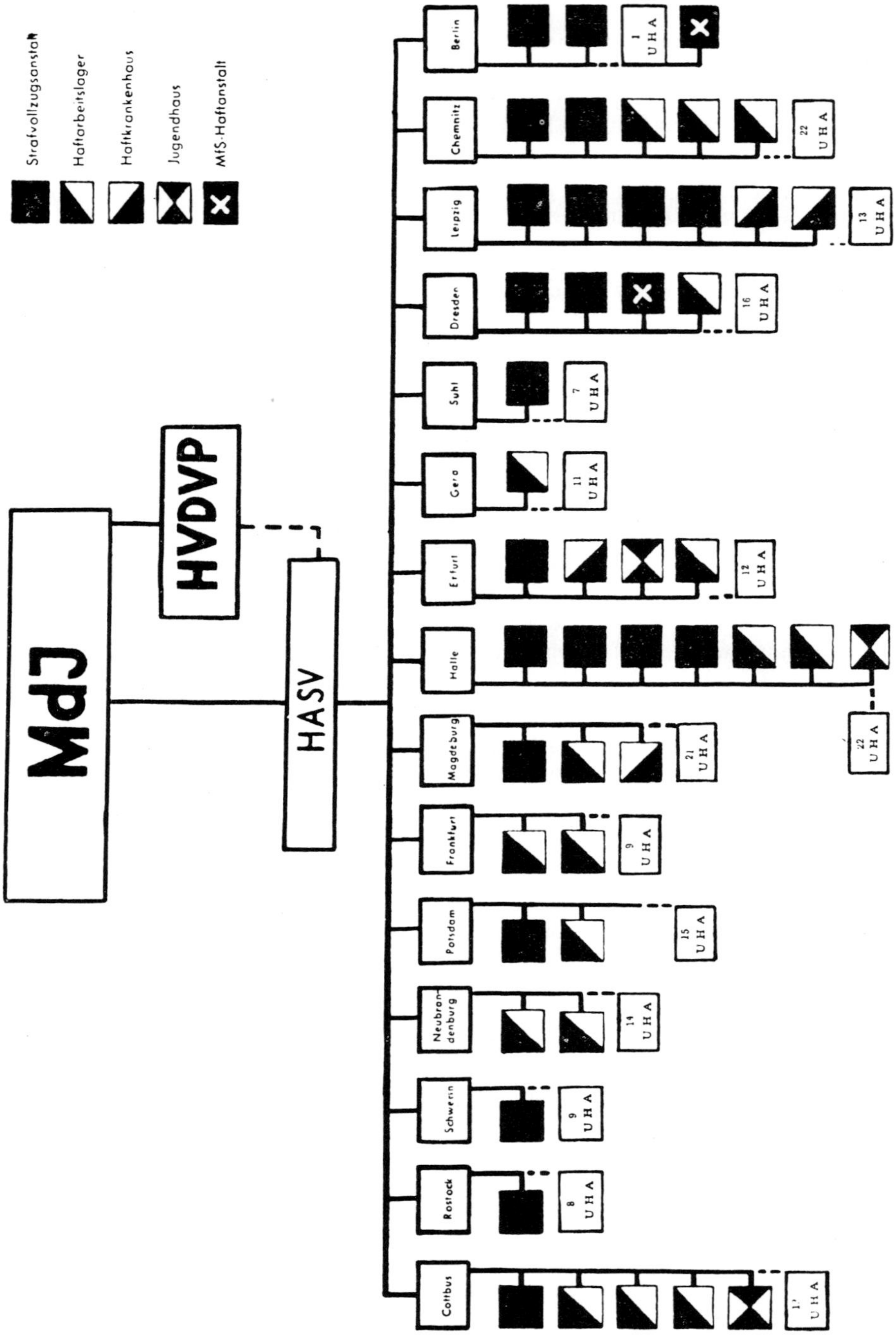

Die Struktur des Strafvollzuges in der SBZ

Sitz der Militär-Oberstaatsanwaltschaft ist Berlin-Niederschöneweide, Schnellerstraße 4, Postschließfach 2025. Die Staatsanwaltschaft gliedert sich in Abteilungen für politische, wirtschaftliche und kriminelle Vergehen und Verbrechen.

Der Strafvollzug wurde bisher wie bei allen anderen politischen und kriminellen Häftlingen durchgeführt. Zeitweilig waren die ehemaligen Angehörigen der „bewaffneten Organe" im HAL Berndshof bei Ückermünde zusammengezogen, wo sie besonders hart und militärisch angefaßt wurden. Nach bisher noch unbestätigten Informationen soll aber der ehemalige MfS-UHA und bisherige StVA Greifswald in eine Militärstrafanstalt umgewandelt werden. Als einzige Militärhaftanstalt besteht bisher in Berlin-Köpenick, Mandrellaplatz 6, die Standort-Arrestanstalt Berlin, die den Charakter einer UHA hat.

Die innere Struktur einer Haftanstalt

Der Leiter der Anstalt ist für die gesamten Vorgänge in seiner Dienststelle verantwortlich und der zuständigen BVSV rechenschaftspflichtig. Ihm stehen zwei Stellvertreter zur Seite.

Der Stellvertreter für Politarbeit (kurz Stellvertreter PA genannt) ist für die gesamte politische Arbeit und Schulung in der Anstalt verantwortlich und hat enge Verbindungen zum MfS. Je nach Größe der Anstalt unterstehen ihm mehrere hauptamtliche Politmitarbeiter. Die Politmitarbeiter haben innerhalb der Wachmannschaften und teilweise auch bei den Häftlingen Zuträger, die sie über die jeweilige politische Stimmung und „Abweichungen" unterrichten. Weitere Mitarbeiter des Stellvertreters PA sind der Sekretär der SED-Grundorganisation und der Sekretär der FDJ-Gruppe. Diese hauptamtlichen Sekretäre leiten die parteipolitische Schulung der SED- bzw. FDJ-Angehörigen. In großen Anstalten haben sie zu ihrer Unterstützung in jedem Zug des Wach- und Aufsichtsdienstes und in jeder größeren Abteilung einen SED- oder FDJ-Sekretär. Für bestimmte Themen und Kulturgruppen (Singen, Tanzen, Laienspiele usw.) gibt es Zirkelleiter und Lektoren, die über jedes Mitglied ihres Zirkels Tagebuch führen.

Der Stellvertreter Allgemein (kurz Stellvertreter A genannt) ist für die fachliche Ausbildung und Schulung der Wachmannschaften verantwortlich. Er vertritt in allen Fragen den Leiter der Anstalt und beaufsichtigt den Einsatz der Operativgruppe. Leiter dieser Gruppe ist ein Leiter OP. In kleineren Anstalten ist der Stellvertreter A gleichzeitig Leiter OP. Der operativen Gruppe gehören meist drei Offiziere an, von denen jeweils einer Offizier vom Dienst (OvD) ist. Die Gruppe ist verantwortlich für die Sicherung des Objekts, die Einteilung und Lenkung aller operativen Kräfte sowie Ausgabe der einzelnen Alarmstufen bei besonderen Anlässen. Ihr unterstehen die drei Wachzüge der Anstalt und die Kommandoleiter mit dem Personal des Aufsichtsdienstes. Der Aufsichtsdienst, der im Innern der Anstalt die Häftlinge in den Zellen und bei der Arbeit beaufsichtigt, gliedert sich unter einer Oberaufsicht ebenfalls in drei Wachzüge.

Der Leiter der Abteilung Wirtschaft (kurz Leiter W genannt) ist für die Bekleidung, Ausrüstung und Verpflegung der VP-Angehörigen und der Häftlinge verantwortlich. Ihm unterstehen der Leiter GW mit dem Referat Gesundheitswesen (Krankenrevier für Häftlinge, Sanitätsstelle der VP und Apotheke), die Kasse und der Technische Dienst. Dem Leiter TD unterstehen die Telefon- und Fernschreibvermittlung sowie der Kraftfahrzeugpark der Anstalt und die dazugehörigen Reparaturwerkstätten.

Den Arbeitseinsatz der Häftlinge leitet die Abteilung Produktion. Dem Leiter P stehen hierfür die Referate Technik, Kaufmännisches, Arbeitskräfte-Einsatz (AKE) und die Zentralwerkstätten zur Verfügung.

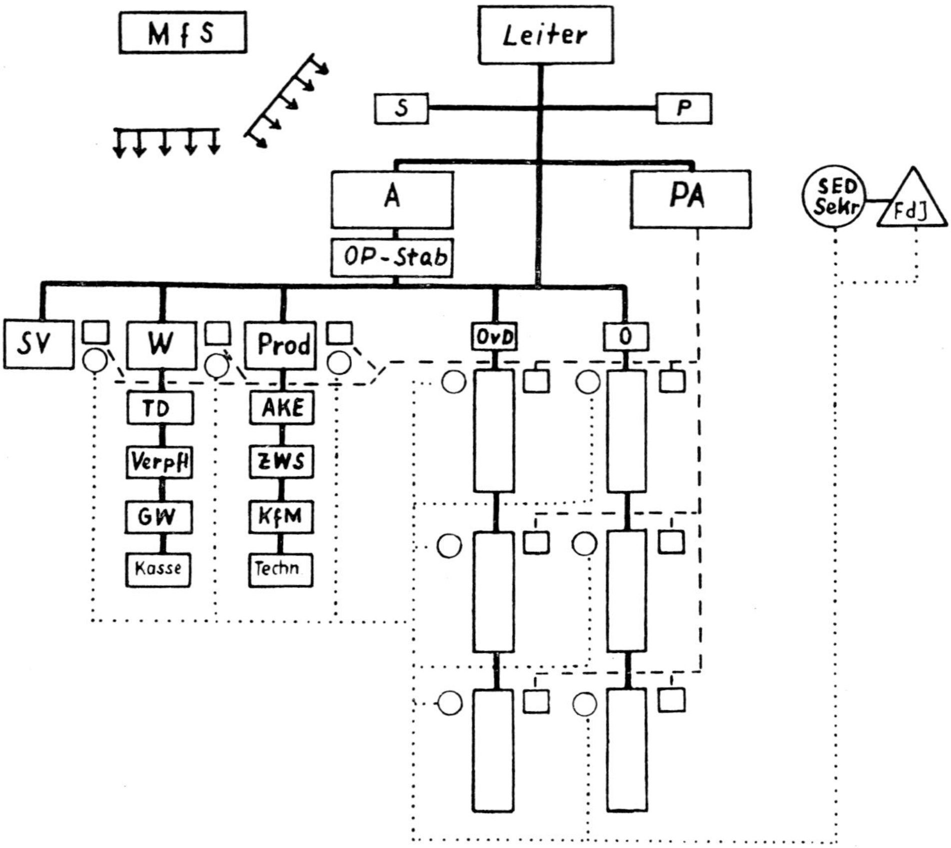

Die innere Struktur einer Haftanstalt und der dreifache Überwachungsapparat

Dem Leiter der Anstalt untersteht direkt das Sekretariat und die Personalstelle. Sein Stellvertreter A ist für den allgemeinen Dienstbetrieb zuständig. Hierzu gehört hauptsächlich der Dienst der Wachzüge (mit den Offizieren vom Dienst) und der Aufsichtszüge (mit den Oberaufsichten). Der verwaltungsmäßige Apparat der Vollzugsstelle, der Wirtschaftsabteilung und der Produktionsabteilung unterstehen ebenfalls der Dienstaufsicht des Stellvertreters A. Die politische Überwachung von seiten der VP liegt in den Händen des Stellvertreters PA, der in jedem Zug und in jeder Verwaltungseinheit Politmitarbeiter und Gruppenlehrer hat, die gleichzeitig die politische Schulung durchführen. Eine weitere Überwachung und Schulung leitet der hauptamtliche SED-Sekretär und der FDJ-Sekretär. Schließlich wird die ganze Anstalt noch von der Bezirksverwaltung des MfS, in derem Bereich die Anstalt liegt, überwacht und abwehrmäßig abgeschirmt.

Selbständige Abteilungen und dem Leiter der Anstalt direkt verantwortlich sind die Abteilung Personal und Kader (Entwicklung der Kader, Beförderungen, Abkommandierungen zu Schulen, Besoldung, Entpflichtungen usw.), die Vollzugsstelle unter Leitung des Leiters SV (Aktenhaltung der Häftlingsunterlagen, Fahndungskartei, Effektenverwaltung, Entlassung der Häftlinge, Schriftverkehr mit den Angehörigen der Häftlinge, Kontrolle der Häftlingsbesuche und der Häftlingspost) und das Sekretariat (vorbereitende Tätigkeiten für den Leiter, Dienstanweisungen, Verschlußsachen).

Der Überwachungsapparat

Außerhalb dieses Verwaltungsapparates und des politischen Schulungs- und Überwachungsapparates steht die Überwachung beider Apparate durch den Staatssicherheitsdienst. Das Ministerium für Staatssicherheitsdienst unterhält in jeder Anstalt eigene Offiziere, die für die abwehrmäßige Überwachung der VP und Bespitzelung der Häftlinge zuständig sind. Die Überwachung der VP-Angehörigen erfolgt durch das Referat 4 der Abteilung VII der jeweiligen Bezirksverwaltung des MfS, während der Spitzelapparat durch die Abteilung IX geleitet wird. Diese Abteilung versucht auch zur Entlassung kommende Häftlinge mit mehr oder weniger großem Druck für eine Mitarbeit nach der Entlassung in der Sowjetzone oder in der Bundesrepublik zu verpflichten. Die Verpflichtungen erfolgen kurz vor der Entlassung. Dem Häftling werden meistens bevorzugte Wohnraumbeschaffung und Arbeitszuteilung zugesichert. Je nach dem vorgesehenen Einsatz wird dann der ehemalige Häftling in seinem Heimatort von einem Mitarbeiter der Abteilung V der Bezirksverwaltung oder der Kreisdienststelle des MfS angesprochen und eingesetzt. Das MfS hat allerdings hierbei schlechte Erfahrungen gemacht, da sehr viele Häftlinge die Verpflichtung nur unterschrieben, um einer angedrohten Verlängerung der Strafzeit zu entgehen. Sie flüchteten dann umgehend nach Westberlin oder in die Bundesrepublik. Erfolge bei den Spitzelverpflichtungen konnte das MfS allerdings bei denjenigen Häftlingen verzeichnen, die schon in der Anstalt ihre Mithäftlinge bespitzelt hatten. Da ihnen der Weg in den Westen versperrt bleibt, verpflichten sich viele für eine Weiterarbeit für das MfS.

Der Spitzelapparat

a) Unter den Wachmannschaften

Die Angehörigen des Überwachungsapparates für die VP tragen Zivil oder VP-Uniformen. Die von ihnen angeworbenen geheimen Informatoren[11]) sollen ihnen über irgendwelche Einwirkungen westlicher Widerstandsorganisationen berichten. Informationen über die politische Stimmung und Auswirkungen westlicher Propagandatätigkeit werden hauptsächlich von den Leitern PA geliefert.

b) Unter den Häftlingen

Das Schwergewicht bei der Überwachung der Häftlinge liegt auf der Verhinderung von Sabotageakten und deren Aufklärung. Außerdem werden die Kontakte zwischen Häftlingen und Wachpersonal beobachtet. Nebenher gilt es natürlich besondere Häftlinge auszuhorchen, von denen man annimmt, daß sie noch für das MfS Wissenswertes verschwiegen haben, und Personen ausfindig zu machen, die später für das MfS arbei-

[11]) Über das Ministerium für Staatssicherheit siehe: „MfS — Aufbau und Arbeitsweise", Hefte der Kampfgruppe, Berlin 1957.

ten sollen. Der mit der Leitung des Spitzelnetzes in den Vollzugsanstalten beauftragte MfS-Offizier trägt VP-Uniform und wird offiziell als „Fürsorgeoffizier" bezeichnet. Die Verpflichtung eines Häftlings als MfS-Spitzel erfolgt nach vorhergegangener Bespitzelung durch einen anderen Häftling und einem vorbereitenden Gespräch nach dem beim MfS üblichen Ritus. Lehnt der Häftling ab, muß er über die geführten Gespräche eine Schweigeverpflichtung unterschreiben. Sagt der Häftling zu, wird ihm eine Verpflichtung diktiert, die er mit der Hand niederschreiben und unterschreiben muß. Sie hat etwa folgenden Wortlaut:

Verpflichtung

Ich, (es folgen die Personalien), erkläre mich freiwillig bereit, für das Ministerium für Staatssicherheit zu arbeiten. Ich werde alle mir bekannt werdenden Vorgänge freiwillig dem MfS melden und alle mir gestellten Aufgaben gewissenhaft erfüllen. Über meine Verwendung zum MfS werde ich gegenüber jedermann, auch gegenüber meinen nächsten Familienangehörigen, tiefstes Schweigen bewahren. Ich bin mir darüber klar, daß ich bei Brechen dieser Verpflichtung Staatsgeheimnisse der DDR preisgebe und mit einer harten Strafe zu rechnen habe.

Ein Deckname wird für die Häftlinge meistens nicht ausgegeben. Erst bei einer Weiterverpflichtung nach der Entlassung wird für den Spitzel von seiner neuen Dienststelle ein Deckname und ein Losungswort ausgemacht.

Die erfolgreichste Spitzelarbeit findet in den Untersuchungshaftanstalten des MfS statt. Der Neuverhaftete kennt sich noch nicht in den Methoden des MfS aus und erzählt oft seinem Zellengenossen Dinge, die er bei den Vernehmungen verschweigt. Als Belohnung für die Tätigkeit, die sich unter den schwierigen Bedingungen der U-Haft abspielt, erhält der Spitzel einen Posten als sogenannter Hausarbeiter. Er kann sich dann als Friseur, Essenausgeber oder Reiniger etwas mehr Bewegungsfreiheit und besseres Essen verschaffen, bis er wieder für einige Tage als Zellengenosse eines „Staatsfeindes" fungieren muß.

Die Haftanstalten des Ministeriums für Staatssicherheitsdienst

Das MfS unterhält in jedem Bezirk der SBZ eine eigene Untersuchungshaftanstalt, die der jeweiligen Abteilung IX in den Bezirksverwaltungen unterstehen. Während kriminelle Häftlinge durch die Untersuchungshaftanstalten der Volkspolizei laufen, werden die politischen Häftlinge in die UHA des MfS gebracht und erst wenige Tage oder Stunden vor der Verurteilung der VP übergeben. Außerdem unterhält das MfS noch ein eigenes Haftarbeitslager in Berlin-Hohenschönhausen, in dem Häftlinge für spezielle Arbeiten für das MfS untergebracht sind. Ferner stehen dem MfS in Berlin zwei besondere Gewahrsame zur Verfügung: eine Villa am Müggelsee in Friedrichshagen für „Prominente" und das sogenannte „U-Boot", die zentrale U-Haftanstalt des MfS in der ehemaligen Bethmann-Holweg-Molkerei in Berlin-Hohenschönhausen. Das letzte Gefängnis ist für besonders schwere Fälle und hat den Spitznamen von den Häftlingen bekommen, weil sämtliche Zellen unter der Erde liegen.

In Bautzen hat das MfS eine eigene Strafanstalt für besondere Strafgefangene. Während prominente Häftlinge, wie die ehemaligen Minister Dertinger, Hamann und Fechner, zunächst im Haus 4 der StVA Brandenburg festgehalten wurden, übernahm das MfS im Juli 1956 die ehemalige StVA Bautzen II. Im Gegensatz zu Brandenburg, wo die Bewachung von der VP gestellt wurde, werden die Häftlinge in Bautzen von MfS-Leuten betreut. Außer diesen Prominenten sitzen dort Häftlinge ein, die aus irgend-

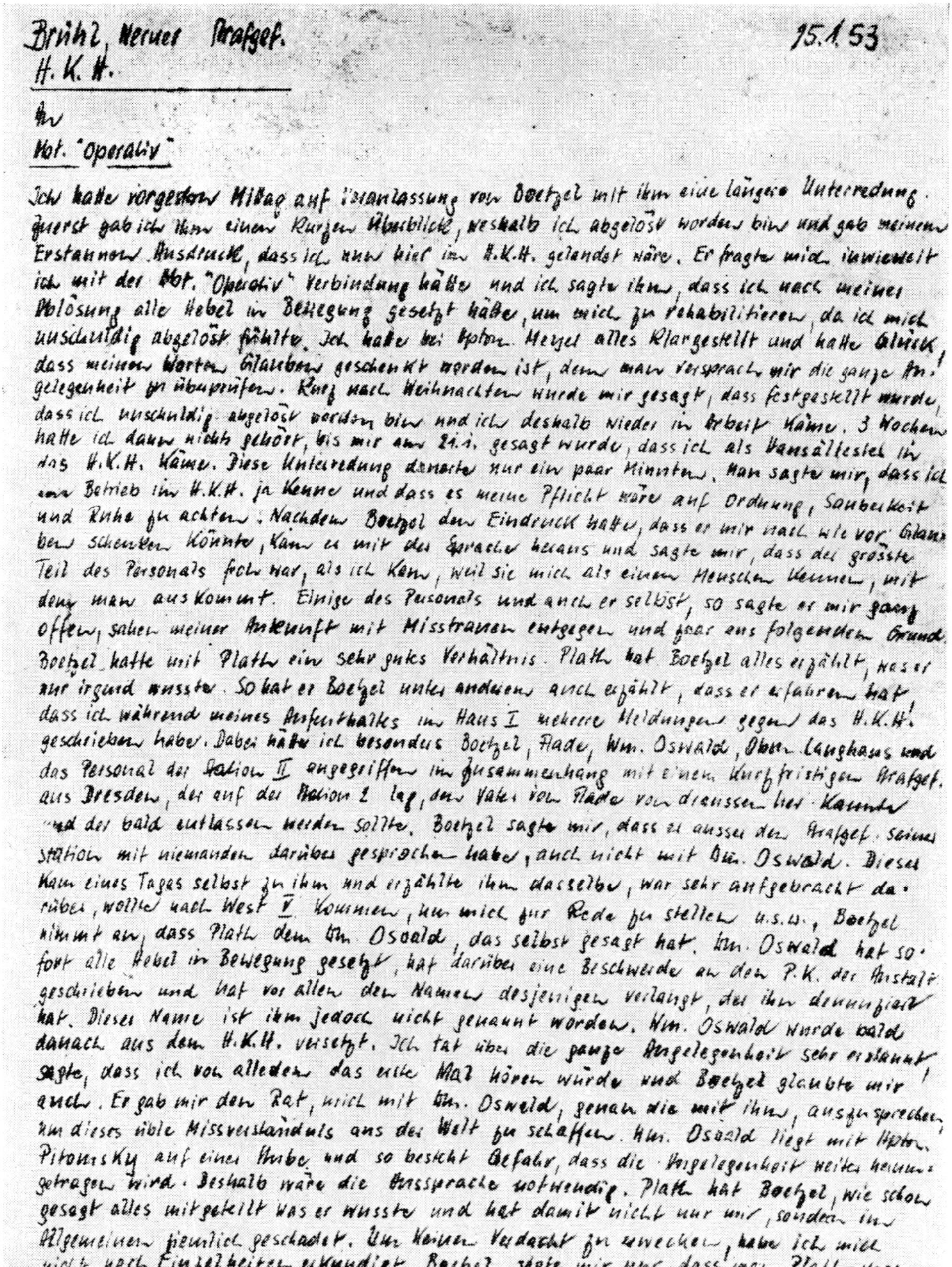

Brühl, Werner Strafgef. 15.1.53
H.K.H.

An
Hpt. "Operativ"

Ich hatte vorgestern Mittag auf Veranlassung von Boetzel mit ihm eine längere Unterredung. Zuerst gab ich ihm einen kurzen Überblick, weshalb ich abgelöst worden bin und gab meinem Erstaunen Ausdruck, dass ich nun hier im H.K.H. gelandet wäre. Er fragte mich inwieweit ich mit der Hpt. "Operativ" Verbindung hätte und ich sagte ihm, dass ich nach meiner Ablösung alle Hebel in Bewegung gesetzt hätte, um mich zu rehabilitieren, da ich mich unschuldig abgelöst fühlte. Ich hatte bei Hptm. Merzel alles klargestellt und hatte Glück, dass meinen Worten Glauben geschenkt worden ist, denn man versprach mir die ganze Angelegenheit zu überprüfen. Kurz nach Weihnachten wurde mir gesagt, dass festgestellt wurde, dass ich unschuldig abgelöst worden bin und ich deshalb wieder in Arbeit käme. 3 Wochen hatte ich dann nichts gehört, bis mir am 21.1. gesagt wurde, dass ich als Hausältester in das H.K.H. käme. Diese Unterredung dauerte nur ein paar Minuten. Man sagte mir, dass ich den Betrieb im H.K.H. ja kenne und dass es meine Pflicht wäre auf Ordnung, Sauberkeit und Ruhe zu achten. Nachdem Boetzel den Eindruck hatte, dass er mir nach wie vor Glauben schenken könnte, kam er mit der Sprache heraus und sagte mir, dass der grösste Teil des Personals froh war, als ich kam, weil sie mich als einen Menschen kennen, mit dem man auskommt. Einige des Personals und auch er selbst, so sagte er mir ganz offen, sahen meiner Ankunft mit Misstrauen entgegen und zwar aus folgendem Grund. Boetzel hatte mit Plath ein sehr gutes Verhältnis. Plath hat Boetzel alles erzählt, was er nur irgend wusste. So hat er Boetzel unter anderem auch erzählt, dass er erfahren hat, dass ich während meines Aufenthaltes im Haus I mehrere Meldungen gegen das H.K.H. geschrieben habe. Dabei hätte ich besonders Boetzel, Flade, Wm. Oswald, Obm. Langhans und das Personal der Station II angegriffen im Zusammenhang mit einem kurzfristigen Strafgef. aus Dresden, der auf der Station 2 lag, dem Vater von Flade von draussen her kannte und der bald entlassen werden sollte. Boetzel sagte mir, dass er ausser den Strafgef. seiner Station mit niemanden darüber gesprochen habe, auch nicht mit Wm. Oswald. Dieser kam eines Tages selbst zu ihm und erzählte ihm dasselbe, war sehr aufgebracht darüber, wollte nach West V kommen, um mich zur Rede zu stellen u.s.w., Boetzel nimmt an, dass Plath dem Wm. Oswald, das selbst gesagt hat. Wm. Oswald hat sofort alle Hebel in Bewegung gesetzt, hat darüber eine Beschwerde an den P.K. der Anstalt geschrieben und hat vor allem den Namen desjenigen verlangt, der ihn denunziert hat. Dieser Name ist ihm jedoch nicht genannt worden. Wm. Oswald wurde bald danach aus dem H.K.H. versetzt. Ich tat über die ganze Angelegenheit sehr erstaunt, sagte, dass ich von alledem das erste Mal hören würde und Boetzel glaubte mir auch. Er gab mir den Rat, mich mit Wm. Oswald, genau wie mit ihm, auszusprechen, um dieses üble Missverständnis aus der Welt zu schaffen. Wm. Oswald liegt mit Hptm. Pitowsky auf einer Stube und so besteht Gefahr, dass die Angelegenheit weiter herumgetragen wird. Deshalb wäre die Aussprache notwendig. Plath hat Boetzel, wie schon gesagt alles mitgeteilt was er wusste und hat damit nicht nur mir, sondern im Allgemeinen ziemlich geschadet. Um keinen Verdacht zu erwecken, habe ich mich nicht nach Einzelheiten erkundigt. Boetzel sagte mir nur, dass man Plath verschiedentlich wiederholt Vorwürfe gemacht hätte, dass er sich nur mit den Ärzten abgebe. Ich gab

Dokumentation

Original eines Spitzelberichtes, den der Spitzel Werner Brühl im Haftkrankenhaus Bautzen über Wachtmeister und Mithäftlinge schrieb.

Boelzel zu verstehen, wie unangenehm es mir wäre mit einer solchen Empfehlung hierhergekommen zu sein und er versprach mir zu helfen, dass mein guter Ruf wieder völlig hergestellt würde.
Dann sprachen wir noch über allgemeine Dinge, über meine Arbeit hier, über unsere Zusammenarbeit u.s.w. Er sagte, er habe den Eindruck, dass man neuerdings bestrebt sei die gesamte Abt. G.W. in Ruhe zu lassen. Das beweise auch die Ruhe und der Einsatz vom Diemel im Haus III, Bäumer im Haus II und so erklärt er sich auch meinen Einsatz hier im H.K.H.
Ich sagte ihm, dass ich seiner Meinung sei, da ich fast 2 1/2 Jahre in der Küche zur vollsten Zufriedenheit gearbeitet habe und man mir deshalb und weil ich im H.K.H. alles kennen würde, Vertrauen schenken würde. Etwas zynisch machte er die Bemerkung, dass man an eine Ablösung der Ärzte ja auch nicht denken könnte, weil man sie ja brauche.
Ansonsten gab er seiner Freude Ausdruck, dass ich dem Personal eine so schöne Ansprache gehalten habe und versicherte mich seiner Mitarbeit. Er sagte mir, dass wir kleinere Sachen ja unter uns regeln könnten und wenn einer wirklich eine Schweinerei begeht so müsste man eben eine Meldung machen.
Beigefügt ist Abschrift des letzten Briefes von Boelzel, den er vorgestern erhielt.
Oberw. Rummel, der mich von meiner früheren Tätigkeit her kennt, unterhielt sich bei meinem Antritt auch mit mir und sagte mir, dass er hofft, dass ich nicht in die Fusstapfen von Plath treten würde. Auf meine Frage wieso sagte er mir, dass Plath über ihn eine Meldung geschrieben habe, dass er seinen Schlüssel Strafgef. zum Schliessen in die Hand geben würde. Er bezeichnete Plath als grossen Strolch und erregte sich heftig dabei.
Bei dieser Unterredung war auch Hw. Richard zugegen, der ein ähnliches Kommentar dazu gab. Wie Schier mir sagte, soll Oberw. Rummel den Schlüssel tatsächlich wiederholt aus der Hand gegeben haben, unter anderem ihm selbst einmal.
Ein ähnliches Gespräch über Plath habe ich auch mit Hw. Müller gehabt, der mir auch verschiedene Ermahnungen gab.
Ein heikles Vorkommnis wurde mir von Schier und den 2 Hausarbeitern Stahl und Hempel gemeldet. Alle haben 4x hintereinander in Abständen von 3 Tagen folgende Wahrnehmung gemacht. Nachdem um 20[30] Uhr das Licht in den Personalzellen ausgelöscht wird, wird die Zelle 6, die zwei Zellen von uns entfernt liegt geschlossen, es geht jemand aus der Zelle heraus, bleibt etwa 1/2 Stunde weg, kommt dann zurück und wird wieder eingeschlossen. Um 19[30] Uhr wird das Personal eingeschlossen und das Licht bleibt bis 20[30] Uhr brennen. Nachdem das Licht ausgelöscht wird, geschieht dann dieser Vorgang. Und zwar geschieht das nur bei ein und derselben Wache und zwar wenn Oberw. Rummel u. Hw. Richard Nachtdienst haben.
Vorgestern Freitag Abend war ich selbst erstmalig Zeuge dieses bereits geschilderten Vorganges. Ohne Zweifel war es Oberw. Rummel, der den Betreffenden etwa gegen 21[00] Uhr zurückbrachte, denn ich habe ihn an der Stimme erkannt, als er Gute Nacht sagte. Der Betreffende muss die 1/2 Stunde hier im Hause zubringen, denn es wurde von uns darauf geachtet, ob die Ausgangstür geschlossen wurde, was nicht der Fall war. Seitens der 3 genannten Strafgef. wird der Tierarzt Nebel vermutet. Als die 3 Strafgef. das erste Mal diese Wahrnehmung machten, fragte Hempel am nächsten Morgen in beiden Personal-Zellen (5 und 6) ohne sich etwas dabei zu denken nach, ob am Vorabend etwas Besonderes los gewesen wäre, da nach Einschluss nochmals geschlossen worden wäre. Beide Stuben verneinten diese Frage und sagten bei ihnen wäre nichts gewesen. Hempel machte sich

welchen Gründen streng von der Außenwelt und von den übrigen Mithäftlingen isoliert werden sollen. So werden z. B. in Bautzen II Häftlinge festgehalten, die einem Menschenraub zum Opfer fielen und ihre Täter erkannten. Es soll damit verhindert werden, daß der Häftling durch zur Entlassung kommende Mithäftlinge oder durch bestechliches VP-Personal den westdeutschen Abwehrorganen Nachrichten zukommen lassen kann. Die Menschenräuber oder auch Helfershelfer sollen ungestört arbeiten können. (Ein besonderes Beispiel hierfür ist der „Fall" des westberliner Journalisten Karl W. Fricke, dessen Menschenräuber Rittwagen so frech war, der westberliner Polizei zum Beweise seiner „Unschuld" anzubieten, freiwillig in Haft zu bleiben. Rittwagen wurde entlassen und entkam nach Ostberlin. Fricke saß 4 Jahre in Einzelhaft!)

Die Sicherung der Anstalt

Die Anstalt ist durch den Wachdienst hermetisch von der Außenwelt abgesperrt. In den meisten Anstalten erfolgt die erste Kontrolle eines Besuchers bereits an einem Sicherungsgürtel vor dem Objekt.

Jeder VP-Angehörige, der die Anstalt betritt, durchläuft drei Kontrollen, bis er in das Innere der Anstalt gelangen kann. Er muß sich dabei durch einen Hausausweis legitimieren. Der Ausweis ist mit seinem Lichtbild versehen und wird vierteljährlich verlängert.

Die eigentliche Sicherung der Anstalt besteht aus mehreren Zäunen und Mauern sowie Postentürmen, die Tag und Nacht besetzt sind. Die Türme sind von außen verschlossen, um ein Überwältigen des Postens durch Außenstehende zu verhindern.

Einer großen StVA stehen folgende Waffen zur Verfügung: drei sMG, vier lMG, 60 Schnellfeuergewehre, 150 Karabiner und 50 bis 60 Pistolen und Maschinenpistolen. Im Laufe des Jahres 1958 werden alle Karabiner und Schnellfeuergewehre durch Maschinenpistolen sowjetischen Ursprungs ersetzt. Die Gewehre werden an die Kampfgruppen der Betriebe weitergeleitet. Vom Aufsichtsdienst werden innerhalb der Anstalt keine Waffen, sondern nur Gummiknüppel getragen.

Je nach der Größe des Objekts wird eine Anzahl Hunde gehalten.

Bei besonderen Anlässen läßt der OvD oder der Anstaltsleiter Alarmstufen auslösen. Die höchste Alarmstufe, 3, kann auch auf Anordnung der VSV ausgelöst werden. Die Alarmstufe 3 löst folgende Vorgänge aus:

Die Häftlinge werden sofort von ihren Arbeitsplätzen in die Zellen gebracht und alle Außenkommandos eingezogen. Sämtliche in oder an der Anstalt wohnenden VP-Angehörigen sammeln sich an Alarmplätzen. Die nicht in der Nähe wohnenden VP-Angehörigen werden durch Kradfahrer zu den Sammelpunkten geholt. Nach dem Waffenempfang erfolgt die Einteilung in Einsatzgruppen. Der Einsatz erfolgt nach Befehlen des Operativstabes. So werden MG-Gruppen um die Anstalt verteilt und die Türme mit Doppelposten besetzt. Das Aufsichtspersonal in den Zellenhäusern wird verdoppelt und die Haupt- und Vorwache verstärkt. Das Tor der Hauptwache wird geschlossen und jeder Fahrzeug- und Publikumsverkehr eingestellt. Um das ganze Objekt streichen laufend Hunde- und verstärkte Streifenposten, die verdächtige Personen festnehmen können.

Der Anstaltsleiter nimmt währenddessen telefonisch Kontakt mit den im Bereich liegenden bewaffneten Einheiten auf (Volksarmee, Bereitschaftspolizei, Kampfgruppenstab und eventuell sowjetische Truppen). Er muß nach Auslösung der Alarmstufe 3 stündlich einen Situationsbericht an das zuständige VPKA, an die BVSV und die VSV geben. Von der Auslösung des Alarms bis zum Beziehen der Stellungen dürfen im Höchstfall acht Minuten vergehen.

Der 17. Juni 1953 in den Haftanstalten

Die Demonstranten des 17. Juni 1953 versuchten, ebenso wie die Aufständischen in Posen und Ungarn, die Haftanstalten des Systems zu erstürmen und die Häftlinge zu befreien. Dies ist jedoch nur in Görlitz und in einigen kleinen Haftanstalten gelungen. Das lag daran, daß die Demonstranten so gut wie unbewaffnet der VP gegenübertreten mußten, schlecht geführt wurden und gegen die anrollenden sowjetischen Panzer machtlos waren. In den meisten Fällen brauchte die VP deshalb nicht von ihrer Schußwaffe Gebrauch zu machen. Und doch war der 17. Juni 1953 für die Häftlinge ein großer Erfolg. Bis auf ganz wenige Ausnahmen war das Wachpersonal wie umgewandelt. Die größten Schläger, die die Häftlinge bei jeder Gelegenheit traktierten, hüteten sich, noch einen einzigen Häftling anzufassen. Die Häftlinge berichteten übereinstimmend, daß die bis dahin rowdyhafte VP geradezu höflich wurde. Es hat sogar Fälle gegeben, in denen sich Volkspolizisten unter den Häftlingen Zeugen suchten, die ihnen später bescheinigen sollten, daß sie sich „immer anständig benommen" hätten! Andererseits gab es in den von Demonstranten umstellten Anstalten auch Volkspolizisten, die sich Verstecke suchten, um der ersten Wut der Bevölkerung zu entgehen. Diese Wirkung hat ziemlich lange angehalten. Es hat später wieder Mißhandlungen der Häftlinge gegeben; es ist aber nicht wieder zu so großen Ausschreitungen gekommen, wie sie vor dem Juni-Aufstand möglich waren. Außerdem gab der Aufstand den Häftlingen großen moralischen Auftrieb, der allerdings später in Niedergeschlagenheit umschlug. Die VP selbst hat die Auswirkungen des 17. Juni 1953 erst ziemlich spät abfangen können. Den sofort einsetzenden politischen Schulungen standen lange Zeit das gehobene Selbstbewußtsein der Häftlinge und die Angst des kleinen Wachtmeisters vor einem zweiten – und womöglich erfolgreicheren – Aufstand gegenüber.

Für die Operativstäbe der Anstalten war der Aufstand das Signal, ihre Objekte nach außen hin zu sichern. Die Erbauer der Anstalten hatten ja niemals mit der Möglichkeit gerechnet, daß ein Zuchthaus von außen berannt werden könnte. Die neuen Sicherungen beschränkten sich aber hauptsächlich auf Verstärkung und Verfeinerung der bestehenden Einrichtungen. So wurden die außerhalb der Gefängnismauern stehenden Postentürme besser gesichert. Der Posten blieb während seines Dienstes auf dem Turm eingeschlossen und konnte erst von einer Streife abgelöst werden.

Nach dem ungarischen Volksaufstand rechnete man offensichtlich mit einem zweiten Aufstand in der SBZ. Die „Verteidigungslinie" wurde, soweit dies örtlich möglich war, in das Vorfeld der Anstalt gelegt. Man baute Schützengräben und kleine Bunker. Auf den Dächern wurden Schießscharten eingebaut und Sandsackstellungen geschaffen, von denen man jeden Zentimeter der Anstalt mit MG-Feuer bestreichen kann. Es ist heute schwieriger denn je, eine Anstalt von außen zu berennen. Ob diese Maßnahmen aber die Moral des Wachpersonals gehoben haben, ist sehr fraglich.

Dokumentation

Der Generalstaatsanwalt
der Deutschen Demokratischen Republik
Az.: I – 4 XIIII/ . . .

Berlin, N 4, den 28. Mai 1954
Scharnhorststraße 34
Telefon: 22 06 37 54
Le/We.

Herrn
– – – – – – – – – –
Leipzig C 1
Beethovenstr. UHA II

Ihre Beschwerde an das Ministerium des Innern wurde mir vom Staatsanwalt des Bezirks Leipzig zur zuständigen Erledigung überreicht. Durch die beigelegten Stellungnahmen des Staatsanwalts des Bezirks sowohl wie die des Leiters der UHA ersehe ich, daß Ihre Beschwerden im wesentlichen gegenstandslos sind. Bei Ihrer ersten Einlieferung in die U-Haftanstalt können Sie unmöglich mit dem Gewehrkolben geschlagen worden sein, da die Wachtmeister in den U-Haft- und Vollzugsanstalten nicht mit Gewehren ausgerüstet waren. Daß Sie kein ganz harmloser Mitläufer sind, ist daraus zu ersehen, daß Sie vom Bezirksgericht Leipzig am 15. April d. J. zu einer Gefängnisstrafe von 15 Monaten verurteilt wurden.

– – – – – – – – – –

Im Auftrage:
gez. Unterschrift
Staatsanwalt

Die Wachmannschaften

Dienstränge

Die Wachmannschaften tragen wie die übrige territoriale Volkspolizei grüne Uniformen. Während die Mannschafts- und Unterführerdienstränge den alten Polizeidiensträngen entsprechen (Unterwachtmeister bis Meister), sind für Offiziere seit dem 15. Juli 1957 militärische Dienstränge eingeführt (Leutnant bis Generaloberst).

Unterkünfte

Soweit es die örtlichen Verhältnisse zulassen, wohnen die VP-Angehörigen mit ihren Familien in unmittelbarer Nähe der Anstalt. Ledige VP-Angehörige liegen in Ledigenheimen faktisch kaserniert. Die damit verbundene Isolierung von der übrigen Bevölkerung und der ständige Versuch der politischen Funktionäre, auch die Ehefrauen der Volkspolizisten in die politische Arbeit einzubeziehen, führen oft zu Mißhelligkeiten. Durch die enge Verbindung mit ihrer Dienststelle können sich die Volkspolizisten und ihre Angehörigen kaum den Ausdrucksformen des „sozialistischen Zusammenlebens" entziehen. Sie müssen an den Hausversammlungen der Hausgemeinschaft als „politisch-ideologisches Kraftzentrum" teilnehmen, weil man sich z. B. nicht bei dem im gleichen Hause wohnenden Vorgesetzten unbeliebt machen kann. Außerdem gibt es für die Volkspolizisten Sonderaufgaben, wie Einbringen der Ernte im „Nationalen Aufbauprogramm", Werbung von Parteilosen für die SED durch „systematische Erziehungsarbeit" und Überzeugung der eigenen Kollegen, auch nach Ablauf ihrer dreijährigen Verpflichtung weiter bei der VP Dienst zu tun. Um die Polizisten immer wieder zu diesen außerhalb ihres Dienstes liegenden Sonderarbeiten anzutreiben, werden Wettbewerbe und „Kampfprogramme" entwickelt, bei denen es Geld- und Buchprämien zu gewinnen gibt. Im Rahmen eines ganzen Prämiensystems kann der VP-Angehörige sich durch Diensteifrigkeit und politische Betätigung mit Geldprämien sein Gehalt nicht unwesentlich aufbessern.

Disziplinarvergehen

Jede Haftanstalt der SBZ berichtet monatlich der VSV über die „besonderen Vorkommnisse" in der Anstalt. Diese Vorkommnisse werden vom Stellvertreter PA monatlich auf großen Vordrucken zusammengefaßt.

Der „Statistische Bericht über den Zustand der Disziplin und der disziplinaren Praxis" wird, wie alle anderen Statistiken dieser Art, als vertrauliche Verschlußsache behandelt. Es werden folgende Disziplinarverstöße registriert:

Verbindung zu verbrecherischen Elementen (d. h. also Gefangenenbegünstigung)
Bestechung
Diebstahl
Gefangenenbefreiung
Nichtausführung von Befehlen und schlechte Dienstausführung
Urlaubsüberschreitung bis zu 24 Stunden
Unerlaubte Entfernung
Trunkenheit
Moralische Verfehlungen
Beleidigung oder Auflehnung gegen Vorgesetzte
Beleidigung von Untergebenen
Waffenverlust

Leutnant Karl Bäker,
Spitzname: „Molotow“.

Oberwachtmeister Ernst Blaffert,
Schläger.

Leutnant Alwin Pepper,
Spitzname: „Remisenkater“.

Leutnant Helmut Töppich,
Spitzname: „Icke“.

Die gehaßtesten Wachtmeister der Strafvollzugsanstalt Brandenburg.

Fahrlässiger Umgang mit Waffen- Munition und Technik

Ungesetzlicher Waffengebrauch

Verletzung von Amtsgeheimnissen

Verlust von VS-Dokumenten (Verschlußsachen)

Verlust der persönlichen Dienstdokumente

Verstoß gegen die Anzugsordnung

Verstoß gegen die Ordnung der Grußerweisung

Verstoß gegen die Wachvorschrift

Verbrechen gegen die Sicherheit des Staates

Amtsverbrechen

Brandstiftung und illegaler Waffenbesitz

Eigentumsdelikte und Betrugsfälle

Verbrechen gegen Leben, Gesundheit und Ehre

Wirtschaftsverbrechen

Konkrete Angaben über die Disziplin beim Wachpersonal der Haftanstalten kann man nicht machen, da hierüber nur unvollständige Zahlenangaben vorliegen. Andererseits ist jede Anstalt bemüht, eine gute Aufstellung abzugeben. Es werden auch zweifellos Handlungen des Wachpersonals nicht aufgeführt, die zur Rubrik Amtsverbrechen gehören, weil viele dieser Taten, insbesondere Verprügeln der Häftlinge, nicht offiziell zu Gehör der Anstaltsleitung kommen bzw. von ihr gedeckt werden. Man kann aber sagen, daß die meisten Bestrafungen beim männlichen Wachpersonal wegen Trunkenheit erfolgen, während beim weiblichen Wachpersonal oft „moralische Verfehlungen" bestraft werden müssen. Gerade beim weiblichen Wachpersonal sind auffallend viele Fälle von widernatürlicher Unzucht und Unzucht mit Abhängigen bekanntgeworden.

Zu dieser Statistik hat der Stellvertreter PA eine Analyse nach folgenden Punkten zu erstellen:

a) *kurze Analyse der Disziplinarvergehen zu dieser Statistik*

b) *charakteristische Arten der Verletzung der Disziplin, zwei konkrete Beispiele (Name, Dienstgrad, Dienststellung, ob und wie organisiert)*

c) *Vergleich zum Vormonat*

d) *Analyse des besten und des schlechtesten Zuges oder der Abteilung*

e) *Ursachen des Ansteigens oder des Absinkens*

f) *kurze Analyse der Auszeichnungen zu dieser Statistik*

g) *welche Auszeichnungen zeitigten den größten erzieherischen Erfolg?*

h) *Beispiele richtiger und falscher Anwendung der Disziplinarordnung*

i) *getroffene Maßnahmen zur Verbesserung der Disziplin.*

Als Strafen werden von der Anstaltsleitung – abgesehen von einer eventuellen strafrechtlichen Verfolgung – verhängt:

Ausstoß aus der VP (d. h. fristlose Entlassung)

Entpflichtung aus der VP (d. h. Kündigung)

Herabsetzung im Dienstgrad

Verwarnung wegen mangelnder Dienstausübung

Ausschluß aus der Offiziersausbildung

Vorschlag zur Zurückstellung bei der nächsten Beförderung

Verweis

Tadelverweis

strenger Verweis

Dienstverrichtung außer der Reihe

Ausgangssperre

Arrest.

Um die Dienstfreudigkeit der VP-Angehörigen zu erhöhen, können folgende Auszeichnungen vorgenommen werden:

Aussprechen des Dankes vor versammelter Mannschaft

Tilgung einer früher verhängten Disziplinarstrafe

Kurzurlaub

Geschenkprämie

Benachrichtigung der Angehörigen über das vorbildliche Verhalten des VP-Angehörigen

bevorzugte Beförderung (bei Mannschaften)

außerplanmäßige Beförderung (bei Offizieren)

Einsatz in höheren Dienststellungen

Belobigungsurkunde

Verleihen des Ehrenzeichens der VP.

Die Statistiken und die Analyse werden per Kurier zur VSV gebracht und dort von der Abteilung Politarbeit ausgewertet.

Dienstplan und politische Schulung

Die Züge des Wach- und Aufsichtsdienstes haben jeweils 12 Stunden Dienst und anschließend 6 Stunden Bereitschaft. Der Dienstablauf gestaltet sich deshalb wie folgt:

Der Zug I beginnt um 6.00 Uhr seinen Dienst und wird um 18.00 Uhr vom Zug II abgelöst. Die Hälfte der Mannschaft des Zuges I bleibt bis 24.00 Uhr in Bereitschaft und tritt am nächsten Abend um 18.00 Uhr zusammen mit der anderen Hälfte des Zuges, die von 24.00 Uhr bis 6.00 Uhr morgens in Bereitschaft lag, ihren vollen Dienst an.

Für die anderen Abteilungen des Verwaltungsdienstes dauert der Dienst von 7.30 Uhr bis 17.00 Uhr, sonnabends bis 12.30 Uhr. In einigen Anstalten müssen die VP-Angehörigen eine Viertelstunde vorher ihren Dienst antreten, um sich auf nüchternen Magen jeden Tag die politische Zeitungsschau anzuhören. Außerdem finden in der Woche 4 Stunden Polit- und 2 Stunden Fachunterricht statt.

Wir können in jeder Anstalt drei „Ringe" unterscheiden:

1. Polizeilicher Schulungs- und Überwachungsapparat mit obligatorischem Politunterricht für alle VP-Angehörigen unter Leitung des stellvertretenden Anstaltsleiters für Politarbeit (Stellvertreter PA).

   Der Politunterricht wird unter Aufsicht des Stellvertreters PA und seiner Mitarbeiter durch Gruppenlehrer durchgeführt, die das ganze Parteilehrjahr hindurch je eine Gruppe von etwa 30 Volkspolizisten schulen. Der Stellvertreter des Gruppenlehrers, Gruppensekretär genannt, hält die Diskussionsbeiträge stichwortartig fest und führt eine genaue Anwesenheitsliste. Bei unentschuldigtem Fernbleiben vom Unterricht wird ein Tag von der Löhnung abgezogen. Nach Absolvierung des Parteilehrjahres erhalten die VP-Angehörigen ein Zeugnis über die Teilnahme an der Marxistisch-Leninistischen Schulung mit Noten. Die Teilnahme an diesem Unterricht ist für alle Volkspolizisten obligatorisch. Es spielt also keine Rolle, ob sie der SED angehören oder nicht.

2 Schulungs- und Überwachungsapparat der SED und der FDJ.

Unter der Leitung des hauptamtlichen Leiters der SED-Grundorganisation (Sekretär genannt) und des FDJ-Sekretärs der FDJ-Gruppe werden alle SED- und FDJ-Angehörigen der Mannschaft auf parteipolitischer Basis geschult und ideologisch überwacht. In großen Anstalten gibt es außerdem sogenannte Parteiaktivs. Sie setzen sich zusammen aus der Leitung der Grundorganisation der SED, den ersten und zweiten Sekretären der Parteiorganisation innerhalb der Züge und Abteilungen, den aktivsten Gruppenorganisatoren, einigen vorbildlichen „Propagandisten" und „Agitatoren", dem Sekretär und einigen Mitgliedern der FDJ-Leitung und dem Genossen Anstaltsleiter. Aufgabe dieses Aktivs ist es, geeignete und wirksame Methoden der Parteiarbeit zu entwickeln, Parteibeschlüsse durchzuarbeiten und Kritik und Selbstkritik zu fördern. Zu diesem Zweck beruft das Parteiaktiv ab und zu sogenannte Aktivtagungen und -beratungen ein. Als Vorarbeit bekommen mehrere Parteiaktivisten den Parteiauftrag, bestimmte Fragen oder Themen in ihrer Parteigruppe zu klären. Die Aktivtagungen sollen in der Regel vierteljährlich stattfinden. Die Aktivtagung kann Beschlüsse fassen, die aber von der Parteileitung der Grundorganisation bestätigt werden müssen.

3 Überwachungsapparat des MfS.

Außerhalb der polizeilichen und parteilichen Organisation steht der Beauftragte des MfS, der die Wachmannschaften und Häftlinge der Anstalt mit Hilfe von geheimen Informatoren überwacht.

Dieser dichte Schulungs- und Kontrollapparat zeigt die völlige Politisierung des VP-Dienstes in den Anstalten, wie überhaupt in jeder VP-Einheit auf. Da „die Quelle der Kraft und Stärke der Deutschen Volkspolizei in der Führung durch die Sozialistische Einheitspartei Deutschlands" liegt, müssen in der politischen Arbeit folgende Grundsätze streng beachtet werden:

Jedes Parteimitglied, insbesondere jeder Offizier der VP, ist in erster Linie Parteifunktionär und verpflichtet, in seinem Arbeitsbereich die Politik der Partei zu verwirklichen.

Jeder Versuch, eine sogenannte unabhängige Stellung einzunehmen, die dienstlichen Aufgaben nur vom fachlichen Standpunkt aus zu lösen, führt zwangsläufig zur Absonderung von der Partei.

Die politisch-ideologische Erziehungsarbeit ist die entscheidende Voraussetzung für die Festigung des inneren Zustandes der Volkspolizei und für die Lösung der polizeilichen Aufgaben. Die Hauptaufgabe der Politorgane in der Volkspolizei soll darin bestehen, mit Hilfe der Mitglieder und Kandidaten der SED alle VP-Angehörigen auf der Grundlage des Marxismus-Leninismus „zu bewußten Kämpfern für den Schutz und die Festigung der Arbeiter- und Bauernmacht in der DDR" zu erziehen.

Hauptabteilung Strafvollzug
==========================

Berlin, den 15.Dezember 52
He.

[redacted]

Vertraulich !

Leitfaden für den Quartalsbericht Okt-Dez.1952
===

I. <u>Zur Auswertung der Vorgänge im Kreise Seelow in Verfolg des Artikels im ND vom 2.11.1952:</u>

Wie wurde dieser Artikel – entsprechend dem Befehl des Chefs der DVP Nr. 140/52 – in Verbindung mit den volkspolizeilichen Aufgaben ausgewertet ? Ergebnisse anhand praktischer Beispiele und Massnahmen (Parteiverfahren, Schulung, Agitation usw.) Zur Ergänzung dieser Frage sind die in der Disposition der HA/SV angeführten Punkte zu beantworten.

II. <u>Zur Werbung in der DVP:</u>

Welche guten und welche schlechten Beispiele in der Werbung gibt es ?
Wie hat der Polit-Apparat diese Aufgabe der Werbung unterstützt ?
Inwieweit wurden die Neugeworbenen fachlich und politisch für ihre Aufgaben gefestigt, mit welchen Ergebnissen ?

III. <u>Zur Herausgabe des Handbuches:</u>

Wie haben die Abteilungen PA vorgearbeitet, welche Ergebnisse ?

IV. <u>Gute und negative Beispiele aus der fachlichen Arbeit der einzelnen Dienstzweige:</u>

Was taten die Fachabteilungen um ihre Arbeit zu verbessern ?
Was taten die Politabteilungen um die Arbeit der Fachabteilungen zu verbessern, welche Erfolge sind zu verzeichnen ?

V. <u>Einschätzung der Arbeiten der Politabteilung:</u>

1.) <u>Disziplinarer Zustand im Dienstbereich:</u>

a) Statistik gemäss den Formularen P 30a und P 30 b – unter Benutzung der betreffenden Formulare – für den Zeitraum Okt.Dez.1952, getrennt nach Offizieren, Mannschaftsdienstgraden im Offiziersrang, Mannschaftsdienstgrade, aufgegliedert ~~nach den von der~~ HA/SV/PA im letzten Berichtsmonat herausgegebenen Richtlinien. Einige konkrte Beispiele von Disziplinarvergehen bezw. schlechtem, politischen, moralischen Verhalten von Offizieren.

b) Welche Massnahmen wurden aufgrund des im Bereich bestehenden disziplinaren Zustandes, von der Politabteilung ~~für Massnahmen~~ getroffen ?
Wie ist die Überprüfung der Durchführung dieser Massnahmen gewährleistet ?
Inwieweit ist es gelungen, die Partei-und Jugendorganisation für die ständige Erziehung zur Hebung und Festigung der Disziplin voranzubringen ?
Werden gute Beispiele popularisiert und wie ?

– 2 –

Dokumentation

Die nachstehende Dokumentation zeigt einen Leitfaden der Politabteilung der Hauptabteilung Strafvollzug Berlin, aus dem zu erkennen ist, mit welcher Genauigkeit sich die zentralen Leitungen um die Schulungen und Vorfälle in den einzelnen Anstalten kümmern.

- 2 -

? c) Neben den einzusendenden Statistiken nach den Formularen P 3oa und P 3ob sind im Quartalsbericht noch gesondert anzugeben:
? die Zahl der Disziplinarvergehen infolge Waffenverlusten im Quaratal.

? d) Zahl der Desertionen im Quartal, aufgegliedert in Monate
Mit Analyse

Partei e) Neben einem Durchschlag der einzusendenden Org-Statistik nach Bogen I und II ist gesondert im Quartalsbericht anzugeben die Zahl der im Quartal durchgeführten
1. Parteiverfahren mit Gründen
2. Parteiausschlüsse und Gründe dafür
3. Verfahren der FDJ mit Gründen.

PA 2. Ergebnisse der Schulungsarbeit:

a) Marxistisch-leninistische Schulung:
Wie ist die Beteiligung an d r Schulung, in % ten?
Wurden alle Fehlenden in Nachzügler-Zirkeln erfasst ?
Analyse der Ursachen für mangelnde Teilnahme und Massnahmen der Politabteilung.

Tatsachen und Beispiele
über die Vorbereitung der Propagandisten durch die BDVP/PA
über die Vorbereitung der Propagandisten auf die Seminare, arbeiten die Propagandisten nach Seminarplänen, Inhalt der Pläne ?
Über die Durchführung des Unterrichtes,
über die Vorbereitung der Teilnehmer an dem Unterricht, wie werden die Konspekthefte überprüft, Inhalt derselben.
über die individuelle Arbeit mit den Teilnehmern, welche Formen der Konsulation haben sich heraus gebildet,
Welche Massnahmen zur Verbesserung wurden gefasst ?
Wie wurden die Propagandisten von dem PA der STVA angeleitet.

Zu welchen Fragen gibt es besondere Unklarheiten und welche Massnahmen sind von der PA zu ihrer Klärung getroffen worden ?
Wie ist die Disziplin im Schuljahr ?
Wann werden die Schulungshefte von dem Leiter der Dienststelle überprüft und wie wurde die Überprüfung ausgewertet?
Welche erzieherischen Massnahmen wurden durch die Politabteilung hinsichtlich der Verwirklichung der Anordnung Nr. 16/52 getroffen ? - Belobigungen, Anerkennungen bezw. Disziplinarstrafen und Auswertung der Befehle in allen Dienststellen ?

Partei Wie beschäftigten sich die Partei- und FDJ Leitungen mit dem Lehrjahr ? Konkrete Beispiele.

PA b) Vorträge:

Welche Vorträge wurden von der PA in den Dienststellen organisiert - welcher Art, Anzahl der Hörer, in welchem Maße wurden Angehörige der Volkspolizisten mithinzugezogen Inwieweit wurden Gastlektoren eingesetzt und mit welchem Erfolg wurden diese Vorträge durchgeführt ?

- 3 -

PA c) Kulturarbeit:mit VP.- Angehörigen:

Zimmer Welche Kulturarbeit wurde im Monat der Deutsch-sowjetischen Freundschaft - entsprechend der Anordnung der Politverwaltung - durchgeführt ? Kulturveranstaltungen, populärwissenschaftliche Vorträge über die Sowjet-Union, Fimveranstaltungen - für das gesamte Quartal Anzahl, Art und Besucherzahl der Filme.

Wie wurde der Geburtstag des Genossen Stalin vorbereitet und durchgeführt - entsprechend der Anweisung der politischen Verwaltung - ?

Wie wurde mit dem von der Politischen Verwaltung ausgegebenen Materialien für dramaturgische Zirkel gearbeitet ? Und wie und in welchem Masse haben sich solche Zirkel gebildet und welche konkreten Beispiele ihrer Tätigkeit gibt es ?

Bock Wieviel Bücher der Bibliothek wurden im Quartal von wieviel VP.- Angehörigen gelesen ?
Welche Bücher wurden bevorzugt gelesen ?
Welche Massnahmen wurden zur Popularisierung und besseren Ausnutzung der Literatur durch die PA im Quartal unternommen ?
Wieviel Buchbesprechungen wurden im Quartal durchgeführt und über welche Bücher?
Zahl der Teilnehmer

PA Wie wurde die Kulturarbeit durch die PA mit den Strafgefangenen im ~~xxxxx~~ Quartal entwickelt:

Golombek
a) In welcher Form sind Veranstaltungen durchgeführt worden und wieviel wurden durchgeführt ?
b) Wieviel Strafgefangene haben daran teilgenommen und welcher Kategorien ?
c) Gibt es ständige Kulturgruppen und welcher Art ?
d) Welches Material wurde benutzt ?
e) Welche Erfolge wurden erreicht, positive - negative Beispiele :
f) Welche Vorschläge werden gemacht zu Verbesserung der Kulturarbeit der Strafgefangenen ?

Partei 2.) Arbeit der Parteiorganisation:

a) Zur Auswertung des XIX. Parteitages der KPdSU:
Wie wurde die Anordnung 19/52 der PV zur Auswertung des XIX. Parteitages der KPdSU in der Dienststelle durchgeführt.

Analyse der Vorbereitung und Durchführung der Mitgliederversammlungen, Bewertung der Diskussionen, Unklarheiten besonderer Art in den Doskussionen, besondere Mängel und Schwächen der Arbeit, die durch die Diskussionen herausgestellt wurden. Bewertung der gefassten Beschlüsse.

b) Beispiele über guten und falschen Parteiaufbau und welche Massnahmen wurden getroffen ?

PA u. Partei
c) Wie ist die Tätigkeit der Parteileitungen (wie leiten sie an, Inhalt der Beschlüsse, Arbeitsplan und Kontrolle der Beschlüsse usw.) Einige charakteristischen Beispiele der Politabteilung.

3.) Zur Arbeit der FDJ:

FDJ a) Statistik
PA b) Arbeit der Leitungen: mit welchen Fragen beschäftigen sie sich ?
Was wurde zur Verbesserung des Dienstes getan ?

- 4 -

4. Zur Arbeit mit den Kandidaten:

Parteí

Inwieweit haben xixk die Leitungen der Grundorganisationen im Quartal Einfluss auf die Entwicklung der Kandidaten genommen, sich mit ihnen beschäftigt, wurden Parteiaufträge an politisch starke Genossen vergeben zur Übernahme von Patenschaften über einzelne Kandidaten und wird von der Leitung der Grundorganisation über die Entwicklung der Paten-Kandidaten berichtet ? Werden Schwierigkeiten und Erfolge aufgezeigt? Werden Schlussfolgerungen daraud gezogen ? Welche zum Beispiel ?

VI. Wie leitete die POlit-Abteilung an ?

Über folgende von der HA/SV/PA angewiesene Termine, ist, soweit das noch nicht geschehen ist, zu berichten.

Parteí

a) Anordnung 20/52 (Tagung in Torgau bekannt gegeben)
b) Anweisung 19/52 Durchführung des Vortrages über Stalins Arbeit "Ökonomische Probleme des Sozialismus in der UdSSR." (Tagung in Torgau Punkte für Berichtserstattung angewiesen)
c) Über den durchzuführenden Vortrag zum Programm der Nationalen Wiedervereinigung Deutschlands.(Beschluss vom Parteivorstand der KPD am 2.11.52)

Der Bericht soll nach Möglichkeit den Umfang von 25 Seiten - ausgenommen davon die Statistiken - nicht überschreiten.

VII. Zusatz:

Parteí

1.) Sämtliche Agitatoren der Dienststelle sind schriftlich einzureichen, unter Anführung des Namens, Vornamens, Dienstgrad und sonstigen Funktionen.
Desweiteren ist der Arbeitsplan des verantwortlichen Genossen der Parteileitung für die Schulung und Anleitung der Agitatoren, vom Monat Dezember einzureichen.

2.) In welchen Fragen wurde die Parteileitung der Grundorganisation und der Leiter der Dienststelle sowie seine Stellvertreter kritisiert und wie wurde dazu Stellung genommen?

Unterleutnant Heinz Ebert, früher unter dem Spitznamen „Windhund“ in der StVA Coswig, jetzt als Politkommissar im Jugendhaus Dessau tätig.

Dokumentation

StVA Bautzen: Zwischen den einzelnen Wach- und Aufsichtszügen hatte sich ein Wettbewerb zur Verwirklichung des Kampfprogramms der Partei- und der FDJ-Organisation entwickelt. Hier sind die Ergebnisse:

Insgesamt wurden 29 Bürger für die bewaffneten Organe geworben. Davon konnten in unserer Dienststelle neunzehn eingestellt werden. Sie versehen bereits ihren Dienst in den einzelnen Zügen. 56 Genossen wurden im persönlichen Gespräch überzeugt, ihren Dienst nach Ablauf ihrer Verpflichtung weiter durchzuführen.

Als Kandidaten unserer Partei gewannen wir durch systematische Erziehungsarbeit zwölf der besten parteilosen Volkspolizisten.

2791 Aufbaustunden leisteten wir bei der Einbringung der Ernte und im Nationalen Aufbauprogramm. Zwei Genossen konnten für die FDJ und elf für die DSF gewonnen werden. Im zivilen Sektor wurden neun Frauen für den DFD gewonnen. Drei Genossen verpflichteten sich, in den Kulturgruppen mitzuwirken. Von unseren Genossen wurden sechs Verbesserungsvorschläge eingereicht.

Die besten Ergebnisse hatten der 2. Wachzug und der 1. Aufsichtszug aufzuweisen. Elf Genossen, die sich besonders aktiv eingesetzt hatten, konnten in der Feierstunde am 7. November eine schriftliche Belobigung erhalten. Der beste Zug erhielt 100,– DM Prämie und wird außerdem eine gemeinsame Wochenendfahrt unternehmen. 100,– DM bzw. 50,– DM erhielten die beiden folgenden Züge. Begeistert stimmten alle Genossen in der Feierstunde dem Vorschlag zu, das Kampfprogramm bis zum Geburtstag unseres verehrten Genossen Wilhelm Pieck zu verlängern.

„Die **Volkspolizei**", 1957, Nr. 23.

Neben den offensiven – die VP-Angehörigen immer in Spannung haltenden – politischen Schulungen steht die abwehrmäßige Aufgabe der Schulungsapparate. Wie in allen Dienststellen der SBZ herrscht auch in der VP eine geradezu horrende Angst vor „Agenten". Die sowjetzonale Propaganda gegen „westliche Agenten- und Spionageorganisationen", die von den eigenen Terrormaßnahmen ablenken bzw. diese begründen soll, hat im Laufe der Zeit zu einer Psychose geführt. Jede Panne im Betriebs- oder Arbeitsablauf der Anstalt wird zunächst als Sabotage angesehen und in Schulungen und „Aufklärungsvorträgen" behandelt. Es gibt deshalb auch kaum einen Bereich des dienstlichen und teilweise auch des privaten Lebens des VP-Angehörigen, der nicht durchleuchtet wird, um ihn gegen äußere Einflüsse abzuschirmen. So werden grundsätzlich alle VP-Angehörigen entlassen, deren Verwandte ersten Grades nach Westberlin flüchten. Hat der VP-Angehörige weitläufige Verwandtschaft im Westen, darf er keinen Schlüsselposten einnehmen, auch wenn er Offizier ist. Man geht von seiten der Politverwaltung noch weiter: Alle privaten Verbindungen – auch nicht verwandtschaftlicher Natur – des VP-Angehörigen und seiner Familie werden unterbrochen. Es sollen keine briefliche Verbindungen nach Westdeutschland oder Westberlin bestehen, weil die Verbindung zum Schaden der „DDR" ausgenützt werden könnte. Es hat hierüber in der „Volkspolizei" (Heft Nr. 8, April 1958) eine Auseinandersetzung mit den Briefmarkensammlern eines VPKA unter dem Titel: „Der Klassenstandpunkt und die Briefmarke" gegeben, in der von seiten der Politorgane klar gefordert wurde, alle Kontakte zwischen den sammelnden VP-Angehörigen und ihren Briefmarkenfreunden in der Bundesrepublik abzubrechen. Als Begründung wurde angeführt: „So kennen die meisten Philatelisten doch nur den Namen ihres Briefpartners, nicht aber seine soziale Stellung, seine Einstellung zur DDR — ja, sie wissen nicht einmal, ob der Betreffende vielleicht ein aktiver Feind der Sozialisierung ist und die Verbindung zum Schaden unserer Arbeiter- und Bauernmacht ausnützt. Die Genossen sollten bedenken, daß die Feinde der Arbeiter- und Bauernmacht besonders bemüht sind, Mitarbeiter des Staatsapparates ideologisch zu beeinflussen. Als Mitarbeiter der Sicherungsorgane müssen wir uns deshalb auch in diesen Fragen zu einem konsequenten parteilichen Standpunkt durchringen."

Der Häftling in der Strafhaft

Der Strafvollzug kennt grundsätzlich keinen Unterschied zwischen politischen und kriminellen Häftlingen und zwischen Zuchthaus- und Gefängnisstrafen. Der politische Häftling unterliegt deshalb den gleichen Aufnahmebedingungen: Ihm wird das Haar auf etwa drei Zentimeter Länge geschnitten; er bekommt seine Häftlingsnummer und die übliche Häftlingskleidung (altes Drillichzeug und Uniformen der VP). Nach einer mehrwöchigen Isolierung in einer Einzelzelle wird er in den normalen Betrieb der Anstalt eingereiht. Seine neuen Mithäftlinge bringen ihm das erste Reglement des sozialistischen Strafvollzuges bei: Grüßen jedes Wachtmeisters durch Abnehmen der Mütze und Blickwendung zwei Meter vor und einen Meter hinter dem Wachtmeister; das „Achtung"-Brüllen und „Haltung"-Annehmen, wenn ein Wachtmeister die Zelle oder den Arbeitssaal betritt; das Marschieren im Gleichschritt und das Anreden jedes Vopos mit seinem genauen Dienstrang.

Das Wichtigste aber für den nunmehrigen politischen Strafgefangenen ist die regelmäßige Postverbindung mit seinen Angehörigen, die in der U-Haft nicht bestand.

Der Häftling kann nunmehr an seine Angehörigen schreiben und seinen Aufenthaltsort mitteilen. Er kann jetzt monatlich einen Brief schreiben und einen Brief empfangen. Den Brief der Angehörigen kann er behalten, muß ihn aber im nächsten Monat bei der Ausgabe des neuen abgeben. Falls die Angehörigen irgend etwas geschrieben haben, was der Häftling nach Ansicht der Anstaltsleitung nicht lesen soll, werden die „anstößigen Stellen" von der Zensur unleserlich gemacht, oder der Brief wird überhaupt nicht ausgegeben. Der Häftling bekommt dann die Nachricht, daß er einen Brief bekommen habe, der ihm aber erst bei der Entlassung ausgehändigt werde. Bis 1955 durften die Angehörigen alle Vierteljahr ein kleines Päckchen mit Lebensmitteln schicken. Da man befürchtete, daß auf diesem Wege illegale Verbindungen mit der Außenwelt hergestellt werden könnten, wurde der Paketverkehr erst eingeschränkt, dann im November 1955 völlig verboten. Den Angehörigen gegenüber wurde das Verbot damit erklärt, daß Pakete mit ungenießbaren Lebensmitteln eingetroffen seien. Heute kann der Häftling nur noch zu seinem Geburtstag ein Paket erhalten. In einigen Anstalten wurde auch dies nur auf nicht im Arbeitseinsatz stehende Häftlinge beschränkt.

Die sanitären Verhältnisse in den Anstalten sind sehr unterschiedlich. In den meisten stehen statt Zellentoiletten nur Kübel zur Verfügung. Erst seit einiger Zeit gibt es in den meisten Anstalten Bettwäsche, d. h. jeder Häftling hat außer einem Kopfkissen zwei Laken, wovon eins als Deckenbezug gilt.

Politische Häftlinge.

Georg Wradzidlo, Medizinstudent und Leiter einer CDU-Studentengruppe an der Ostberliner Humboldt-Universität, wurde am 4. März 1947 mit seinem Kommilitonen Manfred Klein wegen seiner oppositionellen Haltung gegenüber der SED verhaftet. Unter dem Vorwand, eine Waffe besessen zu haben, verurteilte ihn ein SMT zu 25 Jahren Arbeitslager. Er wurde 1956 entlassen.

Joachim Kraner, ehemaliger Geschäftsführer der LDP in Rathenow, wurde am 12. Juli 1948 wegen „Spionage" verhaftet und von einem SMT zu 25 Jahren Arbeitslager verurteilt. Das Urteil wurde später in 12 Jahre Arbeitslager umgewandelt. Er befindet sich noch in Haft.

Bautzen

Strafvollzugsanstalt VI/15

Besuchserlaubnisschein [redacted]

Nur für Strafgefangene

~~Herr~~ / Frau / ~~Frl.~~ [redacted] / [redacted] G/Magdeburg erhält die Erlaubnis,

den / ~~die~~ / Strafgefangene (n) [redacted] Vater, 5. 7. [redacted] = 52. I

am Montag, dem 2. Nov. 1953, um 8–12 Uhr

zu sprechen. — Die Sprechzeit beträgt 30 Minuten.

Auf die Einhaltung der Besuchserlaubnis-Bestimmungen (siehe Rückseite) wird besonders hingewiesen.

Bautzen, den 29. Sep. 1953

1. Besuch abgehalten:
2. Auf der Karteikarte B eingetragen.

z. V. [signature]

Leiter der Strafvollzugsanstalt

SV (VA) Besuchserlaubnisschein VP 00 1 53 401,9

[redacted]

Dieser Erlaubnisschein ist dem Paket wieder beizulegen!

Erlaubnisschein für ein Paket

Registrier-Nr. des Gutscheines: [redacted]

für Monat: .... Nr. ....

Auf Grund der Führung des Gefangenen wird die Zusendung eines Monatspakets gestattet.

Das Paket kann enthalten:

500 g Fett (Butter, Schmalz oder Margarine), 250 g Käse, 250 g Speck, 500 g Wurst, 500 g Kristall- od. Würfelzucker; für den Rest: Obst, Zwiebeln, Markenkeks in Original-Verpackung. — Das Gewicht der Lebensmittel darf 3 kg netto nicht übersteigen.

Falls eins der vorgenannten Lebensmittel nicht vorhanden, kann die fehlende Menge durch Obst, Zwiebeln oder Markenkeks in Originalpackung ergänzt werden.

Das Paket darf nicht enthalten: Backwaren aller Art (außer Markenkeks in Original-Verpackung), Genußmittel, Tabakwaren jeder Art, Süßwaren (außer Kristall- oder Würfelzucker), sogenannte Stärkungsmittel, Medikamente, Toiletten-Gegenstände, Seife, Geld, Briefmarken. — Post od. Fotos dürfen ebenfalls nicht beigelegt werden.

Ein Inhaltsverzeichnis über die gesandten Lebensmittel ist in das Paket einzulegen.

Die Verpackung der Lebensmittel darf nicht in Dosen, Büchsen, Einweckgläsern erfolgen. Außerdem dürfen darin keine Metallgegenstände (Nadeln u. ä.) enthalten sein.

Wenn Sie Wert darauf legen, daß die Lebensmittel Ihrem Angehörigen ausgehändigt werden sollen, so halten Sie sich bitte unbedingt an vorstehende Richtlinien. Senden Sie nicht mehr als 3 kg netto, damit wir nicht gezwungen sind, das Paket zurückzusenden oder gar die Erlaubnis für weitere Pakete verweigern zu müssen. Sie vermeiden sich selbst Ärger und Unkosten und Ihrem Angehörigen Verdruß.

SV 37 (VA) Paketschein V[illegible] 53 724,8

Seife und Zahnputzmittel werden von seiten der Anstalt ausgegeben.

Der Leiter der Anstalt.

Dokumentation

Besuchserlaubnis- und Paketerlaubnisschein aus der StVA Bautzen.

Dokumentation

Landesregierung Sachsen-Anhalt
Der Ministerpräsident
Hauptabteilung Justiz
AZ.: 43 0 VI 696/51

Halle-Saale, den 6. Oktober 1951
Rundverfügung Nr. C 42/51

An Verteiler IV (10) a–h

Betr.: Gebrauch der Bezeichnung „Politische Häftlinge"

Bezug: Rundverfügung Nr. 125/51 der DDR. Ministerium der Justiz, Berlin vom 5. September 1951 – 4300 – II – 1365/51 –.

Nachstehende Rundverfügung des Ministeriums der Justiz in Berlin geben wir mit der Bitte um Kenntnisnahme und Beachtung bekannt. Diese Rundverfügung ist nicht nur durch Umlauf bekanntzugeben, sondern in den Arbeitsbesprechungen vorzutragen, zu erläutern und ihre Bekanntgabe nach einiger Zeit zu wiederholen.

In Vertretung: gez. Orlopp
Hauptabteilungsleiter.

Die faschistischen Gewalthaber in Deutschland haben Zehntausende aufrechter Antifaschisten in die Gefängnisse, Zuchthäuser und Konzentrationslager geworfen. Es genügte, eine andere politische Überzeugung zu haben, den Faschismus abzulehnen, Mitglied oder Funktionär in der Arbeiterbewegung gewesen zu sein, um verfolgt, mißhandelt und der Freiheit beraubt zu werden. Für diese Opfer des Faschismus gebrauchen wir die Bezeichnung „Politische Häftlinge".

Heute wird niemand seiner Gesinnung wegen inhaftiert. Wer unsere antifaschistisch-demokratische Ordnung angreift, wer den Aufbau unserer Friedenswirtschaft stört, begeht eine strafbare Handlung und wird seiner verbrecherischen Taten wegen bestraft. Strafgefangene dieser Art sind deshalb auch keine „politischen" Gefangenen, sondern kriminelle Verbrecher. Die Bezeichnung dieser Strafgefangenen als politische Häftlinge wird daher hiermit untersagt. Wenn im Einzelfalle eine nähere Kennzeichnung der Strafgefangenen erforderlich ist, sind konkrete Bezeichnungen zu wählen, wie beispielsweise Verbrecher nach Artikel 6 der Verfassung, nach Befehl 201 usw.

gez. Fechner

„Sozialdemokratischer Pressedienst" 18. Dezember 1951

Kennzeichnung der Häftlinge

Die Häftlinge sind in drei Kategorien eingeteilt und gekennzeichnet: Der Häftling, der unter Zellenverschluß bleibt, d. h. also hauptsächlich Lebenslängliche, Ausbrecher und Häftlinge, die zur Strafe in Einzelhaft liegen, werden an einem Arm und einem Bein mit einem roten Ring versehen. Häftlinge, die zum Arbeitseinsatz innerhalb der Anstalt verwendet werden dürfen, tragen grüne Farbstreifen, und Häftlinge, die auch außerhalb der Anstalt arbeiten dürfen, tragen gelbe oder weiße Streifen an der Kleidung. Die Unterschiede zwischen grünen und weißen Gruppen haben sich in den meisten Anstalten inzwischen verwischt.

Häftlinge eines Außenkommandos der StVA Bützow-Dreibergen.

Die Kennzeichnung der Häftlinge, die wegen ihrer Beteiligung am Juni-Aufstand 1953 verurteilt wurden, ist inzwischen ebenfalls weggefallen. Diese Häftlingsgruppe wurde auf dem Rücken mit einem großen roten Kreuz kenntlich gemacht und hatte besonders schwer unter den Schikanen der Wachmannschaften zu leiden. Die Häftlinge wurden nach dieser Auszeichnung „Xer" genannt.

Da zwischen Zuchthaus- oder Gefängnisstrafen kein Unterschied gemacht wird, haben die Häftlinge auch keine kahlgeschorenen Köpfe, wie dies in den ersten Jahren verlangt wurde, in denen auch die weiblichen Häftlinge geschoren wurden. Die Männer dürfen einen kurzen Haarschnitt tragen. Ausnahmen sind hauptsächlich den Häftlingsfunktionären gestattet.

Arbeitseinsatz und Entlohnung

Der Arbeitseinsatz der Häftlinge ist nach Artikel 137 der Verfassung der „DDR" obligatorisch und dient durch die Ableistung kollektiver Arbeit ihrer Umerziehung. Es ist daher beinahe bedeutungslos, ob der Häftling zu einer Zuchthaus- oder einer Gefängnisstrafe verurteilt wurde[12]).

Nach der Übernahme der Haftanstalten durch die VP stellte man deshalb Überlegungen an, wie man die Arbeitskraft der Häftlinge am besten ausschöpfen könne. Man verfiel auf den naheliegenden Gedanken, die Häftlingsmassen zur Zwangsarbeit in Steinbrüchen, bei großen Erdbewegungen und Flugplatzbauten einzusetzen. Dieser Plan wurde in größerem Umfange bei den KVP-Bauten in Glowe auf Rügen verwirklicht. In einem schnell errichteten Haftarbeitslager arbeiteten vom 19. Juli 1952 bis zum Juni 1953 etwa 4000 Häftlinge an einem Ringbahnnetz mit vier Rollfeldern für Düsenjäger und Bomber und einem Stützpunkt für U-Boote und leichte Kriegsschiffe. Die Arbeiten unter der Leitung der „Bau-Union-Nord, Oberbauleitung Abschnitt Küste", wurden als Ringstraßennetz für ein Fischkombinat und als Fischereinotschutzhafen getarnt. Dieses HAL und andere kleinere Lager wurden kurz nach dem Juni-Aufstand 1953 geräumt, da man befürchtete, daß sich die Häftlinge befreien könnten oder von der Bevölkerung befreit würden.

Eine Grundlage für den Arbeitseinsatz der Häftlinge war die „Verordnung über die Beschäftigung von Strafgefangenen vom 3. April 1952[13]). Mit dieser Verordnung wurde in den Strafvollzug das sowjetische Saschtschot-System eingeführt: Im § 2 dieser Verordnung wurden dem Häftling für jeweils zwei Arbeitstage, an denen der Strafgefangene die ihm übertragenen Arbeiten ständig erfüllte, drei Tage als verbüßte Strafzeit berechnet. In der Praxis sah dies allerdings so aus, daß unter „ständig erfüllt" eine regelmäßige Übersollerfüllung erwartet wurde.

Die Abwanderung von Industriearbeitern in die Bundesrepublik brachte inzwischen für die „volkseigene" Industrie einen empfindlichen Arbeitskräftemangel mit sich. Die Abteilung AKE (Arbeitskräfteeinsatz) in der damaligen Hauptabteilung SV prüfte deshalb den Einsatz von Häftlingen innerhalb der Anstalten und richtete zunächst versuchsweise in einigen StVA Werkstätten für die VEB ein. Der Versuch zeitigte ein gutes Ergebnis. So wurden neben den für die Aufrechterhaltung des Anstaltsbetriebes notwendigen Handwerksbetrieben (Schlosserei, Schneiderei, Tischlerei) Werkstätten der „volkseigenen Industrie" aufgebaut.

---

12) Der § 16 Abs. 2 StGB, der die Beschäftigung eines zur Gefängnisstrafe Verurteilten für zulässig erklärt, wird als gegenstandslos angesehen.

13) Gesetzblatt Nr. 133/1950 S. 1165.

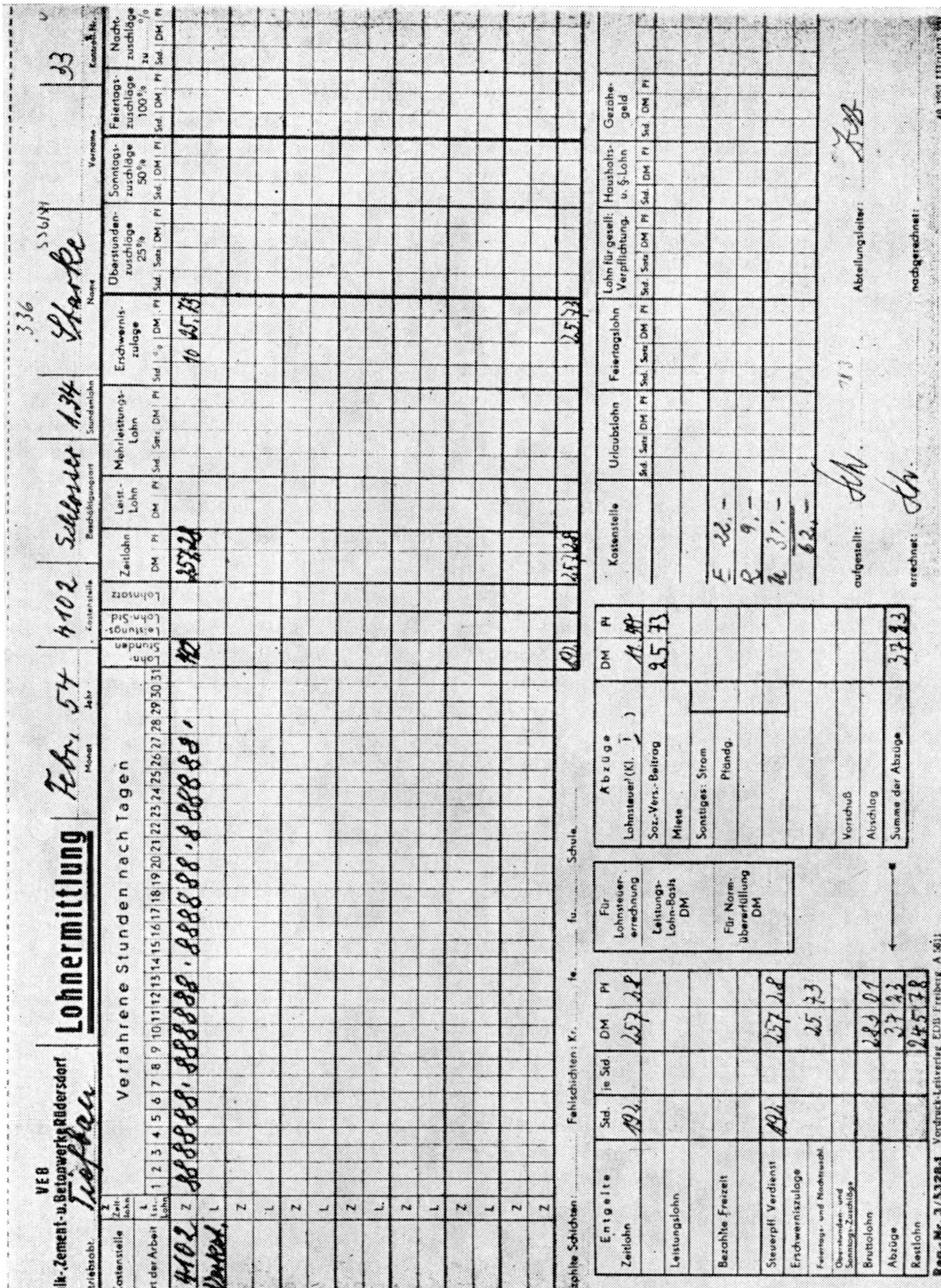

VEB Kalk-, Zement- u. Betonwerk Rüdersdorf

Betriebsabt. Tiefbau

Lohnermittlung

Monat: Febr. Jahr: 54 — Kostenstelle: 4102 — Beschäftigungsart: Schlosser — Stundenlohn: 1,34 — Name: Starke — Vorname: — Kontroll-Nr.: 33

Kostenstelle	Art der Arbeit		Verfahrene Stunden nach Tagen	Lohn-Stunden	Zeitlohn DM	Erschwerniszulage DM
4102	Winkel	Z	888888 · 888888 · 888888 · 888888 ·	192	257,28	10 25,73
				192	257,28	25,73

Entgelte	Std.	je Std.	DM
Zeitlohn	192		257,28
Leistungslohn			
Bezahlte Freizeit			
Steuerpfl. Verdienst	192		257,28
Erschwerniszulage			25,73
Feiertags- und Nachtzuschl.			
Überstunden- und Sonntags-Zuschläge			
Bruttolohn			283,01
Abzüge			37,23
Restlohn			245,78

Abzüge	DM
Lohnsteuer (Kl. I)	11,50
Soz.-Vers.-Beitrag	25,73
Miete	
Sonstiges: Strom	
Pfändg.	
Vorschuß	
Abschlag	
Summe der Abzüge	37,23

E 22,–
R 9,–
A 31,–
62,–

aufgestellt: ... errechnet: ... Abteilungsleiter: ... nachgerechnet: ...

Reg.-Nr. 3/3328-4 Vordruck-Leitverlag EDB Freiberg

Lohnabrechnung aus dem HAL Rüdersdorf. Unten rechts befindet sich die Ausrechnung für den dem Häftling auszuzahlenden Betrag. Er hat also von den 245,78 DM 22,– DM für den Eigenverbrauch, 9,– DM für Rücklage und 31,– DM zur Familienunterstützung bekommen. Den Rest behielt die Anstalt als Haftkosten.

Große VEB brachten nun Maschinen und Werkzeuge in die Anstalten, an denen die Häftlinge arbeiten konnten. Anzahl und Art der Werkstätten richteten sich nach den örtlichen Gegebenheiten, der ansässigen Industrie und der Anstalt selbst. Beide Teile, die Anstalt und der VEB, machten dabei ein gutes Geschäft: während die Anstalt den Löwenanteil des vom VEB normal bezahlten Häftlingslohnes einbehielt, garantierte die Anstalt dem Betrieb eine hohe und regelmäßige Produktion. Der Betrieb hatte keine Ausfälle durch Krankheit, da der Arbeitsplatz sofort von einem anderen Häftling besetzt wurde. Der Druck der VP auf die Häftlinge ergab außerdem ein hohes Produktionssoll.

Die Arbeit in den intern „A-Betriebe" genannten Werkstätten der VEB ist bis heute „freiwillig". Die Arbeit ist aber mit soviel Vorteilen, die Nichtarbeit mit soviel Nachteilen gekoppelt, daß von einer Freiwilligkeit nicht die Rede sein kann.

Um die Arbeitslust der Häftlinge zu heben, durften ab 1. April 1955 die Häftlinge aus Westberlin und der Bundesrepublik zunächst keine Lebensmittelpakete mehr empfangen. Diese Paketsperre wurde dann am 1. November 1955 auf alle Häftlinge ausgedehnt, so daß sie gezwungen waren, entweder nur von der unzureichenden Anstaltsverpflegung zu leben oder durch Arbeiten zusätzlich Geld zu verdienen, um Lebensmittel einkaufen zu können. Einen weiteren Vorteil für den arbeitenden Häftling bedeutete die gewisse Abwechslung, die die Arbeit gegenüber dem Zellenleben mit sich brachte. So entschlossen sich bis auf einige Gruppen der Zeugen Jehovas fast alle Häftlinge, in den Betriebswerkstätten zu arbeiten.

In den Haftarbeitslagern kam als weiterer Vorteil hinzu, daß bei Übersollerfüllung eine Haftzeitverkürzung eintrat. Obwohl die VP die Haftzeitverkürzung an gewisse Bedingungen knüpfte (so mußte das Übersoll von einer ganzen Brigade und einen vollen Monat lang erfüllt werden, um sogenannte Stoßarbeiten zu verhindern), schufteten die Häftlinge ohne Rücksicht auf ihre Gesundheit, um möglichst schnell ihre Haftzeit abzuarbeiten. Um eine Haftzeitverkürzung im Verhältnis 1 : 3 zu bekommen, d. h. also für einen Monat Übersollerfüllung drei Monate Haft angerechnet zu erhalten, mußten 141 Prozent der sowieso schon hohen Norm erfüllt werden.

Das Nachlassen der Verhaftungsaktionen in der SBZ führte dazu, daß die vorzeitigen Entlassungen nicht mehr durch gesunde Häftlinge aus den Anstalten in den Haftarbeitslagern ausgeglichen werden konnten. Am 1. Juli 1957 wurde deshalb ein neues Anrechnungsverfahren eingeführt. Es blieb zwar bei der Anrechnung 1 : 3, aber die einzelnen Arbeiten wurden abgewertet, so daß der Häftling viel mehr Arbeit leisten mußte, um das Übersoll von 141 Prozent zu erfüllen. Gleichzeitig wurden die Anrechnungssätze stärker differenziert, so daß der Häftling bei gewissen Normenerfüllungen seine Haftzeit mindestens im Verhältnis 6 : 7 und höchstens 1 : 3 verkürzen kann.

Der Arbeitseinsatz wird in den Anstalten von der Abteilung Produktion geleitet, die mit dem jeweiligen Volkseigenen Betrieb in Verbindung steht und die Löhnung abrechnet. Das Referat AKE (Arbeitskräfteeinsatz) ist für eine kontinuierliche Produktion verantwortlich. Es ist daran interessiert, die Produktion möglichst hoch zu halten, damit der Anstalt die entsprechend hohen Gewinne zufließen. Als Anreiz gibt es für den Häftling Geldprämien und kleinere Vergünstigungen (Zigaretten). In einigen Haftarbeitslagern geht man sogar so weit, daß man der besten Arbeitsbrigade einen gelben und der schlechtesten einen blauen Wimpel auf den Arbeitsplatz stellt und die Häftlinge mit kommunistischen Wettbewerbsparolen gegenseitig die Arbeitsleistungen hochtreiben läßt.

Das kaufmännische Referat der Abteilung P rechnet mit dem VEB die Löhne ab. Der VEB bezahlt die Häftlinge wie normale Arbeiter. Der Lohn kommt jedoch nur zu einem Bruchteil dem Häftling und seinen Angehörigen zugute. Die Lohnabrechnung sieht dann z. B. wie folgt aus:

Angenommen, der Häftling ist als Bandarbeiter für einen Stundenlohn von 0,94 DM eingestuft.

Stundenlohn für 200 Arbeitsstunden	188,—	
Stundenlohn für 8 Stunden Sonderarbeit à 1,27 DM	10,16	
Steuerpflichtiger Verdienst		198,16
Zuschlag für Sonntagsarbeit	7,52	
Bruttolohn		205,68
Abzüge:		
Lohnsteuer Klasse 1	10,60	
Sozialversicherungsbeitrag	19,81	
		30,41
Von dem VEB an die Anstalt gezahlter Betrag		175,27
Von diesen 175,27 DM behält die Anstalt ein:		175,27
Rücklage (für Fahrgeld nach der Entlassung und sogenanntes Entlassungsgeld zur Überbrückung bis zur Arbeitsaufnahme am Heimatort)	4,90	
Unterstützungsgeld für die Angehörigen	12,60	
Haftkosten[14])	142,77	
		160,27
		15,—

Für diese 15,— DM darf sich der Häftling in einer HO-Zweigstelle in der Anstalt Lebensmittel und Rauchwaren kaufen. Die Lebensmittel sind z. T. sehr schlecht, die Auswahl ist äußerst gering, sofern überhaupt vorhanden. Der Häftling muß folgende Preise zahlen für:

1 Pfund Butter	4,90 bis 5,— DM
1 Pfund Schmalz	2,50 DM
1 Pfund Margarine	1,35 bis 2,— DM
1 kg Dauerwurst	11,50 bis 11,80 DM
1 Pfund Käse	4,— bis 4,40 DM
1 Glas Marmelade	1,40 bis 1,20 DM
40 Zigaretten	3,20 DM

Am 1. Januar 1958 wurden die Berechnungssätze geändert. Wegen der gleitenden Skala der geheimgehaltenen Lohntabelle für Häftlinge lassen sich nur grobe Werte zur Erklärung angeben. Den Nettoverdienst des Häftlings – der also von dem VEB an die Anstalt gezahlt wurde – teilte die VP bisher etwa wie folgt auf: 7,2 Prozent Familien-

[14]) Lt. Anordnung des Ministerrates der „DDR" vom 15. März 1956 braucht der entlassene Häftling keine Haft- oder Gerichtskosten mehr zu zahlen. Diese als großzügige Geste propagierte Anordnung ist aber in Wirklichkeit eine leere Phrase. Solange der Häftling arbeitet, werden ihm die Kosten für „Unterkunft und Verpflegung" abgezogen. Die Anstalt behält dabei nicht etwa je Tag einen bestimmten Betrag, sondern liest an Hand einer geheimgehaltenen Tabelle die Sätze für Rücklage, Unterstützungsgeld und Eigengeld für den HO-Einkauf des Häftlings ab und kassiert den Rest der vom VEB gezahlten Lohnsumme.

Der Anstaltspaß

Die Abteilung P fertigt für die Abteilung Produktion in der Verwaltung Strafvollzug des MdI monatlich einen sogenannten Anstalts- oder Lagerpaß. Aus diesem Paß ergibt sich ein genauer Überblick über die von der Anstalt verdienten Summen. Als Beispiel wird hier der Lagerpaß des HAL Stalinstadt vom Jahre 1955 aufgeführt.

Lagerpaß des HAL „Stalinstadt" (nebenstehend)

Der sogenannte Lagerpaß wird monatlich in den einzelnen Anstalten gefertigt und gibt eine Übersicht über den Arbeitseinsatz der Häftlinge. Die Angaben werden als Verschlußsache behandelt und werden jeden Monat an die HV SV im MdI weitergeleitet. Auf Grund der vorliegenden Zahlen über das HAL „Stalinstadt" ergibt sich folgende Auswertung für die Zeit Januar 1955 bis Januar 1956 (13 Monate):

Spalte 1 gibt den Nettolohn an, den das Eisenhüttenkombinat Ost in Stalinstadt (EKO) an die Anstalt nach Abzug der Lohnsteuer und Sozialversicherungsbeträge zahlt. Wenn wir für die beiden Zahlen im Januar und Februar 1955 100 000 DM und 90 000 DM einsetzen, dann kommen wir auf den Gesamtbetrag von 1 520 100 DM ausgezahlter Lohngelder an die Anstalt.

Spalte 2 gibt die Anzahl der Produktionsarbeiter an. Die Zahlen schwanken und sind mit der Belegungszahl des Lagers nicht identisch, da Verlegungen und Hausarbeiter nicht berücksichtigt sind.

Spalte 3. Unter dem Namen „Abführung Sonderkonto Haushalt" verbirgt sich schamhaft der Begriff „Haftkosten", die es ja angeblich im Strafvollzug nicht mehr gibt. Die Berechnung dieses Sektors erfolgt mit Hilfe einer Tabelle, die streng geheimgehalten wird. Von dem Nettolohn des einzelnen Häftlings werden die Haftkosten abgezogen und der Rest in drei Teile aufgeschlüsselt, die für Familienunterstützung, Eigenverbrauch (Lebensmitteleinkauf in der HO) und Rücklage (Fahrtkosten nach der Entlassung und eventuelle Einkleidung) gedacht sind. Die Nachrechnung an Hand der gegebenen Prozentzahlen ergibt, daß das HAL Stalinstadt in den 13 Monaten 1 081 398,30 DM verdiente.

Spalte 4 zeigt den durchschnittlichen Nettolohn jedes für das EKO arbeitenden Häftlings auf. Als Beispiel sei hier der Januar 1955 genommen. Von seinen 331,33 DM Anteil Lohn wurden 59,8 Prozent = 197,93 DM als Haftkosten einbehalten. Die restlichen 133,40 DM werden nach der schon obengenannten geheimen Tabelle aufgeteilt. Hiervon erhalten die Angehörigen 66,70 DM Familienunterstützung. 22,30 DM werden zurückgelegt, und für 44,40 DM kann der Häftling bei der HO einkaufen.

Spalte 5 zeigt die durchschnittliche Normerfüllung der Brigaden auf.

Spalte 6. In dieser Spalte sind die Normerfüllungen der einzelnen Häftlinge aufgezeigt. Diese Aufschlüsselung ist für die Berechnung der Haftzeit wichtig. (Durch die Fluktuation der arbeitsfähigen Häftlinge stimmen diese Angaben nicht mit der Spalte 2 überein.) Bis zur Normerfüllung von 109 Prozent erfolgt keine Anrechnung auf die Haftzeitverkürzung. Von 110–120 Prozent erfolgt eine Haft-

	1955												1956
	Januar	Februar	März	April	Mai	Juni	Juli	August	Sept.	Oktober	Nov.	Dez.	Januar
Nettolohn . . . . DM	—	—	97 400	112 900	106 900	100 400	108 200	124 500	118 000	133 500	140 200	146 300	141 800
Produktionsarbeiterdurchschnitt	332	290	372	285	274	267	290	324	322	345	372	378	378
Abführung Sonderkonto Haushalt . . . . . . %	59,8	51,3	61,9	64,5	62,6	60,2	63,4	74,8	70,2	77,2	82,9	87,8	86,5
Nettolohn . . . . DM	331,33	265	328	357	354	339	354	355	341	357	346	343	375
Normdurchschnitt . . . DM	130,5	126,8	128,5	131,9	126,6	132	137,7	135	136,6	136,9	135,8	137	136
Normerfüllung bis 99%. . .	8	13	14	3	1	—	—	1	2	—	6	—	—
„ bis 109%. . .	—	—	—	10	9	4	—	14	15	1	25	27	1
„ bis 120%. . .	20	30	5	27	59	13	7	29	32	33	12	45	53
„ bis 140%. . .	260	225	264	134	225	232	186	136	170	137	137	129	196
„ über 140%. . .	49	25	39	160	29	78	210	203	234	223	241	235	174
Gesamtarbeitsstunden . . .	55 381	47 375	56 712	57 810	57 560	55 573	58 453	69 224	64 206	69 750	75 070	80 190	72 376
Unfallstunden	11 100	4 024	2 304	1 934	904	460	2 146	1 936	2 216	2 436	2 228	2 408	1 488
Lagerschichtenstunden . . .	—	2 030	464	176	1 180	220	676	372	792	370	596	1 484	1 320
Unfälle über 1 Monat . . .	—	1	—	—	—	—	1	1	1	1	—	—	—
Unfälle unter 1 Monat . . .	—	5	4	8	3	4	5	9	12	12	15	15	3
Sonstige Kranke	—	45	9	16	11	14	15	18	34	29	14	25	19
Bruttolohnsumme . . . DM	110 000	91 800	110 900	127 400	120 300	123 900	123 100	142 300	134 600	151 700	158 400	166 300	161 400

zeitverkürzung von 2 : 3. Von 121–140 Prozent wird die Haftzeit im Verhältnis 1 : 2 und ab 141 Prozent 1 : 3 verkürzt.

Spalte 7 zeigt die Gesamtarbeitsstunden der Produktionsarbeiter auf. Das bedeutet, daß von den Häftlingen die Arbeitszeit von durchschnittlich acht Stunden wegen der Schichtarbeit eingehalten wurde und daß die ausgesprochen hohen Normerfüllungen durch eine regelrechte Schufterei geschafft werden mußten.

Die anderen Spalten sind in ihrer Bezeichnung klar und weniger interessant, so daß sich eine weitere Besprechung erübrigt.

unterstützung, 2,5 Prozent Rücklage, 8,3 Prozent Eigengeld (für den Lebensmitteleinkauf) und 82 Prozent Haftkosten. Nach den neuen Berechnungssätzen wird der Nettolohn des Häftlings in 15 Prozent Familienunterstützung, 1,5 Prozent Rücklage, 8,5 Prozent Eigengeld und 75 Prozent Haftkosten aufgeteilt[15]).

Der Häftling kann die Gelder für seinen Einkauf in der HO durch Prämien erhöhen. Die VEB zahlen aus dem „Direktorfonds" monatlich Prämien aus, von denen ein Teil an die Häftlinge zur Auszahlung kommt. Die Höhe der Prämie schwankt zwischen 5 und 50 DM und wird von der VP verteilt. Auch hiermit wird selbstverständlich die Antreiberei zu erhöhter Arbeitsleistung gefördert, indem man hauptsächlich die Prämien den Brigadieren zukommen läßt. (Brigadier = Leiter der Arbeitsgruppe.)

Das Referat Zentrale Werkstätten der Abteilung P ist zusammen mit dem Referat Technik für den fachlichen und technischen Ablauf der Produktion verantwortlich. Als Fachleute stellt der VEB der Anstalt einen oder zwei treue Genossen zur Verfügung, die die Arbeitsvorbereitungen leiten und die Häftlinge anlernen. Das Referat ZWS leitet auch die Anstaltsbetriebe, in denen die Arbeit bisher allerdings nur mit 20 Pf bis 1 DM pro Tag honoriert wurde. Zum 1. Januar 1958 ist hier eine Verbesserung eingetreten. Die Hausarbeiter werden besser bezahlt und können sich deshalb etwas mehr HO-Einkauf leisten.

Als Beispiel für den Verdienst der VP an der Häftlingsarbeit sei hier die StVA Waldheim aufgeführt. In dieser Anstalt wird u. a. für den VEB Sitzmöbel- und Klappstuhlindustrie Waldheim, Güterbahnhofstraße 3, gearbeitet. Etwa 90 Häftlinge produzieren monatlich Möbel im Werte von 284 000 bis 344 000 DM. Als Lohnsumme werden der Anstalt hierfür 18 500 DM überwiesen. Hiervon erhalten die Häftlinge etwa 3700 DM für Rücklage, Unterstützungsgeld und HO-Einkauf. Außerdem zahlt der VEB 4400 bis 4800 DM aus dem Direktorfonds an die Anstalt, die hiervon 80 Prozent als „kulturellen" Beitrag einbehält. Der Rest wird in Prämien unter den Häftlingen verteilt. Die Anstalt verdient somit vierteljährlich allein an diesem Betrieb etwa 48 000 DM.

[15]) Die hier genannten Prozentzahlen beziehen sich auf die niedrigsten Lohngruppen. Die besser bezahlten Häftlinge mußten etwa 65 Prozent ihres Lohnes der Anstalt überlassen. Man wollte mit dieser Differenzierung offensichtlich die Häftlinge zur Mehrarbeit antreiben. Nach der Neuregelung vom Januar 1958 zahlen die besser entlohnten Häftlinge nunmehr 75 Prozent Haftkosten, während die schlechter entlohnten Häftlinge etwas weniger bezahlen müssen und dadurch etwas mehr in der HO einkaufen und ihre Familie unterstützen können.

Die Verpflegung in den Anstalten

Die Verpflegungssätze für Häftlinge gliedern sich in

Schwerstarbeiter	*Arrestanten*
Schwerarbeiter	*Kranke*
Arbeiter	*Tbc-Kranke*
Nichtarbeiter	*und Transportverpflegung.*

Bis auf die erste Gruppe gibt es diese Einteilung auch in den Jugendhäusern. Die Unterschiede zwischen den einzelnen Gruppen bestehen allerdings fast nur auf dem Papier.

Die Verpflegungspläne werden alle zehn Tage vom „Sachbearbeiter Gefangenenverpflegung" und der Abteilung Gesundheitswesen erstellt. Der Leiter W und der Anstaltsleiter zeichnen die Pläne gegen. Auf Grund der vom Vortage vorliegenden Stärkemeldung bestellen die Anstalten die Lebensmittel bei der HO. In einem Verpflegungswirtschaftsbuch werden neben dem mengenmäßigen Ein- und Ausgang der Lebensmittel die zusätzlichen Mengen festgehalten, die sich auf Grund des Arbeitseinsatzes (z. B. Sollübererfüllung) für die einzelnen Verpflegungsgruppen ergeben. Eventuelle Plus- und Minusdifferenzen müssen bis zum Monatsende ausgeglichen werden.

Die voraussichtlich von der Anstalt benötigten Lebensmittelmengen werden drei Monate im Voraus bei der BVSV bestellt, die dann mit der HO und dem Konsum entsprechende Lieferverträge abschließt. Verschiedentlich ergehen Anweisungen über die Abnahme von Staatsreserven (Büchsenschmalz, Gefrierfleisch), die aber auf das Kontingent der Anstalt angerechnet werden. Die Planschwierigkeiten in der HO führen fast täglich zu Versorgungsschwierigkeiten, die aber ausschließlich innerhalb der Anstalt ausgeglichen werden müssen. Es haben sich deshalb in fast allen Anstalten „Beziehungen" zwischen einzelnen Verpflegungssachbearbeitern der VP und der HO und dem Konsum herausgebildet, denen es eigentlich zu verdanken ist, daß nicht größere Stockungen eintreten.

Im Herbst lagern die Anstalten in Kellern und Mieten große Kartoffelmengen ein. Im Frühjahr entstehen dann fast regelmäßig die üblichen Ausfälle durch Frost und Verderb. Die Räte der Kreise schätzen den verwertbaren Rest ab und gestatten einen zusätzlichen Kartoffelaufkauf, was jedoch bei den bekannten Versorgungsschwierigkeiten in der SBZ manchmal unmöglich ist.

Die Fleischversorgung geht im allgemeinen reibungslos vor sich. Schwierigkeiten dagegen gibt es laufend bei der Belieferung mit Hülsenfrüchten, Fett und Gewürzen. Oft fehlt es sogar an Marmelade und Tomatenmark. Schlachtfett wird fast nie geliefert – trotz Vertragsabschluß und Zuteilung! Als Ausgleich gibt die HO Margarine ab. – An Festtagen erhalten die Häftlinge Fleischgerichte. Das Fleisch hierzu wird vorher eingespart. Eine zusätzliche Belieferung erfolgt nicht.

Fast alle Anstalten unterhalten eigene Gemüsegärten, mit deren Hilfe die Verpflegung aufgebessert wird.

Die Normalverpflegung der Häftlinge richtete sich bisher nach der Lebensmittel-Grundkarte und wird nach der Aufhebung der Rationierung auch weiter eingehalten: 1380 g Fett, 1550 g Zucker und 2000 g Fleisch im Monat. Pro Tag erhält der Häftling 30 g Marmelade und Fett, 35 g Zucker und 600 g Brot. Außerdem gibt es zweimal wöchentlich 80 g Wurst. Das warme Mittagessen besteht aus einem Liter Eintopf. Salz- und Pellkar-

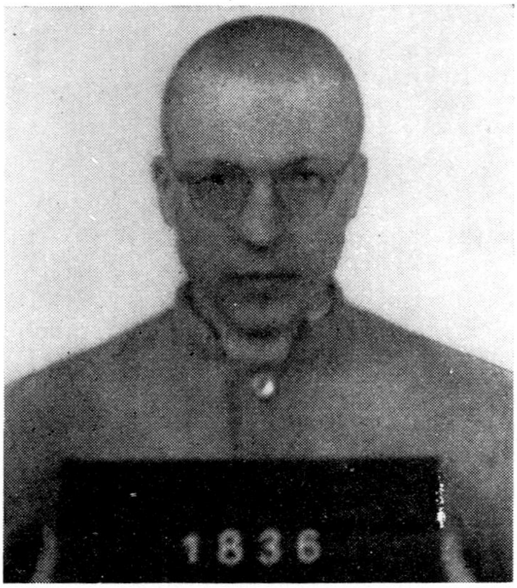

Ulrich von Kronstedt, Schauspieler aus München, wurde 1947 wegen „illegaler Gruppenbildung" verhaftet und von einem SMT zu 25 Jahren Arbeitslager verurteilt. Sein Vater wurde im Zusammenhang mit dem 20. Juli 1944 gehängt. K. sitzt noch in Haft.

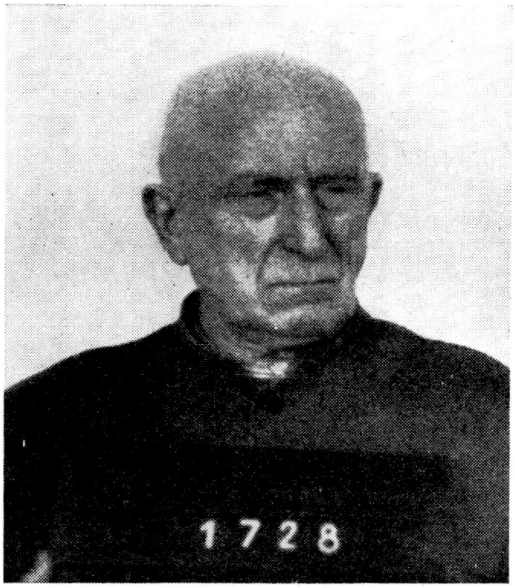

Otto Bussdorf, ehemaliger Kriminalkommissar aus Berlin-Köpenick, wurde im Februar 1948 wegen angeblicher Beteiligung an der „Köpenicker Blutwoche" verhaftet und zu lebenslänglichem Zuchthaus verurteilt. Er erblindete in der Haft fast völlig und verstarb am 19. August 1957 in der Strafvollzugsanstalt Brandenburg im Alter von 79 Jahren.

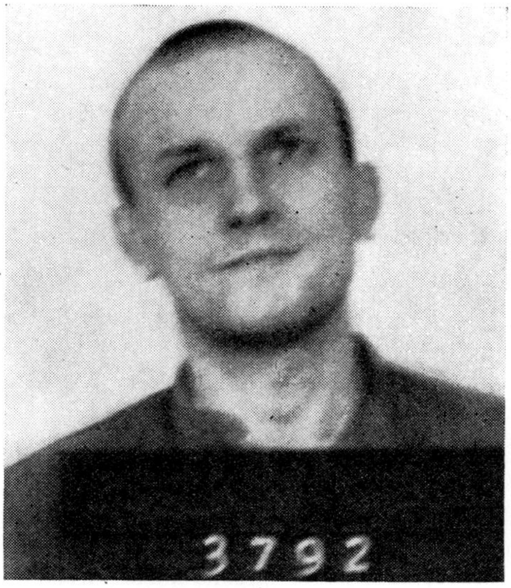

Karl-Heinz Fischer, Betriebsassistent im VEB Klosterfelde, wurde am 20. Juli 1951 wegen angeblicher Spionage verhaftet und zu lebenslänglichem Zuchthaus verurteilt. Das Urteil wurde im März 1957 auf 15 Jahre Zuchthaus herabgesetzt. Sitzt noch ein.

Erich Karkutt, Landarbeiter aus Perleberg, wurde 1951 wegen angeblicher Boykotthetze verhaftet und nach Artikel 6 zu 12 Jahren Zuchthaus verurteilt. K. sitzt noch in Haft.

toffeln werden nur am Sonntag ausgegeben. Die Schwerarbeiter bekommen zusätzlich jeden zweiten Tag 50 g Fett, eine Scheibe Wurst, etwas Marmelade und 20 g Zucker.

Im Arrest („Karzer" oder „Bunker" genannt) bekommt der Häftling nur Kaffee und trockenes Brot. Jeden vierten Tag erhält er den Liter Suppe. An diesem vierten Tag wird ihm auch der Strohsack ausgehändigt. Sonst muß er auf der kahlen Pritsche schlafen.

Das Leben der jugendlichen Häftlinge

Der straffällig gewordene Jugendliche unter 18 Jahren (dem Volljährigkeitsalter der SBZ) verbüßt seine Strafe in den sogenannten Jugendhäusern. Vollendet er während der Haftzeit das 18. Lebensjahr, bleibt er in der Regel im Jugendhaus. Läuft jedoch seine Strafe erst nach Jahren ab oder macht er sich eines Vergehens in der Anstalt schuldig, wird er dem normalen Strafvollzug zugeführt.

Innerhalb der Jugendhäuser gibt es Berufsschulen und Arbeitsstätten für die Berufsausbildung. In den Zeugnissen wird als Lehrwerkstätte „VEB Lehrwerkstatt Jugendhaus . . ." angegeben. Als Erziehungsberechtigter zeichnet der Anstaltsleiter. Der größte Teil der Jugendlichen braucht bei guter Führung nicht die ganze Strafe abzusitzen. Die VP-Angehörigen des Innendienstes eines Jugendhauses werden Erzieher genannt. Sie versehen an sich den gleichen Dienst wie in einer normalen Haftanstalt. Die eigentliche Erziehung und Ausbildung ist Berufsschullehrern und Handwerksmeistern übertragen, die Zivilangestellte der VP sind. Ziel des Jugendstrafvollzuges ist es, die Jugendlichen zu „sozialistischen Menschen" zu erziehen. Die jugendlichen Häftlinge sind in Ausbildungsgruppen von je 20 Mann eingeteilt. Jeder Ausbildungsgruppe sind zwei Erzieher zugewiesen. Jede Gruppe hat einen sogenannten Gruppenältesten und dessen Stellvertreter, die für alles verantwortlich sind, was in der Gruppe geschieht. Die Gruppenältesten und Stellvertreter sämtlicher Gruppen eines Jugendhauses bilden den sogenannten Gruppenrat, der etwa eine kleine Häftlingsselbstverwaltung darstellt. Der Gruppenrat kümmert sich z. B. um den Küchenzettel, Sportwettkämpfe innerhalb der Anstalt und verhängt Hausstrafen für kleinere Disziplinarvergehen.

Die Jugendhäuser entsprechen nicht unseren Jugendhöfen, für die es in der „DDR" Jugendwerkhöfe gibt. Man kann die Jugendhäuser etwa als Gefängnisse für Jugendliche bezeichnen; allerdings nicht mit einem so strengen Einschluß. Da nach dem Jugendgerichtsgesetz (JGG) schwere Straftaten, zu denen auch politische „Verbrechen" gehören, nach dem Erwachsenenstrafrecht behandelt werden, sind in den Jugendhäusern fast keine Jugendlichen, von denen man sagen kann, daß sie aus politischen Gründen einsitzen.

Die Kirche in den Haftanstalten

Der Häftling einer sowjetzonalen Anstalt hat an sich Anspruch auf geistlichen Beistand. Der Kirchgang wird aber in allen Anstalten stark eingeschränkt; in einigen Anstalten, so in fast allen Haftarbeitslagern, hat es nie einen Gottesdienst gegeben. Um kirchliche Andachten einzuschränken, haben die Anstaltsleitungen verschiedene Mittel. So werden unzureichende Räumlichkeiten zur Verfügung gestellt, ungünstige Zeitpunkte festgelegt, in denen die Häftlinge arbeiten müssen, und angedeutet, daß ein Besuch der Gottesdienste natürlich in die Führungsakte des Häftlings eingetragen wird. Der Häftling ist sich darüber im klaren, daß derartige Vermerke bei Anträgen auf bedingte Strafaussetzung vom Staatsanwalt nicht gern gesehen werden und mit ein Grund für eine

Ablehnung eines Gnadengesuches sein können. So sind die in unregelmäßigen Abständen stattfindenden Gottesdienste in den Anstalten meistens schlecht besucht. Hinzu kommt die „Aufklärung" in Schulungsvorträgen, an denen teilzunehmen Pflicht ist, über den „Aberglauben".

Das kulturpolitische Gesicht der Anstalt

Fast alle Anstalten haben eigene Büchereien, aus denen sich der Häftling bei guter Führung hauptsächlich sozialistische Lektüre ausleihen kann. In den Büchereien überwiegen neben wissenschaftlichen und technischen Büchern Erzählungen und Romane über den Aufbau und das Leben in der Sowjetunion. Schöngeistige Literatur ist kaum vorhanden. – Hauptlektüre der Häftlinge ist das Zentralorgan der SED „Neues Deutschland", das, ebenfalls bei guter Führung, von den Häftlingen auf eigene Kosten bezogen werden kann. Zur Information gibt es weiter in einigen Anstalten Lautsprechersysteme, durch die Nachrichten, Kommentare und Berichte sowjetzonaler Sender übertragen werden. – In unregelmäßigen Abständen werden in den Anstalten Filme vorgeführt, die das „sozialistische Bewußtsein heben". Es handelt sich hauptsächlich um sowjetische Filme und einige DEFA-Produktionen, wie z. B. der Ernst-Thälmann-Film. Nebenher läuft die sowjetzonale Wochenschau „Der Augenzeuge".

Zeitweilig hat es in den Anstalten sogenannte Kulturgruppen gegeben, die Lieder sozialistischen Inhalts übten und sozialistische Theaterstücke zu politischen Feiertagen aufführten. In einigen Anstalten gab es auch Kirchenchöre für die Gottesdienste, die sich ziemlich lange halten konnten. Hauptsächlich aus optischen Gründen für Kommissionen und Journalisten legten sich große Anstalten einen Volleyplatz zu, den die Häftlinge zeitweilig benutzen konnten.

Ab etwa 1955/56 wurden die als Vergünstigung angesehenen Kulturgruppen nach und nach eingeschränkt und 1957 eingestellt. Die in einigen Haftarbeitslagern durch Übersollerfüllung der Häftlinge angeschafften Fernsehgeräte wurden wieder eingezogen. An Stelle der Kulturgruppen traten eine Art Schulungsabende, in denen Referenten der VP oder anderer Institutionen Vorträge über Themen wie: „Das Suezabenteuer", „Sozialismus im Aufbau" u. ä. halten. Hinzu kommen Vorträge rein fachlicher Art über neue Arbeitsmethoden und eine Art Werkstunde über die in der jeweiligen Anstalt produzierten Waren. Die Teilnahme an diesen Vorträgen ist Pflicht. Die Vorträge finden in unregelmäßigen Abständen statt.

Nach der Entlassung

Die Entlassung eines Häftlings erfolgt nur auf schriftliche Anweisung der Staatsanwaltschaft, bei der vorher telefonisch eine Bestätigung einzuholen ist. Diese Sicherung ist eingeführt worden, nachdem es westlichen Widerstandsorganisationen gelungen war, einige politische Häftlinge „auf schriftlichem Wege" zu entlassen. Einige Wochen vor der Entlassung der Häftlinge begannen die sogenannten Entlassungsgespräche, die in einem Vordruck SV 18 protokollarisch von einem Offizier der Anstalt geführt und festgehalten werden. Im SV 18 werden die ganzen Stationen des Häftlings während seiner Haft mit Beurteilung, Hausstrafen, Krankengeschichten usw. zusammengefaßt. Ziel der Entlassungsgespräche ist die politische Beurteilung des Häftlings („ob die Erziehungsmaßnahme der Freiheitsentziehung Erfolg gehabt hat") und die reibungslose Eingliederung des Häftlings in das normale Leben und vor allem in den Arbeitsprozeß. Mit dieser Maßnahme soll der Flucht der Häftlinge nach

Westberlin entgegengetreten werden. Die SV-Dienststelle gibt deshalb neben dem zuständigen VPKA der Abteilung für innere Angelegenheiten beim Rat des Kreises Nachricht von der bevorstehenden Entlassung. Diese Abteilung soll, soweit nicht vorhanden, für Wohnraum sorgen und einen Arbeitsplatz beschaffen. In der Regel lädt diese Abteilung den ehemaligen Häftling nach ein paar Tagen zu einer „zwanglosen Unterhaltung" zu sich und bietet ihre Hilfe an. So gut sich die Fürsorge für den ehemaligen Häftling auf dem Papier auch ausnimmt, so schlecht ist ihre Durchführung. Dies liegt einerseits an der großen Fluchtbewegung unter den ehemaligen Häftlingen und ihrem Mißtrauen gegenüber den Behörden und andererseits an den volkseigenen Betrieben und teilweise sogar den Abteilungen „Innere Angelegenheiten" selbst, die in dem ehemaligen Häftling noch immer den Staatsfeind sehen und ihn nicht in einem staatlichen Betrieb einstellen wollen. Da einige Behörden ehemalige Häftlinge sogar regelrecht aus der „DDR" vergraulten, kam es auf diesem Gebiet 1956 zu einer kleinen Pressekampagne, in der von seiten der Häftlinge und auch der Staatsanwaltschaft eine bessere Behandlung nach der Entlassung gefordert wurde. Seit dieser Zeit ist in der Sowjetzonenpresse über das Thema „Strafvollzug" völliges Schweigen zu verzeichnen.

Nach der Ergänzung des Paßgesetzes im Dezember 1957 hat die Fluchtbewegung unter den Häftlingen ziemlich stark nachgelassen, da sie bei einer Verurteilung nach dem Paßgesetz automatisch die auf Bewährung ausgesetzte Reststrafe mit verbüßen müssen. Hieran erkennt man einen Grund für die gern angewandte Praxis, dem Häftling nach § 346 StGB (Ost) die geringe Reststrafe mit mehrjähriger Bewährungsfrist zu erlassen: Der Entlassene soll unter der ständigen Angst, seine Reststrafe abbüßen zu müssen, im Sinne der SED politisch einwandfrei leben. Das bedeutet, daß sich der ehemalige politische Häftling in gewissem Umfange an politischen Veranstaltungen beteiligt („um nicht aufzufallen") und jeder politischen „negativen Diskussion" aus dem Wege geht, um nicht wegen „Staatsverleumdung" zu einigen Monaten Gefängnis verurteilt zu werden und ein bis zwei Jahre Reststrafe abbüßen zu müssen.

Die System- oder besser Sinnlosigkeit bei den meisten Verhaftungen und Verur-

Dokumentation

Sowjetregierung amnestiert deutsche Strafgefangene

Das Presseamt beim Ministerpräsidenten der Deutschen Demokratischen Republik teilt mit:

Die Regierung der Sowjetunion hat den Beschluß über die vorfristige Entlassung aus den Gefängnissen der Deutschen Demokratischen Republik derjenigen deutschen Bürger gefaßt, die von den sowjetischen Militärgerichten in Deutschland nach dem 9. Mai 1945 für die von diesen Personen verübten Kriegsverbrechen und Verbrechen gegen die Besatzungsmächte verurteilt wurden.

Entsprechend diesem Beschluß unterliegen der Entlassung aus den Gefängnissen der DDR 6143 Menschen, das heißt der größte Teil der im Gefängnis befindlichen Personen, die von sowjetischen Militärgerichten in der Zeit nach dem 9. Mai 1945 verurteilt wurden, mit Ausnahme derjenigen Personen, die besonders schwere Verbrechen verübt haben und eine Gefahr für die friedliche und demokratische Entwicklung der Gesellschaft sind.

Die Entlassung wird durch die Organe des Innenministeriums der DDR durchgeführt.

Die zur Entlassung kommenden Personen werden als gleichberechtigte Bürger der DDR behandelt.

„Tägliche Rundschau", 17. Januar 1954.

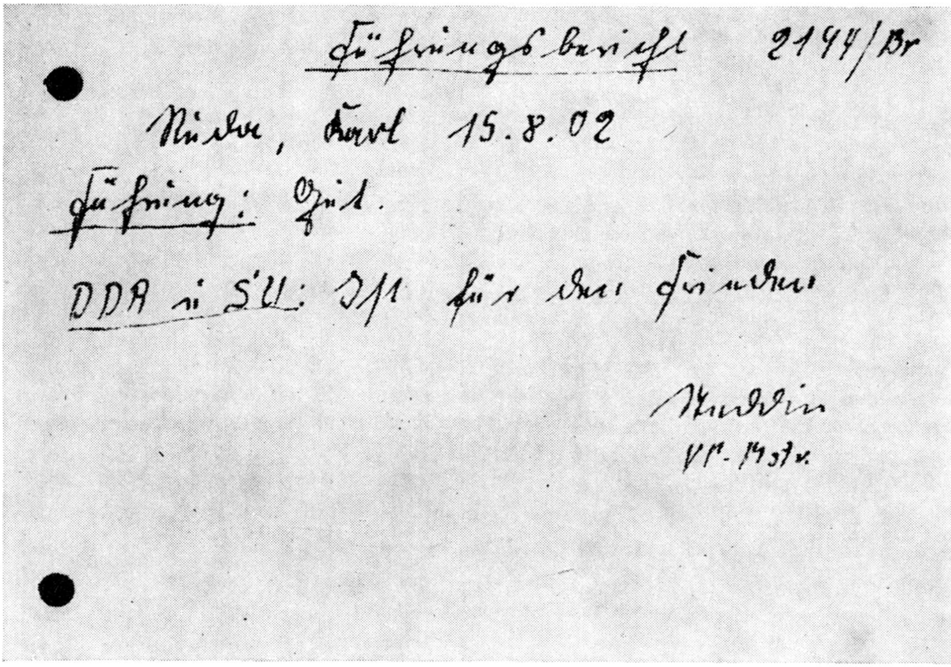

Führungsbericht 2144/Br

Rieder, Karl 15.8.02

Führung: Gut.

DDR u. SU: Ist für den Frieden

Steddin

VP-Mstr.

„Führungsbericht“ aus der StVA Brandenburg, der von dem damaligen Kommandoleiter, VP-Meister Steddin, für ein Führungszeugnis gefertigt wurde. Derartige Beurteilungen bilden die Unterlage für einen Gesamtführungsbericht der Anstaltsleitung bei Anfragen der Staatsanwaltschaft. Das Führungszeugnis ist dann Grundlage für die Entscheidung des Staatsanwaltes, ob der Häftling vorzeitig aus der Haft entlassen werden kann.

teilungen in der SBZ wirkt sich auch bei den Entlassungen aus. Insbesondere bei den SMT-Verurteilten hat es massenhaft Fälle gegeben, in denen höher Bestrafte eher entlassen wurden als Minderbestrafte aus dem gleichen Prozeß. Auch Häftlinge, die wegen wirklicher Verbindung zu irgendeiner Organisation der Bundesrepublik verurteilt worden waren, kamen oft eher frei als ein kleiner Mann, der einmal auf Pieck geschimpft und die gleiche Strafe erhalten hatte. Am auffallendsten zeigte sich die Sinnlosigkeit des sowjetischen Strafsystems im Herbst 1955, als die letzten Kriegsgefangenen (im sowjetischen Terminus „Kriegsverbrecher") aus der UdSSR entlassen wurden. Unter ihnen befanden sich Hunderte von politischen Häftlingen, die als angebliche Rädelsführer in die UdSSR verschleppt worden waren und nun freikamen, während ihre „Tatgenossen" noch in den Zuchthäusern der „DDR" schmachteten.

Auch in der heutigen Gnadenpraxis der sowjetzonalen Justiz gibt es ähnliche Fälle. Abgesehen vom „politisch richtigen Zeitpunkt", der bei der Erstellung eines Gnadengesuches wichtig sein kann, ist es vorgekommen, daß der Hauptangeklagte mit einer höheren Strafe eher freikam als der minderbestrafte Mitangeklagte, weil dessen Führung in der Haft angeblich zu Beanstandungen Anlaß gab. Wie weit außerdem völlig außerhalb des Gnadenverfahrens liegende Dinge eine Rolle spielen können, zeigt die Praxis der Rechtsabteilung der Präsidialkanzlei des Präsidenten der „DDR". Die Sachbearbeiter müssen genaue Angaben in Prozenten über ihre Tätigkeit machen. Es kann dann vorkommen, daß „von oben" eine Drosselung der Gnadenerweise auf soundsoviel Prozent angeordnet wird. Das Gnadengesuch der Angehörigen eines politischen Häftlings wird dann abgelehnt, obwohl es im Vormonat womöglich glatt befürwortet worden wäre.

Dokumentation

Vor Beendigung der Strafzeit

Berlin (eb). Der Minister des Innern teilt mit:

Eine Anzahl von Personen, die wegen ihrer Tätigkeit für verschiedene ausländische oder westdeutsche Agentenzentralen rechtskräftig verurteilt waren und welche behaupten, der SPD anzugehören, wurden durch den Präsidenten der Deutschen Demokratischen Republik vor Beendigung ihrer Strafzeit begnadigt.

Ihre Freilassung erfolgt als Beitrag zur Entspannung der Lage und in der Erwartung, daß die vorzeitig Freigelassenen künftig jede Verletzung der Gesetze der Deutschen Demokratischen Republik unterlassen.

Mit der Freilassung des vorzeitig zur Entlassung kommenden Personenkreises wird zugleich erwartet, daß der Parteivorstand der Sozialdemokratischen Partei Deutschlands die verbrecherische Agententätigkeit von Mitgliedern der SPD in ausländischen und westdeutschen Spionagezentralen (Gehlen-Organisation, Kaiser-Ministerium, Ostbüros) unterbindet.

Unter den Freigelassenen befinden sich auch solche früheren Mitglieder der SPD, die sich besonders schwerer Verbrechen schuldig gemacht haben, bei denen aber auf Grund ihres Verhaltens in den Strafanstalten der Deutschen Demokratischen Republik angenommen werden kann, daß sie sich einer weiteren verbrecherischen Tätigkeit enthalten.

„National-Zeitung", 28. April 1956.

Zahlen

Es ist äußerst schwer, ein genaues Zahlenbild über die politischen Häftlinge der SBZ zu erstellen. Von sowjetzonaler Seite sind natürlich kaum offizielle Zahlen genannt worden, so daß wir auf die Schätzungen der Häftlinge angewiesen sind, die sehr unterschiedlich ausfallen. Hinzu kommt die ständige Fluktuation durch Neueinlieferungen und Entlassungen, die sich kaum kontrollieren läßt. Wir können aber annehmen, daß die Höchstzahl der politischen Häftlinge in den Jahren 1950 bis 1953 bei etwa 25 000 lag. Den „Stamm" der politischen Häftlinge bildeten die etwa 14 000 ehemaligen Strafgefangenen und Internierten aus den sowjetischen KZ, zu denen die Gruppe der „Zeugen Jehovas" aus den Verhaftungswellen der Jahre 1950/51 kam.

Während in den ersten Jahren die politischen Häftlinge der SBZ von der dortigen Regierung totgeschwiegen wurden, gab man es erst 1956 indirekt zu („... Häftlinge, die wegen krimineller und anderer Vergehen verurteilt wurden ..."). In den Verlautbarungen des Ministerrates wurden aber so verschwommene Angaben gemacht, daß sich keine Schlüsse über die Gesamtzahlen der politischen Häftlinge ziehen ließen. Außerdem überschnitten sich besonders im Jahre 1956 die offiziellen Angaben über die Freilassungen, so daß sich aus diesen Quellen ein genaues Bild über die Entlassung politischer Häftlinge nicht zeichnen läßt. Wir können nur an Hand von Häftlingsangaben und einigen offiziellen Mitteilungen das folgende Bild über die Entlassungsaktionen geben:

Oktober 1950	Amnestie für 95 Jugendliche (SMT-Verurteilte) aus Torgau.
März 1951	Amnestie des Präsidenten der „DDR" anläßlich seines Geburtstages. Freilassung von 104 SMT-Verurteilten aus Untermaßfeld und 220 Jugendlichen aus Torgau. 600 Entlassungen politischer Häftlinge aus mehreren Anstalten.
Oktober 1951	Amnestie durch den Präsidenten der „DDR", durch die aber fast nur aus nichtpolitischen Gründen Verurteilte freikamen (etwa 20 000 Personen).
Oktober 1952	300 Männer und 80 Frauen aus Waldheim entlassen.
Juni 1953	Amnestie für etwa 4000 Personen, die wegen geringfügiger Strafen verurteilt wurden bzw. geringfügig verurteilt werden sollten. – Späteren Angaben nach soll sich die Zahl bis zum 1. Juli 1953 auf 7753 Personen erhöht haben.
24. Juli 1953	219 Männer und Frauen aus Waldheim entlassen.
Januar 1954	6143 SMT-Verurteilte amnestiert.
10. bis 15. Juli 1954	Entlassung von 913 Verurteilten aus den Waldheimer „Kriegsverbrecherprozessen".
7. April 1955	Entlassung von 290 SMT-Verurteilten.
5. und 7. Mai 1955	Entlassung von 681 SMT-Verurteilten.
25. Juni 1955	Entlassung von 42 SMT-Verurteilten.
Herbst 1955	Im Rahmen der Entlassungen von Kriegsgefangenen aus der UdSSR nach der Reise des Bundeskanzlers nach Moskau kom-

	men hunderte von SMT-Verurteilten frei, die bis 1954 in die Straflager verschleppt worden waren.
Dezember 1955	Amnestie von 2616 SMT-Verurteilten und Waldheimer „Kriegsverbrechern“.
April 1956	Entlassung von 88 Häftlingen, darunter des ehemaligen Justizministers Max Fechner. — Entlassung von 285 SMT- und Waldheim-Verurteilten aus der StVA Brandenburg.
April 1956	215 Kriegsverurteilte entlassen (sie waren im Dezember 1955 von den Sowjets der „DDR“ übergeben worden).
April 1956	698 SMT-Verurteilte und Waldheimer „Kriegsverbrecher“ durch Ministerratsbeschluß entlassen.
bis Juni 1956	691 Häftlinge, die früher der SPD angehörten, entlassen.
Juni bis September 1956	Truppweise Entlassungen von etwa 500 bis 600 SMT-Verurteilten.
Mai bis Dezember 1956	Entlassung von etwa 6000 politischen Häftlingen.

Neben den Amnestien kam es auch zu Einzel- und Gruppenentlassungen politischer Häftlinge, die auf Grund genereller Urteilsüberprüfungen stattfanden.

Die sowjetzonalen Haftanstalten

Auf dieser Karte sind die Untersuchungshaftanstalten der Volkspolizei und des Staatssicherheitsdienstes nicht berücksichtigt.

Die einzelnen Haftanstalten

Die folgende Aufstellung der Haftanstalten der SBZ soll stichwortartig einen kurzen Überblick über die Lebensverhältnisse des Häftlings geben.

Die Gesamtbelegungszahlen sind auf Grund von Nachforschungen und Befragungen entlassener Häftlinge ziemlich genau ermittelt worden.

Bei den Angaben über den Anteil der politischen Häftlinge handelt es sich um Schätzungen von ehemaligen Häftlingen, die einen gewissen Überblick in der Anstalt hatten. Die Schwierigkeit bei der Beschaffung der Zahlen lag hauptsächlich darin, daß die VP keinen Unterschied zwischen politischen und kriminellen Häftlingen macht.

Hinzu kommt die Gruppe der sogenannten Wirtschaftsverbrecher, deren Verurteilung durchaus politischen Charakter (z. B. willkürliche „Aufdeckung" von Steuerhinterziehungen oder „Warenhortungen" als Vorwand zur Verurteilung und damit Enteignung des Betriebes) aber auch kriminelle Grundlagen haben kann. Diese Wirtschaftsfälle lassen sich meistens nur von Fall zu Fall beurteilen. Eine weitere Schwierigkeit bei den Schätzungen sind die Kriminellen, die sich als politische Häftlinge ausgeben, um ein besseres Ansehen zu haben.

In langen Gesprächen mit entlassenen Häftlingen fast aller Stationen und Werkstätten in den Anstalten wurde versucht, diese Fehlerquellen auszuschließen. Die bei den einzelnen Anstalten angegebenen Zahlen dürften deshalb stimmen.

Mit Stand vom 31. Dezember 1957 ergibt sich somit folgendes Bild:

a) Strafvollzugsanstalten

StVA Altenburg

Altenburg, Ernst-Thälmann-Platz 1
Postanschrift für Häftlinge: Altenburg, Schließfach 133
Leiter: Oberleutnant Hugo Friedrich

In der ehemaligen Justizhaftanstalt sind 180 weibliche Häftlinge untergebracht, von denen etwa 10 aus politischen Gründen einsitzen. Die Frauen arbeiten in zwei Werkstätten: etwa 30 Frauen stellen Einzelteile für Bügeleisen, Staubsauger und andere elektrische Geräte für den VEB Elektrowärme Altenburg, Altenburg, Karl-Liebknecht-Str. 1, her; etwa 20 Frauen nähen Militärstiefel. Alle anderen Frauen stehen nicht in Arbeit.

StVA Bautzen

Bautzen, Gabelsbergerstraße 1
Postanschrift für Häftlinge: Bautzen, Schließfach 100/I
Leiter: Oberstleutnant Schuster

Die ehemalige Landesstrafanstalt wurde 1945 von den Sowjets als Internierten- und Strafgefangenen-KZ eingerichtet. Am 15. Februar 1950 übergaben die Sowjets mit der Anstalt 4000 Häftlinge an die VP. Erster Anstaltsleiter wurde der VP-Kommandeur Reschke, der vom VP-Inspekteur Bausch abgelöst wurde. Dann wurde die Anstalt von dem VP-Inspekteur Fritz Schuster geleitet.

Am 1. März 1950 setzte die VP-Anstaltsleitung die sowieso schon kargen Verpflegungssätze der Häftlinge herab. Die Häftlinge, die gehofft hatten, daß sich ihre Lage unter deutscher Beaufsichtigung bessern würde, entschlossen sich am 13. März 1950 zu einer Demonstration. Sie öffneten die Zellenfenster und riefen immer wieder: „Wir haben Hunger!" und „Wir fordern Kontrolle durch das Rote Kreuz!" Die Anstaltsleitung reagierte mit dem Entzug der Warmverpflegung für einen Tag. Nachdem die Häftlinge

Strafvollzugsanstalt Bautzen

die Erfolglosigkeit ihrer Aktion einsehen mußten, entschlossen sie sich am 31. März 1950 zu einer erneuten Hungerdemonstration. Diesmal griff die Anstaltsleitung rigoros durch. Unter Leitung des VP-Rates Gustav Schulz („Hundeschulz") rückte ein starkes VP-Kommando in die Anstalt ein und schlug die Gefangenen mit Gummi- und Holzknüppeln regelrecht zusammen. Mit Feuerwehrschläuchen wurden ganze Säle unter Wasser gesetzt. Nach den übereinstimmenden Berichten der Häftlinge kam es dem Schlägerkommando nicht darauf an, irgendwelche Rädelsführer zu fassen, sondern ein Exempel zu statuieren. Nur so kann man es sich erklären, daß die bettlägerigen Häftlinge im Lazarett in ihren Betten ebenfalls mißhandelt wurden. Die Zahl der Verletzten wird sich wohl nie genau feststellen lassen. Es wurden rund 80 Schwerverletzte gezählt. Einem Häftling war ein Auge ausgeschlagen worden, ein anderer erlitt eine so schwere Rückgratverletzung, daß er sein Leben lang nicht mehr sitzen kann. Trotz dieser schweren Verletzung wurde der Häftling erst 1954 entlassen.

Bis 1953 gehörten auch in Bautzen Mißhandlungen zur Tagesordnung. Besonders nach Fluchtversuchen wurden wieder eingefangene Häftlinge mißhandelt. Nach einem Ausbruchversuch von etwa 150 Häftlingen am 20. Juni 1951 mußten die ins Lager zurückgebrachten Häftlinge im Laufschritt mit Schubkarren große Steine, Sand und Zement heranfahren und den von ihnen gebauten unterirdischen Gang zuschippen. Sie wurden dabei mißhandelt.

Ähnlich erging es sieben Häftlingen, die am 3. Juli 1953 aus dem damaligen Außenkommando Rothenburg bei Niesky (Flugplatzbau) flüchteten. Zwei von ihnen wurden auf der Flucht erschossen, die fünf anderen auf dem Wege zurück ins Lager schwer mißhandelt.

Als besondere Schläger unter dem Wachpersonal sind bekanntgeworden: VP-Unterleutnant Erwin Meier („Knüppelmeier"), Unterleutnant Gustav Bitterlich, Hauptwachtmeister Wolfgang Liedtke („Fisch"), Leutnant Paul Lorenzkowski („Mann ohne Herz"), Hauptwachtmeister Johannes Treutscher („Knochenkarl").

Die Anstalt ist zur Zeit mit etwa 900 männlichen Häftlingen belegt, von denen etwa 300 aus politischen Gründen einsitzen.

Außer dem Lager Rothenburg (1953 aufgelöst) gehörte bis zum Februar 1956 noch das Internierungslager Neschwitz bei Bautzen zur Anstalt, in dem internierte Ausländer untergebracht waren. Es handelte sich hauptsächlich um geflüchtete Polen und Tschechen, die auf ihrer Flucht aus ihrer Heimat nach Westberlin oder in die Bundesrepublik von der VP gefaßt worden waren und bis zu ihrer Übergabe an die Behörden ihrer Heimatländer interniert wurden.

Hauptproduktionsstätte der StVA Bautzen ist das Konstruktionsbüro, in dem Häftlinge verschiedene Konstruktions- und Übersetzungsarbeiten ausführen. Folgende VEB ließen oder lassen z. Z. noch Arbeiten durch Häftlinge ausführen:

VEB Zentrales Entwicklungs- und Konstruktionsbüro Kamenz;

VEB Rostbeschicker und Förderanlagen Bautzen, Wilthener Straße 44;

VEB Stahlbau Lautawerk, Hohenbocka-Hosena (Lausitz);

VEB Zentrale Entwicklung und Konstruktion Halle, Stalinstraße 149;

VEB Fortschritt Erntebergungsmaschinen Singwitz und Neustadt (Sachsen);

VEB Sachsenwerk, Radeberg;

VEB Waggonbau Görlitz, Görlitz, Brunnenstraße 11;

VEB Maschinen- und Apparatebau Schkeuditz, Kurt-Berger-Straße 10–12;

VEB Wissenschaftlich-Technisches Büro für Kraftmotoren, Berlin-Adlershof, Rudower Chaussee 26–30;

VEB Automobil-Fabrik AWE Eisenach, Friedrich-Naumann-Straße 11;

VEB Webstuhlbau Neugersdorf, Robert-Koch-Straße 2–4 (bis 31. Dezember 1955);

VEB Verlag Technik, Berlin NW 7, Unter den Linden 12;

VEB Papierverarbeitungsmaschinenwerk Perfekta, Bautzen, Schefferstraße 44;

VEB Druckmaschinen Viktoria, Heidenau (Sachsen), (bis 1955);

VEB Radebeuler Maschinenfabrik Radebeul I, Stalinstraße 17;

VEB Motorenwerke Cunewalde, Obercunewalde (Lausitz);

VEB Kleidermacher Dresden, Dresden N 6, Katharinenstraße 4;

VEB Optima Büromaschinenwerk Erfurt, Mainzer Hofplatz 13;

VEB Holzverarbeitung Wersdorf (Thüringen);

VEB Fachbuchverlag Leipzig, Leipzig W 31, Karl-Heine-Straße 16;

VEB Industriewerk Dresden (bis 31. Mai 1956);

Zentrales Konstruktionsbüro für elektrische Geräte (ZKE), Pirna-Sonnenstein (bis 31. Dezember 1955);

VEB Leinen- und Baumwollweberei Wersdorf über Neukirch (Lausitz);

VEB Carl Zeiss, Jena.

Die StVA Bautzen war zeitweilig Haftanstalt für „Schwerkriegsverbrecher". Bei den „Schwerkriegsverbrechern" handelt es sich um 3 weibliche und 55 männliche politische Häftlinge und 213 Kriegsgefangene, die nach dem Besuch des Bundeskanzlers in Moskau nach Deutschland zurückgeführt wurden. Sie trafen in fünf G-Wagen am 17. Dezember 1955 über Fürstenwalde, Cottbus, Petershain und Hoyerswerda in Bautzen ein. Die ganze Strecke war durch VP abgesperrt. Alle Reisenden mußten die Bahnsteige verlassen. Um zu verhindern, daß die Häftlinge Nachrichten aus dem Zuge warfen, wurden alle vom Zug aufgewirbelten Papierschnitzel sichergestellt. Vermutlich als Sicherung fuhr eine einzelne Lokomotive vor dem Zuge her. Außerdem befand sich in der Mitte des Zuges ein offener Wagen mit sowjetischer MG-Besatzung. Um zu verhindern, daß die Namen der Gefangenen bekannt wurden, erhielt jeder Häftling bei der Einlieferung in Bautzen eine Nummer, unter der er durch die verschiedenen Aufnahme- und Registrierstellen der StVA geschleust wurde. Es kam hierbei zu Zusammenstößen mit der VP, die von den Gummiknüppeln Gebrauch machte, als den Häftlingen die an der sowjetisch-polnischen Grenze eingetauschten Lebensmittel und Bedarfsgegenstände weggenommen wurden. Die „Kriegsverbrecher" wurden zunächst im Haus II von den übrigen Häftlingen streng isoliert. Nach einiger Zeit wurden jedoch die meisten von ihnen entlassen. Der Rest, 32 Häftlinge, wurde unter strenger Isolierung nach Brandenburg gebracht und sitzt dort noch in Einzelhaft.

Dokumentation

„Ich war in der StVA Berlin I in der Röntgenabteilung des Lazaretts eingesetzt und kann angeben, daß sich am 20. März 1958 in dieser Anstalt 119 Tbc-Kranke befanden, von denen etwa 29 an offener Tbc litten. Im Februar 1958 wurden etwa 18 Tbc-Kranke in das HKH Waldheim verlegt. Die Verlegung stand offensichtlich mit einem Besuch des Generalstaatsanwaltes Melsheimer mit einer Gesundheitskommission in Verbindung, der kurz nach der Verlegung erfolgte."

Aussage des ehemaligen Häftlings Erich N. am 10. Juni 1958.

StVA Berlin I

Berlin-Lichtenberg, Hauptstraße 8

Postanschrift für Häftlinge: Berlin-Lichtenberg 4, Schließfach 11

Leiter: Hauptmann Hahn

Das ehemalige Strafgefängnis Berlin-Rummelsburg am Rummelsberger See in Berlin-Lichtenberg liegt nur wenige Kilometer von der Sektorengrenze nach Westberlin entfernt. Die VP behält deshalb in dieser Anstalt nach Möglichkeit keine politischen Häftlinge, die eine langjährige Freiheitsstrafe zu verbüßen haben. In der Anstalt sind etwa 1300 Häftlinge untergebracht, von denen etwa 450 aus politischen Gründen einsitzen.

Durch einen Neubau mit Arbeitsräumen und Maschinensälen wurde die StVA zu einem großen Produktionsbetrieb ausgebaut. Die Häftlinge sind für folgende volkseigene Betriebe tätig:

VEB Berliner Werkzeugmaschinenfabrik (BWF), Berlin O 17, Krautstraße 52;

VEB Fahrzeug- und Gerätewerk Simson, Suhl (Thüringen);

VEB Berliner Mode, vorm. VEB Fortschritt, Werk III, Berlin O 17, Rungestraße 25–27;

VEB Elektro-Apparatewerk „J. W. Stalin", Berlin-Treptow, Hoffmannstraße 15–26;

VEB Akkumulatorenwerk (AGFO), Berlin-Oberschöneweide, Wilhelminenhofstraße 69;

VEB Kühlautomat, Berlin-Johannisthal, Segelfliegerdamm 27–28;

VEB Verlag Technik, Berlin NW 7, Unter den Linden 12;

VEB Großdreschmaschinenbau „7. Oktober", Berlin-Weißensee, Gehringstraße 39;

VEB Wälzlagerfabrik, Berlin-Lichtenberg, Rittergutstraße 44–46;

VEB Schleifmaschinenwerk Berlin, Berlin O 17, Köpenicker Straße 46;

VEB Bahnsicherungs- und Gerätebau, Berlin N 54, Fehrbelliner Str. 47 (bis April 1956);

VEB Werk für Fernmeldewesen, Berlin-Oberschöneweide, Ostendstraße 1–5;

VEB Tadellos, Erste Berliner Wäschefabrik, Berlin NO 55, Immanuelkirchstraße.

Außerdem führten Häftlinge Arbeiten für das MdI im Konstruktionsbüro durch. 1956 wurden die Arbeiten für den Umbau des Flugplatzes Schönefeld bei Berlin abgeschlossen. Sie umfaßten sämtliche Planungen und architektonischen Entwürfe im Hoch- und Tiefbau.

Bis zum 1. Januar 1954 lieferte die Bäckerei der Anstalt Backwaren für verschiedene Krankenhäuser in Ostberlin. Diese Arbeiten, bei denen bis zu 10 t Mehl täglich ver-

Teilansicht der Strafvollzugsanstalt Berlin I.

braucht wurden, wurden eingestellt, weil man befürchtete, daß die Häftlinge mit der Backware irgendwelche Seuchen verbreiten könnten. Zur Zeit arbeitet die Bäckerei nur für die Anstalt selbst und die StVA Berlin II.

Als Schläger unter dem VP-Personal sind in dieser Anstalt bekanntgeworden: der stellvertretende Anstaltsleiter Hauptmann Willi Bickel, VP-Meister Karl Krause, Oberwachtmeister Walter Runge, Oberwachtmeister Willi Schulze („Portierschulze"), VP-Meister Karl Steffin und Leutnant Albrecht Tschorn. Die StVA Berlin I ist Mutteranstalt für die MfS-HA Berlin-Hohenschönhausen (siehe unter Anstalten des MfS).

StVA Berlin II

Berlin NO 18, Barnimstraße 10
Postanschrift der Häftlinge: Berlin NO 18, Schließfach 4
Leiterin: Major Hedwig Scholz

Das ehemalige Frauengefängnis ist mit etwa 450 weiblichen Häftlingen belegt, von denen etwa 130 aus politischen Gründen einsitzen. Außerdem sind noch rund 24 männliche Häftlinge in der Anstalt, die den technischen Dienst in den Handwerksbetrieben versehen. Die Belegung dieser Anstalt schwankt sehr, da in diese Anstalt zunächst alle Frauen eingeliefert werden, die bei Schmuggelfahrten mit Lebensmitteln und Gebrauchsgegenständen von und nach Westberlin durch das AZKW gestellt werden. Politische Langstrafer werden auch von dieser Anstalt nach Möglichkeit in die StVA Hoheneck abgeschoben.

Die Häftlinge arbeiten für folgende VEB:

VEB Berliner Bekleidungswerk Herrenmode (Fortschritt II), Berlin NO 55, Greifswalder Straße 212/13;
VEB DEGUFA, Deutsche Gummiwarenfabrik, Berlin-Weißensee, Gustav-Adolf-Straße 115;
VEB Druckguß, Berlin-Weißensee, Liebermannstraße 87–93;
VEB Venetia, Marmeladen- und Zuckerfabrik, Berlin-Lichtenberg, Rittergutstr. 31–34;
VEB Eltros, Berlin N 58, Kastanienallee 32.

Standortarrestanstalt der VP

Berlin-Köpenick, Mandrellaplatz 6

In dem ehemaligen Amtsgerichtsgefängnis Köpenick befindet sich die sogenannte Standortarrestanstalt, die man etwa als U-Haftanstalt für VP-Angehörige bezeichnen kann. Die straffällig gewordenen Vopos bleiben hier bis zu ihrer Verurteilung – sofern sie nicht in politischen Strafsachen dem MfS überstellt werden – und werden dann dem normalen Strafvollzug zugeführt.

StVA Brandenburg

Brandenburg-Görden, Anton-Saefkow-Allee 22
Postanschrift für Häftlinge: Brandenburg-Görden, Schließfach 66
Leiter: Major Robert Schroetter

Westlich des Stadtgebietes von Brandenburg liegt im Brandenburger Stadtforst das im Jahre 1923 erbaute modernste Zuchthaus Deutschlands. Die für 1000 Häftlinge gebaute Anstalt wurde 1945 zunächst von der sowjetischen Besatzungsmacht mit Angehörigen der ehemaligen „Wlassow-Armee" und „Ostarbeitern" belegt. Durch Kriegs-

Die Frauen-Strafvollzugsanstalt Berlin II in der Barnimstraße. Die Mauern sind weiß getüncht, um Flüchtige leichter erkennen zu können.

einwirkungen und Demolierungen durch die Nazi-Häftlinge während und nach ihrer Befreiung waren verschiedene Zuchthausgebäude und -flügel zerstört und unbenutzbar geworden. Am 16. Juni 1949 übernahm die sowjetzonale Justiz die Anstalt. Unter Leitung des ersten Direktors Schulz besserten Häftlingskommandos aus dem Arbeitslager Rüdersdorf notdürftig die Schäden aus und richteten die Anstalt für den Strafvollzug wieder her. Unter den Strafvollzugsoberinspektoren Lichtwald (1949), Wienke (1950) und Ministerialrat Paul Locherer wurde dieses Flickwerk langsam fortgesetzt. Nachdem Locherer wegen „humaner Behandlung der Häftlinge" abgesetzt worden war, übernahm der Regierungsrat Hans Bergelt die Anstalt, der bei der Übergabe an die VP am 1. Juli 1950 zum VP-Kommandeur avancierte. Er übergab 3002 Häftlinge an die VP. Die Anstalt war also zu diesem Zeitpunkt dreifach überbelegt. Die Bewachung und Aufsicht der Häftlinge, die bisher von 180 Justizbeamten wahrgenommen worden waren, übernahmen 350 VP-Angehörige. Der größte Teil der kriminellen Häftlinge wurde sofort in kleinere Anstalten verlegt. Die Zellen wurden wieder mit 2000 politischen Häftlingen belegt, die von sowjetischen Militärtribunalen und den Waldheimer Sonderstrafkammern zwischen 18 Jahren und lebenslänglichem Zuchthaus verurteilt worden waren. Ende 1950 übernahm der damalige VP-Inspekteur Heinz Marquardt die Anstalt. Seinen VP-Angehörigen sagte er bei der Übernahme:

> „Wir müssen lernen, die Gefangenen zu hassen. Wir wollen wieder aus diesem Haus ein Zuchthaus machen und kein Sanatorium. Die Erfahrung hat gelehrt, daß gerade die Männer, die bei den Nazis im KZ gesessen haben, einen humanen Strafvollzug durchführen wollen. Dies zeigt uns aber, daß gerade diese Männer nicht die politische Reife besitzen und einsehen, daß sie einen harten Strafvollzug durchführen müssen."

Es verwundert nicht, daß auf Grund dieser Einstellung des Anstaltsleiters den Schikanen des Wachpersonals Tür und Tor geöffnet wurden. Mißhandlungen waren an der Tagesordnung.

Zu den Schlägern in dieser Anstalt gehören: VP-Oberwachtmeister Ernst Blaffert, Leutnant Karl Gutstein, VP-Meister Rolli Laier („Schielewipp"), Hauptwachtmeister Ernst Kordatzki, Oberwachtmeister Ernst Reihs, Leutnant Alwin Pepper („Remisenkater"), Hauptwachtmeister Friedrich Murk, Leutnant Paul Mielke, Meister Ernst Seidel („Saukopf"), Hauptwachtmeister Werner Rosenthal und Leutnant Helmut Töppich („Icke").

Zur Anstalt gehörte bis Oktober 1953 das Frauenlager Heidekrug, das anschließend bis 1957 Jugendhaus war.

Die letzten weiblichen Häftlinge, 16 SMTer und 22 andere politisch Verurteilte, wurden am 30. April 1956 aus Brandenburg in die Frauen-StVA Halle I verlegt. Zur Zeit befinden sich in der Anstalt nur männliche Häftlinge und zwar 1680, von denen rund 700 aus politischen Gründen einsitzen. Vom Januar 1954 bis August 1956 war das Haus IV der Anstalt die Isolierstation für etwa 150 politische Häftlinge, die auf Anordnung des MfS von den anderen Häftlingen getrennt und besonders streng bewacht wurden. Es hat sich hier um ehemalige Partei- und Regierungsfunktionäre (Dertinger, Hamann u. a.), frühere Angehörige des MfS und für besonders gefährlich gehaltene ehemalige Widerstandskämpfer gehandelt. Außerdem sollen in dieser Zeit etwa zehn zum Tode verurteilte Häftlinge bis zu ihrer vermutlichen Hinrichtung in diesem Hause gewesen sein.

Nachdem die StVA Bautzen II aufgelöst worden war, übernahm das MfS die Anstalt, wohin im August 1956 die Häftlinge des Hauses IV, insgesamt etwa 94 Männer, übergeführt wurden (siehe MfS-HA Bautzen).

Im September 1957 wurde das Haus IV erneut Isolierstation. Es liegen jetzt dort noch 26 von 32 „Schwerkriegsverbrechern“ aus der StVA Bautzen, die zu dem Dezember-Transport 1955 aus der UdSSR gehörten (siehe StVA Bautzen). Auch die StVA Brandenburg ist ein großer Produktionsbetrieb der VP. Neben Näharbeiten für die NVA werden hauptsächlich Arbeiten für den VEB Brandenburger Traktorenwerke, Brandenburg, Geschwister-Scholl-Straße 10, ausgeführt. Für dieses Werk sind innerhalb der Anstalt zwei große Montagehallen mit Gleisanschluß vorhanden.

Außerdem lassen folgende VEB in der Anstalt arbeiten:
VEB Burger Bekleidungswerk, Burg b. Magdeburg, Straße der III. Weltfestspiele 7;
VEB Holzverarbeitungswerk Burg, Martin-Luther-Straße 31;
VEB Schloß- und Metallwarenfabrik Brandenburg, Potsdamer Landstraße 8.

Das MdI gab Anfang 1958 an die StVA Brandenburg den Auftrag, bis Jahresende 160 000 Stück Kampfgruppen-Uniformen herzustellen. Anschließend wurde die gleiche Anzahl Watteanzüge bestellt, die im Winter unter der Uniform getragen werden. Die ersten in Rekordzeit hergestellten steingrauen Uniformen wurden am 1. Mai 1958 von Berliner Betriebskampfgruppen auf dem „Marx-Engels-Platz“ bei der Maiparade vorgeführt.

StVA Bützow-Dreibergen

Bützow-Dreibergen (Mecklenburg)
Postanschrift für Häftlinge: Bützow, Schließfach 6
Leiter: Hauptmann Jungen

Das ehemalige im Jahre 1894 erbaute Zuchthaus ist für eine Normalbelegung von 724 männlichen und das dazu gehörige Frauengefängnis für 240 weibliche Häftlinge eingerichtet. Zur Zeit ist die Anstalt mit etwa 780 Männern und 120 Frauen belegt, von denen rund 320 aus politischen Gründen einsitzen. Bützow wurde nach dem Zusammenbruch Strafvollzugs- und Untersuchungshaftanstalt der Justiz. Erster Anstaltsleiter wurde der Schlossergeselle Harry Frank aus Bützow, der sich als Oberregierungsrat ausgab, 1949 selbst verhaftet wurde und sich im Juni 1949 in einer Zelle der Anstalt erhängte. Sein Nachfolger wurde der Tischler Felix Raschke, der die Anstalt im Dezember 1950 der VP unter Leitung des VP-Rates Löhnig übergab. Die VP übernahm etwa 1600 männliche und 370 weibliche Häftlinge. Die Belegung stieg bis 1953 auf etwa 2500 Häftlinge an. Nachfolger von Löhnig wurde der Oberrat Wolter, dem am 8. Dezember 1952 der berüchtigte Major Ackermann folgte. Ackermann hat bis zu seiner Ablösung durch den jetzigen Anstaltsleiter im Oktober 1957 das Gesicht und darüber hinaus den Strafvollzug der SBZ wesentlich geprägt. Man kann den einäugigen Ackermann als den verrufensten Anstaltsleiter der ganzen Sowjetzone bezeichnen. Unter seiner Leitung bestand in Bützow beim Wachpersonal ein Schlägerkommando, der sogenannte Böttcherzug. Dieser Zug, unter Leitung des Leutnants Oskar Böttcher, schlug rücksichtslos alle Häftlinge zusammen, die nicht sofort den Befehlen gehorchten. Böttcher warf am 7. Juli 1952 im Beisein des Haftstaatsanwaltes Karl Kaiser aus Schwerin einen Häftling eine Treppe hinunter. Kaiser unternahm nichts gegen Böttcher und ist noch heute für die Anstalt zuständig ...

Der „Böttcherzug“ ist inzwischen aufgelöst worden. Man hat es zu toll getrieben. Böttcher wurde 1954 entlassen und ist jetzt Agronom in einer MTS in Stralsund. Zu seinem Zug gehörten noch folgende Wachtmeister, deren Namen hier festgehalten sein sollen:

Oberwachtmeister Gerhard Stüber, Oberwachtmeister Lessnow, Hauptwachtmeister Helmut Wulf, Oberwachtmeister Günter Fleck, Hauptwachtmeister Rudolf Schwarz, Unterleutnant Hans Gertz („Rotschlips"), Hauptwachtmeister Alfred Radtke („Weihnachtsmann") und Hauptwachtmeister Torban.

Wie weit diese Unmenschlichkeit von der sowjetzonalen Justiz gedeckt wird, zeigte eine Strafanzeige eines ehemaligen Häftlings gegen Stüber, der jetzt Treckerfahrer im VEB Dübelwerk Loritz, Kreis Demmin, ist.

Der Leiter der Abteilung V bei der Staatsanwaltschaft Rostock, Josef Richter, lehnte eine Strafverfolgung wegen Körperverletzung im Amt glatt ab. Eine Beschwerde des ehemaligen Häftlings beim Generalstaatsanwalt blieb ebenso erfolglos (Aktenzeichen: V – 315/56 u. B A R 50/57).

In der Anstalt lassen folgende volkseigene Betriebe arbeiten:

VEB Schiffskombinat Rostock;

VEB Kleiderwerke Güstrow, Eisenbahnstraße 16;

VEB Einheit Kataster, Schwerin;

VEB (K) „Wiko"-Korbwarenfabrikation Wittenberge, Stalinallee 14;

VEB Starkstrom-Anlagenbau Rostock, Max-Eyth-Straße 8;

und die Privatfirma Wiehr & Schacht, Bützow, Stalinstraße 38.

StVA Cottbus

Cottbus, Bautzener Straße 139
Postanschrift für Häftlinge: Cottbus, Schließfach 222
Leiter: Oberstleutnant Fritz Hagge

Im Januar 1951 wurde die Justizhaftanstalt Cottbus von der VP übernommen. Erster Anstaltsleiter wurde der VP-Oberrat Hellriegel. Die 1380 männlichen und 212 weiblichen Häftlinge waren in der für 360 männliche und 220 weibliche Häftlinge gebauten Anstalt und in dem am 13. Oktober 1949 gegründeten Außenlager Niederspree untergebracht.

Cottbus ist das zentrale Gefängnis für verschiedene Arbeitslager gewesen und ist heute noch die Hauptanstalt aller in dem großen Bauobjekt „Schwarze Pumpe" eingesetzten Häftlinge. Cottbus war Mutteranstalt für folgende Arbeitslager: Kolpendorf (Steinbruch), Drewitz (Flugplatzbau), Schacksdorf (Ziegelei), Preschen (Flugplatzbau), Rüdersdorf (Steinbruch), Fürstenberg (Eisenhüttenkombinat), Groß-Koschen (Steinbruch), Jänschwalde und „Schwarze Pumpe". Alle diese Lager sind inzwischen selbständig geworden oder wurden nach Abschluß der Arbeiten aufgelöst (siehe HAL Stalinstadt, HAL Rüdersdorf, HAL „Schwarze Pumpe" und HAL Schacksdorf). Cottbus wird zunächst auch Mutteranstalt für das im April 1958 geplante HAL Lübbenau werden, das ebenfalls zum Komplex „Schwarze Pumpe" gehört (siehe HAL Lübbenau).

In der Anstalt befinden sich z. Z. etwa 600 Häftlinge, von denen etwa 120 aus politischen Gründen einsitzen, und für folgende VEB arbeiten:

VEB Polstermöbelfabrik Cottbus (MAPO), Cottbus, Parzellenstraße 26–28;

VEB Tuchfabrik Cottbus, Ostrower Damm 17–18;

VEB FIMAG Finsterwalde, Massener Landstraße 2–3;

VEB Motorenwerke Cunewalde, Obercunewalde (Lausitz);

VEB Preßstoffwerk Spremberg, Gartenstraße 12–13.

Die sogenannte FDJ-Gruppe der Strafvollzugsanstalt Cottbus (1954).

Im Oktober 1953 traten die Häftlinge der Anstalt bis auf 65 Mann in einen Hungerstreik, der vier Tage dauerte. Von einer Delegation des Zellenhauses wurde der Anstaltsleitung die Forderung auf Überprüfung der Urteile und bessere Verpflegung und Behandlung überbracht. Nachdem etwa 50 als Rädelsführer angesehene Häftlinge in die StVA Luckau gebracht worden waren, brach der Streik zusammen. Einen Erfolg konnten die Häftlinge nicht verzeichnen.

Als besonders brutal sind in dieser Anstalt vom Wachpersonal hervorgetreten: Oberwachtmeister Artur Becker („Tom Brack"), Unterleutnant Gärtner, VP-Meister Herbert Hagemeister, Hauptwachtmeister Wilhelm Heizenreder („Narbenjimmy"), Oberwachtmeister Heinz Krüger („Kohlenkutscher") und Unterleutnant Wollny.

StVA Görlitz

Görlitz, Platz der Befreiung 18
Postanschrift für Häftlinge: Görlitz, Platz der Befreiung 18
Leiter: Hauptmann Mann

Die ehemalige Männer- und Frauenhaftanstalt ist für 250 männliche und 46 weibliche Strafgefangene eingerichtet. Zur Zeit liegen dort etwa 400 Frauen, von denen rund 120 aus politischen Gründen einsitzen. Außer dem Arbeitseinsatz von 56 Frauen für den VEB Bekleidungswerk Görlitz, Demianiplatz, werden die Frauen zu Straßenbauten und Aufräumungsarbeiten im Rahmen des Projektes „Schwarze Pumpe" eingesetzt.

Die Anstalt wurde am 17. Juni 1953 durch Demonstranten gestürmt. Es wurden alle Häftlinge befreit. Wegen des Generalstreiks konnten jedoch nur ganz wenige Häftlinge nach Berlin gelangen; alle anderen wurden wieder eingefangen oder stellten sich selbst.

Als besonders brutal haben sich in dieser Anstalt der ehemalige Anstaltsleiter Erich Protze und die Oberwachtmeisterin Margit Becker („Geyer-Wally") gezeigt.

StVA Gräfentonna

Gräfentonna, Brauhof 2
Anschrift für Häftlinge: Gräfentonna, Brauhof 2
Leiter: Oberleutnant Undeutsch

Die ehemalige Landesstrafanstalt Gräfentonna ist für 412 Häftlinge eingerichtet. Die jetzige Belegung liegt bei etwa 375 männlichen Häftlingen, von denen etwa 80 aus politischen Gründen einsitzen.

Zur Anstalt gehört ferner das Außenkommando Pöthen-Menterode (Postanschrift für Häftlinge: Obermehler 4 über Mühlhausen, Schacht Pöthen), in dem etwa 200 Häftlinge unter Tage in einem Kalischacht arbeiten. Leiter dieses Lagers ist der Leutnant Bergmann. Es ist beabsichtigt, das Lager im Laufe des Jahres 1958 zum selbständigen HAL zu erheben. Außer diesem Lager bestanden noch bis 1956 die Außenkommandos Holzthaleben (Steinbruch) und Friedrichswerth bei Eisenach (Flugplatzbau). Hauptarbeitsplatz innerhalb der Anstalt ist der sogenannte Uhrensaal, in dem die Häftlinge für die VEB Zeiss, Weimar und „Clement Gottwald", Uhren- und Maschinenfabrik, Ruhla (Thür.), arbeiten.

Außerdem schleifen sie für den VEB Zeiss Jena Achatsteine für optische Geräte. Zeitweilig lassen Arbeiten ausführen:

VEB Metallwaren-Galvanik Weimar, Erfurter Straße 84, und

VEB Schlotheimer Netz- und Seilerwarenfabrik Schlotheim (Thür.).

Als Schläger haben sich in dieser Anstalt hervorgetan: Hauptwachtmeister Helmut Dölkus und Hauptwachtmeister Alfred Sittig („Nante").

StVA Greifswald

Greifswald, Domstraße 6–7
Postanschrift für Häftlinge: Greifswald, Schließfach 200
Leiter: Hauptmann Werner Fiedler

Im Januar 1955 wurde in dem ehemaligen MfS-Gefängnis in Greifswald eine StVA eingerichtet, die der dümmliche ehemalige Politstellvertreter der StVA Brandenburg Fiedler, übernahm. Greifswald war Mutteranstalt für mehrere Arbeitslager in Vase auf Ummanz und Garz auf Usedom. Über die Anstalt liegen keine neueren Informationen vor. Sie soll zur Zeit Militärstrafanstalt sein.

StVA Halle I

Halle, Am Kirchtor 20 („Roter Ochse")
Postanschrift für Häftlinge: Halle, Schließfach 152
Leiter: Oberstleutnant Herbert Löhnig (bis 31. Dezember 1957)

Das Zuchthaus unterstand bis 1947 teilweise der Justiz, dann übernahmen die Sowjets das gesamte Zuchthaus. Der „Rote Ochse" war der Sitz des sowjetischen Militärtribunals für Sachsen-Anhalt. Später übernahm das MfS einen Block als Untersuchungshaftanstalt. Nach dem Auszug des MWD wurde das ganze Zuchthaus dem MfS unterstellt, das aber im Herbst 1952 die Blöcke B und C der VP als Strafvollzugsanstalt zur Verfügung stellte. Der Block A ist heute noch MfS-Haftanstalt.

Erster Leiter wurde der ehemalige Polizeipräsident von Halle, Inspekteur Max Bloßfeld, der für sein „vorbildliches Verhalten am 17. Juni 1953" mit dem VP-Ehrenzeichen dekoriert wurde. Bloßfeld wurde im März 1954 Anstaltsleiter in Waldheim. Unter seinem Nachfolger, Löhnig, wurde die Anstalt im Mai 1954 Frauenzuchthaus. Etwa 1200 Frauen wurden aus den Haftanstalten Zwickau, Luckau, Cottbus, Waldheim und Brandenburg nach Halle gebracht. Mit ihnen kamen auch die berüchtigten Hauptwachtmeisterinnen Lore Prager und Herta Seidel.

Die hygienischen Verhältnisse in Halle sind schlecht. Es gibt nur Kübel. Seit dem Frühjahr 1956 dürfen die Häftlinge Frauenkleider tragen. Die Anstalt ist zur Zeit mit etwa 900 Frauen belegt, von denen etwa 300 aus politischen Gründen einsitzen. Der größte Teil stellt Konfektionskleidung für den VEB Hallesche Kleiderwerke, Halle, Große Ulbrichtstraße 49–57, her.

StVA Halle II

Halle, Kleine Steinstraße 7
Postanschrift für Häftlinge: Halle, Schließfach 249
Leiter: Major Frank

Das ehemalige Frauengefängnis ist mit etwa 250 Häftlingen belegt, von denen etwa 100 wegen kleinerer politischer Vergehen (z. B. Staatsverleumdung) einsitzen. Die

Normalbelegung der Anstalt beträgt 115 Mann. Die Häftlinge arbeiten in zwei Außenkommandos in Blochau (Gleisbau für das Braunkohlenwerk Ammendorf) und Plötz (Hohlblockstein-Herstellung).

Am 17. Juni 1953 wurde die Anstalt, in der zu dem Zeitpunkt 400 Frauen einsaßen, bei einem zweiten Versuch von Demonstranten gestürmt. Obwohl das Wachpersonal einige Schüsse abgab, wurden sämtliche Häftlinge befreit und mit Personalausweisen versehen. Bei den Tumulten soll Gerüchten nach eine Wachtmeisterin erschlagen worden sein. Wieviele von den befreiten Häftlingen von der VP eingefangen werden konnten, ist nicht bekannt.

StVA Hoheneck

Stollberg (Sachsen), Straße der VP 7

Postanschrift für Häftlinge: Stollberg, Schließfach 37

Leiter: Hauptmann Panier

Das Zuchthaus Hoheneck in Stollberg ist für 550 männliche und 150 weibliche Häftlinge gebaut und unterstand bis Anfang 1950 der sowjetzonalen Justiz. Ursprünglich ist es als Jugendgefängnis gebaut worden. Im Januar 1950 wurde die Anstalt von der VP übernommen und als erste Strafvollzugsanstalt für weibliche Häftlinge eingerichtet. Im Februar 1950 wurde die Anstalt mit 1200 Strafgefangenen aus dem KZ Sachsenhausen belegt, zu denen noch 300 Frauen kamen, die in Waldheim verurteilt worden waren.

Die Kinder, die die Frauen im KZ Sachsenhausen noch bei sich hatten, wurden in drei Transporten in ein Leipziger Krankenhaus gebracht. Es handelte sich um etwa 35 Säuglinge und Kleinkinder im Alter von sieben Monaten bis zu drei Jahren. Bei den Kleiderbündeln befanden sich herzzerreißende Briefe der Mütter mit Angaben der Gewohnheiten ihrer Kinder und Bitten, sie liebevoll zu behandeln. Die Mütter dieser Kinder waren zwischen fünf und fünfzehn Jahren Arbeitslager verurteilt worden. Auf Anordnung des damaligen Leipziger Polizeipräsidenten Winkelmann durften die Kinder im Krankenhaus nur als „Kinder der Landesregierung“ geführt werden. Der Zutritt zur Station war streng untersagt. Nach etwa einem halben Jahr gelang es der Oberin, Verbindungen mit Angehörigen zu knüpfen, die eine Anzahl der Kinder abholten. Von den restlichen Kindern kamen sechs in das Kinderheim Naunhof bei Leipzig, fünf in das Säuglingsheim Leipzig, Lange Straße 14, und fünf in das Säuglingsheim Leipzig, Mothesstraße. Der vom Polizeipräsidenten bemerkte Schriftverkehr zwischen der Schwesternschaft und den Angehörigen der Kinder mußte ausgeliefert werden.

Erster Anstaltsleiter der StVA Hoheneck wurde der VP-Oberrat Buddag, der sich bald den Namen „Bluthund“ erwarb. Sein Nachfolger wurde der VP-Kommandeur Reitz, der 1953 angeblich wegen Unterschlagungen entpflichtet wurde. Ihm folgte der VP-Kommandeur Ahlborn und im April der jetzige Anstaltsleiter.

Im November 1953 kam es zu einem Hungerstreik. Die Frauen hatten erfahren, daß sich unter den Kriegsgefangenentransporten aus der UdSSR auch politische Häftlinge befanden, die z. T. in gleichen Prozessen wegen der gleichen Beschuldigung zu hohen Freiheitsstrafen verurteilt worden waren und nunmehr freikamen. Die „Rädelsführerinnen“ wurden zunächst von den übrigen Frauen isoliert und kurze Zeit später in die StVA Brandenburg gebracht.

Stollberg in Sachsen mit dem auf der Anhöhe liegenden Frauen-Zuchthaus Hoheneck.

Das von den Häftlingen erbaute Klubhaus.

Vorn mit Brille die von den Häftlingen wegen ihres ordinären Tones und ihrer Kaltschnäuzigkeit am meisten gehaßte VP-Meisterin Margarete Müller (Spitzname: „1,50 Meter mit Hut").

Weibliches Wachpersonal der StVA Hoheneck.

Männliches und weibliches Wachpersonal der StVA Hoheneck.

In der Anstalt herrschen auch heute noch denkbar schlechte hygienische Zustände. Es gibt keine Zellentoiletten. Die Abwässer laufen in eine Sickergrube, die bis vor einiger Zeit noch von einem Häftlingskommando ausgeschöpft werden mußte.

In der Anstalt sind z. Z. etwa 700 Frauen untergebracht, von denen rund 150 aus politischen Gründen einsitzen. Ein Teil der Frauen arbeitet in einer Schneiderwerkstatt für den VEB Bekleidungsfabrik Eppendorf (Sachsen), Nr. 118.

StVA Leipzig

Leipzig S 3, Alfred-Kästner-Straße 47
Postanschrift für Häftlinge: Leipzig S 3, Schließfach 73
Leiter: Oberleutnant Langner

Das ehemalige Leipziger Untersuchungsgefängnis wurde Ende 1952 als StVA eingerichtet. Die Häftlinge sind bisher hauptsächlich für Arbeiten der VP und NVA eingesetzt worden (Uniformen, Zelte, Rucksack-Tornister).

Außerdem lassen folgende VEB Arbeiten ausführen:

VEB Vereinigte Leipziger Sattler- und Lederwarenfabriken Taucha, Weststraße 9 (Zelte und Patronentaschen!);

VEB Leipziger Bekleidungswerk, Leipzig C 1, Wittenberger Straße 6 (Militärbekleidung!);

VEB Leuchtenbau Leipzig, Leipzig W 35, Franz-Fleming-Straße 43;

VEB Starkstrom-Anlagenbau, Leipzig C 1, Schützenstraße 4–6;

VEB Leichtmetallwerk Rackwitz bei Leipzig.

Außerdem kleben Häftlinge Tüten für die Firma Hedrich & Co., Aken (Elbe).

Am 1. Juli 1953 wurden in die StVA Leipzig 30 Verurteilte des Juni-Aufstandes eingeliefert. Die VP bildete eine Prügelkette, durch die die Häftlinge einzeln vom Hof in die vierte Etage und dann zurück in den Keller laufen mußten. Dabei wurden alle Häftlinge geschlagen. Im Keller mußten sie sich nackend ausziehen. Ihnen wurden die Köpfe geschoren und dann die Gefängnisbekleidung mit der besonderen Kennzeichnung ausgehändigt. Auch hierbei wurde geschlagen. An den Mißhandlungen haben sich besonders der Unterleutnant Fritz Groh und der Hauptwachtmeister Hoffmann („Pferdekopf") beteiligt. Als weitere Schläger sind in der Anstalt bekannt geworden: Der ehemalige Anstaltsleiter Hauptmann Heinz Bock, VP-Meister Konrad, Oberwachtmeister Helmut Richter und Unterleutnant Roßlau.

Die StVA Leipzig ist Mutteranstalt für mehrere Außenkommandos. Das Außenkommando Röcknitz bei Leipzig ist mit etwa 300 Häftlingen belegt. Sie arbeiten im Steinbruch am Zinken- und Holzberg für den VEB Bauunion Leipzig. Ein zweites Lager befindet sich in Regis-Breitingen, Kreis Borna, in dem etwa 150 Häftlinge zu Erdarbeiten zur Umleitung der Pleiße eingesetzt sind. Ein kleineres Außenkommando besteht in Deutzen, Kreis Borna. Die Häftlinge arbeiten beim Gleisbau in einer Braunkohlengrube. 1956 waren außerdem Häftlinge dieser Anstalt beim Bau des Sportforums in Leipzig eingesetzt.

Zusammen mit allen Außenkommandos sind in der StVA Leipzig etwa 1100 Häftlinge inhaftiert, von denen etwa 250 aus politischen Gründen einsitzen.

StVA Magdeburg

Magdeburg-Sudenberg, Halberstädter Straße 8
Postanschrift für Häftlinge: Magdeburg S 14, Schließfach 425
Leiter: Hauptmann Rudolf Müller

Die StVA ist zur Zeit mit etwa 650 Häftlingen belegt, von denen etwa 130 aus politischen Gründen einsitzen. Außerdem sind rund 200 Häftlinge in dem wieder neueingerichteten Außenkommando Oschersleben untergebracht, das für einige Zeit geschlossen war. Neben diesem festen Kommando bestehen kleinere Kommandos im Walzwerk Burg und in der Zuckerfabrik Klein-Wanzleben. Während des Sommers besteht noch ein Landwirtschaftskommando, das in Wellen, Niederdodeleben und Welsleben eingesetzt wird.

Innerhalb der Anstalt arbeiten die Häftlinge für folgende VEB:
VEB Schwerarmaturenwerk „Erich Weinert", Magdeburg, Karl-Liebknecht-Straße 65–91;
VEB Schwermaschinenbau „Georg Dimitroff", Magdeburg-Buckau, Straße der DSF;
VEB Armaturenwerk „Karl Marx", Magdeburg-Buckau, Straße der DSF

Als Schläger haben sich in dieser Anstalt hervorgetan: Unterleutnant Hans Kaiser, VP-Meister Bruno Kilpinski („Roter Bomber"), Unterleutnant Frank Klingbeil, VP-Meister Erich Löffler („Rucksackklappe"), Meister Bodo Matthes („Neandertaler"), Oberleutnant Gerhard Ruttloff („Ilse Koch"), Leutnant Steiger und VP-Meister Bernhard Wöhlert („Schweinebacke").

Die früheren Außenkommandos der StVA in Calbe, Wendenmark, Rothensee und Borstel sind inzwischen aufgelöst worden.

StVA Naumburg

Naumburg, Salztor 5
Postanschrift für Häftlinge: Naumburg, Postfach 388
Leiter: Unterleutnant Fäustenhauer

Die ehemalige Justiz-UHA Naumburg ist für 332 Häftlinge eingerichtet. Sie wurde 1952 von der VP übernommen und als StVA geführt. Die Belegung entspricht etwa dem normalen Fassungsvermögen. Hinter der Anstalt befindet sich eine SV-Schule, in der angehende VP-Angehörige in vierwöchigen Lehrgängen ihre Grundausbildung erhalten. Leiter der Schule ist der Leutnant Harry Eisenhut.

In dieser Anstalt gibt es keine Produktionsbetriebe. Lediglich ein paar Tischler arbeiten für den VEB Holzkunstgewerbe Naumburg, Domplatz 20. Zur StVA Naumburg gehörte ein festes Außenkommando im Ziegelrodaer Forst bei Querfurt, das am 20. Juni 1957 aufgelöst wurde. Die Häftlinge bauten dort einen Gleisanschluß für einen Flugplatz. Kurze Zeit später wurde dafür in Karsdorf bei Naumburg ein neues Arbeitslager eröffnet, in dem sich zur Zeit 200 Häftlinge befinden. Sie sind für Planierungsarbeiten eingesetzt und sollen später im Steinbruch arbeiten.

StVA Quedlinburg

Quedlinburg, Weberstraße 22
Postanschrift für Häftlinge: Quedlinburg, Schließfach 73
Leiter: vermutlich Oberleutnant Hans Schmidt

Die Anstalt ist mit etwa 135 weiblichen Häftlingen belegt, die fast alle aus nicht politischen Gründen einsitzen. Der Arbeitseinsatz erfolgt in Landarbeitskommandos auf dem volkseigenen Gut „Morgenrot" bei Badeborn und in der Deutschen Saatzuchtgesellschaft Quedlinburg.

StVA Torgau

Torgau, Otto-Schlag-Straße 5
Postanschrift für Häftlinge: Torgau, Schließfach 86
Leiter: Hauptmann Tuschling

Die ehemalige Justiz- und Militärstrafanstalt Torgau, Fort Zinna, wurde im Januar 1950 mit Strafgefangenen aus dem KZ Torgau belegt. Die bis dahin dort untergebrachten kriminellen Häftlinge der Justiz wurden am 22. Januar 1950 in die Anstalten Gommern und Magdeburg gebracht. Unter Leitung des damaligen VP-Oberrates Bodnar von der HVDVP Berlin wurden umfangreiche Sicherheitsmaßnahmen getroffen, um die aus dem KZ Sachsenhausen angemeldeten Häftlinge zu übernehmen. Als der erste Transport mit etwa 800 Häftlingen in den Mittagsstunden des 25. Januar 1950 eintraf, standen 1170 Volkspolizisten und zehn Hunde bereit. Die VP befürchtete offensichtlich Störungen durch die Bevölkerung. Wenige Tage später traf ein zweiter Transport mit 710 Häftlingen ein, der unter gleichen Sicherungsmaßnahmen in die Anstalt gebracht wurde. Etwa 60 Prozent der nunmehrigen Insassen der StVA Torgau waren unter 21 Jahre alt.

Dokumentation

Aussagen ehemaliger Häftlinge über den ehemaligen Karzer-Kommandanten der StVA Torgau, VP-Meister Gustav Werner (Spitzname „Eiserner Gustav").

„Der politische Häftling Horst Göllnitz, etwa 1894 geboren, ehemaliger Major aus Bautzen, wurde am 15. Juni 1950 von mehreren VP-Angehörigen, besonders jedoch von dem VP-Meister Gustav Werner so geschlagen, daß er einen Schädelbasisbruch erlitt und an den Folgen dieser Mißhandlungen am 15. Juni 1950 starb. Ebenso wurde der Häftling Dr. Hermann Priester, Studienrat aus Rostock, verurteilt zu 10 Jahren Zuchthaus, am 18. Juni 1950 so zusammengeschlagen, daß er einen Oberschenkelbruch erlitt. Als er nicht wieder aufstehen konnte, stellte ihn Werner als Simulanten hin und zertrat ihm die Beckenknochen. P. wurde in den Rundbau geschleppt und starb Ende Juni an den Folgen dieser Mißhandlung."

Aussage zweier Häftlinge am 1. Juli 1955.

„Der ehemalige VP-Meister Werner trieb es als Karzer-Kommandant im Jahre 1950 besonders schlimm. Im April 1950 schlug er dem ehemaligen Studiendirektor aus Bautzen, Göllnitz, regelrecht den Schädel ein. G. wurde auf dem Torgauer Zivilfriedhof beigesetzt und den Angehörigen drei Tage später als Todesursache Tbc mitgeteilt. Ich war zu der Zeit Schreiber im Lazarett und konnte die Vorgänge gut verfolgen. Der Hauptwachtmeister Otto Niedergall beteiligte sich ebenfalls an den Mißhandlungen der Häftlinge. Einem schwerkranken Gefangenen, der kaum laufen konnte, hielt er einen brennenden Wattebausch unter das Gesäß."

Aussage eines ehemaligen Häftlings im Mai 1955.

„Etwa Ende 1950 stahl der Häftling Otto Gebhardt aus dem Schälkeller drei oder vier Kartoffeln, um sie mit auf die Zelle zu nehmen. Die Kartoffeln wurden bei einer Filzung von dem VP-Meister Werner gefunden und G. in den Karzer eingeliefert. Ich habe G. gut gekannt und selbst gehört, wie G. im Karzer unter den Schlägen des Werner schrie. Aus dem Karzer entlassene Häftlinge bestätigten,

Der berüchtigte Karzer-Kommandant, Hauptwachtmeister Gustav Werner, der StVA Torgau. W. saß während der Nazizeit im KZ ein, war 1947 Feldhüter und trat 1948 in die VP ein. Weil er in Neundorf, Kreis Bernburg, Jugendliche bei Ausweiskontrollen geschlagen hatte, wurde er 1950 in die StVA Torgau strafversetzt! Dort übernahm er das Amt des Karzer-Kommandanten und wurde unter dem Spitznamen „Eiserner Gustav" als brutaler Schläger bekannt. Im Juli 1950 wurde er abgelöst und später wieder als Straßenposten in Staßfurt eingesetzt. Nachdem er dort vor dem VPKA Wache stand, wurde er wieder zur Bewachung von Häftlingen in der UHA Staßfurt eingesetzt. Dort befindet er sich heute noch.

daß Werner den G. schwer geschlagen hat. Ich konnte von meiner Zelle aus den Karzer sehen und habe oft beobachtet, wie Werner die Häftlinge mit Fußtritten und Schlägen mit dem Gummiknüppel mißhandelte. Gebhardt wurde nach schweren Mißhandlungen ins Revier eingeliefert und starb kurze Zeit später an den Folgen. Genaue Zeitangaben kann ich hierzu nicht machen.“

Aussagen eines Häftlings im Januar 1956.

„Am 12. Mai 1950 wurde ich von Werner unter dauernden Mißhandlungen in den Karzer gesperrt, ohne daß ich mir irgend etwas habe zuschulden kommen lassen... Als ich am 12. Mai in den Karzer gesperrt wurde, wurde mir meine Zahnprothese weggenommen. Am 3. Juni wurde ich mit etlichen Kameraden begnadigt und aus dem Karzer entlassen. Als ich nun auf Station II kam, bat ich den Stationswachtmeister, mir doch dazu zu verhelfen, daß ich die Zahnprothese zurückbekomme. Daraufhin kam am 11. Juni 1950 der Sadist Werner wie ein wilder Löwe in unsere Zelle und schlug mich zweimal zu Boden. Ich war so elendig zugerichtet, daß ich mich nicht selbst vom Boden erheben konnte, da ich nur ein Gewicht von 40 kg hatte...“

Angabe des Häftlings Robert N. vom 29. August 1956.

„... Anfang Juni 1950 wurde ich von Werner k.o. geschlagen, weil Herzberg bei mir anläßlich einer Filzung eine abgebrochene Nähnadel gefunden hatte. Anschließend mußte ich bis zum Umfallen Liegestütze ausführen...“

Aussage eines Häftlings im März 1956.

„Ich arbeitete von Januar bis Mai 1950 als Häftlingselektriker in der StVA Torgau und hatte auch in dem neueingerichteten Karzer der Anstalt zu arbeiten. Während der Arbeit hörte ich laufend Schreie und erlebte mehrmals die morgendliche Prozedur: Der berüchtigte „Eiserne Gustav“ schloß morgens die Zellen auf und nahm den Häftlingen die Handschellen ab. Dann hielten ihnen die Kalfaktoren Willi Herzberg und Willi Schöss die Hände auf dem Rücken fest, und Werner schlug ihnen ins Gesicht. Dann mußten die Häftlinge mit ihren Kübeln Kniebeugen machen, wobei sie wegen Entkräftung sehr bald umfielen und wieder hochgeprügelt wurden. Anschließend mußten sie sich im Freien waschen, was ebenfalls unter Prügeln vor sich ging.

Einmal sah ich in der Zelle einen jungen Häftling, der sich mit einer Lunte Feuer zum Rauchen machte. Ich warnte ihn vor den grauenhaften Methoden, und der Häftling warf die Lunte zum Fenster hinaus. Am nächsten Tage hörte ich, wie sich zwei Wachtmeister mit Werner unterhielten. Sie erzählten ihm, daß der Spitzel (Name ist mir leider nicht bekannt) gelogen habe. Der junge Häftling habe nicht gesagt, daß Bodnar (der damalige Anstaltsleiter) ein alter Kommunist und Esel sei. Werner meinte, daß er dann den jungen Menschen zu Unrecht die ganze Nacht geprügelt habe und holte ihn aus dem Karzer heraus. Ich sah ihn hierbei und erkannte ihn buchstäblich nur an der Stimme wieder, so zerschlagen war er. Werner besorgte dem Häftling einen Lagerposten, um ihn zu entschädigen. Der Spitzel wurde dann in den Karzer gesteckt und von Werner entsprechend verprügelt.

Zu dieser Zeit verübte im Karzer ein Max Künzel oder Kinzel Selbstmord. Er war bezichtigt worden, ein Pferd des Wirtschaftshofes der Anstalt falsch beschlagen zu haben, so daß das Pferd humpelte. Er war deshalb im Karzer von Werner zusammengeschlagen worden.“

Aussage eines ehemaligen Häftlings im November 1957.

Erster Anstaltsleiter wurde der schon erwähnte Rotspanienkämpfer Bodnar, der aus der Anstalt seinen eigenen Worten nach ein Musterlager „für die Kommissiönchen, Pfaffen, Engländer und Amerikaner" machen wollte. Aus diesem Grunde blieben auch zunächst die von einem Häftlingsarzt festgestellten 600 schwerkranken Häftlinge (Tbc) mit den anderen Häftlingen zusammen. Bodnar versuchte erst die Häftlinge politisch zu schulen. In den Zellen wurden kommunistische Transparente angebracht und Bilder von führenden Kommunisten aufgehängt. Man studierte mit den Häftlingen sogar politische Lieder ein, die sie beim Abmarsch zum Arbeitsplatz singen mußten („Dem Morgenrot entgegen, ihr Kampfgenossen all" und „Spaniens Himmel breitet seine Sterne über unsere Schützengräben aus" . . .). Nachdem jedoch Anfang April 1950 eine Kommission aus Pankow die Anstalt besichtigt hatte, wurde die „Umschulung" eingestellt.

Am 5. April 1950 kam es zur sogenannten Hubertusnacht, in der sämtliche Häftlinge durch ein VP-Kommando willkürlich verprügelt wurden. Die Aktion begann gegen 22 Uhr damit, daß ein Trupp Vopos die Zellen aufschloß und mit dem Ruf „'raus, ihr Schweine, aber so schnell wie möglich, sonst kracht's" die Häftlinge aus den Zellen holte. Halbnackt wurden die Häftlinge über die Flure und Treppen gejagt. Unter den Anfeuerungsrufen von Bodnar und seinem Stellvertreter schlugen die Vopos auf die wehrlosen Häftlinge ein. Dieser Vorgang wiederholte sich in der Nacht vom 10. zum 11. Mai 1950. Überhaupt regierte zu dieser Zeit der Gummiknüppel, wie dies in keiner anderen Anstalt möglich war.

Am 6. August 1950 traf ein Transport von 100 Häftlingen aus Untermaßfeld ein, die aus „Gründen der Disziplin" Spießrutenlaufen mußten und schwer verprügelt wurden. Hierbei hat sich besonders der damalige Oberwachtmeister Gustav Werner hervorgetan. Werner war Karzerkommandant der Anstalt und hat sich bis zu seiner Versetzung, etwa Mitte 1950, in unzähligen Fällen der schweren Körperverletzung und des Totschlags schuldig gemacht. Unter dem Spitznamen „Der eiserne Gustav" war er der gefürchtetste und gehaßtetste VP-Angehörige des sowjetzonalen Strafvollzugs. Er steht auf der gleichen Stufe wie der „Eiserne Gustav" des Nazi-KZ Sachsenhausen, Gustav Sorge. Werner ist noch heute Angehöriger der VP in der UHA Staßfurt.

Weitere Schläger dieser Anstalt waren: Leutnant Walter Apratis („Egon"), Unterleutnant Walter Grand („Schacko-Marsch"), Hauptwachtmeister Hartmann, Oberwachtmeister Albin Karius („Lette"), Oberwachtmeister Matthes („Grotewohl") Wachtmeister Emil Morgner, Hauptwachtmeister Otto Niebergall, Oberwachtmeister Willi Sommer („Schweinebacke"), Meister Oswald Sperber und Leutnant Anton Watzl („Toni").

Der Arbeitseinsatz der Häftlinge erfolgt hauptsächlich im Konstruktionsbüro und in einer Arbeitshalle des VEB Kraftfahrzeugzubehörwerke Meißen, Melzerstraße 23. Weitere VEB in dieser Anstalt sind:

VEB Schlotheimer Netz- und Seilerwarenfabrik, Schlotheim (Thüringen);

VEB Leichtmetallwerk Rackwitz bei Leipzig;

VEB Bleichert Transportanlagenfabrik, Leipzig N 22, Lützowstraße 34;

VEB Schwermaschinenbau „Karl Liebknecht", Magdeburg;

VEB Waggonbau Ammendorf, Halle/Saale 11, Schachtstraße 18;

VEB Carl Zeiss, Jena.

Belegt ist die Anstalt zur Zeit mit etwa 400 Häftlingen, von denen etwa 180 aus politischen Gründen einsitzen.

StVA Untermaßfeld

Untermaßfeld bei Meiningen
Postanschrift für Häftlinge: Untermaßfeld, Schließfach 298
Leiter: Hauptmann Karl Stahl

Die ehemalige Landesstrafanstalt Untermaßfeld wurde am 1. Februar 1950 von der VP übernommen und mit 1248 Häftlingen aus dem KZ Sachsenhausen belegt. Sie hat ein Fassungsvermögen von 664 Häftlingen. Die eigentlichen Zellenbauten dieser altmodischen Anstalt umschließen zwei Höfe; ein dritter Hof, der sogenannte Gutshof, wird von Landwirtschaftsgebäuden umschlossen. Erster Anstaltsleiter nach der Übernahme durch die VP im Februar 1950 wurde der Oberrat Leppert, der von den Oberräten Protze und Kröller abgelöst wurde. Der jetzige Anstaltsleiter hat seinen Posten seit Mai 1954 inne. Im Laufe der Zeit haben die Häftlinge für verschiedene volkseigene Betriebe gearbeitet. Folgende Betriebe ließen oder lassen noch Arbeiten in Untermaßfeld ausführen:

VEB „Ernst Thälmann“ Polygraphischer Großbetrieb (früher Mauxion), Saalfeld;

VEB Fahrzeug- und Gerätewerk Simson, Suhl (Thüringen);

VEB Schuhfabrik Pegau (Sachsen);

VEB Wälzkörperfabrik Bad Liebenstein 2;

VEB Kaltwalzwerk Bad Salzungen, Sandweg 1;

MTS Grimmental, Kreis Meiningen.

Zur Zeit ist die Anstalt mit etwa 380 Häftlingen belegt, von denen etwa 100 aus politischen Gründen einsitzen.

StVA Waldheim

Waldheim, Anstaltsstraße 1
Postanschrift für Häftlinge: Waldheim, Schließfach 23
Leiter: Major Schulz

Die Geschichte der StVA Waldheim begann mit den „Waldheimer Kriegsverbrecher-Prozessen“ im Jahre 1950. Über das grauenvolle Geschehen ist bereits in einem Kapitel dieses Buches geschrieben worden. Der zu der Zeit verantwortliche Anstaltsleiter Oberrat Walke wurde sehr bald von dem damaligen Leiter OP, Oberrat Protze, an die Wand gespielt. Protze war das böse Gewissen der Anstalt. Protze ist etwa 1921 geboren und verbrachte den größten Teil seiner Jugend im Gefängnis, Zuchthaus und KZ. In seiner Haftzeit hatte er allerhand Methoden des Wachpersonals kennengelernt, die er in Waldheim „nutzbringend“ anwandte. Nach seiner Befreiung 1945 aus dem KZ Buchenwald wurde der ehemalige Textilarbeiter Chef der Kripo in Weimar, dann Leiter OP in Waldheim. Später wurde Protze in die Anstalten Torgau und Görlitz versetzt, wo er ebenfalls wegen seines äußerst rüden Tones besonders den weiblichen Häftlingen gegenüber berüchtigt war.

Nach dem Juni-Aufstand 1953 wurde der ehemalige Anstaltsleiter der StVA Halle I, Oberstleutnant Max Blossfeld, Chef in Waldheim. Das Bestreben Blossfelds ging dahin, aus Waldheim einen großen Produktionsbetrieb zu machen. Bei seinem Abgang 1955 gab es in Waldheim 35 Fabrikationsbetriebe, insbesondere der Textil- und Leder-

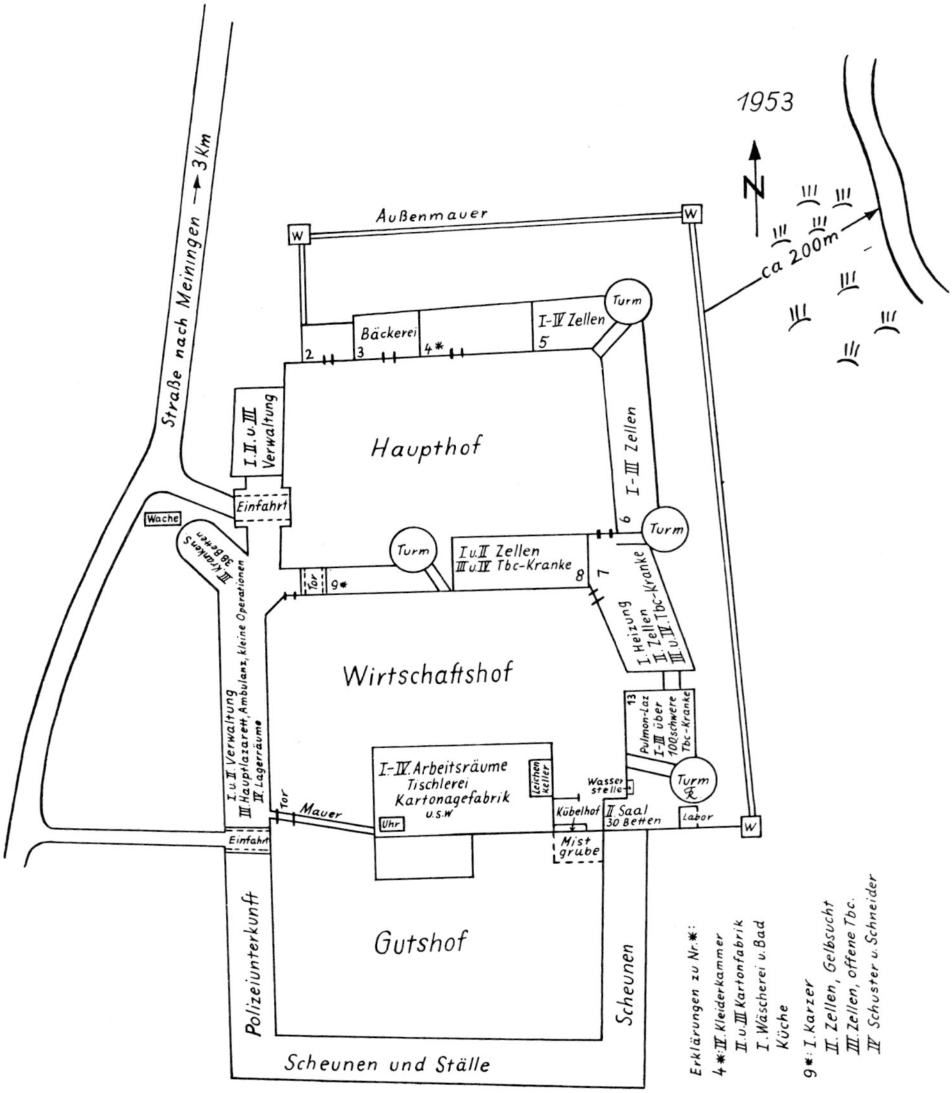

StVA Untermaßfeld

industrie, mit einem Wert von 18,5 Millionen DM. Folgende Betriebe ließen und lassen in Waldheim Arbeiten ausführen:

VEB Landmaschinen „Rotes Banner", Döbeln (bis 1956);

VEB Erste Maschinenfabrik Chemnitz, Reichsstraße 58–60;

VEB Großdrehmaschinenbau „8. Mai", Chemnitz, Otto-Schmerbach-Str. 3–5;

VEB Sitzmöbel- und Klappstuhlindustrie Waldheim, Güterbahnhofstraße 3;

VEB Schuhfabrik Pegau (Sachsen), Zeitzer Straße 20;

VEB Glashütter Uhrenbetriebe, Glashütte, August-Bebel-Straße 1;

VEB Landesdruckerei Sachsen, Dresden A 1, Fritz-Hecker-Platz 10;

VEB Rosodont-Werk Waldheim;

VEB Guß Roßweiner Achsen-, Federn- und Schmiedewerke „Hermann Matern", Roßwein, Bahnhofstraße 30.

Außerdem arbeiten in der Zentralwerkstatt, im Konstruktionsbüro, in einer Hosenmacherei und in der Fellschneiderei Häftlinge für verschiedene VEB und das Ministerium des Innern.

In einem kleinen Außenkommando in Griebethal und in einem Steinbruchkommando kommen Kurzstrafer zum Einsatz.

Dokumentation

„Auf dem Dienstweg"

Das Telegramm, in dem das Abgeordnetenhaus die Erlaubnis zum Besuch des im Zuchthaus Waldheim inhaftierten Stadtverordneten Rüdiger beantragt hat, ist „auf dem Dienstweg weitergegeben worden". Die Erledigung könne vier bis fünf Tage dauern, erklärte die Leitung der ostzonalen Strafanstalt auf telefonische Rückfrage.

„Berliner Anzeiger", 20. Oktober 1951.

Berliner Delegation nach Waldheim ernannt

Für den Besuch des im Zuchthaus Waldheim inhaftierten SPD-Abgeordneten Werner Rüdiger haben die Fraktionen des Abgeordnetenhauses eine Delegation ernannt, der der Präsident Dr. Suhr, der Vorsitzende der SPD-Fraktion Franz Neumann, der amtierende Vorsitzende der CDU-Fraktion, Dr. Hans Schmiljan und Dr. Paul Ronge für die FDP-Fraktion angehören. Die Delegation hält sich abreisebereit, obwohl auf das Ersuchen des Abgeordnetenhauses um Einreise in die Sowjetzone bis gestern nachmittag noch keine Erlaubnis eingegangen ist. Ein Sprecher des sowjetzonalen Innenministeriums hat nach dpa erklärt, dem Wunsch des Abgeordnetenhauses könne wahrscheinlich nicht mehr termingemäß stattgegeben werden.

Das SED-Zentralorgan „Neues Deutschland" setzte sich gestern dafür ein, „daß dem Herrn Suhr ein Platz im Zuchthaus Waldheim eingeräumt wird – und zwar für ständig". Das SED-Zentralorgan meint, es wolle der Entscheidung des sowjetzonalen Innenministers zwar nicht vorgreifen, aber Dr. Suhr habe sich einen Aufenthalt im Zuchthaus Waldheim „verdient und dort gehört er hin".

„Neue Zeitung", 21. Oktober 1951.

Der im Alter von 18 Jahren durch das Landgericht Dresden zum Tode verurteilte Oberschüler Hermann Josef Flade aus Olbernhau. Das Todesurteil wurde am 7. Februar 1951 in eine 15jährige Zuchthausstrafe umgewandelt. Flade sitzt zur Zeit in der StVA Waldheim ein.

1955 schrieben Häftlinge, die für den VEB Textilmaschinenbau Zittau, Gerhart-Hauptmann-Straße 15 (TEXTIMA), arbeiteten, einen Bericht über die Zustände in Waldheim und bauten diesen in eine für den Export nach Holland bestimmte Spinnmaschine ein. Dies wurde von einem kriminellen Häftling verraten. Man warf den Unterzeichnern des Berichtes vor, seit Mai 1955 Sabotage betrieben zu haben. Ihnen wurde der ganze Ausschuß und das Defizit des Anstaltsbetriebes zur Last gelegt. Im Januar 1956 kam es wegen dieser Angelegenheit zur Verhandlung vor dem I. Strafsenat des BG Leipzig, der den Hauptangeklagten Karl-Heinz Schmidt zum Tode verurteilte. Zehn weitere Häftlinge erhielten bis auf zwei Freisprüche zusätzliche Zuchthausstrafen von zwei bis acht Jahren.

Zur Zeit ist die Anstalt mit 950 Häftlingen belegt, von denen etwa 300 aus politischen Gründen einsitzen. Weibliche Häftlinge befinden sich seit dem 19. Juli 1956 nicht mehr in der Anstalt.

StVA Zwickau

Zwickau, Katharinen-Kirchhof 12
Postanschrift für Häftlinge: Zwickau, Schließfach 79
Leiter: Major Wittig

Das ehemalige Schloß Osterstein wurde am 15. Februar 1951 von der VP übernommen. Erster Anstaltsleiter wurde der Oberrat Erich Höra. Zur StVA gehören zwei feste Außenkommandos in Langenbach und Fährbrücke. Ein Außenkommando auf dem Brükkenberg, in dem Häftlinge unter Tage eingesetzt werden, ist 1955 als HAL Steinkohle selbständig geworden.

Die Häftlinge arbeiten in der Anstalt für folgende volkseigene Betriebe:

VEB Fahrzeugteilewerk Fichtel & Sachs, Reichenbach (Vogtland), Dammsteinstraße 4–6;

VEB Grubenlampenwerke Zwickau, Reichenbacher Straße 64–68;

VEB IFA, vorm. Horch;

VEB Reichenbacher Naben- und Kupplungswerke, Reichenbach (Vogtland);

VEB Wälzlagerfabrik Fraureuth bei Werdau (Sachsen);

VEB Kunstlederfabrik Siebenlehn (Sachsen).

Außerdem werden Schuhmacherarbeiten für die VP in Chemnitz ausgeführt. Belegt ist die Anstalt zur Zeit mit 600 Häftlingen, von denen etwa 150 aus politischen Gründen einsitzen. Weibliche Häftlinge befinden sich seit März 1954 nicht mehr in dieser Anstalt.

b) Haftarbeitslager

HAL Berndshof

Berndshof bei Ueckermünde
Postanschrift für Häftlinge: Ueckermünde, Schließfach 43
Leiter: Oberleutnant Ulrich

Das im März 1953 gegründete HAL unterstand bis zum 15. September 1954 der StVA Neustrelitz. Seit diesem Zeitpunkt ist das Lager selbständig. Ab Januar 1954 wurde das Lager vorwiegend mit verurteilten VP- und Armee-Angehörigen belegt. Im Juni 1956 wurden auch Zivilstrafgefangene in das Lager gebracht, beide Gruppen aber streng auseinandergehalten. Die Offiziere unter den Militärhäftlingen wurden durch zwei rote

Querstreifen am Ärmel gekennzeichnet. Die Behandlung war im Verhältnis zu der anderen Gruppe sehr streng. Die ehemaligen VP-Angehörigen wurden dreimal wöchentlich politisch geschult. Als Strafe wurde u. a. Strafexerzieren verhängt. Bei der Arbeit im VEB Ziegelwerke Berndshof gab es allerdings zwischen den beiden Gruppen keine Unterschiede. Diese Trennung wurde am 1. Juli 1957 aufgehoben. Zu dieser Zeit kamen alle Häftlinge aus der VP- und NVA-Gruppe in das HAL Nitzow. Dort wurden sie von den alten Insassen des Lagers eingewiesen. Die Insassen des HAL Nitzow wurden dann wieder in das HAL Berndshof verlegt, in dem sich heute etwa 220 Häftlinge befinden, von denen etwa 20 aus politischen Gründen einsitzen.

HAL Falkenbach-Himmelmühle

Falkenbach-Himmelsmühle, Kr. Zschopau
Postanschrift für Häftlinge: Objekt Falkenbach-Himmelsmühle
Leiter: Oberleutnant Hugo Scholz

Das HAL wurde am 11. Juli 1953 durch den Leutnant Franz Hohmeister in einer ehemaligen Schokoladenfabrik eingerichtet. Die dort untergebrachten etwa 300 weiblichen Häftlinge, die fast alle aus kriminellen Gründen einsitzen, werden in der Flachsspinnerei für die Baumwollspinnerei Gelenau und Wiesenbad im Erzgebirge eingesetzt.

HAL Klotzsche

Klotzsche bei Dresden
Postanschrift für Häftlinge: Dresden N 2, Schließfach 31a
Leiter: Hauptmann Rothmeier
Das HAL wurde am 2. Mai 1955 mit etwa 300 Häftlingen eröffnet. Mit 3000 Zivilarbeitern sollen sie für die Bauunion Süd, Dresden N 4, Zwickauer Straße 27, einen Flugplatz für Düsenjäger bauen. Die Häftlinge lagen zunächst in Zelten, bis mit dem Aufbau von Baracken begonnen werden konnte. Im Lager sind zur Zeit etwa 350 Häftlinge untergebracht, von denen etwa 70 aus politischen Gründen einsitzen.

HAL Mildenberg

Mildenberg bei Gransee
Postanschrift für Häftlinge: Gransee, Bez. Potsdam, Schließfach 72
Leiter: Oberleutnant Lichtwald

Das im Juli 1953 errichtete Lager ist mit etwa 300 Häftlingen belegt, von denen etwa 15 aus politischen Gründen einsitzen. Die Häftlinge arbeiten in der 7. Abteilung des VEB Ziegelwerk Zehdenick, Kr. Gransee, Waldstraße 4.

HAL Nitzow

Nitzow über Havelberg
Leiter: Leutnant Köhler

Das ehemalige Außenkommando der StVA Magdeburg ist 1957 selbständig geworden. Etwa 87 Häftlinge arbeiten in der dortigen Ziegelei. Bei den Häftlingen handelt es sich hauptsächlich um ehemalige VP- und NVA-Angehörige.

HAL Oelsnitz

Oelsnitz (Erzgebirge) bei Stollberg (Sachsen)
Postanschrift für Häftlinge: Oelsnitz, Schließfach 9
Leiter: Hauptmann Gerhard Koch

Etwa 700 Häftlinge, von denen etwa 70 aus politischen Gründen einsitzen, arbeiten unter Tage im Steinkohlenbergbau im „Engels"- und „Albert-Funk"-Schacht des VEB Steinkohlenwerk „Karl-Liebknecht". Sie sind in einem ehemaligen Ausländerlager untergebracht.

HAL Roßleben

Roßleben (Unstrut), Kalibergwerk
Postanschrift für Häftlinge: Roßleben, Schließfach 31
Leiter: Leutnant Lindemann

Das HAL wurde im Mai 1956 in einem Kalischuppen des Kaliwerkes Roßleben eingerichtet. Für die 190 Häftlinge, von denen etwa 20 aus politischen Gründen einsitzen, erfolgt der Arbeitseinsatz 600 Meter unter Tage. Das Kaliwerk soll im Verlauf des 3. Fünfjahrplans zum größten Kaliwerk Deutschlands ausgebaut werden. Die Kapazität des Schachtes soll nach den Plänen der „DDR" bis 1959 auf das Vierfache gesteigert werden.

HAL Rüdersdorf

Rüdersdorf bei Berlin
Postanschrift für Häftlinge: Rüdersdorf, Schließfach 8
Leiter: Major Erwin Buddack

Das ehemalige RAD-Lager war 1945 zunächst Flüchtlingslager. Es wurde dann von der Justiz als Gefangenenlager für 400 Häftlinge übernommen, bis es 1951 der VP überstellt wurde. Die Häftlinge arbeiten für den VEB Kalk-, Zement- und Betonwerke Rüdersdorf. Die jetzige Belegung beträgt etwa 280 Häftlinge, von denen etwa 30 aus politischen Gründen einsitzen.

HAL Schacksdorf

Schacksdorf, Kr. Finsterwalde
Postanschrift für Häftlinge: Finsterwalde, Schließfach 78
Leiter: Leutnant Klose

Das frühere Außenkommando der StVA Cottbus in Schacksdorf, Kr. Finsterwalde, ist seit dem 1. September 1955 selbständiges HAL. Bis zum 3. Mai 1957 gehörte zum Lager die Ziegelei Lichterfeld. Etwa 160 Häftlinge, von denen nur wenige aus politischen Gründen einsitzen, arbeiten hier für den VEB Ziegelwerk Groß-Räschen, Kr. Senftenberg.

HAL „Schwarze Pumpe"

Schwarze Pumpe bei Spremberg, Niederlausitz, nördlich von Trattendorf in einem Waldstück
Postanschrift für Häftlinge: Spremberg, Postfach 54
Leiter: Oberleutnant Gerhard Popp

Dieses neuaufgebaute Haftarbeitslager nahm im März 1956 seine Arbeit auf. Es wird als „Musterlager der DDR" bezeichnet. Es geht deshalb im Lager auch dem-

Dokumentation

„Unser Strafvollzug erzieht die Menschen

Am Tag der Volkspolizei folgte eine Delegation der Stadtverordnetenversammlung einer Einladung des Haftarbeitslagers in Oelsnitz zur Besichtigung des Lagers. Um es gleich vorwegzunehmen: Die Stadtverordneten waren einmütig der Meinung, daß ein derartig humaner Strafvollzug nur in einem wirklich demokratischen Staat möglich ist.

Die Strafgefangenen haben sich gegen die Gesetze unserer Arbeiter- und Bauernmacht vergangen und wurden gerechterweise verurteilt wegen krimineller Delikte, Schädigung unserer volkseigenen Wirtschaft, Kriegshetze usw.

Bei der Besichtigung spielte gerade die aus 18 Häftlingen bestehende Kapelle mit lagereigenen Instrumenten eine schöne Unterhaltungsmusik. Eine 400 Bände umfassende Bibliothek wissenschaftlicher und schöngeistiger Literatur steht den Gefangenen zur Verfügung, um sich zu entspannen und geistig weiterzubilden. Die Bibliothek wird immer wieder durch Neuerscheinungen ergänzt.

Regelmäßig werden wissenschaftliche und andere Vorträge geboten. Die Gefangenen können an Fachkursen mit abschließender Prüfung, sogar für Häuer, teilnehmen.

Der am Eingang zum Sanitätsraum angebrachte Spruch vom Menschen als dem kostbarsten Gut wird durch die gute ärztliche Betreuung der Strafgefangenen, die stetigen Belehrungen über Arbeitsschutz usw. praktisch verwirklicht. Der Krankenstand im Haftarbeitslager ist äußerst niedrig. Das Strafmaß kann bis zu zwei Drittel gekürzt werden, wenn der Gefangene seine Norm erfüllt und übererfüllt.

Es gibt aber Fälle, in denen Kumpel und Einwohner, die mit den Gefangenen in Berührung kommen, durch Beförderung von Briefen Gefangener, Übergabe von Geld, Zivilkleidung usw. die schwere und verantwortliche Erziehungsarbeit, die unsere Volkspolizei an den Gefangenen leistet, stören und zunichte machen. Hier gibt es also noch einiges aufzuklären.“

„Freie Presse“, Zwickau, 18. Juli 1956.

entsprechend streng militärisch zu. Alle Befehle werden durch eine Lautsprecheranlage durch die fünf Baracken geplärrt. Der Arbeitseinsatz erfolgt zwischen 5.45 Uhr und 16.45 Uhr für folgende volkseigene Betriebe:

VEB Industriebahnbau Magdeburg;

VEB Industrie-Tiefbau Brandenburg;

VEB Industriebau Cottbus;

VEB Bauunion Süd.

Es werden Schacht- und Betonierarbeiten und Gleisbauarbeiten geleistet und Betonfertigteile hergestellt. Es ist geplant, das Lager bis 31. April 1958 auszubauen, so daß 1500 Häftlinge untergebracht werden können. Zur Zeit ist das Lager mit rund 970 Häftlingen belegt, von denen etwa 150 aus politischen Gründen einsitzen.

HAL Sollstedt

Sollstedt über Obergebra, Kr. Nordhausen
Postanschrift für Häftlinge: Sollstedt, Schließfach 6
Leiter: nicht bekannt

Das Lager wurde im August 1956 durch Häftlinge der StVA Bützow in einem ehemaligen Munitionslager eingerichtet. Der Arbeitseinsatz erfolgt 700 Meter unter Tage in drei Kalischächten des VEB „Alfred Sobig“ in Obergebra. Das Lager ist mit etwa 200 Häftlingen belegt, von denen ein kleiner Teil aus politischen Gründen einsitzt.

HAL Stalinstadt

Stalinstadt, Bez. Frankfurt
Postanschrift für Häftlinge: Stalinstadt, Schließfach 111
Leiter: Leutnant Hans Naepel

In dem 1953 neuaufgebauten Haftarbeitslager arbeiten etwa 250 Häftlinge, von denen etwa 80 aus politischen Gründen einsitzen, für das Eisenhüttenkombinat „J. W. Stalin“. Sie führen hauptsächlich Entladearbeiten aus.

HAL „Steinkohle“

Zwickau, Brückenberg
Postanschrift für Häftlinge: Zwickau, Schließfach 82
Leiter: Hauptmann Max Schmutzler

Das ehemalige Außenkommando der StVA Zwickau auf dem Brückenberg ist unter dem Namen „HAL Steinkohle“ 1955 selbständig geworden. Die in 15 Baracken untergebrachten Häftlinge arbeiten in zwei Schichten unter Tage. Im Lager sind etwa 600 Häftlinge untergebracht, von denen rund 90 aus politischen Gründen verurteilt wurden.

HAL Unterwellenborn

Unterwellenborn, Kr. Saalfeld
Postanschrift für Häftlinge: Unterwellenborn, Postfach 1
Leiter: nicht bekannt

Das etwa 1953 in Betrieb genommene HAL wurde im August 1955 aus dem Gelände der Max-Hütte in die Nähe des Ortes Unterwellenborn verlegt. Etwa 150 Häftlinge, die fast alle aus nicht politischen Gründen einsitzen, sind zu Hochofen-, Kalkwerk- und Gleisbauarbeiten der Max-Hütte Unterwellenborn eingesetzt.

HAL Volkstedt

Volkstedt, Kr. Eisleben
Postanschrift für Häftlinge: Eisleben, Schließfach 81
Leiter: Major Littig

Das ehemalige Justiz-Haftarbeitslager Volkstedt wurde am 1. Januar 1950 mit dem Nebenlager Hohentalscheid von der VP übernommen. Das Lager liegt an der Straße Eisleben–Alsleben, am Rande des Ortes Volkstedt. Die Häftlinge arbeiten unter Tage im Kupferbergbau in zwei Schichten. Der Einsatz erfolgt im Fortschritt-Schacht I und im Ernst-Thälmann-Schacht des sogenannten Wilhelm-Pieck-Kombinats. Die Häftlinge sind in einer Stein- und in sieben Holzbaracken untergebracht. Das Lager ist zur Zeit mit etwa 700 Häftlingen belegt, von denen etwa 200 aus politischen Gründen einsitzen.

HAL Lübbenau (im Aufbau)

In Seese bei Lübbenau ist ein neues Haftarbeitslager im Aufbau. Es soll zum 1. Mai 1958 den Betrieb aufnehmen. Mutteranstalt wird zunächst die StVA Cottbus sein. Die Häftlinge sollen für den Kraftwerkbau Boblitz im Rahmen des Projektes „Schwarze Pumpe" eingesetzt werden. Es ist vorgesehen, 1000 Häftlinge in diesem Lager unterzubringen. Um diese Zahl zu erreichen, wird das Außenkommando der UHA Senftenberg im Steinbruch Koschenberg in Großkoschen aufgelöst.

Neben diesen selbständigen Haftarbeitslagern und Arbeitskommandos der Strafvollzugsanstalten haben einige Untersuchungshaftanstalten kleinere Arbeits- und Außenkommandos. Der Einsatz in diesen Kommandos erfolgt hauptsächlich auf volkseigenen Gütern (VEG) und ist deshalb saisonbedingt. Wegen der größeren Fluchtmöglichkeiten in diesen Kommandos kommen dort fast nur kriminelle Häftlinge zum Einsatz, die zu kurzen Freiheitsstrafen verurteilt wurden.

Die Schilderung dieser kleinen Kommandos kann deshalb im Rahmen dieser Arbeit außer Betracht bleiben.

In einzelnen UHA erfolgt auch der Einsatz von Strafgefangenen in Werkstätten der volkseigenen Industrie. Hier sind hauptsächlich die UHA Döbeln, Gotha und Plauen zu nennen.

UHA Döbeln, Rosa-Luxemburg-Str. 16

Arbeitseinsatz für die
VEB Elektrowärme Döbeln, Greinerstraße 9, und
DECENTA-Werk Döbeln (etwa 50 Strafgefangene).

UHA Gotha, Am Steinmühlenweg 2

Postanschrift für Häftlinge: Gotha, Schließfach 263

Der Arbeitseinsatz erfolgt für
VEB Röhrenwerk Mühlhausen, Eisenacher Straße 40;
VEB Maschinen- und Zahnräderfabrik Gotha, Karl-Liebknecht-Straße 26.
und für eine Mühlhausener Textilfabrik.

Außerdem bestand bis Dezember 1955 ein Außenkommando in Kindelbrück mit etwa 200 Strafgefangenen.

UHA Plauen, Amtsberg 10

Der Arbeitseinsatz erfolgt für
VEB Kammgarnweberei Greiz (GREIKA), Greiz, Zeulenrodaer Straße 42;
VEB Wollen- und Seidenweberei Elsterberg, Bahnhofstraße 26;
VEB Textilia Greiz, Greiz-Rothental, Plauensche Straße 1–3.

Die UHA ist mit etwa 250 Strafgefangenen belegt.

c) Haftkrankenhäuser

HKH Eisenach

Eisenach, Mühlhauser Straße 95
Postanschrift für Häftlinge: Eisenach, Schließfach 291
Leiter: Leutnant Jordan

In dem ehemaligen Jugendheim Eisenach wurde von der VP ein HKH eingerichtet, in dem hauptsächlich Tbc-Kranke liegen. In dem HKH sind etwa 260 Häftlinge, darunter 80 Frauen, untergebracht.

HKH Jerichow

Lage: ein Haus der Lungenheilstätte Jerichow
Postanschrift für Häftlinge: Genthin, Schließfach 100
Leiter: nicht bekannt

In diesem kleinen HKH sind etwa 40 Häftlinge untergebracht, die aus kriminellen Gründen verurteilt wurden. Das HKH ist nur Entbindungsstation.

HKH Klein-Meusdorf

Leipzig O 39, Chemnitzer Straße 52
Postanschrift für Häftlinge: Leipzig O 39, Schließfach 1
Leiter: Hauptmann Gustav Wittich

Das ehemalige Frauenstrafgefängnis Klein-Meusdorf ist heute das zentrale Haftkrankenhaus der „DDR". Das HKH umfaßt Stationen für innere Krankheiten, Haut- und Geschlechtskrankheiten, Augenkrankheiten, Hals-, Nasen- und Ohrenkrankheiten und eine Station für Neurologie und Pflegefälle. In den Operationssälen werden alle Operationen durchgeführt. Durch die Unterstützung von Chirurgen und Fachärzten der Universitätsklinik Leipzig, des Krankenhauses Delitzsch und des VP-Krankenhauses Wiederitzsch stehen gute Fachkräfte, insbesondere für Augenkrankheiten und lungenchirurgische Fälle, zur Verfügung. Folgende Ärzte versuchen den Häftlingen als Menschen zu helfen, wobei sie notgedrungen mit dem VP-Personal, das die Beziehungen natürlich von der politischen Seite sieht, mehrfach Differenzen haben:

Oberarzt Dr. Otto Scholz (Chirurg, Universitätsklinik Leipzig)
Oberarzt Dr. Klaus Kerrinnes (Facharzt für Lungenkrankheiten und Chirurgie, Universitätsklinik Leipzig)
Oberarzt Dr. Theodor Busch (Ophthalmologe, Landesanstalten Leipzig-Dösen)
Oberarzt Dr. Hans Treutler (Röntgenologe, Universitätsklinik Leipzig)
Oberarzt Dr. Wittstock (Neurologe und Psychiater, Universitätsklinik Leipzig)
Oberarzt Dr. Gisela Busch (Ophthalmologin, Universitätsklinik Leipzig)
Oberarzt Dr. Kuch (Facharzt für Hals-, Nasen- und Ohrenkrankheiten, Universitätsklinik Leipzig)
Chefarzt Dr. Globisch (Facharzt für Innere Krankheiten, Krankenhaus Delitzsch)
Dr. Rudolf Tischendorf (Facharzt für Röntgentherapie, VP-Krankenhaus Wiederitzsch)
Dr. Erwin Kretzschmar (Chirurg, Universitätsklinik Leipzig)
Dr. Otto Kothe (Chirurg, Universitätsklinik Leipzig)
Dr. Alexander Feustel (Urologe, Universitätsklinik Leipzig)
Oberarzt Dr. Börner (Facharzt für Haut- und Geschlechtskrankheiten, Universitätsklinik Leipzig)

Die ärztliche Leitung des HKH von seiten der VP hat der Oberstleutnant Jung, der zusammen mit der Frauenärztin Dr. Schönlebe in menschlicher Hinsicht keinen guten Ruf genießt. Die Oberaufsicht hat der Oberst im medizinischen Dienst, Dr. Turm, von der BDVP Leipzig.

Die Unzufriedenheit unter den Ärzten ist sehr groß, zumal diese nicht so helfen dürfen, wie sie wollen. Außerdem ist ihnen grundsätzlich verboten, zu Tagungen oder fachlichen Kongressen in die Bundesrepublik oder nach Westberlin zu fahren. Dr. Scholz trägt sich deshalb mit dem Gedanken, eine Krankenstation im Rostocker Krankenhaus zu übernehmen. Die Dummheit des Dr. Turm wird weiteren Ärzten ihre Arbeit unmöglich machen. So hat er Oberarzt Dr. Busch nahegelegt, für ihre Arbeit „die Lehren aus dem V. Parteitag der SED zu ziehen". Er verbot ihr, kleinere Operationen, wie Lidheben und Flügelfelloperationen, vorzunehmen. Staroperationen bei alten Häftlingen durften ebenfalls nicht durchgeführt werden, da diese in der Haft „doch nicht mehr zur Arbeit eingesetzt werden". Um politischen Schikanen der VP-Offiziersärzte auszuweichen, lassen die meisten Spezialärzte die kranken Häftlinge bei Eingriffen und Operationen in ihre Krankenhäuser legen. Allerdings wird den Häftlingen dieser Krankenhausaufenthalt nicht auf ihre Haft angerechnet.

Die sanitären Verhältnisse sind in diesem Hauptkrankenhaus ebenfalls nicht besonders gut. Da Typhus-, Scharlach-, Kinderlähmungs- und andere Infektionsfälle auf einer Station durcheinanderliegen, hat man jetzt begonnen, ein neue Infektionsstation zu bauen. Es ist weiter an eine neue Kinderstation für die dort durchschnittlich untergebrachten 30 Kinder von der Entbindungsstation gedacht. Die Belegung des HKH schwankt naturgemäß. Je Jahr werden im HKH durchschnittlich 2000 Häftlinge behandelt.

HKH Waldheim

Waldheim, Anstaltsstraße
Postanschrift für Häftlinge: Waldheim, Schließfach 23/6
Leiter: Hauptmann Dietrich

Das HKH ist personalmäßig mit der nur durch eine Straße getrennten StVA ziemlich eng verbunden. Die ärztliche Leitung hat der Oberst im medizinischen Dienst, Dr. Rusch, dem nur ein Vertragsarzt der VP und sonst vier Häftlingsärzte zur Seite stehen. Bei den rund 200 Patienten handelt es sich hauptsächlich um Tbc-Kranke, die hier auf konservativem Wege behandelt werden.

d) Strafanstalten des MfS

Das Ministerium für Staatssicherheit unterhält in allen Bezirksstädten und einigen anderen größeren Städten der SBZ eigene Untersuchungshaftanstalten, durch die die politischen Häftlinge geschleust werden.

MfS-HA Berlin-Hohenschönhausen

Berlin-Hohenschönhausen, Genslerstraße 72
Postanschrift für Häftlinge: Berlin-Lichtenberg 4, Schließfach 11a
Leiter: Oberstleutnant des MfS Rumpelt

Diese Anstalt ist ihrer Struktur nach ein Haftarbeitslager, das vom MfS verwaltet und bewacht wird. Es ist nicht zu verwechseln mit dem danebenliegenden zentralen

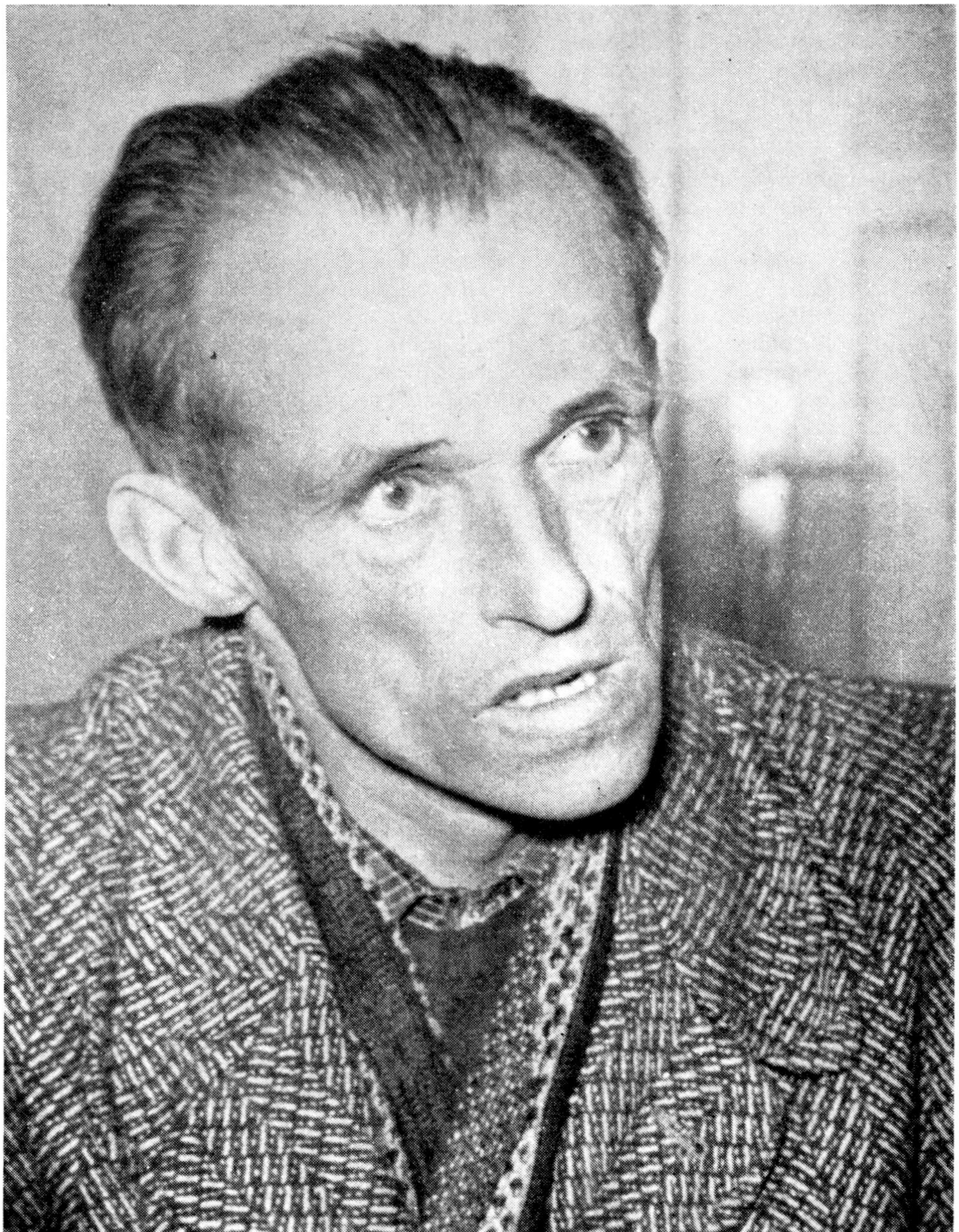

Ein nach Westberlin geflüchteter Angehöriger des Wachpersonals der MfS-Haftanstalt Potsdam.

Arbeitslager des MfS in Berlin-Hohenschönhausen. Von dem Dach des sogenannten Hochhauses im Hintergrund konnten 1956 zwei Häftlinge entkommen.

Untersuchungsgefängnis des MfS („U-Boot") und dem MfS-Untersuchungsgefängnis in der Magdalenenstraße in Lichtenberg. Die Häftlinge wurden bis vor kurzem hauptsächlich zum Neubau einer MfS-Wohnsiedlung im Gebiet Schöneicher Straße, Küstriner Straße und Werneuchener Straße in Berlin-Hohenschönhausen eingesetzt. Diese Arbeiten sind abgeschlossen. Zweite Hauptarbeitsstätte ist die Kfz-Werkstatt innerhalb des Lagers, in der Fahrzeuge der Regierung und des MfS repariert und umgebaut werden. Ein strenges Kontrollsystem verhindert dabei Sabotage.

Die Verpflegung und Behandlung in diesem Lager war in der ersten Zeit im Verhältnis zu den anderen Haftanstalten gut. Allerdings wurden die Häftlinge für ihre Arbeit nicht bezahlt und bekamen auch keine Haftzeitverkürzung bei Übernormerfüllungen. Dies hat sich seit dem 1. Januar 1957 verschlechtert, nachdem die in den anderen Anstalten übliche Bezahlung und HO-Einkauf eingeführt wurden.

Die jetzige Belegung beträgt etwa 440 Häftlinge, von denen 90 aus politischen Gründen einsitzen.

Zur MfS-HA Hohenschönhausen gehört ein kleines Haftarbeitslager bei Gumnitz, südostwärts von Neumühl in Mecklenburg. Etwa 56 Häftlinge arbeiten unter Leitung des MfS-Leutnants Hans Kretschmann („Bubi") in einem etwa 225×275 Meter großen Objekt, das im September 1957 bezogen wurde. Bis jetzt haben die Häftlinge für das Ministerium für Nationale Verteidigung ein Laboratorium gebaut, in dem angeblich fester Treibstoff für Raketenaggregate entwickelt werden soll.

Im August 1957 wurde außerdem in Klingenthal (Erzgebirge) ein kleines Lager mit 42 Häftlingen aufgemacht, die zum Bau einer Sprungschanze eingesetzt wurden. Das Lager wurde durch MfS-Angehörige in Zivil geleitet und bewacht. Am 1. April 1958 wurde das Lager von der VP übernommen. Es soll in Kürze um 40 Meter erweitert werden, um insgesamt 100 Häftlinge aufnehmen zu können. Das Lager wird vermutlich der UHA Plauen unterstellt.

Ein weiteres Arbeitskommando von etwa 25 Häftlingen baut seit dem Frühjahr 1958 in Wollnetz, Kr. Angermünde, unter strenger Geheimhaltung ein Erholungsheim des MfS.

Bis etwa 1954/55 war die MfS-HA Berlin-Hohenschönhausen eine Spezialwerkstatt für Sonderaufträge des MfS. Ähnlich wie unter der SS in den KZ mußten auch hier die Häftlinge unter strenger Geheimhaltung Sonderarbeiten erledigen. So wurden u. a. Tische für die Postkontrollen gebaut, die eine Sondervorrichtung zum Öffnen der Briefe besaßen. Ferner wurden Schreibtische gebaut, aus denen sich mit einer elektrischen Vorrichtung Scheinwerfer herausklappen ließen, die den Häftling bei der Vernehmung blendeten. Die Häftlinge mußten Rollstempel westdeutschen Fabrikats nachbauen, ferner Scherenvorrichtungen, um mit einem kleinen Fotoapparat z. B. durch ein Fenster im ersten Stock eines Hauses zu fotografieren. Der Bau eines Rennwagens, der mit Hilfe einer Spezialzündung besonders schnell fahren sollte, mußte wegen Materialmangels eingestellt werden.

Heute arbeiten die Häftlinge nur noch in der Kfz-Werkstatt und in den o. a. Außenkommandos. Die verschiedenen Spezialaufgaben können wegen der fehlenden Ingenieure und Techniker unter den Häftlingen nicht mehr ausgeführt werden.

MfS-HA Bautzen

Bautzen, Lessingstraße 7
Postanschrift für Häftlinge: Bautzen, Schließfach 100
Leiter: nicht bekannt

Die ehemalige StVA Bautzen II wurde am 9. August 1956 nach einem geringfügigen Umbau und Renovierung vom MfS als Strafanstalt für „prominente" und „besonders gefährliche" Häftlinge übernommen. Es befinden sich dort etwa 90 Häftlinge. Aus Tarnungsgründen läuft der Schriftverkehr mit den Angehörigen und allen Behörden und Dienststellen über die StVA Bautzen.

Die MfS-U-Haftanstalten

Bezirk Rostock:	Rostock, Schwaansche Straße 11
Bezirk Schwerin:	Schwerin, Demmlerplatz 12
Bezirk Neubrandenburg:	Neustrelitz, Töpferstraße 7
Bezirk Potsdam:	Potsdam, Lindenstraße 10
Bezirk Frankfurt:	Frankfurt, Oderstraße 68
Bezirk Cottbus:	Cottbus, Spreestraße
Bezirk Magdeburg:	Magdeburg-Neustadt, Umfassungsstraße 76
Bezirk Halle:	Halle, Am Kirchtor 20
Bezirk Erfurt:	Erfurt, Domplatz 4
Bezirk Gera:	Gera, Am Tordurchgang
	Jena, Humboldtstraße 13
Bezirk Suhl:	Suhl, Am Lauterberg
Bezirk Dresden:	Dresden, Bautzener Straße 116
Bezirk Leipzig:	Leipzig W 35, Hans-Driesch-Straße 2
	Leipzig C 1, Dimitroffstraße
Bezirk Chemnitz:	Chemnitz, Hohe Straße
Ostberlin:	Berlin-Lichtenberg, Magdalenenstraße
	Berlin-Hohenschönhausen, Lichtenauer Straße 1 (zentrales U-Gefängnis)
	Berlin-Pankow, Kissingenstraße 5 6

Dokumentation

Ende März 1952 wurde das MfS-Gefängnis Weimar in der Kurthstraße aufgelöst und wir Häftlinge in die jetzt noch bestehende MfS-UHA Erfurt gebracht. Mit uns kam der gefürchtete Stasi-Kommandeur Koch nach Erfurt.

An einem Sonntag, dem 2. Mai 1952, kam K., noch von der Maifeier betrunken, gegen 4.00 Uhr morgens ins Gefängnis und machte „Rabatz". Nach den Geräuschen zu schließen, war K. zuerst in eine Frauenzelle gegangen, war aber halbwegs wieder hinausgeworfen worden. Er öffnete dann Zelle für Zelle und verprügelte die Häftlinge. In unserer Zelle mußte der Mithäftling Röding Wasser heranholen, mit dem uns Koch übergoß. Zwischendurch verprügelte er uns. Ich verlor dabei einen Zahn. Die Prügelei endete etwa gegen 6.30 Uhr. Vier Stunden später erschien K. etwas ausgenüchtert und fragte in jeder Zelle, ob jemand Beschwerde führen wolle. Aus Angst hat sich natürlich niemand gemeldet. Anschließend ließ K. auf einem Grammophon etwa eine Stunde lang immer wieder das Lied „Freie Deutsche Jugend, bau auf" ablaufen.

Aussage des ehemaligen Häftlings Hermann M. am 23. April 1958.

Bei K. handelt es sich um den MfS-Kommandeur Kurt Koch, der kurze Zeit später zu sechs Jahren Zuchthaus wegen Körperverletzung im Amt verurteilt wurde. Er soll bei einer Vernehmung eine schwangere Frau in den Leib getreten haben, was zur Fehlgeburt führte. Während der Haft betätigte er sich als Spitzel. Er ist inzwischen entlassen worden.

Die 120 Zentner schwere SIS-Limousine des „Staatspräsidenten der DDR". Häftlinge des MfS-Arbeitslagers Berlin-Hohenschönhausen mußten 1954 einige Bequemlichkeiten für den alternden Wilhelm Pieck einbauen. Um die sowjetische Staatskarosse besser besteigen zu können, wurde ein elektrisch ausfahrbarer Tritt angebaut. Pieck zog sich dann an einem langen Ledergurt in den Wagen und verriegelte ihn von innen mit einer Kette. Der Wagen ist vollständig gepanzert und hat 75 mm dicke, schußsichere Scheiben. Die Fenster werden hydraulisch geöffnet und geschlossen.

Das berüchtigte MWD-Gefängnis in der Potsdamer Lindenstraße, das heute vom MfS als UHA benutzt wird.

e) Jugendhäuser

Jugendhaus Dessau

Dessau, Willi-Lohmann-Straße 27–30
Postanschrift für Häftlinge: Dessau, Postfach 113
Leiter: Hauptmann Helmut Hannig

Das ehemalige Amtsgerichtsgefängnis Dessau wurde am 12. Januar 1953 als Jugendhaus in Betrieb genommen und 1955 mit 1,5 Millionen DM ausgebaut. Das ausgebombte ehemalige Amtsgericht erhielt Werkstätten, Lehr- und Physiksäle für die Schulung und Ausbildung der inhaftierten Jugendlichen. Seit Februar 1956 befindet sich außerdem die UHA Dessau in diesem Gebäude. Die ebenfalls ausgebombten Wohnhäuser neben der Anstalt wurden für 500 000,– DM als Dienstwohnungen für das Wachpersonal ausgebaut. Innerhalb des Jugendhauses befindet sich eine eigene Berufsschule, die der Berufsschulinspektion Dessau untersteht.

Untergebracht sind in der Anstalt etwa 125 Jugendliche, die zum größten Teil aus nichtpolitischen Gründen in Haft sind.

Jugendhaus Ichtershausen

Ichtershausen, Schloßplatz 7
Postanschrift für Häftlinge: Arnstadt, Schließfach 64
Leiter: Oberleutnant Seifert

Das Justizgefängnis Ichtershausen wurde am 1. Januar 1951 von der VP als StVA übernommen. 1954 wurde die Anstalt Jugendhaus. Die jetzige Belegung mit jugendlichen Häftlingen ist nicht bekannt.

Jugendhaus Luckau

Luckau, Karl-Liebknecht-Straße 1
Leiter: nicht bekannt

Die ehemalige Justizstrafanstalt wurde im Jahre 1950 von der VP übernommen und mit Strafgefangenen aus dem KZ Sachsenhausen belegt. Am 15. Dezember 1957 wurde die Anstalt Jugendhaus, nachdem man die bisherigen Insassen auf andere Haftanstalten verteilt hatte.

Die dort jetzt untergebrachten etwa 300 Jugendlichen kamen aus dem Jugendhaus Heidekrug bei Brandenburg.

Dokumentation

Pankow nennt keine Zahlen

Rotes Kreuz darf politische Gefangene in der Zone nicht besuchen

Das Internationale Komitee des Roten Kreuzes hat von Oberbundesanwalt Max Güde die Zusicherung erhalten, daß die politischen Strafhäftlinge in der Bundesrepublik „soweit als möglich" anders als die wegen krimineller Handlungen Verurteilten behandelt werden sollen. Herbert Beckh, ein Mitglied des Komitees, teilte mit, ihm sei zugesichert worden, daß die politischen Häftlinge möglichst ganz von anderen Strafgefangenen gesondert ihre Strafe verbüßen und auch nicht gemeinsam mit ihnen Arbeiten verrichten sollen.

Nach seinen Beobachtungen würden, so sagte Beckh, die etwa 200 bis 300 politischen Häftlinge in den westdeutschen Bundesländern unterschiedlich behandelt.

In Hamburg erhielten Häftlinge bei guter Führung alle sechs Wochen einen Wochenend-Urlaub. In der sowjetischen Besatzungszone habe er im Februar dieses Jahres lediglich die Strafanstalt Rummelsburg besuchen dürfen, wo etwa 600 Gefangene, darunter zahlreiche politische Häftlinge, festgehalten würden. Eine Trennung zwischen politischen und kriminellen Gefangenen gebe es dort nicht.

Die Zahl der in der Sowjetzone inhaftierten politischen Gefangenen konnte Beckh nicht angeben, da die Sowjetzonen-Behörden — anders als die Behörden in der Bundesrepublik — dem Internationalen Rot-Kreuz-Komitee noch keine Genehmigung zu einer regelmäßigen Inspektion aller Strafanstalten gegeben hätten, in denen politische Gefangene inhaftiert sind.

„Berliner Morgenpost", 10 .Mai 1957.

Dokumentation

Rotes Kreuz besucht Zuchthäuser

„Minimalbedingungen" in der Sowjetzone

Der Delegierte des Internationalen Komitees vom Roten Kreuz, Beckh, hat in der vergangenen Woche in der Sowjetzone die Strafanstalten Bautzen und Brandenburg und zwei nicht näher bezeichnete „Haftarbeitslager" besichtigt. Ebenso wie zu Beginn, als das Ostberliner Zuchthaus Rummelsburg besichtigt worden war, stellte auch diesmal das Internationale Komitee vom Roten Kreuz fest, daß die „angetroffenen" materiellen Haftbedingungen den internationalen Rot-Kreuz-Vorschriften entsprächen, wenn sie auch nicht wesentlich über den Minimalbedingungen lägen.

Eine Reihe technischer Verbesserungen wurde von dem Rot-Kreuz-Delegierten vorgeschlagen. Vom Roten Kreuz wird die Ansicht vertreten, daß materielle Erleichterungen der Haftbedingungen, die vielleicht zum Teil erst kurz vor der Besichtigung der Strafanstalten und der „Haftarbeitslager" eingetreten sein könnten, sicherlich auch nach Abschluß der Besichtigungen erhalten bleiben würden. Der Delegierte konnte die Strafanstalten und „Haftarbeitslager", die er besichtigte, nicht auswählen. Die Möglichkeit weiterer Besichtigungen wurde ihm für den Herbst in Aussicht gestellt.

Die Besichtigungen von Strafanstalten in der Sowjetzone durch eine völlig neutrale Institution, zu denen sich die sowjetzonalen Strafvollzugsbehörden in diesem Jahr zum erstenmal bereit fanden, stellen nach Ansicht des Roten Kreuzes einen großen Fortschritt auch dann dar, wenn nicht — wie das in der Bundesrepublik der Fall ist — jede Strafanstalt zu jedem Zeitpunkt zur Besichtigung offensteht.

„Die Welt", 10. August 1957.

Chronik

In diese Chronik wurden die wichtigsten Ereignisse auf dem Gebiete des sowjetzonalen Strafvollzuges und alle großen Terrorprozesse aufgenommen.

Monat	Tag	1945
April	28.	Generaloberst Besarin erläßt als Kommandant von Berlin den Befehl Nr. 1 (VoBl 45, 2), nach dem sich alle Angehörigen der NSDAP, Gestapo, Gendarmerie, der Gefängnisse und aller übrigen staatlichen Stellen zur Registrierung bei den militärischen Bezirks- und Revierkommandanten zu melden haben. Es erfolgen zahllose Verhaftungen.
Mai		Massenverhaftungen in der ganzen SBZ. Die Konzentrationslager Weesow bei Werneuchen, Ketschendorf und Berlin-Hohenschönhausen werden in Betrieb genommen.
	25.	Der sowjetische Stadtkommandant von Berlin gibt den Befehl zum Aufbau einer neuen Polizei.
Juni		Massenverhaftungen in der ganzen SBZ. In Schlesien werden in Oppeln und Tost Konzentrationslager eingerichtet.
	9.	In Berlin wird die sowjetische Militärverwaltung unter Marschall G. K. Shukow eingerichtet. Sie wird später in „Sowjetische Militäradministration in Deutschland (SMAD)“ umbenannt.
	13.	In Bautzen, Landsberg (Warthe) und Neubrandenburg (Mecklenburg) werden Konzentrationslager eingerichtet.
Juli		Massenverhaftungen in der ganzen SBZ.
	11.	Eine interalliierte Militärkommandantur übernimmt die Verwaltung Berlins. Berlin wird in Sektoren aufgeteilt. Die Verhaftungen durch die Sowjets nehmen in den Westsektoren stark ab, hören jedoch vorerst nicht vollständig auf.
August	10.	Das KZ Sachsenhausen durch ein Vorkommando aus dem KZ Weesow in Betrieb genommen.
	12.	Das KZ Buchenwald wird in Betrieb genommen.
	16.	KZ Weesow aufgelöst.
	27.	Die SMAD erläßt den Befehl Nr. 42, nach dem sich alle ehemaligen Offiziere der Wehrmacht und Angehörigen der SA, SS, Gestapo und NSDAP bis zum 25. September 1945 bei den Militärkommandanturen melden müssen. Die meisten der sich Meldenden werden verhaftet.
September		In Mühlberg (Elbe) und Jamlitz bei Lieberose werden Konzentrationslager eingerichtet.
	4.	SMAD-Befehl Nr. 49 über die Neugestaltung der deutschen Gerichte in der SBZ.
	8.	KZ Torgau in Betrieb genommen.
November	12.	Der Kontrollrat erläßt eine Direktive Nr. 19 über „Die Grundsätze für die Verwaltung der deutschen Gefängnisse und Zuchthäuser“. In der Direktive sind die humanen Grundsätze eines Strafvollzuges festgelegt. Für die UdSSR — die zu diesem Zeitpunkt auf deutschem Boden Konzentrationslager unterhielt! — wurde die Direktive von General V. Sokolowsky unterschrieben.

Monat	Tag	1945
November	27.	Die Konzentrationslager Oppeln und Tost werden aufgelöst. Die Häftlinge kommen in das neue KZ Graudenz.
Dezember		KZ Posen aufgelöst.
	3.	Die SMAD erläßt den Befehl 160, der sich mit Sabotage und Attentaten befaßt. Der Befehl ist Grundlage für Hunderte von ungerechtfertigten Verhaftungen und Verurteilungen. Er sieht für schwere Fälle die Todesstrafe vor.
	20.	Der Kontrollrat erläßt das Gesetz Nr. 10 über die Bestrafung von Personen, die Kriegsverbrechen, Verbrechen gegen den Frieden oder die Menschlichkeit begangen haben.

1946

Januar	5.	KZ Landsberg aufgelöst. Die Häftlinge kommen in das KZ Buchenwald
	30.	Das SMT Weimar verurteilt 26 Offiziere, Abwehrbeauftragte und Schreibkräfte des ehemaligen Rüstungskommandos Weimar. Elf Angeklagte werden zum Tode verurteilt, die anderen zu insgesamt 144 Jahren Arbeitslager. Von den 15 zu Freiheitsstrafen Verurteilten sterben später noch elf in der Haft.
Februar		KZ Graudenz aufgelöst. Die Häftlinge kommen in das KZ Neubrandenburg.
	9.	Das SMT Brandenburg verurteilt eine bisher nicht genau bekannte Anzahl Deutscher, die eine „Deutschnationale Demokratische Partei" in Wittenberge gründen wollten. Es wurden mindestens 5 Todesurteile gefällt und dreimal 10 Jahre Arbeitslager verhängt. Außerdem wurden einige Jugendliche in ein KZ eingewiesen.
März	1.	Das SMT Potsdam verurteilt Joachim Douglas und fünf andere Jugendliche wegen angeblicher Zugehörigkeit zum „Werwolf" zum Tode. 4 Urteile an 16jährigen Jugendlichen werden vollstreckt!
Oktober		KZ Berlin-Hohenschönhausen aufgelöst. Die Häftlinge kommen in das KZ Sachsenhausen.
	12.	Der Kontrollrat erläßt die Direktive Nr. 38 über „Verhaftung und Bestrafung von Kriegsverbrechern, Nationalsozialisten und Militaristen und Internierung, Kontrolle und Überwachung von möglicherweise gefährlichen Deutschen". Die Direktive wurde zur Grundlage willkürlicher Verhaftungen in der SBZ, bis sie 1955 aufgehoben wurde. Neben dem Artikel 6 der Verfassung der „DDR" war sie das Gesetz, nach dem alle politischen Prozesse in der SBZ geführt wurden. Aus der KD 38 wurden auch die obligatorischen Sühnemaßnahmen hergeleitet (Text siehe Seite 91).
	21.	Verschleppung von Facharbeitern führender Unternehmen der SBZ mitsamt den Betriebseinrichtungen in die SU (z. B. Zeiss, Jena; Schott & Gen., Jena; AEG, Berlin; Siebel, Halle).
	23.	Verschiedene Berliner Gewerkschaftsvertretungen wenden sich gegen diese Verschleppungen. Die SMAD erklärt, daß die Rekrutierungen auf Grund des Kontrollratsgesetzes Nr. 3 erfolgt seien.

Monat	Tag	1947
Februar	17.	KZ Ketschendorf aufgelöst.
März	4.	Die Berliner CDU-Studenten Georg Wrazidlo und Manfred Klein werden verhaftet und zu je 25 Jahren Arbeitslager verurteilt.
	24.	KZ Torgau aufgelöst.
April		KZ Jamlitz aufgelöst.
Juni	13.	Walter Ulbricht erklärt auf einer Funktionärskonferenz in Berlin zu den Massenverhaftungen in der SBZ, daß er es bedauere, daß nicht noch mehr Kriegsverbrecher verhaftet würden.
	14.	Die Berliner Stadtverordnetenversammlung bittet die Kommandantur und den Kontrollrat, die Namen der sich im Gewahrsam der Besatzungsmächte befindlichen Deutschen bekanntzugeben.
August		Das SMT Potsdam in Oranienburg verurteilt 245 Angehörige des Polizeibataillons 9 Berlin-Spandau bis auf einen (Freispruch) zu je 25 Jahren Arbeitslager ohne Feststellung einer individuellen Schuld. Das Bataillon soll 97 000 Sowjetbürger 1941 und 1942 ermordet haben.
	16.	Der SMAD-Befehl 201 erklärt nominelle ehemalige Mitglieder der NSDAP für politisch gleichberechtigt. Die restliche Entnazifizierung wird den deutschen Verwaltungen des Innern und der Justiz übertragen. Auf Grund dieses Befehls werden bei den Landgerichten der SBZ „Strafkammern 201" gebildet, die in die politische „Rechtsprechung" eingreifen (s. auch „Waldheimer Kriegsverbrecherprozesse").
	21.	Die Ausführungsbestimmung Nr. 3 zum Befehl 201 legt die strafrechtliche Verfolgung von Kriegsverbrechern usw. nach der KD 38 in die Hand sowjetzonaler Gerichte. Als Untersuchungsorgan wird das Innenministerium, also die Polizei, bestimmt. Vor Übergabe der Beschuldigten an die Gerichte sind die örtlichen SMA von dem Fall zu unterrichten. In der Praxis sah das so aus, daß die MWD-Dienststellen beliebig jedes Verfahren an sich ziehen und den Deutschen von einem SMT verurteilen lassen konnten.
	26.—28.	Das SMT Potsdam verurteilt Gerhard Pensel und 14 andere wegen angeblicher Spionage zu insgesamt 315 Jahren Arbeitslager.
September	18.	Der Chef der Justizverwaltung der SBZ gibt einen Erlaß zur Durchführung des Befehls 201 über die Aufgaben der Gerichte und Staatsanwälte bekannt.
	30.	Die Alliierte Kommandantur Berlin antwortet auf ein Schreiben der LDP vom 24. Juni 1947 an den Kontrollrat. Sie gibt den Außenministerratsbeschluß bekannt, alle weiblichen Kriegsgefangenen bis zum 31. Dezember 1948 zu entlassen. Die LDP hatte Nachforschungen über Verhaftete angestellt und war zu erschreckenden Zahlen gekommen. Wegen der besonders großen Zahl weiblicher Häftlinge — also nicht etwa weiblicher Kriegsgefangener — hatte sie diesen Vorstoß gemacht.
Oktober	29.	Die katholischen Bischöfe Deutschlands ersuchen den Alliierten Kontrollrat, eine Untersuchung über das Verschwinden und die Inter-

nierung Tausender von Männern, Frauen, Kindern und früheren Kriegsgefangenen in der SBZ einzuleiten. Sie wiesen darauf hin, daß die aus westlichen Kriegsgefangenenlagern freigelassenen Männer in ihren Heimatgemeinden in der SBZ verhaftet worden seien. „Das deutsche Episkopat ist der Meinung, daß die Regeln der Menschlichkeit und Gerechtigkeit auch auf eine besiegte Nation Anwendung finden sollten. Unter den von den Russen internierten Zivilpersonen befindet sich eine große Zahl von Frauen und Kindern. Ihre Anzahl wächst von Monat zu Monat." (Zitiert nach „SBZ von 1945 bis 1954". Herausgegeben vom Bundesministerium für gesamtdeutsche Fragen.)

November 13. Die Berliner Stadtverordnetenversammlung fordert — gegen die Stimmen der SED — von der Alliierten Kommandantur erneut die Bekanntgabe von verhafteten Personen. Sie spricht dem Polizeipräsidenten Markgraf (SED) das Mißtrauen aus, weil er nichts für die Bekanntgabe der Namen tut.

1948

Januar — Das SMT Weimar verurteilt etwa 40 Angehörige einer Gruppe, die sich aus ehemaligen Reichsarbeitsdienst-Angehörigen unter dem RAD-Führer Fritz Mittelstraß zusammensetzte. Genaue Angaben über die Verurteilungen liegen nicht vor.

März 17. Das SMT Berlin-Lichtenberg verurteilt einen Hubert Gube und acht andere zu insgesamt 210 Jahren Arbeitslager wegen angeblicher Spionage für den französischen Geheimdienst.

18. Die SMAD erläßt anläßlich des 100. Jahrestages der Revolution von 1848 eine Amnestie (Befehl Nr. 43), von der jedoch nur Häftlinge betroffen werden, die von deutschen Gerichten bis zu 1 Jahr Freiheitsentzug verurteilt wurden.

28. Das SMT Potsdam verurteilt in drei Gruppen eine angebliche Widerstandsgruppe aus Frankfurt (Oder). Ein Werner Niepmann und 50 andere werden zu insgesamt 1275 Jahren Arbeitslager verurteilt.

April 6. Das SMT Halle verurteilt 21 Jugendliche, darunter ein Mädel, zu insgesamt 510 Jahren Arbeitslager wegen „illegaler Gruppenbildung".

7. Pieck und Grotewohl geben eine Erklärung des Marschalls Sokolowski bekannt, nach der in der Behandlung der durch die SMAD (in Wirklichkeit MWD) verhafteten Personen eine Änderung bevorstehe. Verhaftete bekämen künftig Gelegenheit, mit ihren Angehörigen in Verbindung zu treten.
Vorbereitung der ersten Entlassungsaktion aus den KZ.
Das SMT Dresden verurteilt acht ehemalige Soldaten wegen „illegaler Gruppenbildung" zu insgesamt 230 Jahren Arbeitslager.

Juni 30. Das SMT Potsdam verurteilt einen Franz Otto und sechs andere zu langjährigen Freiheitsstrafen. Die genauen Urteile sind nicht bekannt.

Juli — Beginn der Entlassungen aus sowjetischen KZ auf deutschem Boden.

Monat	Tag	1948
Juli	24.	Das SMT Potsdam verurteilt einen Kurt Jeromin und elf weitere Potsdamer wegen „illegaler Gruppenbildung“ zu insgesamt 275 Jahren Arbeitslager.
	30.	Wegen angeblicher Spionage verurteilt das SMT Potsdam einen Heinz Kasten und sechs weitere Potsdamer zu insgesamt 175 Jahren Arbeitslager.
August		Weitere Entlassungen aus den KZ.
	4.	Das SMT Schwerin verurteilt einen Gustav Cub und acht andere Einwohner Rostocks wegen angeblicher Verbindung zu einem nicht bekannten Nachrichtendienst zu insgesamt 185 Jahren Arbeitslager.
September	23.	Erlaß einer Wirtschaftsstrafverordnung. In der Verordnung wird strengste Bestrafung auch kleiner Vergehen angedroht. Mit der WStrVo werden in der SBZ Tausende von Enteignungen durchgeführt.
	24.	Joachim Schleutker und 14 andere Einwohner aus Halle werden vom SMT Halle wegen „illegaler Gruppenbildung“ zu insgesamt 375 Jahren Arbeitslager verurteilt. Die Konzentrationslager Neubrandenburg und Mühlberg werden aufgelöst. Die Häftlinge kommen in das KZ Buchenwald.
November	9.	Das SMT Halle verurteilt einen Hans Hoffmann und 28 andere wegen Gründung einer illegalen Gruppe unter dem Namen „Immer bereit sein“ (IBS) zu insgesamt 700 Jahren Arbeitslager.
	11.	Beginn einer Verhaftungswelle gegen die LDP. Der erste Vorsitzende des Studentenrates der Universität Leipzig, Wolfgang Natonek (LDP), verhaftet.
	13.	Das SMT Berlin verurteilt vier Jugendliche und einen Erwachsenen wegen Verletzung der öffentlichen Ordnung zu insgesamt 125 Jahren Arbeitslager.
	18.	Das SMT Magdeburg verurteilt einen Siegfried Rockmann und elf andere wegen „Spionage für den CIC“ zu insgesamt 300 Jahren Arbeitslager.
Dezember		Das SMT Berlin-Lichtenberg verurteilt den Studenten Georg Wradzidlo (s. 4. März 1947) und elf andere, hauptsächlich Studenten, wegen „Spionage“ zu insgesamt 300 Jahren Arbeitslager.
	7.	In Glauchau werden zwei Textilindustrielle wegen angeblicher Wirtschaftsverbrechen zum Tode verurteilt (später zu 25 Jahren Zuchthaus begnadigt). Weitere Mitangeklagte erhalten insgesamt über 50 Jahre Zuchthaus.

1949

Januar	29.	Das SMT Potsdam verurteilt drei Studenten der Berliner Humboldt-Universität zu je 25 Jahren Arbeitslager wegen „Spionage“.
Februar	12.	Das SMT Dresden verurteilt in Zwickau einen Fritz Döhnel und drei andere zu lebenslänglicher Haft, weil sie angeblich als Wachpersonal in einem Kriegsgefangenenlager Verbrechen gegen die Menschlichkeit begingen.

Monat	Tag	1949
Februar		Das SMT Dresden verurteilt einen Wilhelm Steigleder und 19 andere wegen Verbindung zu einer amerikanischen Dienststelle in Nürnberg zu insgesamt 416 Jahren Arbeitslager.
	14.	Das SMT Halle verurteilt einen Helmut Engert und fünf weitere Jugendliche wegen „Terrors" zu insgesamt 150 Jahren Arbeitslager, weil sie einen sowjetischen Soldaten verprügelten, der eine Frau vergewaltigen wollte.
	21.	Das SMT Dresden verurteilt den Ulrich von Kronstedt und vier andere wegen „Spionage" zu insgesamt 115 Jahren Arbeitslager.
März	31.	Wegen angeblicher illegaler Gruppenbildung und antisowjetischer Propaganda verurteilt das SMT Halle einen Wolfgang Walter und acht andere zu insgesamt 225 Jahren Arbeitslager. Wegen angeblicher Spionage für eine amerikanische Dienststelle verurteilt das SMT Potsdam einen Eugen Schürer und sechs andere zu insgesamt 175 Jahren Arbeitslager.
April		Das SMT Dresden verurteilt einen Heinrich Behrens und fünf andere zu insgesamt 150 Jahren Arbeitslager wegen „illegaler Gruppenbildung".
	29.	Das SMT Weimar verurteilt einen Gerhard Bayer und drei andere wegen „antisowjetischer Propaganda und illegaler Gruppenbildung" zu 100 Jahren Zwangsarbeitslager.
Mai	1.	Der katholische Bischof von Berlin, Kardinal Graf Preysing, wendet sich in einer Predigt gegen die Konzentrationslager in der SBZ. Das SMT Weimar verurteilt einen Gustav Schach und neun andere zu insgesamt 250 Jahren Arbeitslager wegen angeblicher Verbindung zu einer SPD-Dienststelle in Coburg.
	13.	Das SMT Eberswalde beginnt mit der Aburteilung von 32 Personen aus Wandlitz und Umgebung, die in vier Verhaftungswellen im Dezember 1948, Februar, März und Juni 1949 festgenommen wurden. In diesem Prozeß und in einem zweiten am 27. Oktober 1949 in Potsdam werden insgesamt 715 Jahre Arbeitslager verhängt.
	19.	Das SMT Halle verurteilt eine Ilse Reinicke und sechs andere wegen „illegaler Gruppenbildung" zu insgesamt 175 Jahren Arbeitslager.
Juni	16.	Das Zuchthaus Brandenburg wird von der sowjetischen Besatzungsmacht der Justiz übergeben.
Juli	2.	Das SMT Magdeburg verurteilt einen Heinz Rüstig und 27 andere wegen „illegaler Gruppenbildung" zu insgesamt 700 Jahren Arbeitslager. Sie sollen zu einer Verhaftungswelle von 80 Personen gehört haben.
September	13.	Das SMT Potsdam verurteilt einen Hans Velten und 15 andere wegen angeblicher Spionage zu insgesamt 400 Jahren Arbeitslager.
	25.	Das SMT Halle verurteilt den Studenten Wolfgang Mäusezahl und neun andere wegen angeblicher Verbindung zum CIC zu insgesamt 210 Jahren Arbeitslager.
Oktober	27.	Verhaftungsaktion gegen LDP- und CDU-Mitglieder in Mecklenburg (s. SMT-Verurteilung 13. Mai 1949).

Monat	Tag	1949
Oktober	28.	Das SMT Halle verurteilt einen Heinz Ochsmann und acht andere wegen angeblicher Verbindung zu einem Nachrichtendienst zu 210 Jahren Arbeitslager.
November		Das SMT Halle verurteilt einen Patrick von Glasenapp und 15 andere darunter zehn Frauen, wegen angeblicher Spionage zu insgesamt 380 Jahren Arbeitslager.
	11.	Die provisorische Volkskammer beschließt ein „Gesetz über den Erlaß von Sühnemaßnahmen und die Gewährung staatsbürgerlicher Rechte für ehemalige Mitglieder und Anhänger der Nazipartei und Offiziere der faschistischen Wehrmacht". Ausgenommen sind Personen, die zu Freiheitsstrafen von mehr als einem Jahr verurteilt wurden.
Dezember	8.	Die provisorische Volkskammer beschließt das Gesetz über die Errichtung des Obersten Gerichtshofes und der Obersten Staatsanwaltschaft.
	15.	Das SMT Dresden verurteilt neun Angehörige einer illegalen LDP-Gruppe zu insgesamt 185 Jahren Arbeitslager. Ein Angeklagter erhielt lebenslängliches Arbeitslager. Ein zweiter Teil der Gruppe wurde im März 1950 verurteilt.
	22.	Das SMT Dresden verurteilt eine nicht bekannte Anzahl Mitglieder einer Widerstandsgruppe in Dresden wegen Verteilens selbst hergestellter Flugblätter. Roland Greif und Rudolf de Petrement werden zum Tode verurteilt.

1950

Januar	12.	Bischof Kardinal Graf Preysing spricht sich erneut gegen die Konzentrationslager in der SBZ aus.
	14.	Der Vorsitzende der sowjetischen Kontrollkommission in Deutschland, General Tschujkow, teilt Walter Ulbricht mit, daß die Konzentrationslager Buchenwald, Sachsenhausen und Bautzen liquidiert werden (Text des Briefes s. Seite 64).
	20.	Das SMT Potsdam verurteilt einen Dieter Witte und neun andere wegen angeblicher Verbindung zum Ostbüro der SPD zu insgesamt 250 Jahren Arbeitslager.
	27.	Das SMT Halle verurteilt einen Fritz Heinrich und elf weitere Schüler der Oberschule Genthin wegen Verbindung zu Westberliner LDP-Kreisen zu insgesamt 258 Jahren Arbeitslager.
Februar	1.	Das SMT Weimar verurteilt einen Klaus Beck und zwölf andere wegen angeblicher Verbindung zu einem französischen Geheimdienst zu insgesamt 205 Jahren Arbeitslager.
	7.	Das SMT Berlin verurteilt einen Gerhard Janson und fünf andere wegen angeblicher Verbindung zur KgU zu insgesamt 125 Jahren Arbeitslager.

Monat	Tag	1950
Februar	9.	Die Sowjets übergeben 2154 Internierte des KZ Buchenwald zur Aburteilung an die VP in Waldheim. KZ Buchenwald aufgelöst. Das SMT Potsdam verurteilt einen Hermann Nelsen und fünf andere wegen angeblicher Spionage zu insgesamt 133 Jahren Arbeitslager.
	12.	Verlegung von 1200 weiblichen Häftlingen aus dem KZ Sachsenhausen in die nunmehrige StVA Hoheneck.
	13.	Das SMT Halle verurteilt einen Werner Hüfner und drei andere wegen angeblicher Verbindung zur Westberliner Zeitung „Telegraf" zu insgesamt 95 Jahren Arbeitslager. Das SMT Berlin-Lichtenberg verurteilt eine Gertrud Friedemann und fünf andere wegen angeblicher Verbindung zu einem Nachrichtendienst zu insgesamt 150 Jahren Arbeitslager.
	17.	Das SMT Schwerin verurteilt einen Helmut Hiller und acht andere wegen angeblicher Verbindung zum Ostbüro der SPD zu ingesamt 210 Jahren Arbeitslager.
März		Das SMT Dresden verurteilt einen Joachim Granner und vier andere wegen angeblicher Verbindung zur Westberliner LDP zu insgesamt 125 Jahren Arbeitslager (s. auch 15. Dezember 1949).
	8.	Das SMT Halle verurteilt einen Paul von Seggern und 14 andere wegen „Spionage für eine englische Dienststelle" zu insgesamt 375 Jahren Arbeitslager.
	10.	KZ Sachsenhausen aufgelöst.
	29.	Das SMT Dresden verurteilt einen Andreas Heger und 16 andere wegen angeblicher Spionage zu insgesamt 425 Jahren Arbeitslager.
	31.	Hungerdemonstration der Häftlinge in der StVA Bautzen.
April	17.	Das SMT Berlin verurteilt einen Friedrich-Albert Kühne und zehn andere wegen angeblicher Spionage zu insgesamt 275 Jahren Arbeitslager.
	21.	Beginn der Waldheimer „Kriegsverbrecherprozesse". Das Gesetz zum Schutze des Innerdeutschen Handels wird erlassen.
	24.	Das SMT Weimar verurteilt einen Dr. med. Rudolf Lange und sieben andere wegen Verbindung zu einem englischen Nachrichtendienst und dem Hochschulfunk des RIAS zu insgesamt 200 Jahren Arbeitslager.
	29.	Das Oberste Gericht der „DDR" verurteilt in Dessau in einem Schauprozeß wegen angeblicher Wirtschaftsverbrechen zugunsten der „Konzernherren der Deutschen Continental Gas-Gesellschaft (DCGG)" Dr. Leo Herwegen (CDU) und acht andere zu insgesamt 90 Jahren Zuchthaus.
Mai	5.	Die Sowjetunion gibt die Entlassung von 17 538 Kriegsgefangenen bekannt. In der SU verbleiben nach dieser Bekanntgabe 13 532 „Kriegsverbrecher".
	13.	Das MfS gibt die Verhaftung des 2. Vorsitzenden der westdeutschen KP, Kurt Müller, in der „DDR" bekannt. Das SMT Potsdam verurteilt einen Hanfried Rubehn und sieben andere wegen Verbindung zur KgU zu 100 Jahren Arbeitslager.

Monat	Tag	1950
Juli	1.	Übernahme der StVA Brandenburg durch die VP.
		Beginn einer Hetzkampagne der SED gegen die landwirtschaftlichen Genossenschaften (Raiffeisen) zugunsten der SED-gesteuerten Vereinigung der gegenseitigen Bauernhilfe (VdgB). Die Kampagne führt schließlich zur Verschmelzung der bäuerlichen Handelsgenossenschaft (BHG) und der VdgB. Die sowjetzonale Justiz unterstützt die Kampagne mit folgenden Prozessen:
	14.	Sogenannter Raiffeisen - Prozeß des Landgerichts Güstrow gegen Direktor Georg Leo und neun andere führende Mitarbeiter der Landwirtschaftlichen Genossenschaft und der Landwirtschaftlichen Genossenschaftsbank. Die Angeklagten Lehmitz und Möke erhielten je 15 Jahre, der Angeklagte Leo 12 Jahre, die übrigen 2 bis 8 Jahre Zuchthaus.
	18.	Schauprozeß gegen Genossenschaftler in Greifswald.
	20.	Sogenannter Saatzucht - Schieberprozeß gegen sechs Angeklagte in Klein-Wanzleben. Es werden 21½ Jahre Zuchthaus und Gefängnis verhängt.
August	8.	Der Generalsekretär der LDP, Wilhelm Stempel, wird ohne Rücksicht auf seine Immunität verhaftet. Er wird später von einem SMT (!) zu 25, seine Sekretärin zu 8 Jahren Arbeitslager verurteilt.
	17.	Das SMT Potsdam verurteilt einen Ernst Nahunek wegen illegaler Gruppenbildung zum Tode. 7 Mitangeklagte werden zu insgesamt 160 Jahren Arbeitslager verurteilt.
	30.	Beginn einer großen Verhaftungsaktion gegen Angehörige der Glaubensgemeinschaft „Zeugen Jehovas“.
September		Das SMT Weimar verurteilt Nikolaus Ostermann und zwei andere wegen „illegaler Gruppenbildung“ zum Tode. Zehn andere werden zu insgesamt 186 Jahren Arbeitslager verurteilt.
	1.	Das SMT Berlin verurteilt eine Ruth Germann und fünf andere zu insgesamt 120 Jahren Arbeitslager wegen „Spionage“.
	27.	Das Landgericht Potsdam verurteilt im Kassationsverfahren eine „Gruppe von Agenten und Saboteuren des Ostbüros“ zu insgesamt 17 Jahren Zuchthaus.
	29.	Nach einer Verhaftungsaktion von 22 Oberschülern in Güstrow kommt es zu einem Schauprozeß vor dem Landgericht Schwerin, das 8 Personen wegen Verbindung zur LDP und der KgU zu insgesamt 87 Jahren Zuchthaus verurteilt.
Oktober		Das SMT Schwerin verurteilt einen Arno Esch (LDP) und vier andere zum Tode. Näheres nicht bekannt.
	1.	Das Landgericht Leipzig verurteilt einen Rudolf Koch und zwei andere wegen angeblicher Verbindung zum amerikanischen Geheimdienst, zur UGO, zur KgU und zum RIAS zu insgesamt 23 Jahren Zuchthaus.

Monat	Tag	1950
Oktober	4.	Das Oberste Gericht erklärt in einem Grundsatzurteil die Tätigkeit der Funktionäre der Organisationen der „Zeugen Jehovas“ als Kriegs- und Boykotthetze. Der Artikel 6 der Verfassung der „DDR“ wird zum unmittelbar anzuwendenden Strafgesetz erklärt. Es folgen Schauprozesse gegen Angehörige dieser Sekte.
		Das Landgericht Dresden verurteilt einen Reinhold Runde und fünf andere als „USA-Agenten“ wegen Boykotthetze zu 43 Jahren Zuchthaus.
		Die Strafkammer 201 des Landgerichts Erfurt verurteilt den Arzt Dr. Massig und acht andere wegen angeblicher Verbindung zum RIAS und Boykotthetze zu insgesamt 27 Jahren Zuchthaus und Gefängnis.
	16.	Das Landgericht Greifswald verurteilt einen Georg Holz und neun andere Zeugen Jehovas zu insgesamt 72 Jahren Zuchthaus. Das Oberste Gericht verurteilt drei Zeugen Jehovas zu zweimal lebenslänglichem und einmal 15 Jahren Zuchthaus. Das Landgericht Greifswald verurteilt zehn Zeugen Jehovas zu langjährigen Freiheitsstrafen.
	18.	Das SMT Schwerin verurteilt einen Wolfgang Strauß und elf andere Oberschüler der Goethe-Oberschule in Schwerin wegen Verteilung antikommunistischer Flugblätter zu insgesamt 300 Jahren Arbeitslager.
November	3./4.	Die in den Waldheimer „Kriegsverbrecher-Prozessen“ zum Tode Verurteilten und nicht begnadigten 26 Häftlinge werden hingerichtet.
	16.	Übernahme des gesamten Strafvollzuges durch das Ministerium des Innern und damit durch die Volkspolizei.
	21.	Die sowjetzonale Nachrichtenagentur ADN gibt die Verurteilung von acht Deutschen wegen „Spionage für einen amerikanischen Geheimdienst“ durch ein nicht näher bezeichnetes SMT bekannt. Fünf Angeklagte wurden erschossen, die drei anderen erhielten insgesamt 55 Jahre Gefängnis.
	29.	Das Landgericht Zwickau verurteilt neun Zeugen Jehovas zu insgesamt 58 Jahren Zuchthaus. Die beiden Hauptangeklagten werden zu lebenslänglicher Haft verurteilt.
Dezember		Das SMT Schwerin verurteilt einen gewissen Dietzen und vier andere, darunter drei Frauen, zum Tode. Näheres nicht bekannt.
		Das SMT Schwerin verurteilt einen Debeler und drei andere zum Tode. Näheres nicht bekannt.
	2.	Das SMT Halle verurteilt einen Theodor Wesche und acht andere wegen antisowjetischer Propaganda. Es werden vier Todesurteile ausgesprochen und 110 Jahre Arbeitslager verhängt.
		Das SMT Potsdam verurteilt den CDU-Bürgermeister von Potsdam, Erwin Köhler, und fünf andere Angehörige der CDU aus unbekannten Gründen zu hohen Freiheitsstrafen, nachdem sich ein weiterer Angeklagter in der Zelle erhängt hatte. Köhler und seine Ehefrau wur-

Monat	Tag	1950
Dezember		den zum Tode verurteilt und die Urteile vermutlich vollstreckt. Die anderen Angeklagten erhielten insgesamt 65 Jahre Arbeitslager.
	8.	Schauprozeß vor dem Obersten Gericht gegen leitende Angestellte der Thüringer Finanzverwaltung und der Landeskreditbank Thüringen wegen Sabotage (sogenannter Moog-Prozeß). Es werden hohe Zuchthausstrafen ausgesprochen.
	15.	Erlaß des Gesetzes zum Schutze des Friedens. Das Gesetz droht bei schweren Fällen die Todesstrafe für Kriegshetze, Boykott- und Rassenhetze usw. an und kann auch auf Einwohner Westberlins und der Bundesrepublik Anwendung finden.
	18.	Das SMT Schwerin verurteilt vier Angehörige der Grenzpolizei wegen versuchter Desertion zu 100 Jahren Arbeitslager.
	19.	ADN gibt die Verurteilung von „20 Spionen des amerikanischen Nachrichtendienstes“ wegen Zersetzungsarbeit durch ein Militärtribunal bekannt. Es wurden sechs Todesurteile gefällt und Haftstrafen von 300 Jahren Arbeitslager ausgesprochen.
	20.	Das SMT Schwerin verurteilt 14 ehemalige Volkspolizisten wegen „Antisowjethetze und illegaler Gruppenbildung“ zum Tode. In einem Schauprozeß verurteilt das Oberste Gericht sieben ehemalige Direktoren und leitende Angestellte der Deutschen Solvay-Werke AG in Bernburg wegen angeblicher Wirtschaftverbrechen. Vier Angeklagte erhalten je 15 Jahre Zuchthaus, die übrigen zwei bis zehn Jahre.
	21.	Das SMT Schwerin verurteilt einen gewissen Roth und sechs andere zum Tode. Gründe nicht bekannt.
	28.	Das SMT Dresden verurteilt in Chemnitz Werner Schild von Spannenberg und 15 andere wegen angeblicher Spionage für den englischen Geheimdienst. Es werden sieben Todesurteile ausgesprochen und 180 Jahre Arbeitslager verhängt. Ein SMT verurteilt Ende Dezember den 23jährigen Studenten an der Berliner Hochschule für Politik, Peter Püchel (CDU), zum Tode.
		1951
Januar	9.	ADN meldet die Verurteilung von elf „Spionen des englischen Geheimdienstes“ durch ein SMT. Es werden drei Todesurteile und insgesamt 155 Jahre Freiheitsentzug verhängt.
	10.	Der 18jährige Oberschüler Hermann Josef Flade wird in Dresden zum Tode verurteilt. Er hatte selbstgefertigte Flugblätter verteilt und bei seiner Verhaftung einen Volkspolizisten mit einem Taschenmesser verletzt.
	23.	In Erfurt wird ein Schauprozeß gegen führende Genossenschafter mit hohen Zuchthausstrafen abgeschlossen.
Februar	7.	Das Todesurteil gegen Flade wird in 15 Jahre Zuchthaus umgewandelt.
März		Das SMT Weimar verurteilt zehn Oberschüler aus Jena zu insgesamt 250 Jahren Zwangsarbeit. Sie waren Anfang Januar zusammen mit

Monat	Tag	1951
März		mit 43 weiteren Jugendlichen vom SSD wegen angeblicher Propagandatätigkeit gegen das SED-Regime verhaftet worden.
	20.	Das SMT Dresden verurteilt einen Heinz Domaschke und sechs andere wegen angeblicher Verbindung zum RIAS. Es werden zwei Todesurteile und Haftstrafen von 115 Jahren ausgesprochen.
	27.	In Gotha beginnt ein Schauprozeß gegen leitende Angestellte der Landesversicherungsanstalt, der mit langjährigen Freiheitsstrafen beendet wird.
		Das Landgericht Dresden verurteilt leitende Angestellte verschiedener Wirtschaftsbehörden wegen „Wirtschaftssabotage und -spionage für westdeutsche Papierkonzerne" zu insgesamt 36 Jahren Zuchthaus.
April	24.	Das SMT Potsdam verurteilt Karl-Heinz Stabenow und 13 andere wegen „illegaler Gruppenbildung". Es wird ein Todesurteil verhängt. Außerdem werden Haftstrafen von insgesamt 275 Jahren Arbeitslager ausgesprochen.
Mai		Massenverhaftungen in Plau (Mecklenburg). Unter den Verhafteten befinden sich sehr viele CDU-Angehörige.
	7.	Das Ostberliner Landgericht verurteilt vier Angehörige der „Falken" zu insgesamt 15 Jahren Zuchthaus wegen Kriegshetze. Auf Grund westlicher Proteste werden sie aber nach einigen Tagen wieder freigelassen.
	15.	Das SMT Halle verurteilt einen Hans Hampe und acht andere wegen angeblicher Spionage. Es werden vier Todesurteile und 125 Jahre Arbeitslager verhängt.
Juni		Verhaftung von 34 Oberschülern in Werdau wegen „antisowjetischer Propaganda" (s. 3. Oktober 1951).
Juli	26.	Erlaß der Verordnung zum Schutze des innerdeutschen Warenverkehrs.
August		Das SMT Dresden verurteilt in Chemnitz einen Paul Dohle und drei andere wegen angeblicher Spionage zu je 25 Jahren Arbeitslager.
September		Das SMT Weimar verurteilt einen gewissen Wohlfahrt und vier andere wegen „antisowjetischer Hetze" zum Tode.
Oktober	3.	Das Landgericht Zwickau verurteilt unter Ausschluß der Öffentlichkeit 19 Schüler und Schülerinnen der Oberschule Werdau wegen oppositioneller Meinungsäußerungen und Kundgebungen zu insgesamt 130 Jahren Zuchthaus.
	6.	Grotewohl kündigt Amnestie anläßlich des zweiten Jahrestages der „DDR" an. Sie bringt keine Freilassung von politischen Häftlingen.
	18.	Das SMT Dresden verurteilt einen Hermann Ahrend und eine unbekannte Anzahl anderer wegen angeblicher Spionage. Es werden u. a. sieben Todesurteile gefällt, zwei davon gegen Frauen.
	21.	Verhaftungswelle in Schleiz. Es werden 200 Einwohner, hauptsächlich ehemalige SPD-Angehörige, verhaftet.
November		Das SMT Berlin-Lichtenberg verurteilt Dr. Walter Schlegelmilch und etwa 120 andere wegen „illegaler Gruppenbildung" (IBS) in mehreren Prozessen zu langjährigen Freiheitsstrafen.

Monat	Tag	1951
November	21.	Das SMT Halle verurteilt einen Wolfgang Kreissig und zwölf andere wegen angeblicher Verbindung zur KgU. Es werden ein Todesurteil und Haftstrafen von insgesamt 170 Jahren verhängt.
Dezember		Das SMT Dresden in Chemnitz verurteilt Hans Schreiter und zwei andere wegen Verbindung zur KgU zu je 25 Jahren Arbeitslager.
	7.	Das Landgericht Berlin verurteilt fünf Angeklagte wegen „Gefährdung des inneren Friedens der DDR und der Welt“ zu insgesamt 20 Jahren und neun Monaten Gefängnis.
	30.	Das SMT Dresden verurteilt Gerhard Erbse und vier andere wegen „illegaler Gruppenbildung“ zu insgesamt 125 Jahren Arbeitslager.

1952

Monat	Tag	1952
Januar		Ein unbekanntes SMT verurteilt Anfang 1952 wegen „Agententätigkeit“ den VP-Unterkommissar Günter Lohmeister und zwei weitere VP-Angehörige zum Tode. Die Urteile sollen im Februar 1952 in der Muskauer Heide vollstreckt worden sein. Westlichen Pressemeldungen nach wurden in diesem Zusammenhang 236 Unteroffiziere und Mannschaften der VP verhaftet.
		Das SMT Dresden verurteilt einen Paul Merke und fünf andere wegen Spionage. Es wird ein Todesurteil ausgesprochen. Die Mitangeklagten erhalten insgesamt 125 Jahre Arbeitslager.
		Das gleiche SMT verurteilt Gerhard Mann und sechs weitere wegen „illegaler Gruppenbildung“. Es werden ein Todesurteil und 130 Jahre Arbeitslager ausgesprochen.
Februar		Das SMT Berlin verurteilt einen Wilhelm Kummer und vier andere wegen „Spionage und antisowjetischer Propaganda“ zu insgesamt 125 Jahren Arbeitslager.
		Das SMT Dresden verurteilt einen Fritz Plieth und sechs andere wegen angeblicher Spionage. Es werden ein Todesurteil und Strafen zwischen 8 und 15 Jahren Arbeitslager verhängt.
	10.	Das SMT Halle verurteilt einen Erich Berger und elf andere wegen Verbindung zur KgU. Es werden ein Todesurteil und insgesamt 210 Jahre Arbeitslager verhängt.
	14.	Das Oberste Gericht verurteilt einen Michael Och und sechs andere wegen „Spionage für einen englischen Geheimdienst“ zu insgesamt insgesamt 72 Jahren Zuchthaus.
	18.	Das SMT Dresden verurteilt einen Walter Dölling und sechs andere wegen „illegaler Gruppenbildung“. Es werden drei Todesurteile und 100 Jahre Arbeitslager ausgesprochen.
	20.	Das Stadtgericht Berlin verurteilt einen Karl-Heinz Fischer und elf andere wegen Bildung eines sogenannten Widerstandskreises. Es werden drei lebenslängliche Haftstrafen und 111 Jahre Zuchthaus verhängt.
März	6.	Das SMT Dresden verurteilt einen Max Laegel und zwölf andere wegen Verbindung zur KgU. Es werden ein Todesurteil und 275 Jahre Arbeitslager verhängt.

Monat	Tag	1952
März		Das Landgericht Dresden verurteilt einen Rudi Hertig und fünf andere Zeugen Jehovas zu insgesamt 33 Jahren Zuchthaus.
		Das Landgericht Halle verurteilt einen Walter Kokoff und sechs andere wegen „illegaler Gruppenbildung“ zu insgesamt 32 Jahren Zuchthaus.
	22.	Das SMT Dresden verurteilt einen gewissen Weiß und 21 andere wegen angeblicher Verbindung zur KgU. Es werden sieben Todesurteile und 335 Jahre Arbeitslager verhängt.
April	29.	Das SMT Potsdam verurteilt Fritz Riebling und vier andere wegen „illegaler Gruppenbildung“. Es werden zwei Todesurteile und 55 Jahre Arbeitslager verhängt.
Mai	7.	Das Oberste Gericht verurteilt 15 Angehörige einer „Spionage- und Diversionsgruppe des amerikanischen und französischen Geheimdienstes und der KgU“ zu insgesamt 110 Jahren Zuchthaus. Die beiden Hauptangeklagten werden zu lebenslänglichem Zuchthaus verurteilt.
	14.	Das Oberste Gericht verurteilt in einem Schauprozeß vier Angeklagte wegen „Terrorismus und zeitweiliger Verbindung zur KgU“ zu zweimal lebenslänglichem und 25 Jahren Zuchthaus.
	15.	Das Landgericht Güstrow verurteilt zwei Angeklagte wegen „Mordhetze“ zu zehn Jahren Zuchthaus.
	17.	Die CDU-Angehörigen Wilhelm und Muras werden in Mühlhausen wegen angeblicher Ermordung eines SED-Funktionärs zum Tode verurteilt.
		Das Landgericht Dresden verurteilt zwei Angeklagte wegen „Sabotage“ zu lebenslänglichem Zuchthaus. Drei weitere erhalten insgesamt 28 Jahre Zuchthaus.
	18.	Das Landgericht Dresden verurteilt wegen „fortgesetzten Vergehens gegen den Artikel 6“ fünf Angeklagte. Die beiden Hauptangeklagten erhalten lebenslängliches, die anderen insgesamt 28 Jahre Zuchthaus.
	23.	Das Gesetz über die Staatsanwaltschaft verkündet. Jugendgerichtsgesetz verkündet. Es ermöglicht die Anwendung des schärferen allgemeinen Strafrechts gegen Jugendliche bei politischen Delikten.
	24.	Schauprozeß vor dem Obersten Gericht gegen die sogenannte Burianek-Bande. Burianek wird zum Tode verurteilt; sechs weitere Angeklagte erhalten zweimal lebenslängliches und insgesamt 49 Jahre Zuchthaus.
Juni	9.	Die Regierung der „DDR“ ordnet Maßnahmen zum Schutze der SBZ an. Das MfS erhält weitgehende Vollmachten zur Bekämpfung von „Staatsfeinden“.
	26.	Das Landgericht Mühlhausen verurteilt wegen angeblicher Spionage elf Personen zu insgesamt 47 Jahren Zuchthaus (zwei Freisprüche).
Juli		Das SMT Dresden verurteilt in Aue Alfred Schmidt und drei andere Jugendliche wegen Urandiebstahls und Fluchtbeihilfe zu je 25 Jahren Arbeitslager.

Monat	Tag	1952
Juli	5.	Das Oberste Gericht verurteilt unter Vorsitz der Hilde Benjamin in Zwickau sieben leitende Angestellte des Martin-Hoop-Schachtes wegen „Sabotage“ zu insgesamt 45½ Jahren Zuchthaus.
	21.	Das Landgericht Greifswald verurteilt den Schatzmeister der Westberliner FdP William Borm wegen angeblicher Spionage und Kriegshetze zu 10 Jahren Gefängnis. B. wurde auf einer Fahrt von Westberlin zum Bundesparteitag der FdP am 23. September 1951 verhaftet.
	26.	Schauprozeß vor dem Obersten Gericht gegen sieben Konstrukteure und Wissenschaftler wegen angeblicher Verbindung zum UfJ. Zwei Angeklagte werden zu lebenslänglichem Zuchthaus, fünf andere zu insgesamt 71 Jahren Zuchthaus verurteilt.
	30.	Das Landgericht Halle verurteilt einen angeblichen Agenten des UfJ zu lebenslänglichem Zuchthaus. Vier Mitangeklagte erhalten insgesamt 47 Jahre Zuchthaus.
August	5.	Das Landgericht Potsdam verurteilt fünf Angeklagte wegen angeblicher Verbindung zum UfJ. Der Hauptangeklagte erhält lebenslängliches, die anderen insgesamt 54 Jahre Zuchthaus.
	6.	Das Landgericht Leipzig verurteilt 23 Fabrikanten, Kaufleute und Spediteure wegen „Wirtschaftssabotage“ zu langjährigen Zuchthausstrafen.
	27.	Das Landgericht Greifswald verurteilt zehn Angeklagte, darunter den ehemaligen Leiter der Hauptabteilung Strafvollzug der HVDVP Berlin, Chefinspekteur Karl Gertig, wegen Gründung einer „trotzkistischen Gruppe“ (sie nannte sich „Deutsche Linke-Gruppe internationaler Sozialisten“) zu insgesamt 65½ Jahren Zuchthaus.
	6., 15. u. 22.	Die Landgerichte Dessau und Halle verurteilen in vier Prozessen wegen angeblicher Spionage 21 Personen aus Bitterfeld und Umgebung zu insgesamt dreimal lebenslänglichem und 166 Jahren Zuchthaus.
September		Das SMT Weimar verurteilt einen Rudolf Winter und fünf andere zum Tode. Einzelheiten sind nicht bekannt.
Oktober	2.	Das Gerichtsverfassungsgesetz verkündet. Einrichtung von Kreis- und Bezirksgerichten.
		Strafprozeßordnung verkündet. Sie bringt eine Schlechterstellung des Angeklagten und des Verteidigers gegenüber dem Staatsanwalt.
		Gesetz zum Schutze des Volkseigentums erlassen. Es stellt u. a. Diebstahl auch kleinster Mengen von „Volkseigentum“ unter schwerste Strafen.
	15.	Verordnung über die Errichtung staatlicher Notariate erlassen.
	27.	Das Bezirksgericht Halle verurteilt einen Herbert Krings wegen „illegaler Gruppenbildung“ zu lebenslänglichem Zuchthaus. Sieben Mitangeklagte werden zu insgesamt 54 Jahren Zuchthaus verurteilt.
November	6.	Wegen angeblicher Militärspionage für den UfJ verurteilt das BG Magdeburg einen Wilhelm Knust und fünf Mitangeklagte zu insgesamt 64 Jahren Zuchthaus.

Monat	Tag	1952
November	11.	Das BG Suhl verurteilt in Meiningen neun Grenzpolizeiangehörige wegen versuchter Desertion zu 17 1/2 Jahren Zuchthaus.
	26.	Das BG Leipzig verurteilt einen Erich Mallaun wegen Verbindung zur KgU zu lebenslänglichem Zuchthaus. Sieben Mitangeklagte erhalten insgesamt 76 Jahre Zuchthaus.
Dezember	7.	Beginn der unter dem Namen „Aktion Rosa" bekanntgewordenen Enteignungsaktion von Fremdenheimen und Hotels an der Ostseeküste. Unter dem Vorwand irgendwelcher Verfehlungen werden die Besitzer enteignet und etliche verhaftet.
	15.	Der Versorgungsminister Hamann und sein Staatssekretär Albrecht werden verhaftet.
	18.	Das BG Erfurt verurteilt sieben „Agenten des amerikanischen Geheimdienstes und des Ostbüros der Adenauer-CDU" zu insgesamt 79 Jahren Zuchthaus.
	23.	Das BG Frankfurt (Oder) verurteilt einen Rudolf Kleinfeld und fünf andere wegen angeblicher Spionage zu insgesamt 51 Jahren Zuchthaus.
		1953
Januar	2.	Das Stadtgericht Berlin verurteilt sechs Jugendliche wegen angeblicher Beteiligung an „über 100 Terroraktionen des Kampfbundes Deutscher Jugend" zu insgesamt 47 Jahren Gefängnis.
	6.	Das BG Dresden verurteilt sieben Einwohner Frauensteins wegen „illegaler Gruppenbildung" zu insgesamt 43 Jahren Zuchthaus.
	15.	Der Außenminister Dertinger (CDU) wird wegen „feindlicher Tätigkeit gegen die DDR" verhaftet.
	16.	Das BG Halle verurteilt neun Angeklagte wegen Verbindung zu einer alliierten Dienststelle zu insgesamt 43 1/2 Jahren Zuchthaus.
	26.	Das BG Chemnitz verurteilt fünf jugendliche Briefmarkensammler wegen „illegaler Gruppenbildung" zu insgesamt 27 Jahren Zuchthaus.
Februar	11.	Schauprozeß gegen Einwohner Klein-Machnows. Es werden 46 Jahre Zuchthaus verhängt.
	13.	Das BG Dresden verurteilt in drei Prozessen zwölf Angestellte des Straßenbahnbetriebshofes Dresden wegen „illegaler Gruppenbildung". Die drei Hauptangeklagten erhalten lebenslängliches Zuchthaus, die anderen werden zu insgesamt 86 1/2 Jahren Zuchthaus verurteilt.
	25.	Das BG Potsdam verurteilt einen Herbert Sildatke und sechs andere als „Widerstandsgruppe Deutsche Patrioten" zu langjährigen Zuchthausstrafen.
März		Übernahme der Strafvollstreckung durch die VP.
	9.	Das BG Frankfurt (Oder) verurteilt einen Wolfgang Kolberg und zwölf weitere Jugendliche wegen Beschädigung von Schaukästen der FDJ, ergo „illegaler Gruppenbildung", zu insgesamt 111 Jahren Zuchthaus.

Monat	Tag	1953
März	21.	Verhaftungsaktion gegen leitende Angestellte des VEB Carl Zeiss, Jena. Es werden 30 Angestellte verhaftet.
Mai		Das BG Dresden verurteilt einen Staatsanwalt wegen angeblicher Verbindung zum UfJ zu lebenslänglichem Zuchthaus. Vier Mitangeklagte werden zu insgesamt 38 Jahren Zuchthaus verurteilt. — Das BG Erfurt verurteilt wegen „illegaler Verbindung mit dem Westen und Zusammenarbeit mit der CDU" 15 CDU-Funktionäre unter Ausschluß der Öffentlichkeit zu insgesamt 110 Jahren Zuchthaus.
	8.	Das BG Erfurt verurteilt zwei Bauern zu lebenslänglichem Zuchthaus, fünf andere erhalten insgesamt 50 Jahre Zuchthaus, weil sie versucht haben, „die demokratische Entwicklung auf dem Dorfe zu hemmen".
	13.	Das BG Chemnitz verurteilt einen Heinz Kolberg wegen „Spionage" zu lebenslänglichem Zuchthaus. Drei Mitangeklagte werden zu insgesamt 35 Jahren Zuchthaus verurteilt.
	15.	Erlaß der Anordnung über die Bildung von Rechtsanwaltskollegien.
	18.	Der Angestellte Helmut Lucke wird wegen angeblicher Brandstiftung im Reifenwerk Fürstenwalde zum Tode verurteilt. Drei weitere Angeklagte erhalten 24 1/2 Jahre Zuchthaus.
	21.	Das BG Leipzig verurteilt wegen angeblicher Spionage einen Kurt König zum Tode. Seine Freundin erhält lebenslängliches Zuchthaus, ebenso eine Geschäftsfrau. Drei weitere Angeklagte werden zu insgesamt 35 Jahren Zuchthaus verurteilt.
	22.	Das BG Dresden verurteilt wegen „Wirtschaftsspionage für den UfJ und Boykotthetze" einen Hans Richter und sechs andere zu insgesamt 72 Jahren Zuchthaus.
Juni	7.	Das BG Rostock verurteilt einen Karl Thiemann wegen Verbindung zu einem westlichen Nachrichtendienst zum Tode. Fünf Mitangeklagte werden zu insgesamt 14 Jahren Zuchthaus und Gefängnis verurteilt.
	14.	Der Generalstaatsanwalt gibt bekannt, daß vom 1. bis 13. Juni 1953 4029 Personen freigelassen worden seien, die wegen Verstöße gegen das Volkseigentumsschutzgesetz verurteilt worden waren. Die Entlassung weiterer 1500 Personen stehe bevor.
	17.	Volksaufstand in der Sowjetzone mit anschließenden Massenverhaftungen von Demonstranten. Befreiung der Häftlinge aus den Haftanstalten Görlitz und Halle II.
	19.	Das BG Dresden verurteilt in Chemnitz einen Johannes Stephan und vier weitere zu insgesamt 33 Jahren Arbeitslager, weil sie sowjetische Soldaten zur Flucht überredet hätten.
Juli	2.	Das BG Halle verurteilt wegen Beteiligung am Juni-Aufstand vier Angeklagte zu insgesamt 15 Jahren Zuchthaus.

Monat	Tag	1953
Juli	3.	Das BG Neubrandenburg verurteilt wegen Verbindung zu einem Nachrichtendienst einen Günter Schulz und drei andere zu insgesamt 16 1/2 Jahren Zuchthaus.
	4.	Generalstaatsanwalt Melsheimer teilt mit, daß bis zum 1. Juli 1953 7753 vorwiegend wegen Verbrechen gegen das Gesetz zum Schutze des Volkseigentums verurteilte und in U-Haft befindliche Personen entlassen worden seien.
	4.	Das BG Halle verurteilt wegen Beteiligung am Juni-Aufstand vier Angeklagte zu insgesamt sieben Jahren und neun Monaten Gefängnis.
	6.	Das BG Halle verurteilt wegen Beteiligung am Juni-Aufstand vier Angeklagte zu insgesamt fünf Jahren Zuchthaus. Aus dem gleichen Grunde waren bereits am 30. Juni vier Angeklagte zu insgesamt drei Jahren und neun Monaten verurteilt.
	17.	Häftlingsaufstand in Workuta.
	18.	Das BG Magdeburg verurteilt wegen Teilnahme am Juni-Aufstand vier Angeklagte zu insgesamt 26 Jahren Zuchthaus.
	20.	Das BG Dresden verurteilt 16 Angeklagte wegen Teilnahme am Juni-Aufstand zu insgesamt 83 1/2 Jahren Zuchthaus. Der Hauptangeklagte Markwirth wird zu lebenslänglichem Zuchthaus verurteilt.
		Das BG Erfurt verurteilt den Pfarrer Mitzenheim wegen Beteiligung am Juni-Aufstand zu sechs Jahren Zuchthaus. Drei Mitangeklagte werden zu insgesamt 3 1/2 Jahren Gefängnis verurteilt.
		Das BG Dresden verurteilt einen Hermann Gierisch und vier andere wegen Beteiligung am Juni-Aufstand in Görlitz zu insgesamt 33 1/2 Jahren Zuchahaus.
	24.	Aus Waldheim werden 219 Männer und Frauen aus den „Waldheimer Kriegsverbrecherprozessen" entlassen.
August	12.	Das BG Frankfurt (Oder) verurteilt zehn Zeugen Jehovas zu insgesamt 26 1/2 Jahren Zuchthaus.
	24.	Das BG Magdeburg verurteilt den „Putschisten" Gerhard Böhm wegen Beteiligung am Juni-Aufstand zu lebenslänglichem Zuchthaus.
	25.	Das Stadtgericht Berlin verurteilt fünf Angeklagte wegen Beteiligung am 17. Juni zu insgesamt 46 Jahren Zuchthaus.
	28.	Das BG Rostock verurteilt den 1. Vorsitzenden der LDP in Rostock wegen Verbindung zur Westberliner FDP zu sechs Jahren Zuchthaus.
September	2.	Das BG Magdeburg verurteilt einen Gärtner wegen Beteiligung am Juni-Aufstand zu lebenslänglichem Zuchthaus.
	28.	Das Oberste Gericht verurteilt eine „achtköpfige Verschwörergruppe im Dienst des amerikanisch-deutschen Imperialismus" zu insgesamt 65 Jahren Zuchthaus.
	29.	Das BG Chemnitz verurteilt einen „amerikanischen Spion" zum Tode Drei weitere erhalten lebenslängliches, eine Frau 15 Jahre Zuchthaus.
Oktober	4.	Das BG Magdeburg verurteilt einen Magdeburger wegen „Boykott- und Mordhetze" zum Tode und drei andere zu lebenlänglichem

Monat	Tag	1953
Oktober		Zuchthaus, und drei weitere Angeklagte erhalten langjährige Zuchthausstrafen.
	11.	Das BG Gera verurteilt fünf leitende Angestellte der Zeiss-Werke wegen „Boykotthetze und Friedensgefährdung" zu insgesamt 25 Jahren Zuchthaus.
	17.	Das Stadtgericht Berlin verurteilt drei Jugendliche wegen Beteiligung am 17. Juni zu insgesamt vier Jahren und neun Monaten Gefängnis.
	30.	Das BG Cottbus verurteilte eine „Bande von Spionen". Der Hauptangeklagte wird zum Tode verurteilt. Ein weiterer wird zu lebenslänglichem und fünf andere zu insgesamt 59 Jahren Zuchthaus verurteilt.
November		Verhaftungsaktion in Halle, Magdeburg und Eisleben gegen LDP-Mitglieder. Es werden u. a. die Sekretäre der LDP-Kreisverbände Magdeburg und Halle verhaftet.
	1.	Das Ministerium des Innern gibt neue umfangreiche Verhaftungen von angeblichen Agenten in Ostberlin, Halle, Cottbus und Potsdam bekannt. Gleichzeitig fordert es die Bevölkerung auf, durch „Hinweise auf Anzeichen von Agententätigkeit an die staatlichen Organe" zur Sicherung beizutragen.
		Das BG Halle verurteilt vier Angeklagte wegen angeblicher Spionage in den Leuna-Werken zu insgesamt 31 Jahren Zuchthaus.
	5.	Der neue MfS-Chef Wollweber hält eine Rede, in der er die Bevölkerung auffordert, alle Agenten des Westens zu denunzieren.
	11.	Das BG Frankfurt (Oder) verurteilt einen Martin Jansen wegen angeblicher Spionage zu lebenslänglichem Zuchthaus. Drei Mitangeklagte werden zu $25^1/_2$ Jahren Zuchthaus verurteilt.
	26.	Das BG Dresden verurteilt fünf Angeklagte wegen Beteiligung am Juni-Aufstand zu insgesamt 19 Jahren Zuchthaus. Das BG Chemnitz verurteilt einen Max Lindner wegen „Diversion" zu lebenslänglichem Zuchthaus. Die acht Mitangeklagten werden zu insgesamt 49 Jahren Zuchthaus und Gefängnis verurteilt.
	27.	Das Stadtgericht Berlin verurteilt wegen „Wirtschafts- und Militärspionage" einen Hans-Joachim Ahrens und 14 andere zu insgesamt $113^1/_2$ Jahren Zuchthaus.
Dezember	12. und 2. 4. 54	Das BG Magdeburg verurteilt in zwei Prozessen eine Feodora von Steinmetz und 19 andere wegen angeblicher Spionage für das „Amt Blank". Vier Angeklagte erhalten lebenslängliches Zuchthaus, die anderen werden zu insgesamt 144 Jahren Zuchthaus verurteilt.
	19.	Das BG Halle verurteilt drei Frauen wegen „Boykotthetze und Verbreitung tendenziöser Gerüchte" zu insgesamt $26^1/_2$ Jahren Zuchthaus.
	21.	Wegen „Spionage für die Gehlen-Organisation" verurteilt das Oberste Gericht drei Männer zu lebenslänglichem Zuchthaus. Vier weitere erhalten insgesamt 57 Jahre Zuchthaus.
	22.	Das BG Cottbus verurteilt sechs Angeklagte wegen „Diversion" zu insgesamt 72 Jahren Zuchthaus.

Monat	Tag	1953
Dezember	23. und 20. 3. 54	Das BG Dresden verurteilt in zwei Prozessen 14 Angeklagte wegen „Spionage für das Amt Blank“. Ein Angeklagter erhielt lebenslängliches Zuchthaus. Die anderen wurden zu insgesamt $146\frac{1}{2}$ Jahren Zuchthaus verurteilt.
	30.	Wegen Verbindung zum Ostbüro der FDP verurteilt das BG Dresden den Kreissekretär der LDP in Meißen, Arnd Zimmermann, und fünf andere zu insgesamt 60 Jahren Zuchthaus.
		1954
Januar		Amnestie von 6143 SMT-Verurteilten.
	4.	Das BG Leipzig verurteilt vier Angeklagte wegen Verbreitung von Verleumdungen über die „DDR“ zu insgesamt 35 Jahren Zuchthaus.
	7.	Das BG Frankfurt (Oder) verurteilt wegen „Sabotage“ vier Landarbeiter zu insgesamt 36 Jahren Zuchthaus (s. Seite 103).
	23.	Das BG Frankfurt (Oder) verurteilt einen Otto Kupsch und sechs andere wegen „Agententätigkeit“ zu insgesamt 43 Jahren Zuchthaus.
Februar		Verhaftungsaktion des SSD in den Leuna-Werken, dem Elektrokombinat Bitterfeld, den Thälmann- und Dimitroff-Werken in Magdeburg, den Elmowerken in Wernigerode, in Rostock, Wismar und Stralsund.
März	4.	Das BG Schwerin verurteilt einen Herbert Dohrow wegen angeblicher Verbindung zu einem französischen Nachrichtendienst zu lebenslänglichem Zuchthaus. Ein Mitangeklagter wird ebenfalls zu lebenslänglichem Zuchthaus und zwei andere zu insgesamt 18 Jahren Zuchthaus verurteilt.
	23.	Das BG Potsdam verurteilt acht Angeklagte wegen Verbindung zu einem Nachrichtendienst zu insgesamt 52 Jahren Zuchthaus.
	25.	Das BG Frankfurt (Oder) verurteilt vier Männer wegen „Sabotage“ zu insgesamt 40 Jahren Zuchthaus.
	26.	Das BG Frankfurt (Oder) verurteilt sechs Männer wegen Beteiligung am 17. Juni 1953 zu insgesamt 58 Jahren Zuchthaus.
	27.	Erklärung des Ministerrats der „DDR“ über die Herstellung der „Souveränität der Deutschen Demokratischen Republik“.
April		„In der Zeit vom 17. Juni 1953 bis zum 31. März 1954 sind nach einer westlichen Aufstellung 23 Personen von sowjetischen Militärgerichten zum Tode verurteilt worden. Im gleichen Zeitraum verhängten die sowjetzonalen Bezirksgerichte in drei Fällen die Todesstrafe. Die Bezirksgerichte verurteilten darüber hinaus 18 Personen zu lebenslänglichem Zuchthaus, 299 Personen zu insgesamt 1977 Jahren und neun Monaten Zuchthaus und 105 Personen zu insgesamt 165 Jahren und neun Monaten Gefängnis.“ („Der Tag“ vom 24. April 1954)
		Das SMT Berlin-Karlshorst verurteilt einen Karl Wolter und zwei andere zum Tode und eine nicht bekannte Anzahl anderer Angeklagter zu langjährigen Freiheitsstrafen wegen angeblicher Spionage und Sabotage.

Monat	Tag	1954
April	5.	Das BG Chemnitz verurteilt wegen „Diversion und Spionage“ den Westberliner Günter Ruberg zu lebenslänglichem Zuchthaus. Fünf Mitangeklagte erhalten 36 Jahre Zuchthaus.
	6.	Das BG Frankfurt (Oder) verurteilt wegen „Agenten- und Spionagetätigkeit“ einen Wilhelm Gläser zu lebenslänglichem Zuchthaus. Sechs Mitangeklagte erhalten langjährige Zuchthausstrafen.
	22.	Das BG Neubrandenburg verurteilt sechs Angeklagte wegen angeblicher Verbindung zum Ostbüro der CDU zu insgesamt 23 Jahren Zuchthaus.
Mai	4.	Das BG Gera verurteilt wegen Beteiligung am Juni-Aufstand einen Waldemar Holland zu lebenslänglichem Zuchthaus, neun Mitangeklagte werden zu insgesamt 75 Jahren Zuchthaus verurteilt.
	6.	Das Stadtgericht Berlin verurteilt wegen „Spionage für einen amerikanischen Geheimdienst“ einen Friedrich Jost und sieben Mitangeklagte zu insgesamt 33 Jahren und drei Monaten Zuchthaus.
	15.	Das Stadtgericht Berlin verurteilt acht Angeklagte wegen „friedensgefährdender Propaganda“ zu insgesamt 45½ Jahren Gefängnis.
	26.	Das Stadtgericht Berlin verurteilt vier Bauarbeiter wegen Beteiligung am Juni-Aufstand zu insgesamt 30 Jahren Gefängnis.
Juni		Das SMT Potsdam verurteilt einen Kurt Schumann und zwei andere wegen „Spionage gegen die Besatzungsmacht“ zum Tode.
	9.	Das Oberste Gericht verurteilt den ehemaligen Außenminister der „DDR“, Dertinger, wegen Verschwörertätigkeit zu 15 Jahren, fünf Mitangeklagte zu insgesamt 54 Jahren Zuchthaus.
	14.	Das Oberste Gericht verurteilt vier Angeklagte als angebliche Rädelsführer des Juni-Aufstandes zu insgesamt 45 Jahren Zuchthaus.
Juli	10.	Amnestierung von 913 Verurteilten der Waldheimer „Kriegsverbrecherprozesse“.
		Das BG Frankfurt (Oder) verurteilt wegen angeblicher Sabotage und Verbreitung der Schweinepest den Wirtschaftsleiter des Güterkombinats Polßen im Kreis Angermünde, Wilhelm Wolff, zum Tode und seinen Bruder zu lebenslänglichem Zuchthaus. Sieben weitere Angeklagte erhalten Zuchthausstrafen von insgesamt 60 Jahren.
	14.	Das Oberste Gericht verurteilt den ehemaligen Minister für Handel und Versorgung. Dr. Hamann (LDP), wegen angeblicher Nichtbelieferung der Bevölkerung mit Lebensmitteln zu zehn Jahren Zuchthaus. Vier Mitangeklagte werden zu insgesamt 17 Jahren Zuchthaus verurteilt.
	19.	Das BG Schwerin verurteilt sechs Angeklagte wegen „Spionage“ zu insgesamt 40 Jahren Zuchthaus.
	23.	Das BG Potsdam verurteilt acht Angeklagte wegen Verbindung zur „Organisation Gehlen“ zu insgesamt 56 Jahren Zuchthaus.
August		Durch Beschluß der Regierung der UdSSR werden alle von 1945 bis 1953 erlassenen Befehle und Anordnungen der SMAD und der SKK außer Kraft gesetzt. (Siehe auch 20. 9. 1955).

Monat	Tag	1954
August	13.	Wegen „Spionage für den CIC“ verurteilt das BG Frankfurt (Oder) zwölf Eisenbahner zu insgesamt $88^{1}/_{2}$ Jahren Zuchthaus. Das BG Potsdam verurteilt neun Zeugen Jehovas zu insgesamt 64 Jahren Zuchthaus.
	14.	Das Kammergericht Berlin verurteilt vier Angeklagte wegen „friedensgefährdender Propaganda“ zu insgesamt 55 Jahren Zuchthaus.
	26. und 4. 9.	Wegen angeblicher Verbindung zum Ostbüro der CDU verurteilt das BG Leipzig in zwei Prozessen acht Angeklagte zu insgesamt 34 Jahren Zuchthaus.
September		Das SMT Potsdam verurteilt einen Herbert Eckpfuhl und einen anderen zum Tode, ein weiterer wird zu 25 Jahren Arbeitslager verurteilt. Näheres ist nicht bekannt. „In Chemnitz wurden neun Funktionäre der NDP wegen angeblicher Kriegs- und Boykotthetze zu insgesamt 39 Jahren Zuchthaus und vier Jahren Gefängnis verurteilt.“ („Telegraf“ vom 3. Oktober 1954)
Oktober	2.	Das BG Cottbus verurteilt sechs Angeklagte wegen angeblicher Verbindung zur „Organisation Gehlen“ zu insgesamt 44 Jahren Zuchthaus.
	13.	Das SMT Berlin-Karlshorst verurteilt vier Angeklagte wegen angeblicher Spionage zu insgesamt 28 Jahren Zuchthaus.
	19.	Der sowjetische Hohe Kommissar teilt dem Ministerrat der „DDR“ mit, daß die SMT-Verurteilten in den sowjetzonalen Haftanstalten nunmehr der deutschen Jurisdiktion unterständen.
September	9.	Das Oberste Gericht verurteilt „sieben Agenten der Spionage-Organisation Gehlen“. Die beiden Hauptangeklagten, Bandelow und Misera, werden zum Tode verurteilt. Werner Laux und Käte Dorn werden zu lebenslänglichem, drei weitere zu insgesamt 42 Jahren Zuchthaus verurteilt.
	11.	Das BG Chemnitz verurteilt fünf „Agenten des amerikanischen Geheimdienstes“. Der Hauptangeklagte wird zu lebenslänglichem, die anderen zu insgesamt 38 Jahren verurteilt. Das BG Halle verurteilt fünf „Agenten des amerikanischen Geheimdienstes“ zu insgesamt 44 Jahren Zuchthaus.
	12.	Karl Bandelow und Ewald Misera in Frankfurt hingerichtet (s. 9. November).
	14.	Das BG Magdeburg verurteilt einen Manfred Naumann wegen Verbindung zur „Organisation Gehlen“ zu lebenslänglichem, drei Mitangeklagte zu insgesamt 45 Jahren Zuchthaus. Das BG Erfurt verurteilt acht „Gehlen-Agenten“ zu langjährigen Zuchthausstrafen.
	19.	Wegen angeblicher Verbindung zur „Liga für Menschenrechte“ verurteilt das BG Halle sechs Angeklagte zu insgesamt 30 Jahren Zuchthaus.
Dezember	9.	Das BG Potsdam verurteilt fünf Angeklagte wegen angeblicher Verbindung zu einem Nachrichtendienst zu insgesamt $32^{1}/_{2}$ Jahren Zuchthaus.

Monat	Tag	1954
Dezember	18. und 18. 2. 55	Das BG Frankfurt (Oder) verurteilt wegen angeblicher Verbindung zur „Gehlen-Organisation“ 13 Angeklagte in zwei Prozessen. Der Hauptangeklagte erhielt lebenslängliches, die anderen insgesamt 79 Jahre Zuchthaus.
	21.	Wegen angeblicher Verbindung zum RIAS wird ein Alfred Engel zu lebenslänglichem Zuchthaus verurteilt. Acht weitere Angeklagte verurteilt das BG Leipzig zu insgesamt 45 Jahren Zuchthaus.
		1955
Januar	19.	Das BG Halle verurteilt 13 Angeklagte wegen Bildung eines „Anti-Bolschewistischen Clubs Deutschlands (ABCD)“ zu insgesamt 90 Jahren Zuchthaus.
	23.	Das BG Magdeburg verurteilt drei Angeklagte wegen Verbindung zur KgU. Es werden eine lebenslängliche und 27 Jahre Haft ausgesprochen.
Februar	3.	Wegen „Spionage für eine amerikanische Dienststelle“ verurteilt das BG Schwerin einen Angeklagten zu lebenslänglichem Zuchthaus. Zwei andere erhalten 20 Jahre Zuchthaus.
	22.	Das BG Gera verurteilt sechs Angeklagte wegen angeblicher Verbindung zum Amt für Gesamtdeutsche Studentenfragen zu insgesamt 24 Jahren Zuchthaus.
	28.	Das BG Potsdam verurteilt zwei Eisenbahner wegen Verbindung zu einem Nachrichtendienst zu lebenslänglichem, drei weitere zu insgesamt 42 Jahren Zuchthaus.
April	7.	290 SMT-Verurteilte amnestiert.
	12.	Der Ministerrat gibt eine Erklärung über „Maßnahmen gegen die verbrecherischen Anschläge der imperialistischen Kriegstreiber und ihrer Spionageagenturen“ bekannt. Danach seien 521 „Agenten amerikanischer und englischer Geheimdienststellen, der Spionageorganisation Gehlen und verschiedener Westberliner Hilfsorgane der genannten Geheimdienste, die der sogenannten Kampfgruppe gegen Unmenschlichkeit (KgU), des sogenannten Untersuchungsausschusses freiheitlicher Juristen, des RIAS, der Ostbüros Westberliner Parteien und anderer“ verhaftet worden. Der Ministerrat fordert die mitteldeutsche und Westberliner Bevölkerung auf, alle Agenten zu melden und für die Schließung der genannten „Agentenzentralen“ zu sorgen.
Mai	5.—7.	681 SMT-Verurteilte amnestiert.
	20.	Das Stadtgericht Berlin verurteilt fünf Angeklagte wegen angeblicher Verbindung zur „Gehlen-Organisation“ zu insgesamt 15½ Jahren Zuchthaus.
	23.	Das BG Magdeburg verurteilt eine Frau wegen angeblicher Verbindung zu einem englischen Nachrichtendienst zu lebenslänglichem Zuchthaus. Fünf Mitangeklagte werden zu insgesamt 43 Jahren Zuchthaus verurteilt.

Monat	Tag	1955
Juni	13.	Das Oberste Gericht verurteilt nach einem mehrtägigen Prozeß sieben „Gehlen- und Nato-Agenten". Es werden zwei Todesurteile, zwei lebenslängliche und 42 Jahre Haftstrafen ausgesprochen.
	17.	Das BG Halle verurteilt in drei Gruppen 21 Angeklagte wegen angeblicher Verbindung zu einem englischen Geheimdienst. Außer einer lebenslänglichen Haftstrafe werden 178 Jahre Zuchthaus verhängt.
	17.	Das BG Schwerin verurteilt einen Angeklagten wegen angeblicher Verbindung zu einem englischen Geheimdienst zu lebenslänglichem Zuchthaus. Zwei Mitangeklagte werden zu 25 Jahren Zuchthaus verurteilt.
	20.	Das BG Frankfurt (Oder) verurteilt fünf Angeklagte wegen angeblicher Spionage zu Zuchthausstrafen zwischen $3\frac{1}{2}$ und 12 Jahren.
	23.	Das Oberste Gericht verurteilt zwei Angeklagte wegen Spionage zum Tode. Drei andere werden zu insgesamt 40 Jahren Zuchthaus verurteilt.
	25.	42 SMT-Verurteilte amnestiert.
	27.	Das Oberste Gericht verurteilt einen Angeklagten wegen angeblicher Verbindung zum RIAS zum Tode. Ein weiterer erhält lebenslängliches Zuchthaus, drei andere insgesamt 36 Jahre Zuchthaus.
Juli	1.	Das BG Gera verurteilt einen Angeklagten wegen angeblicher Verbindung zum Bund Deutscher Jugend zu lebenslänglichem Zuchthaus. Drei Mitangeklagte werden zu 23 Jahren Zuchthaus verurteilt.
	9.	Das BG Potsdam verurteilt einen Angeklagten wegen angeblicher Verbindung zu einem amerikanischen Geheimdienst zu lebenslänglichem Zuchthaus. Zehn Mitangeklagte werden zu insgesamt 67 Jahren Zuchthaus verurteilt.
	10.	Das BG Chemnitz verurteilt einen Angeklagten wegen angeblicher Wirtschaftsspionage für den RIAS zu lebenslänglichem Zuchthaus. Sechs Mitangeklagte werden zu insgesamt $48\frac{1}{2}$ Jahren Zuchthaus verurteilt.
August		Zusendung von Lebensmittelpaketen an Häftlinge verboten.
		Das BG Magdeburg verurteilt einen Angeklagten wegen Verbindung zum „Befreiungskomitee für die Opfer der totalitären Willkür" zu lebenslänglichem Zuchthaus. Zwölf Mitangeklagte werden zu insgesamt 40 Jahren Zuchthaus verurteilt.
	9. u. 11.	Das BG Leipzig verurteilt in zwei Prozessen acht Angeklagte wegen „illegaler Gruppenbildung" zu einmal lebenslänglichem und insgesamt zu $57\frac{1}{2}$ Jahren Zuchthaus.
	14.	Das Stadtgericht Berlin verurteilt vier Angeklagte wegen angeblicher Verbindung zur „Gehlen-Organisation und dem CIC" zu insgesamt 55 Jahren Zuchthaus.
September	3.	Das Oberste Gericht verurteilt wegen angeblicher Wirtschaftsspionage den kaufmännischen Direktor des VEB Elektrowerke J. W. Stalin in Berlin-Treptow, Karl Nellis, zum Tode. Ein Mitangeklagter wird zu lebenslänglichem Zuchthaus verurteilt.

Monat	Tag	1955
September	6.	Das BG Halle verurteilt fünf Angeklagte wegen „Spionage für das DGB-Ostbüro“ zu insgesamt 37 Jahren Zuchthaus.
	20.	Auf Beschluß des Ministerrates der UdSSR verlieren alle von 1945 bis 1948 vom Kontrollrat erlassenen Gesetze und Verordnungen auf dem Gebiet der „DDR“ ihre Gültigkeit.
Oktober	3.	Die Sekretärin Grotewohls, Elli Barzcatis, und der Regierungskanzleiangestellte Karl Laurenz werden wegen angeblicher Spionage zum Tode verurteilt (Vollstreckung im März 1956).
	10.	Das BG Chemnitz verurteilt wegen „bewußter Desorganisation der Ersatzteilproduktion“ einen Hauptreferenten im Ministerium für Landwirtschaft und fünf Mitangeklagte zu insgesamt 36 Jahren Zuchthaus.
	23.	Das BG Schwerin verurteilt den LDP-Vorsitzenden des Kreisverbandes Pritzwalk, Effinger, und fünf andere wegen Verbindung zum Ostbüro der FDP zu insgesamt 58 Jahren Zuchthaus.
November	3.	Das BG Magdeburg verurteilt sieben Eisenbahner, weil sie unter „Ausnutzung des Schwindelkurses der Westmark die Republik schwer geschädigt haben“, zu insgesamt 32 Jahren und drei Monaten Zuchthaus und Gefängnis.
	25.	Karl Nellis in Dresden hingerichtet (s. 3. September).
Dezember	10.	Das BG Halle verurteilt einen Dr. Martin Schulz und drei andere wegen Verbindung zur KgU zu insgesamt 27 Jahren Zuchthaus.
	17.	271 „Schwerkriegsverbrecher“ aus der UdSSR in die StVA Bautzen eingeliefert.
	27.	Das MDI erläßt eine Anordnung über die Eingliederung entlassener Strafgefangener in den Arbeitsprozeß. Die Entlassenen sollen durch die Räte der Kreise, Abteilung Innere Angelegenheiten, kurzfristig in den Arbeitsprozeß eingereiht werden. Dies soll in erster Linie in den VEB erfolgen. Die Anordnung soll der Republikflucht der Entlassenen entgegenwirken; sie wird jedoch nur zögernd von den Kreisräten befolgt.
		1956
Januar	15.	Das BG Suhl verurteilt vier Angeklagte wegen angeblicher Spionage für den amerikanischen Geheimdienst zu insgesamt 45 Jahren Zuchthaus.
	18.	Das Stadtgericht Berlin verurteilt drei Angeklagte wegen Verbindung zur KgU zu insgesamt 45 Jahren Zuchthaus.
	26.	Das BG Potsdam verurteilt sechs Angeklagte wegen angeblicher Spionage für eine amerikanische Dienststelle zu insgesamt 32½ Jahren Zuchthaus.
	27.	Das Oberste Gericht verurteilt nach dreitägiger Verhandlung zwei Angeklagte wegen „Abwerbung“ und angeblicher Verbindung zum RIAS zum Tode. Ein Angeklagter erhält lebenslängliches, ein weiterer acht Jahre Zuchthaus (s. 9. Februar 1956).

Monat	Tag	1956
Januar		Das BG Leipzig verurteilt elf Häftlinge der StVA Waldheim wegen angeblicher Sabotage zu insgesamt 45½ Jahren Zuchthaus. Der Hauptangeklagte Karl-Heinz Schmidt wird zum Tode verurteilt.
		Verhaftungsaktion des SSD gegen Angehörige der Evangelischen Bahnhofsmission unter dem Vorwand der Spionage. Die 14 Verhafteten werden im Laufe des Februar wieder entlassen, die Bahnhofsmission aber geschlossen.
Februar	4.	Das BG Erfurt verurteilt die Ehefrau des zum Tode verurteilten „Abwerbers" Rudert (s. 27. Januar 1956) wegen angeblicher Spionage zu 12 Jahren Zuchthaus. Zwei mitangeklagte Frauen werden zu insgesamt 12½ Jahren Zuchthaus verurteilt.
		Das BG Frankfurt verurteilt wegen angeblicher Spionage für den CIC drei Angeklagte zu insgesamt 19 Jahren Zuchthaus.
	9.	Wilhelm Pieck wandelt die Todesurteile gegen Rudert und Held (s. 27. Januar) in lebenslängliche Haftstrafen um.
		Anläßlich der Eröffnung der vom MfS organisierten Wanderausstellung „Agenten — Spione — Saboteure" in Dresden wird von einem Unterleutnant des MfS mitgeteilt, daß der am 23. Juni 1955 zum Tode verurteilte Lehrer Gerhard Benkowitz hingerichtet wurde.
		Das BG Potsdam verurteilt drei Angeklagte wegen „Abwerbung" und angeblicher Verbindung zum UfJ zu insgesamt 20 Jahren Zuchthaus.
	23.	Staatssekretär Hope teilt vor dem britischen Unterhaus in London mit, daß seit 1945 aus dem britischen Sektor von Berlin allein 103 Menschen entführt worden seien.
	24.	Das BG Potsdam verurteilt vier Angeklagte wegen „umfangreicher Wirtschaftsspionage und Boykotthetze im Auftrage des UfJ" zu insgesamt 43 Jahren Zuchthaus.
März	15.	Der Ministerrat erläßt eine Verordnung über die Kosten in Strafsachen. Danach sollen Gebühren für Verfahren in Strafsachen und Haftkosten nicht mehr vom Angeklagten getragen werden. In der Praxis bezahlt jedoch jeder arbeitende Häftling seine Haftkosten unter dem Begriff „für Unterkunft und Verpflegung".
		Das BG Chemnitz verurteilt drei Angeklagte wegen angeblicher Spionage für den UfJ zu insgesamt 31 Jahren Zuchthaus.
		Das BG Potsdam verurteilt einen Johannes Sommerfeld wegen angeblicher Verbindung zum UfJ zu lebenslänglichem Zuchthaus. Vier Mitangeklagte werden zu insgesamt 38½ Jahren Zuchthaus verurteilt.
April	15.	ADN kündigt ohne nähere Angaben die Entlassung von 215 „Kriegsverurteilten" an, die im Dezember 1955 aus der UdSSR in die StVA Bautzen gebracht worden waren.
	27.	Der Ministerrat teilt die Begnadigung von 698 SMT- und Waldheim-Verurteilten mit.
	28.	Der Minister des Innern gibt die Freilassung „einer Anzahl von Personen" bekannt, die vor ihrer Verhaftung der SPD angehört haben. ADN berichtet dazu, daß 88 Häftlinge durch Wilhelm Pieck begnadigt wurden, darunter der ehemalige Justizminister Max Fechner.

Monat	Tag	1956
Mai	18.	Das BG Erfurt verurteilt einen Arnim Burkhardt und sechs andere wegen „Vorbereitung zum Krieg“ zu insgesamt 43½ Jahren Zuchthaus.
	30.	Otto Grotewohl gibt in einer Regierungserklärung bekannt, daß ein langjähriger deutscher Angestellter des amerikanischen Geheimdienstes MID mit einem Panzerschrank voller Unterlagen in die „DDR“ geflohen sei. Mit Hilfe dieser Unterlagen habe man 137 Verhaftungen vornehmen können.
Juni	21.	Das Presseamt des Ministerpräsidenten teilt mit, daß bis zum 19. Juni 1956 691 Personen aus der Haft entlassen worden seien, die früher oder jetzt der SPD angehörten. Ferner wurden 11 896 Personen, „die wegen krimineller und anderer Vergehen ihre Strafe verbüßten“, entlassen. Bis zum 19. Juni 1956 seien 3308 „Kriegsverurteilte“ freigelassen worden.
	28.	Der Ministerrat erläßt eine Verordnung über die Aufhebung von Sühnemaßnahmen. Die Sühnemaßnahmen nach den Bestimmungen der Kontrollratsdirektive 38 fallen weg. Es werden außerdem die Bestimmungen über Rentenansprüche, die bei einer politischen Verurteilung fortfielen, aufgehoben.
Juli	11.	Das Oberste Gericht verurteilt den Westberliner Journalisten Karl Wilhelm Fricke, der aus Westberlin entführt worden war, zu 4 Jahren Zuchthaus.
		Das BG Erfurt verurteilt elf Angeklagte wegen angeblicher Spionage für einen amerikanischen Nachrichtendienst zu insgesamt 78 Jahren Zuchthaus.
	29.	Das BG Magdeburg verurteilt „drei Agenten des CIC“ zu insgesamt 26 Jahren Zuchthaus. Ein „Mitwisser“ wurde zu 3 Jahren Zuchthaus verurteilt.
August	3.	Das BG Schwerin verurteilt wegen Verbindung zu einer amerikanischen Dienststelle sechs Angeklagte zu insgesamt 18 Jahren und 9 Monaten Gefängnis.
		Auf einer öffentlichen Kundgebung der Zeugen Jehovas in Berlin wird bekannt, daß sich noch 1436 Angehörige dieser Gemeinschaft in sowjetzonaler Haft befinden.
September	23.	Das BG Chemnitz verurteilt fünf Angeklagte wegen „Spionage und Sabotage“ zugunsten der chemischen Industrie AG Basel (CIBA) zu insgesamt 19 Jahren Zuchthaus.
	25.	Sieben in der SBZ weilende britische Labour-Abgeordnete übergeben Hermann Matern eine Liste mit 32 Namen von Mitgliedern der SPD, die sich in sowjetzonalen Haftanstalten befinden (s. 13. Dezember 1956).
Oktober		Der 1. Vorsitzende des westdeutschen Verbandes Deutscher Studentenschaften überreicht dem Volkskammerpräsidenten Dr. Dieckmann eine Namenliste mit 350 in der SBZ inhaftierten Studenten und Dozenten (s. 6. Dezember 1956).

Monat	Tag	1956
Oktober	3.	Das BG Schwerin oerurteilt drei „RIAS-Agenten“ zu insgesamt 32 Jahren Zuchthaus.
November		Der Landesverband Berlin der SPD beginnt mit der Veröffentlichung von wöchentlich 50 Namen politischer Häftlinge der SBZ.
	16.	Das BG Dresden verurteilt drei Angeklagte wegen angeblicher Verbindung zu einem amerikanischen Geheimdienst zu insgesamt 19 Jahren Zuchthaus.
		Das BG Suhl in Meiningen verurteilt vier Angeklagte wegen angeblicher Spionage zu insgesamt 45 Jahren Zuchthaus.
	30.	Das Presseamt beim Ministerpräsidenten gibt in einer Pressekonferenz die Verhaftung von 73 „Agenten“ bekannt und präsentiert drei angebliche Überläufer amerikanischer Dienststellen.
Dezember		Die Ostpresse polemisiert gegen die Veröffentlichung der SPD-Häftlingslisten und versucht nachzuweisen, daß viele Häftlinge überhaupt nicht oder wegen krimineller Vergehen einsitzen.
	6.	Dieckmann antwortet dem VDS und gibt an, daß von den 350 genannten Studenten und Dozenten 141 nicht bekannt seien. 86 der aufgeführten Personen verbüßten „wegen besonders schwerer Straftaten“ ihre Strafen in Haftanstalten der SBZ. 122 der in der Liste aufgeführten Personen seien, zum Teil schon seit Jahren, aus der Haft entlassen worden.
	23.	Hermann Matern gibt die Überprüfung der von der Labour-Abordnung übergebenen Häftlingsliste bekannt. Er gibt nunmehr an, daß die Liste 205 Namen enthalten hätte, von denen „eine Reihe“ durch Veränderung eines Buchstabens im Namen oder durch Veränderung des Geburtsjahres doppelt aufgeführt worden seien. 32 Personen seien unbekannt und 53 bereits entlassen. Von den 32 als Sozialdemokraten bezeichneten Personen seien 11 ebenfalls entlassen worden. Die Überprüfung hätte ergeben, „daß sich unter den Verurteilten nicht ein einziger befand, dessen Straftat als ‚politisches Delikt‘, als eine Tat aus Gründen der Gesinnung oder des Gewissens angesehen werden kann“.
		1957
Januar		In der Zeit von Mai 1956 bis Januar 1957 wurden 375 Zeugen Jehovas aus den Zuchthäusern entlassen. Es befinden sich noch 938 Angehörige dieser Glaubensgemeinschaft in Haft (Potsdamer Tageszeitung vom April 1957).
	19.	Das BG Dresden verurteilt sieben Jugendliche wegen „Boykotthetze und Anstiftung zum Aufruhr“ anläßlich der Ereignisse in Ungarn zu insgesamt 12 Jahren Zuchthaus. Das BG Potsdam verurteilt fünf Angeklagte wegen angeblicher Militärspionage für einen Nachrichtendienst zu insgesamt 34 Jahren Zuchthaus.
Februar		Das BG Rostock verurteilt fünf Angeklagte wegen „Kriegs- und Boykotthetze“ zu insgesamt $17^1/_2$ Jahren Zuchthaus.

Monat	Tag	1957
Februar	28.	Das BG Halle verurteilt drei Angeklagte wegen angeblicher Spionage für einen amerikanischen Geheimdienst zu insgesamt $18^{1}/_{2}$ Jahren Zuchthaus.
März	9.	Das Oberste Gericht verurteilt den ehemaligen Professor für Gesellschaftswissenschaften, Wolfgang Harich, wegen Bildung einer „konterrevolutionären Verschwörung" zu 10 Jahren Zuchthaus. Zwei Mitangeklagte werden zu 4 und 2 Jahren Zuchthaus verurteilt.
April	20.	Das BG Potsdam verurteilt einen Wolfgang Klosa wegen „Anwerbung von Agenten für einen amerikanischen Nachrichtendienst" zu lebenslänglichem Zuchthaus. Seine Verlobte wird zu $2^{1}/_{2}$ Jahren Zuchthaus verurteilt.
		Das BG Schwerin verurteilt vier Zeugen Jehovas zu insgesamt 11 Jahren Zuchthaus.
Juli		Das BG Leipzig verurteilt wegen angeblicher Spionage vier Angeklagte zu insgesamt 25 Jahren und 3 Monaten Zuchthaus.
		Das BG Chemnitz verurteilt fünf Angeklagte wegen „Agententätigkeit" zu insgesamt 20 Jahren Zuchthaus.
	26.	Das Oberste Gericht verurteilt vier Mitglieder der „staatsfeindlichen Gruppe Harich" zu insgesamt $14^{1}/_{2}$ Jahren Zuchthaus.
August		Das Oberste Gericht verurteilt zwei Frauen wegen angeblicher Spionage zu lebenslänglichem und 15 Jahren Zuchthaus.
	9.	In Genf gibt das Internationale Komitee vom Roten Kreuz bekannt, daß von ihm die Strafanstalten Brandenburg und Bautzen und zwei Haftarbeitslager besichtigt werden konnten. Es wurde festgestellt, daß die angetroffenen materiellen Haftbedingungen den internationalen Rot-Kreuz-Vorschriften entsprächen, „wenn sie auch nicht wesentlich über den Minimalbedingungen lägen".
September		Das BG Magdeburg verurteilt fünf Angeklagte wegen angeblicher Militärspionage zu insgesamt 35 Jahren Zuchthaus.
	20.	Das Oberste Gericht verurteilt zwei Angeklagte wegen ihrer Tätigkeit für eine amerikanische Dienststelle zu lebenslänglichem Zuchthaus. Drei Mitangeklagte werden zu insgesamt 39 Jahren Zuchthaus verurteilt. Zwei der Verurteilten wurden aus Westberlin entführt.
	30.	Das BG Potsdam verurteilt drei Angeklagte wegen angeblicher Tätigkeit für den UfJ zu insgesamt 35 Jahren Zuchthaus.
Oktober		Das BG Schwerin verurteilt sieben Angeklagte wegen angeblicher Spionage für einen französischen Geheimdienst zu insgesamt 22 Jahren und 3 Monaten Zuchthaus.
November	30.	Das BG Leipzig verurteilt den Studentenpfarrer Siegfried Schmutzler wegen „Boykotthetze" zu 5 Jahren Zuchthaus.
Dezember	11.	Die Volkskammer beschließt ein Strafrechtsergänzungsgesetz und die Änderung des Paßgesetzes. Während das StEG am 1. Februar 1958 in Kraft tritt, wird die Ergänzung des Paßgesetzes, das den Flüchtlingsstrom nach Westberlin und in die Bundesrepublik eindämmen soll,

Monat	Tag	1957
Dezember		sofort in Kraft gesetzt. Bereits am 22. Dezember wird das erste Urteil in Frankfurt (Oder) gesprochen.
		Das BG Halle verurteilt einen Angeklagten wegen angeblicher Spionage zu lebenslänglichem Zuchthaus. Zwei andere werden zu insgesamt 10 Jahren Zuchthaus verurteilt.

1958

Februar	27.	Das BG Suhl in Meiningen verurteilt fünf Angeklagte, darunter zwei westdeutsche, wegen angeblicher Spionage für einen amerikanischen Geheimdienst zu insgesamt 33 Jahren Zuchthaus. Das BG Schwerin verurteilt fünf Angeklagte wegen angeblicher Spionage zu insgesamt 31 Jahren Zuchthaus. Der Hauptangeklagte Schröder war Leiter des Westberliner „Kameradschaftskreises ehemaliger Bautzener Häftlinge“ und wurde vermutlich aus Westberlin entführt.
März	15.	Das BG Potsdam verurteilt einen aus Westberlin entführten Angeklagten wegen angeblicher Agententätigkeit für eine amerikanische Dienststelle zu lebenslänglichem Zuchthaus. Zwei Mitangeklagte werden zu insgesamt 20 Jahren Zuchthaus verurteilt.
April	18.	Das BG Frankfurt (Oder) verurteilt einen Angeklagten wegen angeblicher Spionage für englische und amerikanische Geheimdienste zu lebenslänglichem Zuchthaus. Fünf Mitangeklagte werden zu insgesamt 40 Jahren und 4 Monaten Zuchthaus verurteilt.
	23.	Das BG Potsdam verurteilt zwei Schwestern wegen angeblicher Spionage für das Ostbüro der SPD zu insgesamt 19 Jahren Zuchthaus.
	27.	Das BG Cottbus verurteilt drei Angeklagte wegen angeblicher Spionage für einen amerikanischen Geheimdienst zu insgesamt 26 Jahren Zuchthaus.
Mai		Das BG Erfurt verurteilt einen Berufsschullehrer wegen angeblicher Spionage für „das Landesamt für Verfassungsschutz in Kassel“ zu 5 Jahren Zuchthaus.
		Das gleiche Gericht verurteilt in diesem Monat einen Reichsbahnangestellten wegen „Spionage für die Vereinigung politischer Ostflüchtlinge“ zu 5 Jahren und einen Finanzangestellten wegen „Spionage für westliche Geheimdienste“ zu 9 Jahren Zuchthaus.
		Das BG Cottbus verurteilt drei Reichsbahnangestellte wegen angeblicher Spionage für „den amerikanischen Geheimdienst MID“. Es werden zwei zu lebenslänglichem Zuchthaus verurteilt, der dritte erhält 15 Jahre Zuchthaus.
		In Potsdam werden der Filmvorführer Tarrach und seine Ehefrau zu 10 Jahren Zuchthaus verurteilt. Drei weitere Angeklagte werden zu langjährigen Zuchthausstrafen verurteilt. Sie sollen der Berliner Dienststelle des Bundesministeriums für Gesamtdeutsche Fragen Dokumentarfilme, Wochenschauen und Spielfilme der SBZ zur Auswertung zur Verfügung gestellt haben.

Monat	Tag	1958
Juni		Der stellvertretende Generalstaatsanwalt der SBZ, Bruno Haid, wird wegen „revisionistischer Tendenzen“ seines Postens enthoben. Die Zentrale Parteikontrollkommission (ZPKK) erteilte ihm eine Rüge, weil er sich „in der politischen Einschätzung konterrevolutionärer Gruppen auf der gleichen Position wie die Gruppe Schirdewan, Wollweber und andere“ befand.
		Das BG Neubrandenburg verurteilt einen Arbeiter, der 1950 in die Bundesrepublik geflüchtet und nach sieben Jahren wieder in die SBZ zurückgekehrt war, zu 10 Jahren Zuchthaus. Während seines Aufenthaltes in der Bundesrepublik soll er „für das berüchtigte Bundesamt für Verfassungsschutz Berichte über Gegner des Adenauerregimes“ geliefert haben.
		Das BG Cottbus verurteilt einen Versandleiter und einen Obermeister wegen „Wirtschaftsspionage“ zu 15 Jahren Zuchthaus.
		Weil sie ihre Kommilitonen aufgefordert hatten, die aus politischen Gründen erfolgte Entlassung ihres Dekans mit einem Boykott der Vorlesungen zu beantworten, werden zwei Studenten vom BG Rostock zu insgesamt 5 Jahren Gefängnis verurteilt.
		Das BG Erfurt verurteilt vier Angeklagte wegen angeblicher Spionage für den UfJ „auf den Gebieten der Landesverteidigung, der Volkswirtschaft und des Verkehrs“ zu insgesamt 41 Jahren Zuchthaus.
	9.	Der Leiter des Strafvollzuges der SBZ, Generalmajor August Meyer, wird zu seinem 60. Geburtstag mit dem Orden „Banner der Arbeit“ ausgezeichnet.
Juli		Das BG Erfurt verurteilt sechs Angeklagte zu insgesamt 24 Jahren Zuchthaus, weil sie aus Traktoren-Wracks, Ersatzteilen und Schrott gebrauchsfertige Traktoren hergestellt und sie an (private!) Bauern verkauft hatten. Sie hätten damit die sozialistische Entwicklung der Landwirtschaft sabotiert.
		Weil er sich gegen „die Sozialisierung auf dem Lande“ gestemmt hatte, wird ein VdGB-Vorsitzender vom BG Leipzig zu 3 Jahren Zuchthaus verurteilt.
		Der Physiker Dr. Otto Mittelstädt wird nach seiner Flucht in die Bundesrepublik in Abwesenheit zu 10 000 DM Geldstrafe verurteilt. Das Urteil wird in Leipzig veröffentlicht, um „andere Bürger auf die Gesellschaftsgefährlichkeit derartiger Handlungen“ hinzuweisen.
August		Das Justizministerium faßt in einer Kollegiumssitzung einen „Perspektiv-Plan“, der die Ausarbeitung eines neuen Strafgesetzbuches bis Januar 1961, eines Zivilgesetzbuches bis Januar 1962 und einer Zivilprozeßordnung bis Januar 1963 vorsieht.
		Das BG Schwerin verurteilt einen Arbeiter zu 2½ Jahren Zuchthaus, weil er „Feindsender abgehört und die dort gesendeten Hetznachrichten unter Arbeitskollegen weiterverbreitet“ habe.
		Das BG Frankfurt (Oder) verurteilt einen 18jährigen Lehrling, weil er auf selbstgefertigten Flugblättern die Bauern aufgefordert hat, nicht in die LPG zu gehen. Er bekommt hierfür 8 Jahre Zuchthaus.

Monat	Tag	1958
August		Die Wachmannschaften der Haftanstalten liegen wegen der Krise im Libanon mehrere Tage in Alarmbereitschaft. Den Häftlingen wird mitgeteilt, daß sie sich wegen der Landung der Amerikaner im Libanon keine Hoffnung auf eine Änderung in der „DDR“ machen sollen.
September		Das BG Suhl verurteilt den Leiter der Abteilung Land- und Forstwirtschaft beim Rat des Bezirks Leipzig und drei Mitangeklagte zu insgesamt 27 Jahren Zuchthaus. Sie sollen Mißstände in der Landwirtschaft organisiert haben, um die „Sozialisierung“ zu hintertreiben. Aus dem gleichen Grunde verurteilt das BG Erfurt sechs Einwohner der Gemeinde Hopfgarten zu insgesamt 8 Jahren und 7 Monaten Gefängnis. Es sei erst nach der Verurteilung gelungen, in Hopfgarten eine LPG zu gründen!
		Der Hamburger Bildberichter Uwe Conrad wird vom BG Schwerin wegen angeblicher Verleitung zur „Republikflucht“ und Hetze zu 2 Jahren und 3 Monaten Gefängnis verurteilt. Zwei 17jährige Oberschüler werden vom BG Chemnitz wegen „staatsgefährdender Hetze“ und „fortgesetzter Vorbereitung zur illegalen Gruppenbildung“ in Mittweida zu insgesamt 2 Jahren und 8 Monaten Gefängnis verurteilt.

1959

März		Das Informationsbüro West gibt bekannt, daß in den letzten acht Jahren in der Sowjetzone 56 Studenten zu 329 Jahren Zuchthaus verurteilt wurden.
April		In Westberlin wird ein unter Ausschluß der Öffentlichkeit geführter Prozeß vor dem BG Potsdam gegen drei Dozenten der Ostberliner Universität bekannt. Die Gesellschaftswissenschaftler Crueger, Lauer und Saar werden zu je 8 Jahren Zuchthaus verurteilt, weil sie u. a. eine personelle Umbildung der ZK und des Politbüros der SED und eine „Parlamentarisierung“ der Volkskammer gefordert hätten.
	24.	Das Stadtgericht Berlin (Ost) verurteilt drei 24 Jahre alte Arbeiter wegen angeblicher Spionage zu insgesamt 14½ Jahren Zuchthaus.
Mai		Als angebliche Spione des amerikanischen Geheimdienstes verurteilt das BG Frankfurt (Oder) drei Angeklagte zu insgesamt 44 Jahren Zuchthaus.
		Das BG Rostock verurteilt mit der gleichen Begründung vier Angeklagte zu insgesamt 28 Jahren, einen weiteren zu lebenslänglichem Zuchthaus.
		Das BG Gera verurteilt einen Bäckermeister wegen seiner Zugehörigkeit zur Religionsgemeinschaft „Zeugen Jehovas“ zu 4 Jahren und 3 Monaten Zuchthaus. Er war 1950 aus dem gleichen Grunde bereits zu 6 Jahren Zuchthaus verurteilt worden.
		Das Bezirksgericht Dresden verurteilt in einem zweiten Prozeß gegen fünf Studenten der Dresdner Technischen Hochschule die Angeklagten

Monat	Tag	1959
Mai		zu Zuchthausstrafen zwischen 3 bis 5 Jahren. Die „konterrevolutionäre Studentengruppe“ dieser TH hatte ein 16-Punkte-Programm aufgestellt, in dem u. a. Freiheit der Gedanken und der Rede gefordert wurde. Die Hauptangeklagten, fünf Studenten, waren nach mehrtägiger Verhandlung am 18. April zu insgesamt $37^1/_2$ Jahren Zuchthaus verurteilt worden.
Juni		Das BG Chemnitz verurteilt einen Bäcker und einen Uhrmacher zu insgesamt 20 Jahren und 5 Monaten Zuchthaus, weil sie in Mosel (Kr. Zwickau) vor den Gemeindewahlen 1958 und der Volkskammerwahl 1958 Flugblätter und Plakate hergestellt und verbreitet hatten. Das BG Suhl verurteilt zwei 19-Jährige wegen „Spionage, Verleitung zur Republikflucht und Verletzung des Amtsgeheimnisses“ zu $3^1/_2$ und $1^1/_4$ Jahren Zuchthaus und Gefängnis.
Juli		Das BG Cottbus verurteilt drei Oberschüler der Rathenau-Oberschule in Senftenberg zu Zuchthausstrafen von einem und zwei Jahren. Sie sollen eine „illegale staatsfeindliche Gruppe“ gebildet und u. a. den sowjetischen Friedensvertragsvorschlag als unannehmbar bezeichnet haben.
		Das Potsdamer Bezirksgericht verurteilt einen Monteur und einen Schornsteinfeger wegen „Spionage“ zu insgesamt $7^1/_2$ Jahren Zuchthaus.
		Mit der gleichen Begründung verurteilt das BG Frankfurt (Oder) die 22jährige Hannelore Kirschke aus Eberswalde zu vier Jahren Zuchthaus.
	9.	Wegen Lieferung von Bezirkszeitungen und „Spionagenachrichten“ werden vom BG Frankfurt (Oder) fünf Angeklagte zu insgesamt 29 Jahren Zuchthaus verurteilt. Sie sollen mit dem amerikanischen Geheimdienst Verbindung gehabt haben.
	25.	Das Berliner Stadtgericht verurteilt zwei Eisenbahner wegen „Diversion und staatsgefährdender Hetze“ zu insgesamt 16 Jahren Zuchthaus. Sie seien zu ihren Handlungen „durch die Hetzsendungen des RIAS angestachelt“ worden.
August		Ein Arzt und ein Chemiker werden in Ostberlin wegen angeblicher Spionage und Abwerbung zu sieben und zwei Jahren Zuchthaus verurteilt.
		Der 50jährige Karl Orlowski aus Krusenhagen (Kr. Wismar) wird vom BG Rostock zu 30 Monaten Gefängnis verurteilt, weil er angeblich in seiner Wohnung Jugendlichen den Empfang „westlicher Hetzsender“ ermöglicht habe.
		Weil er sich mit Briefen an Chruschtschow und Adenauer gewandt und darin die Beseitigung des Sowjetzonenregimes gefordert hatte, wird ein Textilkaufmann durch das BG Halle zu 10 Jahren Zuchthaus verurteilt.
		Das BG Erfurt verurteilt drei Oberschüler aus Bleicherode zu 21 Monaten und zwei Jahren Zuchthaus. Sie sollen „die Republik beschimpft, Hetzbriefe geschrieben, Morddrohungen gegen ihren Direktor und führende Persönlichkeiten der Regierung ausgestoßen, den

Monat Tag 1959

August

Faschismus verherrlicht und die Werktätigen als ‚Proletenhaufen' bezeichnet" haben.

Das BG Suhl verurteilt einen Dreher zu vier Jahren Zuchthaus, weil er den Londoner Rundfunk abgehört, mit dem Sender in Verbindung getreten und dabei „die DDR in übelster Weise verleumdet" habe.

Das BG Halle verurteilt vier Arbeiter zu insgesamt $13\frac{1}{2}$ Jahren Zuchthaus, weil sie der „Agentenorganisation Zeugen Jehovas" angehörten.

18. Das BG Magdeburg verurteilt einen Bäckermeister zu $8\frac{1}{2}$ Jahren Zuchthaus, weil er ständig westliche Rundfunk- und Fernsehsendungen empfangen und vielen Menschen zugänglich gemacht habe.

29. Das Oberste Gericht verurteilt zwei Angeklagte zu lebenslänglichem Zuchthaus. Zwei Mitangeklagte, darunter eine Frau, werden zu 27 Jahren Zuchthaus verurteilt. Ihnen wurde vorgeworfen, für den amerikanischen Geheimdienst und den Bundesnachrichtendienst gearbeitet zu haben.

William Borm nach 9jähriger Haft aus der StVA Cottbus entlassen (s. auch 21. 7. 1952).

September

Einer der bekanntesten Juristen der Zone, Rechtsanwalt Dr. Kolbe, wird in Leipzig wegen Staatsverleumdung und Beihilfe zum Verstoß gegen den kontrollierten Warenverkehr zu zwei Jahren Gefängnis verurteilt.

Das BG Leipzig verurteilt den Inhaber einer fotographischen Werkstatt wegen „Hetze und Staatsverleumdung" zu drei Jahren Zuchthaus. Er habe Drohbriefe an Funktionäre geschrieben.

7. Das Stadtgericht Berlin verurteilt einen Westberliner zu 9 Jahren Zuchthaus. Er soll seit Februar 1956 im Auftrage des Bundesnachrichtendienstes vor westberliner Grenzkinos 35 Personen „zur Spionage geworben" haben.

Oktober

Der „Untersuchungsausschuß freiheitlicher Juristen" gibt bekannt, daß in den ersten 9 Monaten des Jahres 269 Personen aus politischen Gründen zu 946 Jahren Zuchthaus oder Gefängnis verurteilt wurden.
Das BG Potsdam verurteilt den ehemaligen Leiter der Abteilung „Kinder und lernende Jugend" im staatlichen Komitee für Körperkultur und Sport wegen „Spionage und staatsgefährdender Hetze" zu $6\frac{1}{2}$ Jahren Zuchthaus.

Zu lebenslänglichem Zuchthaus verurteilt das BG Dresden einen Musiker wegen angeblicher Militärspionage für den Bundesnachrichtendienst.

Das BG Magdeburg verurteilt einen ehemaligen Großbauern wegen „Staatsverleumdung, Schädigung der landwirtschaftlichen Produktionsgenossenschaft und Aufwiegelung zur Republikflucht" zu 6 Jahren Zuchthaus.

Zu $3\frac{1}{2}$ Jahren Zuchthaus verurteilt das BG Gera den Studenten Bernhard Wolfram, weil er in Briefen an den Londoner Rundfunk neben der Entmachtung der SED die Bildung „einer echten Volksge-

Monat	Tag	1959
Oktober		meinschaft, Auflösung der landwirtschaftlichen Produktionsgenossenschaften, freie Wahl des Studienplatzes und Entpolitisierung des Studiums" gefordert hätte.
		Das BG Frankfurt (Oder) verurteilt einen Eisenbahner und dessen Frau zu insgesamt 21 Jahren Zuchthaus wegen angeblicher Spionage für den englischen Geheimdienst.
		Zu dreieinhalb Jahren Gefängnis wegen „Abwerbung" wird der westdeutsche Gastwirt Lemmerich vom BG Chemnitz verurteilt. Er wurde bei einem Besuch der SBZ verhaftet, weil er Fernfahrer gebeten haben soll, ihm Hausgehilfinnen aus der Zone zu vermitteln.
November		Das BG Gera verurteilt einen 19jährigen Arbeiter wegen „staatsgefährdender Hetze" zu 1½ Jahren Gefängnis, weil er zweimal in einer Waschanlage eine „Hetzlosung" an die Wand gemalt hatte, und „ähnliche Schmierereien auch dem 17. 6. 1953 vorausgingen".
		Dasselbe Gericht verurteilt drei Jugendliche zu insgesamt 8 Jahren Zuchthaus, weil sie in einer Gaststätte durch Rock'n'Roll-Tänze „die fortschrittlichen Bürger provoziert" und bei der anschließenden Auseinandersetzung den Volksaufstand am 17. 6. 1953 verherrlicht hätten.
Dezember	3.	Das BG Franfurt (Oder) verurteilt einen Landwirt zu lebenslänglichem Zuchthaus und einen Rentner zu 14 Jahren. Beide sollen für die inzwischen aufgelöste KgU „Spionage" getrieben und „jederzeit gegen die Bevölkerung einsatzfähige Waffen" aufbewahrt haben. Das BG Schwerin verurteilt einen technischen Revisor aus Rostock, wegen „Verbindung zu westlichen Geheimdiensten" zu lebenslänglichem Zuchthaus.

Abkürzungen

A	(Leiter) Allgemein
ADN	Allgemeiner Deutscher Nachrichtendienst
AKE	Arbeitskräfteeinsatz
AL	Arbeitslager
AZKW	Amt für Zoll und Kontrolle des Warenverkehrs
BDVP	Bezirksbehörde der Deutschen Volkspolizei
BG	Bezirksgericht
BHG	Bäuerliche Handelsgenossenschaft
BVSV	Bezirksverwaltung Strafvollzug
CIC	Counter Intelligence Corps (amerikanischer Geheimdienst)
DGB	Deutscher Gewerkschaftsbund
DDR	Deutsche Demokratische Republik
FDGB	Freier Deutscher Gewerkschaftsbund
FDJ	Freie Deutsche Jugend
GBl	Gesetzblatt
GI	Geheimer Informator (des MfS)
GW	Gesundheitswesen
HAL	Haftarbeitslager
HKH	Haftkrankenhaus
HO	Handelsorganisation
HVDVP	Hauptverwaltung Deutsche Volkspolizei
KD	Kontrollratsdirektive
KgU	Kampfgruppe gegen Unmenschlichkeit
KrG	Kreisgericht
KVP	Tarnbezeichnung „Kasernierte Volkspolizei", jetzt NVA
KZ	Konzentrationslager
LDP	Liberaldemokratische Partei
MdI	Ministerium des Innern
MdJ	Ministerium der Justiz
MfS	Ministerium für Staatssicherheit, zeitweilig Staatssekretariat für Staatssicherheit (SfS), in der Bevölkerung SSD (Staatssicherheitsdienst) oder Stasi genannt
MWD	Ministerstwo Wenutrennich Djel = Innenministerium. Die sowjetische Geheime Staatspolizei, die anfangs Tscheka (Tschreswtschainaja Kommissija = Außerordentliche Kommission) genannt wurde, hat mehrfach ihren Namen gewechselt. 1922 wurde sie in GPU (Gosudarstwennoje Polititscheskoje Uprawlenije = Staatliche politische Verwaltung) und Mitte der 30er Jahre in NKWD (Narodnyj Kommissariat Wenutrennich Djel = Volkskommissariat für innere Angelegenheiten) umgetauft. Bei der Umbenennung der

Volkskommissariate in Ministerien im Jahre 1946 nannte sich die Staatspolizei MWD (Ministerstwo Wenutrennich Djel = Innenministerium), von der einige Jahre lang das MGB (Ministerstwo Gosudarstwennoi Besopasnosti = Staatssicherheitsministerium mit der Zuständigkeit für Spionage und Abwehr) abgetrennt war. Nach dem Tode Stalins wurden 1953 MWD und MGB vereinigt, später nach der Berija-Affäre wieder in MWD und KGB Komite Gosudarstwennoije Besopasnosti = Komitee für Sicherheit) aufgegliedert.

ND	Nachrichtendienst
NVA	Nationale Volksarmee
OG	Oberstes Gericht
OP	Operativ
PA	Politarbeit
RIAS	Rundfunk im amerikanischen Sektor (Berlins)
SBZ	Sowjetische Besatzungszone
SED	Sozialistische Einheitspartei Deutschlands
SMAD	Sowjetische Militäradministration in Deutschland
SMT	Sowjetisches Militärtribunal
SSD	Staatssicherheitsdienst (s. MfS)
StVA	Strafvollzugsanstalt
SV	Strafvollzug
SVK	Sozialversicherungskasse
SVS	Streng vertrauliche Verschlußsache
TD	Technischer Dienst
UfJ	Untersuchungsausschuß freiheitlicher Juristen
UHA	Untersuchungshaftanstalt
VdgB	Vereinigung der gegenseitigen Bauernhilfe
VEB	Volkseigener Betrieb
VEG	Volkseigenes Gut
VP	Volkspolizei
VPKA	Volkspolizeikreisamt
VPP	Volkspolizeipräsidium (Berlin)
W	Wirtschaft
WStrVO	Wirtschaftsstrafverordnung
ZVOBl	Zentrales Verordnungsblatt